Franz-Theo Gottwald
Wolfgang Howald

Ayurveda
im Business

Franz-Theo Gottwald
Wolfgang Howald

Ayurveda im Business

Gesundheitstraining für Körper, Persönlichkeit und Unternehmen

Die Deutsche Bibliothek – CIP-Einheitsaufnahme

Gottwald, Franz-Theo:
Ayurveda im Business: Gesundheitstraining für Körper,
Persönlichkeit und Unternehmen / Franz-Theo Gottwald;
Wolfgang Howald. – 2. Aufl. – München : mvg-verl., 1995
   (Business-Training; 1126)
   ISBN 3-478-81126-0
NE: Howald, Wolfgang:; GT

Wir bedanken uns bei Dr. med. Dietrich Wachsmuth, Dr. med. Hans Schäffler und
Dr. med. Monika Pirlet-Gottwald für die fachkundige Beratung in medizinischen Fragen.
Dr. rer. nat. Klaus Volkamer sind wir für die naturwissenschaftlichen Stellungnahmen
verbunden.
Dr. phil. Eckard Wolz-Gottwald half uns mit seiner Kenntnis der ayurvedischen
Textquellen.
Dipl.-Ing. Hans Schnettker gab uns wertvolle redaktionelle Hinweise.

Das Papier dieses Taschenbuches wird möglichst umweltschonend hergestellt und
enthält keine optischen Aufheller.

1. Auflage 1992
2. Auflage 1995

© mvg-verlag im verlag moderne industrie AG, München/Landsberg am Lech

Umschlaggestaltung und Abbildungen: Klemens Heine, Münster/Gruber & König,
Augsburg
Satz: FotoSatz Pfeifer GmbH, Gräfelfing
Druck- und Bindearbeiten: Presse-Druck Augsburg
Printed in Germany 081 126/695602
ISBN 3-478-81126-0

Inhaltsverzeichnis

Teil 1:
Der Körper im Gleichgewicht – Ayurveda aktiviert das Gesundheitspotential

Dieses Arbeitsbuch über Gesundheits-Management vermittelt Ihnen Methoden und Strategien zur Erhaltung und Förderung der Gesundheit. Die beschriebenen Maßnahmen zur Steigerung Ihres Wohlbefindens und Ihrer Leistungsfähigkeit beruhen auf dem circa viertausend Jahre alten Gesundheitssystem *Ayurveda*. Dieses Naturheilsystem wurde in jüngster Zeit speziell in den westlichen Industrienationen populär.

Das Buch zeigt Ihnen praktische Möglichkeiten auf, wie Sie Ihre Gesundheit in körperlicher und seelisch-geistiger Hinsicht fördern und die „Gesundheit" Ihres Unternehmens – die Unternehmenskultur – optimieren können. Dabei stellen wir Ihnen eine Reihe von einfachen, teils ungewöhnlichen und zugleich wirksamen gesundheitsbildenden Maßnahmen vor, die seit etwa fünf Jahren verstärkt in Kurkliniken, Gesundheitszentren und im Training von Führungskräften Anwendung finden.

Gesundheit ist für die meisten Bundesbürger, wie aus Umfragen hervorgeht, das höchste Gut. Um so erstaunlicher ist es, daß viele – solange sie sich gesundheitlich einigermaßen fit fühlen – relativ wenig für ihre Gesundheit tun. Die Bedeutung von Gesundheit für das eigene Leben hervorzuheben, ist häufig nichts als ein Lippenbekenntnis!

Bei Ihnen als Manager – gleich, ob männlich oder weiblich – ist die Situation vermutlich ähnlich. Sie nehmen sich vielleicht immer wieder vor, mehr für die Gesundheit zu tun; aber größtenteils bleibt es dann bei den guten Vorsätzen... Sie sind beruflich sehr eingespannt und von daher gesundheitlich entsprechend gefährdet: Manager sind stärker als andere Berufsgruppen psychischen Belastungen ausgesetzt wie hohem Leistungs-, Erfolgs- und Konkurrenzdruck sowie großer Verantwortung. Für das Privatleben und körperliche Betätigung bleibt Ihnen wahrscheinlich meist nicht genügend Zeit übrig. Auch häufige Geschäftsessen, Reisen in andere Länder, vermeintliche Streßkompensation durch Nikotin, Alkohol, Medikamente und Kaffee wirken sich nachteilig auf Ihre Gesundheit aus. Auf Dauer beeinträchtigt dies nicht nur Ihr Wohlbefinden, sondern auch Ihr Leistungsvermögen und damit letztlich Ihren Erfolg. Die ausgeprägte Leistungs- und Erfolgsorientierung macht Manager zu einer Personengruppe, für die ein besonders großer Bedarf an gesundheitserhaltenden Maßnahmen besteht. Denn nur ein gesunder Manager ist langfristig dem Streß und Druck des Führungsalltags gewachsen.

Gesundheitsvorsorge wird deshalb heute in Unternehmen in zunehmendem Maße als Aufgabe fortschrittlicher Personalführung betrachtet. Vielleicht ist dies auch bereits in Ihrem Unternehmen der Fall. Gesundheit ist eine der wesentlichsten Voraussetzungen dafür, daß sich die Ressource Mensch, der wertvollste Produktionsfaktor, optimal engagiert. Gesundheitsprogramme werden zumindest in Großunternehmen und größeren mittelständischen Betrieben schon seit längerer Zeit angewandt. Die Gründe hierfür sind vielfältig:

- Abbau von Risikoverhaltensweisen und Optimierung des Gesundheitsverhaltens;
- Prävention streßbedingter Erkrankungen;
- Verringerung der krankheitsbedingten Fehlzeiten und eine damit verbundene Kosteneinsparung;
- Erhöhung der physischen Fitneß und Leistungssteigerung;
- Einstellungsänderung gegenüber der Firma und
- Steigerung der persönlichen Lebensqualität und als Ergebnis davon eine Verbesserung des Betriebsklimas.

Vor allem die hohen krankheitsbedingten Fehlzeiten in bundesdeutschen Unternehmen erfordern Maßnahmen der Gesundheitsvorsorge. 400 Millionen Betriebskrankentage soll es jährlich in der Bundesrepublik geben (Graf, 1991). Jeder zweite leidet an chronischen Krankheiten. Auch hat sich die Zahl der psychosomatischen Erkrankungen, die stationär behandelt werden müssen, in den letzten zehn Jahren verdoppelt. Schließlich sind Berufstätige durchschnittlich zehn Tage im Jahr aufgrund von Muskel- und Skeletterkrankungen arbeitsunfähig. Allerdings ergab eine Aufteilung der Fehlzeiten nach Branchen teils erhebliche Unterschiede: Während 1988 beispielsweise in der gummiverarbeitenden Industrie 11,2 Prozent der Soll-Arbeitszeit auf krankheitsbedingte Fehlzeiten fielen, waren es im Bankwesen lediglich 5,3 Prozent. Bei der Volkswagen AG ist errechnet worden, daß eine Senkung des Krankenstandes um ein Prozent eine Kostenreduzierung von etwa hundert Millionen Mark bedeutete (Spiegel, 1991).

Während in der Vergangenheit vorwiegend Einzelmaßnahmen zur Anwendung gelangten, die mehr oder weniger unkoordiniert waren, sind neuerdings koordinierte Gesundheitsprogramme im Vormarsch. Dies spiegelt sich zum Beispiel im Aufbau der sogenannten *Gesundheitszirkel* wider, die vor allem in den großen Automobilkonzernen, aber auch mehr und mehr in mittelständischen Unternehmen eingesetzt werden. Um ein konkretes Beispiel zu nennen: Die Volkswagen AG hat Gesundheitszirkel für Meister aufgebaut, mit dem Ziel, die psychischen Belastungen bei der Arbeit realistisch wahrzunehmen, sie zu artikulieren und an deren Verringerung aktiv mitzuwirken. Die gesundheitlich Belasteten sollen aus einem Zustand der schädigenden, resignativen Unzufriedenheit herausgeführt werden und die Streßkompetenz soll erhöht werden.

Das Aufgabenspektrum des betrieblichen Gesundheitswesens verschiebt sich in wachsendem Maße. Nicht Krankheitsvermeidung steht im Vordergrund, sondern Pflege der „Human Resources" und Persönlichkeitsentwicklung. Diese Tendenz basiert auf der Einsicht, daß

– sich im Berufsalltag ein Wandel in der Art der Belastungen vollzogen hat: weniger körperlich schwere Arbeit, aber mehr psychische Belastungen;
– sich psychosomatische Krankheiten verstärkt ausbreiten;
– sich die Ansprüche, die die einzelnen an ihre Arbeit stellen, verändert haben: Nicht die Verdienstmöglichkeiten sind länger das Entscheidende, sondern vermehrt die Möglichkeiten zur Partizipation und Selbstverwirklichung;
– Arbeitgeber immer mehr erkennen, daß motivierte, mitdenkende und gesunde Mitarbeiter von ausschlaggebender Bedeutung für den Erfolg eines Unternehmens sind.

Die Wirksamkeit jeglicher Gesundheitsvorsorge-Maßnahme hängt letztendlich davon ab, daß das gesamte Management mitzieht. In einigen uns bekannten Unternehmen begreifen Führungskräfte Gesundheitsvorsorge als ihre Aufgabe. Sie sehen zum Beispiel medizinische und psychologische Einzelfallberatung, Aufklärung über Gesundheitsrisiken, Ernährungsberatung, Suchtberatung, bewegungstherapeutische Programme, Entspannungstrainings, Screening-Programme, Streß-Management-Seminare etc. als wichtig an. Wo der einzelne Manager über ein möglichst ausgeprägtes Gesundheitsbewußtsein verfügt, ist er durch sein eigenes Verhalten Vorbild für seine Mitarbeiter, und eine gesundheitsorientierte Unternehmenskultur wird aufgebaut.

1. Die vielen Gesichter der Gesundheit

Von dem Philosophen Schopenhauer stammt das Zitat: „Neun Zehntel unseres Glücks beruhen allein auf der Gesundheit... Daraus folgt, daß die größte aller Torheiten ist, seine Gesundheit aufzuopfern, für was es auch sei, für Erwerb, für Beförderung, für Gelehrsamkeit, für Ruhm, geschweige für Wollust und flüchtige Genüsse. Vielmehr soll man ihr alles nachsetzen."

Das heißt: Ihre persönliche Zufriedenheit hängt entscheidend von Ihrer gesundheitlichen Verfassung ab, und es hat wenig Sinn, Ihrer Karriere die Gesundheit zu opfern. Aus neueren Erkenntnissen über die Ursachen von Zivilisationskrankheiten geht eindeutig hervor, daß den meisten Gesundheitsschäden ein hoher persönlicher Anteil zugrunde liegt. Das bedeutet: Die überwiegende Zahl gesundheitlicher Beschwerden ist in erheblichem Maße selbstverschuldet und abhängig von der Lebensweise des einzelnen. Viele Menschen haben allerdings nie gelernt, „Konstrukteure" ihrer Gesundheit zu werden. Das allgemeine Wissen über Möglichkeiten der Gesundheitsförderung oder Krankheitsverhinderung muß daher in allen Bereichen der Gesellschaft, vor allem aber im beruflichen Alltag, vertieft werden.

1.1 Wie gesund leben Sie?

Vermutlich halten Sie sich für gesund, wenn Sie bei sich keine Krankheitssymptome feststellen. Auch Ärzte bezeichnen Sie gewöhnlich als gesund, wenn die Testwerte Ihrer Körperfunktionen im Normalbereich liegen. Vielleicht haben Sie selbst schon erlebt, daß Sie sich aufgrund irgendwelcher körperlicher Beschwerden einer eingehenden medizinischen Untersuchung unterzogen haben, der Arzt Ihnen dann aber bescheinigte, daß alles in Ordnung sei. Subjektiv empfanden Sie einen gewissen Leidensdruck, der sich aber nicht nachweislich im Organismus niederschlug. Trotzdem fühlten Sie sich nicht körperlich wohl. Gesundheit ist also wesentlich mehr als die Abwesenheit von körperlichen Krankheitssymptomen. Gesundheit hängt zusätzlich von psychischen, sozialen und ökologischen Faktoren ab.

Wir möchten Sie nun bitten, nachfolgenden *Fragebogen* zu bearbeiten, um Ihr eigenes Gesundheitsverhalten einmal kritisch unter die Lupe zu nehmen. Er untersucht Ihre Gefühle, Ihr Denken, Ihre Verhaltensweisen und Ihre Lebensführung, um den Ist-Zustand zu erfassen. Nur wenn Sie Ihre persönliche Gesundheitssituation kennen, läßt sich Ihr Gesundheitsverhalten optimieren. Die Ergebnisse dieses Fragebogens werden Ihnen deutlich machen, auf welchen Gebieten Sie bereits gesundheitsbewußt leben und in welchen Bereichen Sie noch an sich arbeiten können.

Fragebogen:
Überprüfung des persönlichen Gesundheitsverhaltens

Lesen Sie sich die folgenden Aussagen genau durch, und kreuzen Sie diejenigen Punkte an, die für Sie im großen und ganzen (meist) zutreffen. Sie werden überrascht sein, wie viele Facetten Gesundheit hat. Auf den Leerzeilen können Sie, falls erforderlich, etwas ergänzen. Überlegen Sie bei der Beantwortung der Fragen nicht zu lange. Lassen Sie sich eher von Ihrer Spontaneität und Ihrem Gefühl leiten. Dieser Fragebogen lehnt sich an Teegen (1983, S. 39 ff.) an.

1. Wahrnehmen und Ausdrücken von Gefühlen

( ) Wenn ich mit etwas nicht einverstanden bin, kann ich das ausdrücken.
( ) Meist ist mir bewußt, was ich gerade fühle und empfinde.
( ) Ich fühle mich frei, anderen meine Gefühle mitzuteilen.
( ) Für mich ist es in Ordnung, sowohl heiter und fröhlich als auch ängstlich, traurig und ärgerlich zu sein.
( ) Ich kann anderen verständlich machen, was ich empfinde.
( ) Es beunruhigt mich nicht, wenn ich manchmal auch heftige Gefühle habe.
( ) Ich freue mich über Zuwendung, Anerkennung und Lob von anderen.
( ) Ich lache oft und gern.
( ) Wenn ich traurig bin, gestatte ich es mir, zu weinen.
( ) Ich nehme wahr, wenn andere bedrückt sind.
( ) Meine Ansichten und Interessen kann ich auch Menschen gegenüber vertreten, die sehr sicher auftreten.
( ) Ich kann Sexualität und Intimität genießen.
( ) Wenn ich Hilfe brauche, bitte ich andere darum.
( ) Für mich haben Gefühle eine Bedeutung, auch wenn sie mich manchmal daran hindern, die Dinge „nüchtern" zu betrachten.
( ) Wenn ich ärgerlich oder zornig bin, fresse ich das nicht in mich hinein, sondern drücke meine Gefühle aus.
( ) Ich weiche Auseinandersetzungen nicht „um des lieben Friedens willen" aus.

( ) _____

2. Kreativität und Ausdrucksfähigkeit

( ) Ich habe Freude daran, mich durch Kunst, Tanz, Musik, Theaterspielen etc. auszudrücken.

( ) Ich habe oft Ideen und Einfälle, die aus mir selber kommen, in denen ich nichts nachahme.

( ) Ich habe Freude daran, täglich einige Zeit ohne Planung und Strukturierung zu verbringen.

( ) Es macht mir Spaß, mich manchmal mit ungewöhnlichen Ideen zu beschäftigen und sie mit anderen auszutauschen.

( ) Spielen bereitet mir Freude.

( ) Ich interessiere mich für meine Träume und für das, was sie mir sagen.

( ) _____

3. Entspannung und Schlaf

( ) Ich fühle mich selten müde oder ausgelaugt (außer nach einer anstrengenden Arbeit)

( ) Ich schlafe nachts leicht ein.

( ) Ich bekomme meist genug Schlaf und fühle mich morgens ausgeruht.

( ) Wenn ich aufgeweckt werde, fällt es mit in der Regel leicht, wieder einzuschlafen

( ) Es gibt Zeiten, in denen ich gern allein sein mag.

( ) Ich nehme mir regelmäßig Zeit, um einem Hobby nachzugehen.

( ) Ich habe nicht ständig „etwas um die Ohren".

( ) Wenn es keine Möglichkeit gibt, Probleme sofort zu lösen, kann ich sie auch ruhen lassen.

( ) Mindestens fünfzehn bis zwanzig Minuten täglich meditiere ich oder übe eine aktive Entspannung aus.

( ) Ich habe öfter ein Gefühl von Frieden.

( ) Ich verwöhne mich (ohne mich schuldig zu fühlen), zum Beispiel durch Massagen, Nichtstun etc.

( ) _____

4. Körperliche Aktivität

( ) Ich bin besser in Form als die meisten meines Alters.

( ) Ich steige häufig Treppen, statt den Fahrstuhl zu benutzen.

( ) Meine täglichen Aktivitäten schließen mittlere Anstrengungen wie Gartenpflege oder Fußwege ein.

( ) Ich gehe täglich mindestens zwei Kilometer zu Fuß.

( ) Mindestens dreimal pro Woche laufe ich dreißig Minuten oder übe eine andere Ausdauersportart an der frischen Luft aus.

( ) Einmal pro Tag mache ich fünfzehn bis zwanzig Minuten lang Yoga oder führe andere Dehn-, Streck- oder Entspannungsübungen durch.
( ) Ich mache fast täglich Gymnastik.
( ) Ich gehe ein- oder zweimal im Monat in die Sauna.

( ) _____

5. Körperliche Fürsorge

( ) Meinen Gesundheitszustand lasse ich jährlich einmal genau prüfen.
( ) Ich rauche nicht.
( ) Ich sorge dafür, daß ich mich sowenig wie möglich Abgasen, chemischen Dämpfen, extremem Lärm aussetze.
( ) Ich nehme Änderungen in meinem körperlichen, seelischen und geistigen Befinden bewußt wahr und suche fachliche Hilfe bei auffälligen Symptomen.
( ) Medikamente nehme ich sehr selten.
( ) Bei Unwohlsein verwende ich natürliche Heilmittel aus meiner „Hausapotheke".
( ) Ich sorge dafür, daß ich regelmäßig ausreichend Schlaf bekomme.
( ) Ich mag die Berührung durch andere.
( ) Ich berühre andere Menschen, wenn ich das Bedürfnis danach habe.

( ) _____

6. Ernährung

( ) Ich esse vorwiegend dann, wenn ich Hunger habe.
( ) Ich bevorzuge rückstandsarme Nahrung ohne chemische Zusätze.
( ) Ich esse selten raffinierte Nahrung wie Zucker.
( ) Ich lege Wert darauf, natürliche Nahrungsmittel zu essen.
( ) Fleisch- und Wurstwaren oder Fisch esse ich nicht täglich.
( ) Abends nehme ich in der Regel eine leichte Mahlzeit zu mir.
( ) Täglich trinke ich mindestens zwei Liter Flüssigkeit.
( ) Ich trinke weniger als drei Tassen Kaffee oder schwarzen Tee pro Tag.
( ) Ich konsumiere nicht jeden Tag alkoholische Getränke.
( ) Mein Körpergewicht ist normal.
( ) Ich nehme mir Zeit und Ruhe für meine Mahlzeiten.
( ) Ich lasse mir nach dem Essen fünf Minuten Zeit, bevor ich wieder aktiv werde.

( ) _____

7. Arbeitsbereich

( ) Mir macht meine berufliche Tätigkeit Spaß.
( ) Ich verrichte meine Arbeit in einer angenehmen Umgebung.
( ) Ich arbeite gern mit meinen Mitarbeitern zusammen.

( ) Ich fühle mich selten in unangemessener Weise bewertet oder kontrolliert.
( ) Mein Arbeitsplatz gefährdet mich nicht (zum Beispiel durch Chemikalien, giftige Gase, Strahlen, Staub, schlechte Luft, extreme Temperatur, Lärm, große Unfallgefahr).
( ) Ich fühle mich selten unter Zeitdruck oder gehetzt.
( ) Ich fühle mich kaum je überfordert.
( ) Ich fühle mich selten unterfordert.
( ) Wenn ich Spannungen mit Vorgesetzten, Kollegen oder Untergebenen habe, finden wir meist Lösungsmöglichkeiten.
( ) Ich kann meine Arbeit größtenteils selbst einteilen.
( ) Während der Arbeit habe ich genügend Pausen.
( ) Ich empfinde meine Tätigkeit als sinnvoll und anregend.
( ) Finanziell fühle ich mich sicher.

( ) _____

8. Wohnsituation

( ) Ich bin mit meiner Wohnsituation zufrieden.
( ) Ich fühle mich in meiner Wohnung zu Hause.
( ) Ich habe guten Kontakt zu Mitbewohnern und Nachbarn.
( ) Meine Beziehungen zu Mitbewohnern und Nachbarn sind angenehm und befriedigend.
( ) Ich mag die Straße und Umgebung, in der ich wohne.
( ) Die Wohnbedingungen (Größe der Wohnung, Grünflächen, frische Luft, Geschäfte) sind genau richtig für mich.

( ) _____

9. Zwischenmenschliche Beziehungen und soziales Interesse

( ) Ich erlebe im Alltag häufiger offene, vertrauensvolle Gespräche.
( ) Das Zusammensein mit Freunden genieße ich.
( ) Mit meinen sexuellen Beziehungen bin ich zufrieden.
( ) Ich informiere mich über lokale, nationale und internationale Ereignisse.
( ) Ich habe Interesse an gesellschaftlichen Problemen und unterstütze Ziele, Personen und Gruppen meiner Wahl.
( ) Ich investiere Zeit und gebe Geld für Ziele aus, die mir wichtig sind.
( ) Wenn ich Auto fahre, nehme ich Rücksicht auf Fußgänger und andere Verkehrsteilnehmer.
( ) Ich bin Mitglied einer oder mehrerer Gruppen (Club, soziale/politische Organisation, Gesangsverein...).

( ) _____

10. Einstellung zum Leben und Lebenszufriedenheit

( ) Mein persönliches Dasein erscheint mir sinnvoll.

( ) Mein tägliches Leben ist oft voller Freude und Befriedigung.

( ) Ich freue mich darauf, 80 Jahre alt zu werden.

( ) Wenn ich an den Tod denke, dann fühle ich mich vorbereitet und ohne Angst.

( ) Wenn ich heute sterben würde, dann hätte ich das Gefühl, daß mein Leben einen Wert hatte.

( ) Auch die schweren Zeiten in meinem Leben haben für mich Bedeutung und ihren Sinn.

( ) Die Art, wie ich Menschen, die Welt und meine Existenz sehe, gibt mir Kraft.

( ) Ich habe Vertrauen in die Zukunft.

( ) Ich bewahre im Alltag trotz aller Tagesaufgaben den Blick auf meine Lebensziele.

( ) Auch wenn manche Situationen schwierig sind, macht es mir Freude zu leben.

( ) Veränderungen in meinem Leben machen mir keine Angst.

( ) _____

Auswertung

Den Fragebogen werten Sie aus, indem Sie in jedem der zehn Verhaltens- und Lebensbereiche die Kreuze addieren. Dann bilden Sie für jeden der zehn Abschnitte einen Bruch, in welchem die Anzahl Ihrer Kreuze im Zähler steht und die Zahl der höchstmöglichen Kreuze im Nenner. Die Leerzeilen zählen Sie nur mit, wenn Sie darauf etwas ergänzt haben. Nun rechnen Sie diese Brüche in Prozentzahlen um und kreuzen im Auswertungsbogen den Wert an, dem diese Prozentzahl am nächsten liegt. Die Zahl 0 entspricht dabei 0%, während die +2 einem Prozentwert von 100% zugeordnet wird. Dazwischen liegen 25% (für die −1), 50% (für die 0) und 75% (für die +1).

Ein Beispiel zur Veranschaulichung: Angenommen, Sie haben in einem Bereich elf Kreuze gemacht bei sechzehn möglichen, dann erhalten Sie den Bruch 11/16. Umgerechnet in Prozente ergibt dies 75%. Sie müßten also im Auswertungsbogen die +1 ankreuzen.

Der letzte Auswertungsschritt umfaßt die Bestimmung eines Gesamtwerts für Ihr Gesundheitsverhalten: Sie addieren alle von Ihnen im Fragebogen gemachten Kreuze und setzen diese ins Verhältnis zur höchstmöglichen Punktzahl. (Diese liegt bei 100, wenn Sie auf den Leerzeilen nichts ergänzt haben.) Sie bilden also einen Bruch, den Sie leicht in eine Prozentzahl umrechnen können.

Auswertungsbogen

Verhaltens- und Lebensbereich	Globale Einschätzung des Gesundheitsverhaltens				
	(0%) −2 gering	(25%) −1	(50%) 0	(75%) +1	(100%) +2 angemessen
1. Wahrnehmen und Ausdrücken von Gefühlen					
2. Kreativität und Ausdrucksfähigkeit					
3. Entspannung und Schlaf					
4. Körperliche Aktivität					
5. Körperliche Fürsorge					
6. Ernährung					
7. Arbeitsbereich					
8. Wohnsituation					
9. Zwischenmenschliche Beziehungen und soziales Interesse					
10. Einstellung zum Leben und Lebenszufriedenheit					
Gesamtwert meines Gesundheitsverhaltens (Anzahl der gemachten Kreuze geteilt durch die höchstmögliche Punktzahl):					
Besonders vernachlässigt habe ich die Bereiche:					

Dem Auswertungsbogen läßt sich nun für Sie auf einen Blick entnehmen, wo bei Ihnen der Schuh drückt. In allen Bereichen, in denen Sie −2, −1 oder 0 haben, läßt Ihr Gesundheitsverhalten zu wünschen übrig. Hier können Sie also an sich arbeiten. In allen anderen Bereichen dürfen Sie mit sich zufrieden sein.

1.2 Was krank macht und was gesund erhält

Manager gehören zweifelsohne zu denjenigen, die im Berufsalltag am stärksten gefordert werden und deren Gesundheit deshalb stark gefährdet ist. Zwar gibt es unter Führungskräften nach wie vor einige besonders robuste Naturen. Aber in Anbetracht der heutigen Lebensbedingungen sind sie immer seltener anzutreffen. Tatsache ist, daß mehr und mehr Manager nicht nur großen seelischen Belastungen ausgesetzt sind, sondern sich bei ihnen vermehrt körperliche Beschwerden zeigen, die Folgen ihrer aufreibenden Tätigkeit und ihrer gesundheitsschädigenden Lebensweise sind.

Managerkrankheit als solche gibt es zwar nicht, aber eine Reihe von Zivilisationskrankheiten treten bei Führungskräften gehäuft auf. Auslöser dieser für Manager typischen Gesundheitsschäden ist in jedem Fall irgendeine Form von Überlastung, die die Anfälligkeit gegenüber Krankheiten vergrößert. Zu den bei Führungskräften am weitesten verbreiteten gesundheitlichen Beeinträchtigungen zählen:

– Herz-Kreislauf-Beschwerden,
– Haltungs- und Bewegungsprobleme,
– Störungen des Magen-Darm-Trakts und
– Allergien.

Herz-Kreislauf-Beschwerden

Über 50% aller Todesfälle gehen heute in der Bundesrepublik auf Herz-Kreislauf-Erkrankungen zurück. Dies erstaunt nicht, wenn Sie sich einmal vor Augen führen, wie stark die Funktionen von Herz und Kreislauf durch psychischen Streß beeinflußt werden. Es gibt eine Reihe von körperlichen Symptomen, die auf seelisch bedingte Störungen des Herz-Kreislauf-Systems hinweisen, wie Herzrasen und -stolpern, Herzrhythmusstörungen, Stechen oder Engegefühl in der Brust, Atemnot, Schwindel, Schwarzwerden vor Augen und Schweißausbrüche. Nervöse Herzbeschwerden können langfristig zum Herzinfarkt führen.

Jährlich erleiden 200.000 Bundesbürger einen *Herzinfarkt*, der als „Killer Nummer eins" bezeichnet werden muß. Umfragen unter Führungskräften haben ergeben, daß diese im Herzinfarkt eine besonders große Bedrohung sehen. Denn der Herzinfarkt ist keine

„Alterskrankheit", sondern betrifft vor allem „Männer in den besten Jahren" zwischen 45 und 55. Manager sind aufgrund verschiedener Risikofaktoren besonders stark herzinfarktgefährdet: Zu diesen Faktoren zählen ein erhöhter Cholesterinspiegel, die Zuckerkrankheit, Übergewicht und denaturierte Ernährung, Bluthochdruck, Rauchen, Bewegungsmangel, eine genetische Disposition und vor allem Distreß.

Besonders stark vergrößern psychische Faktoren das Infarktrisiko bei Führungskräften. Das sogenannte *Typ-A-Verhalten* ist mit einer hohen Infarktgefährdung verbunden. Wenn Sie zum Beispiel zu übermäßigem Leistungsstreben und extremem Konkurrenzdenken neigen, letztlich sich selbst ständig überfordern, gehören Sie zu den Typ-A-Menschen (siehe Kapitel 3.2).

Eine deutliche Herzinfarktgefährdung ist aber auch gegeben, wenn ein einziger Risikofaktor – wie hoher Zigarettenkonsum – vorliegt oder wenn eine Kombination von einigen nur mäßig ausgeprägten Risikofaktoren vorhanden ist.

Bluthochdruck betrifft heute schätzungsweise jeden vierten Erwachsenen und ist ein Zivilisations-Massenleiden ersten Ranges. Aber nur die Hälfte der Betroffenen weiß davon. Denn trotz ihres hohen Blutdrucks haben die meisten Hypertoniker zunächst keine Beschwerden. Aufgrund ihres belastungsreichen Alltags, der wenig Raum für Ruhe und Muße sowie ausreichend Schlaf bietet, sind gerade Manager prädestiniert für erhöhten Blutdruck. Von einer Hochdruckkrankheit spricht man dann, wenn bei der Messung des Blutdrucks der obere (systolische) Wert über 140, der untere (diastolische) über 90 liegt. Die Auswirkungen von Bluthochdruck sind deshalb gefürchtet, weil sie Herz und Gehirn stark belasten und zu Herzinfarkt und Hirnschlag führen können.

Haltungs- und Bewegungsprobleme

Haben auch Sie mit Rückenproblemen wie *Bandscheibenschäden, Ischiasschmerzen, Verbiegungen der Wirbelsäule* oder *Hexenschuß* zu tun? Etwa acht Millionen Bundesbürger sind von chronischen Kreuzschmerzen betroffen. Ärzte sind in der Behandlung solcher Patienten häufig erfolglos. Ursache für Haltungs- und Bewegungsprobleme sind überwiegend Verschleißerscheinungen der Wirbelsäule. Altersbedingt nimmt der Wassergehalt im Körper ab, was sich auf die Pufferfunktion der Bandscheiben auswirkt. Der gesamte Stütz- und Bewegungsapparat ist stärkeren Beanspruchungen ausgesetzt als alle anderen Körperbereiche.

Weitere Ursachen für Rückenprobleme sind einseitige körperliche Beanspruchung wie zum Beispiel falsches, verkrampftes Sitzen, aber auch Bewegungsmangel, falsche Ernährung, innere Anspannung infolge arbeitsbedingter Überlastung und zu hoher Ehrgeiz.

Die Wirbelsäule ist ein Organ, in dem sich psychische Konflikte besonders deutlich widerspiegeln: Die Körperhaltung ist Ausdruck der inneren Verfassung. Bedingt durch länger andauernde Belastungen kann es zu einer Verkrampfung der Haltemuskulatur der Wirbelsäule kommen. Es treten Schmerzen auf, die eine Folge der Unterversorgung der verkrampften Muskulatur mit Sauerstoff sind, die ihrerseits auf eine beeinträchtigte Durchblutung rückführbar ist. Häufig kommen bei Rückenbeschwerden also körperliche Überlastung und psychisch bedingte Verspannungen zusammen.

Störungen des Magen-Darm-Trakts

Erkrankungen des Magens und des Zwölffingerdarms treten bei Managern ebenfalls häufig auf. Meist handelt es sich hierbei um *Magenschleimhautentzündungen* (Gastritis), *Magen-* und *Zwölffingerdarmgeschwüre, nervöse Magenbeschwerden* und *Verdauungsprobleme.* Als mögliche Ursachen lassen sich nennen: eine unregelmäßige Lebensführung, hastiges und übermäßiges Essen, Alkoholmißbrauch, starkes Rauchen sowie länger andauernde seelische Belastungen und übermäßiger, nicht angemessen ausgedrückter Ärger. Auch der Magen ist ein Spiegel der Psyche: Neueren Erkenntnissen der Psychosomatik zufolge besteht ein enger Zusammenhang zwischen Magenerkrankungen und einer negativ gefärbten Gedanken- und Gefühlswelt.

Allergien

Allergien werden in zunehmendem Maße zu einer Zivilisationskrankheit. Sie sind auch bei Führungskräften weit verbreitet. Jeder vierte Bundesbürger reagiert auf irgendwelche Stoffe überempfindlich. Die Folgen können unter anderem sein: Heuschnupfen, Hautjucken, Kontaktekzeme, Magen- und Darmstörungen, Asthma,

Kopfschmerzen, Depressionen und Gewichtsveränderungen. Bei Allergien kommt es zu einer übersteigerten, nicht normal ablaufenden Immunreaktion, wobei nach heutigem Kenntnisstand psychische, genetische, ernährungsmäßige und umweltbedingte Faktoren eine Rolle spielen.

Krankheitsfördernde psychische Faktoren

Dieser Überblick über gesundheitliche Beschwerden, die bei Führungskräften am häufigsten vorkommen, zeigt bereits einige Faktoren auf, die die Gesundheit beeinträchtigen können. Krankheiten sind allerdings fast nie auf eine Ursache rückführbar, sondern sie sind meist die Folge eines komplexen Zusammenspiels von Erbanlagen, Umwelteinflüssen, Verhaltensgewohnheiten und seelisch-geistigen Faktoren. Darüber hinaus gibt die *Gesundheitsforschung* Antworten auf die Frage, welche psychischen Faktoren Krankheiten begünstigen und was gesund erhält:

Dazu zählen zunächst einmal *äußere Belastungen*, zum Beispiel in Form der sogenannten *kritischen Lebensereignisse*. Darunter fallen größere Streßsituationen und einschneidende Lebensveränderungen wie der Tod einer nahen Bezugsperson, Scheidung oder Arbeitslosigkeit. Aus der Streßforschung ist bekannt, daß die Anfälligkeit für unterschiedlichste Krankheiten zunimmt, wenn sich im Leben eines Menschen plötzlich viele oder grundlegende Veränderungen ergeben.

Innere Belastungen, die mit bestimmten Einstellungen, Persönlichkeitseigenschaften und Verhaltensmustern in Zusammenhang stehen, können Krankheiten ebenfalls begünstigen. Dazu zählen unter anderem:

– *Typ-A-Verhaltensmuster*

Typ-A-Menschen sind gesundheitlich stark gefährdet. Sie fühlen sich beispielsweise oft unter Zeitdruck, sind sehr ehrgeizig, übermäßig genau, leicht reizbar, ungeduldig, wehren ihre Gefühle ab und denken in Extremen. Ferner neigen sie dazu, ihre Energien restlos zu verausgaben und sich ständig zu überfordern. Solche Verhaltensweisen bewirken Krankheiten deshalb mit, weil sie zu andauernder innerer Anspannung beitragen und richtiges Abschalten verhindern.

– Negatives Denken

Psyche, Gehirn, Hormon- und Immunsystem sind aufs engste miteinander verbunden. Deshalb beeinflussen Gedanken und Gefühle den Körper weitreichend. Aus der Psychosomatik ist seit langem bekannt, daß ungünstige, behindernde Denkmuster und unterdrückte negative Gefühle wie Ärger und Ängste Hauptursachen vieler körperlicher Beschwerden sind.

– Geringes Selbstwertgefühl

Auch ein negatives Selbstbild kann gesundheitsschädigende Konsequenzen haben. Diese innere Negativ-Programmierung geht unter anderem mit Verzagtheit, Gehemmtheit, Niedergeschlagenheit, Ängsten, Unzufriedenheit, Distanz zu anderen und Entscheidungsproblemen einher.

– Gefühlsmäßige Verschlossenheit oder Unterdrückung der Gefühle

Der unangemessene Umgang mit Gefühlen – vor allem die Unfähigkeit, Gefühle zuzulassen, wahrzunehmen und zu zeigen – ist ein weiterer Problembereich, der die Gesundheit beeinträchtigen kann. Menschen, bei denen der Gefühlsausdruck gehemmt ist, fressen Gefühle gewohnheitsmäßig in sich hinein. Sie leiden unter Überanpassung und einer übersteigerten Selbstkontrolle, was von der eigenen Gefühlswelt entfremdet. Das Ergebnis sind andauernde innere Spannungen, Unlustgefühle und eine Vielzahl körperlicher Beschwerden. Untersuchungen haben ergeben, daß gefühlsmäßige Verschlossenheit und eine ständige Unterdrückung der Emotionen die Immunfunktion des Körpers schwächt und die Erkrankungswahrscheinlichkeit erhöht. Mit anderen Worten: Es ist gesünder, öfter einmal „seinem Herzen Luft zu machen".

– Sozialer Rückzug und Isolation

Durch den Verlust mitmenschlicher Bindungen und durch soziale Konflikte tritt ebenfalls eine Schwächung des Abwehrsystems auf, und die Krankheitsgefährdung nimmt zu. Wer sich von anderen zurückzieht, sich isoliert und zwischenmenschliche Spannungen nicht angemessen bewältigt, schadet damit seiner Gesundheit. Diejenigen, die glauben, sich auf ihre Mitmenschen verlassen zu können, und ihnen trauen, sind eher gegen Krankheiten gefeit. Befriedigende, vertrauensvolle und tiefergehende Sozialkontakte sowie das Gefühl der Geborgenheit sind somit wichtige Faktoren, um gesundheitlichen Problemen vorzubeugen.

Schutzfaktoren der Gesundheit

Die Gesundheitsforschung hat eine Reihe von Schutzfaktoren der Gesundheit gefunden. Unter anderem gehören dazu:

– richtige Atmung,
– körperliche Aktivität,
– ausgewogene Ernährung,
– Lebenszufriedenheit,
– Selbstbestimmung,
– Entspannung und Muße und
– mitmenschlicher Rückhalt.

Auf all diese gesundheitsfördernden Faktoren werden wir im Laufe der folgenden Kapitel ausführlich zu sprechen kommen, denn auch der Ayurveda spricht ihnen eine große Bedeutung zu. Es erübrigt sich daher, Ihnen an dieser Stelle hierzu Einzelheiten zu vermitteln.

1.3 Ayurveda – das Wissen vom gesunden Leben

„Ayurveda ist alles Wissen um nützliche und schädliche Lebensführung, Glück oder Elend schaffende Verhaltensweisen, ferner um diejenigen Mittel, die lebensfördernd oder aber lebenshemmend sind, und schließlich alles Wissen um die Lebensdauer und die Natur des Lebens."   Caraka

Sind Sie sich eigentlich bewußt, daß die in den vorherigen Abschnitten vorgestellten typischen „Managerkrankheiten" aus Unwissenheit herrühren? Ja, Sie haben richtig gelesen: Wie erfolgreich Sie auch immer sind, sollten Sie unter dem einen oder anderen Symptom leiden, ist dies ein Ausdruck von Unwissenheit. Unwissenheit heißt nicht, daß Sie nicht theoretisch wüßten, worauf es für Ihre Gesundheit ankommt. Vielmehr ist Unwissenheit aus ayurvedischer Sicht ein Bewußtseinszustand mit praktischen Folgen: Sie verhalten sich automatisch, unbewußt und nicht kontrollierbar, gezwungenermaßen falsch. Alte Gewohnheiten wie beispielsweise ein übermäßiger Fleisch- oder Alkoholkonsum, häufiges zu spätes Zubettgehen oder ähnliches haben Ihre Persönlichkeit derart geprägt, daß Sie nur noch in diesen „Spurrillen" fahren können. Der Ayurveda hilft Ihnen diese Bahnen zu verlassen und neue, gesundheitsfördernde Verhaltensweisen zu entwickeln, aber auch theoretisch zu verstehen.

Ursprünge des Ayurveda

Ayurveda (ayus = Leben, veda = Wissen) ist ein Informationspool besonderer Art: Sie finden in ihm alles, was Sie für ein optimales, Gesundheit schaffendes Life-Styling benötigen. Möchten Sie Hinweise zu richtiger körperlicher Bewegung und Haltung? Der Ayurveda vermittelt sie Ihnen. Wollen Sie wissen, wie Sie sich mit bekömmlichem Essen leistungsfähig halten? Die ayurvedische Ernährungslehre kann Ihnen hier Tips geben. Brauchen Sie ein Anti-Streß-Programm oder Hinweise für die Entwicklung positiver Denkmuster? Dann greifen Sie doch auf die Hilfen des Ayurveda zurück.

Der Ayurveda ist keineswegs eine neumodische Erfindung von geschäftstüchtigen Gesundheitstrainern. Vielmehr zeichnet er sich durch eine Tradition aus, die über vier Jahrtausende zurückverfolgt werden kann. Seine Anfänge lassen sich in der vedischen Kulturepoche Indiens aufspüren. Die erste Blütezeit reicht vom siebten Jahrhundert v. Chr. bis ungefähr zum Ende des ersten Jahrtausends n. Chr. In dieser Zeit wurden die klassischen Texte aufgezeichnet: die Caraka-Samhita, die Sushruta-Samhita und die Ashtanga-Hridaya-Samhita von Vagbhata. Alle drei, also Caraka, Sushruta und Vagbhata, waren berühmte Ärzte, die das ganzheitliche Vorsorge- und Heilwissen des Ayurveda ihrer Zeit schriftlich niederlegten.

Caraka begriff Gesundheit mehr vom Standpunkt des Arztes für innere Medizin. Sushruta war Chirurg. Vagbhata faßte beide Ansätze zusammen und bereicherte sie in seinem Lehrbuch mit weiteren Erfahrungen aus seiner Zeit. Der Ayurveda ist die älteste Form menschlicher Heilkunde, die systematisch alle gesundheitsrelevanten Informationen in einem ganzheitlichen Denk- und Handlungsmodell erfaßt.

Ganzheitliche Ansätze des Managementtrainings verbreiten sich heute mehr und mehr. Sie lassen sich nicht schablonenhaft definieren nach dem Motto: „Tue dies, dann das, und als Ergebnis hast du einen ganzheitlich funktionierenden Betrieb!" Aber immer steht bei ganzheitlichen Ansätzen die Entwicklung der Persönlichkeit und des individuellen Bewußtseins im Zentrum. Die Produkt- oder Kundenorientierung und eine attraktive Unternehmensidentität werden bei ganzheitlichen Ansätzen als gleichrangig mit der Entfaltung der Humanressourcen gesehen.

Die bekannten ganzheitlichen Trainings- und Managementansätze haben dennoch ihren Engpaß. Dieser besteht in der Schwierigkeit, die Entwicklungspotentiale der Mitarbeiter eines Unternehmens wirklich umfassend und nachweislich freizusetzen. Hier verfügt keiner über effektive Strategien, die den Test der Zeit bestanden haben. Kein Modell ist imstande, Körper, Geist und Bewußtsein des einzelnen und sein soziales Umfeld gleichzeitig zu berücksichtigen und zu entfalten. Der Ayurveda bildet die einzige uns bekannte Ausnahme. Deshalb haben wir uns dem ayurvedischen Gesundheitstraining zugewandt. Wir wollen es für Sie als alltagsnahen Weg aufbereiten, der für Ihr Gesundheits-Management, Ihr Bewußtseins-Management sowie für die Entwicklung einer an Gesundheit und Erfüllung orientierten Unternehmenskultur neue und faszinierende Perspektiven beinhaltet.

Maharishi-Ayurveda als modernes Gesundheitsprogramm

Der Ayurveda hatte aufgrund der verschiedenen Eroberungswellen, die in den letzten Jahrhunderten über Indien gerollt sind, keine Chance, sich konzeptionell und praktisch weiter zu entfalten. Seit einiger Zeit wendet sich aber nun die moderne medizinische Forschung auf ihrer Suche nach Alternativen zum kostenintensiven Gesundheitssystem abendländischer Prägung erneut dem Ayurveda zu. Die Ergebnisse dieser Forschung über das ganzheitliche Wirkungsspektrum ayurvedischer Maßnahmen sind vielversprechend: Ayurveda ist eine moderne Ganzheitsmedizin, die vielseitig eingesetzt werden kann. In den letzten Jahren haben sich deshalb führende ayurvedische Ärzte auf Initiative von Maharishi Mahesh Yogi zusammengeschlossen, um den Ayurveda wiederzubeleben und in eine zeitgemäße Form zu bringen. In Zusammenarbeit mit Medizinern und Naturwissenschaftlern entsteht derzeit eine Neuformulierung des Ayurveda. In dieser werden die klassischen ayurvedischen

Texte in eine moderne Sprache übersetzt und durch aktuelle prophylaktische und therapeutische Angebote ergänzt. Dieser neue Ayurveda ist auch unter dem Namen *Maharishi-Ayurveda* bekannt. Wir beziehen uns in diesem Buch vorwiegend auf diese Form des Ayurveda, mit der wir persönlich am besten vertraut sind.

Maharishi-Ayurveda ist ein westlichen Standards entsprechendes, wissenschaftlich fundiertes Gesundheitsprogramm. Er berücksichtigt geistig-seelische, körperliche, verhaltensmäßige und soziale beziehungsweise umweltbezogene Dimensionen. Dabei stehen bewußtseinsbildende Prozesse im Mittelpunkt. Der Maharishi-Ayurveda kennt leicht praktikable Maßnahmen zur selbstgesteuerten Veränderung, die teils auch für die Personalentwicklung und den Aufbau einer kohärenten Unternehmenskultur von Bedeutung sind. Einige dieser insgesamt 20 Ansätze stellen wir Ihnen im folgenden näher vor. Dazu gehören:

- Körper- und Atemübungen, die Sie ganzheitlich stärken und harmonisieren (Yoga-Asanas und Pranayama);
- ayurvedische Diätetik – eine auf Ihr Wohlbefinden und Ihre Fitneß ausgerichtete Ernährungsweise;
- eine tiefgreifend wirkende und vitalisierende Entschlackungskur (Panchakarma);
- Meditation, um Wachheit und Ausgeglichenheit zu fördern sowie das geistig-kreative Potential freizusetzen;
- chronomedizinische Maßnahmen und Verhaltensregeln, um Ihren Körper und Ihren Geist in Einklang mit natürlichen Rhythmen zu bringen;
- Hinweise für ein Verhalten, das evolutionskonform und kulturaufbauend ist.

Der Maharishi-Ayurveda ist ein weitgehend überprüfter Gesundheitsansatz, für dessen Aufnahme in die allgemeine wie auch in Ihre persönliche Gesundheitsbildung unter anderem spricht:

- daß er zur Gesundheit erzieht, indem er Grundregeln einer gesunden Lebensführung erlern- und erfahrbar macht;
- daß seine Methoden Selbstbewußtsein, Verantwortung, Eigeninitiative und soziales Verhalten fördern;
- daß Gleichgültigkeit, Risikoverhaltensweisen und Defizitmotivation abgebaut werden;

Die vier Ansatzpunkte des Maharishi-Ayurveda zur Optimierung der Gesundheit

1

Bewußtseinsentfaltung
als Grundlage für
optimale Gesundheit

2

Körperorientierte Verfahren
wie z. B. richtige Ernährungsweise, Entschlackungstherapien
und Atemtechniken

3

Gesundheitsfördernde
Verhaltensweisen,
die Tagesrhythmen und
Jahreszeiten einbeziehen

4

Einbeziehung von Umwelt-
faktoren durch kollektive,
z. B. unternehmenskulturelle
Maßnahmen

Abb. 1: Die vier Ansatzpunkte des Maharishi-Ayurveda zur
Optimierung der Gesundheit

- daß spontane und freiwillige Verhaltensänderungen bewirkt werden;
- daß seine Verfahren effizient, kostengünstig und nebenwirkungsarm sind;
- daß seine Aussagen einer wissenschaftlichen Prüfung zugänglich sind;
- daß er in verschiedenen Anwendungsbereichen genutzt werden kann und dem allgemeinen Bedürfnis nach natürlichen Heilweisen entgegenkommt.

1.4 Das neue Gesundheitsverständnis des Ayurveda

„Das Gleichgewicht von Stoffwechsel, Verdauung, Körpergeweben und Ausscheidungen sowie die Glückseligkeit von Bewußtsein, Geist und Sinnen sind die Voraussetzungen für Gesundheit."   Sushruta

Der Ayurveda betrachtet den Menschen als Einheit von Körper, Seele, Geist, Verhalten und Umwelt. Er berücksichtigt also alle wichtigen Lebensbereiche. Er bietet eine Vielzahl von Maßnahmen und Strategien an, alle Komponenten des Lebens im Gleichgewicht zu halten oder in einen Zustand der Homöostase zu bringen. Dieses Gleichgewicht ist erfahrbar zum Beispiel als innere Ausgewogenheit, Wohlbefinden, Zufriedenheit und Gesundheit. Es zeigt sich aber auch in der Beziehung zur Umwelt und sogar zum Kosmos. Dem Ayurveda geht es also darum, Gleichgewicht nicht nur innerhalb einzelner Teilbereiche des Lebens herzustellen, sondern Ausgewogenheit zwischen allen Lebensaspekten zu schaffen.

Gesundheit als Ganzheit

Die Grundbedeutung von Gesundheit (engl.: „health") ist *Ganzheit*. Im Angelsächsischen entstammt das Wort „health" derselben Wurzel wie „whole" (ganz), „hale" (gesund) und „holy" (heilig). Das Ganze ist vollständig und vollkommen, ihm fehlt nichts. Alle Bestandteile befinden sich dann in einem Zustand integrierten harmonischen Gleichgewichts. Weil (1991, S. 82 f.) beschreibt dieses dynamische Gleichgewicht anschaulich:

„Die Balance von Gesundheit ist … dynamisch. Die Elemente und die Kräfte, die einen Menschen ausmachen, und die wechselnden Umweltbelastungen, die auf ihn einwirken, bilden ein sorgfältig ausgearbeitetes System, das in seiner Komplexität schlechthin unvorstellbar ist. Wir sind Inseln der Veränderung in einem Meer des Wandels, unterworfen den Zyklen von Ruhe und Aktivität, von Hormonausschüttungen, dem Anschwellen und Abebben mächtiger Triebe, wir sind das Opfer von Lärm, Reizstoffen, Krankheitsträgern, elektrischen und magnetischen Feldern, von altersbedingtem Verschleiß, dem Auf und Ab unserer Gefühle. Die Variablen sind zahllos, und alles ist im Fluß und in Bewegung.

Es grenzt an ein Wunder, daß in einem solchen System auch nur für einen Moment ein Gleichgewicht auftritt, und doch sind die meisten von uns die meiste Zeit gesund, während unser Geist und unser Körper dauernd danach streben, diesen unglaublichen Balanceakt inmitten aller inneren und äußeren Belastungen aufrechtzuerhalten. All dies geschieht dynamisch, denn das Gleichgewicht wird immer wieder neu geschaffen.

Der Zustand des Gleichgewichts verleiht dem Ganzen eine außerordentliche Qualität. Er macht das vollkommene Ganze größer als die Summe seiner Teile, macht es schön und heilig und bringt es dadurch mit einer höheren Realität in Verbindung. Gesundheit ist Ganzheit – Ganzheit in ihrem tiefsten Sinne, in dem nichts ausgeschlossen bleibt und sich alles genau in der richtigen Ordnung befindet, um das Mysterium des Gleichgewichts zum Ausdruck zu bringen. Gesundheit ist längst nicht nur das Fehlen von Krankheit, sie ist das dynamische und harmonische Gleichgewicht aller Elemente und Kräfte, die einen Menschen ausmachen und ihn umgeben."

Der Ayurveda macht diese Ganzheit als bewußte Erfahrung jedem Menschen zugänglich; anders formuliert: Wenn Gesundheit Ganzheit ist, ermöglicht der Ayurveda *Gesundung durch die Erfahrung von Ganzsein.*

Bisher betrachtete speziell die Humanistische Psychologie solche Erfahrungen als Ausnahmeerlebnisse oder sogenannte Gipfelerfahrungen. Mit diesen sind bislang eher wenige Menschen vertraut. Die ayurvedischen Gesundheitsstrategien zielen darauf, solche Gipfelerlebnisse jedermann zugänglich zu machen. Aus ayurvedischer Sicht sind Erfahrungen von Ganzheit oder die Erfahrung des Selbst grundlegend für die Aufrechterhaltung und Förderung von Gesundheit. Solche Zustände gehen erlebnismäßig mit tiefer Ent-

spannung, gesteigerter Wachheit, Geordnetsein und hohem Wohlbefinden einher, also den Kernbausteinen von Gesundheit, die wir
Ihnen noch näher erläutern werden.

Der quantenmechanische Körper

Der Körper ist aus ayurvedischer Sicht ein dynamischer Prozeß, der
sich in einem offenen Fließgleichgewicht und ständiger Wechselwirkung mit der Umwelt befindet. Innerhalb eines Jahres erneuert der
Organismus 98% seiner atomaren Struktur. Dieser Prozeß unterliegt einer Steuerungs- oder Ordnungsinstanz, die der Ayurveda als
Bewußtsein bezeichnet. Der menschliche Körper ist demnach in erster Linie Bewußtsein, erst an zweiter Stelle Materie. Das heißt,
der Körper wird ständig neu aufgebaut nach einem Muster, das
durch unsere Gedanken, Gefühle und Wünsche entsteht. Jede körperliche Veränderung findet zuerst im Bewußtsein statt. Heilung
muß deshalb zunächst im Bewußtsein erfolgen.

Bewußtsein kann mit Materie in Wechselwirkung treten. Nach
Ansicht des modernen ayurvedischen Arztes Chopra (1991) ist der
quantenmechanische Körper der Ort, an dem sich Bewußtseins-
impulse in materielle Strukturen umsetzen. Der Begriff „Quant"
entstammt der Physik und beschreibt die kleinste Einheit von Energie und Materie. Quanten setzen sich aus nicht sichtbaren Schwingungen zusammen, die sozusagen darauf aus sind, eine physische
Form anzunehmen. Ähnlich wie Quanten ist auch der menschliche
Körper aus Schwingungsmustern aufgebaut. Der „quantenmechanische Körper" ist der feinste wissenschaftlich benennbare Zusammenhang, in dem körperliche und seelisch-geistige Strukturen und
Prozesse wurzeln. Der Quantenkörper stellt eine Art von „verbor-
genem Organismus" dar, ohne den der wahrnehmbare Körper nicht
existierte.

„Immer dann, wenn ein beliebiges geistiges Ereignis ein physisches Gegenstück
braucht, wirkt es durch den quantenmechanischen Körper des Menschen. Darin
liegt das Geheimnis verborgen, wie sich die beiden Universen Geist und Materie
zusammentun, ohne einen Fehler zu machen." Chopra (1990, S. 114 f.)

Auf der Quantenebene haben alle Organe und Körpervorgänge
eine Entsprechung. Hier liegt der Transformationspunkt zwischen
Körper und Bewußtsein. Die Quantenebene ist gewissermaßen die

33

Intelligenz- und Ordnungsebene, von der her der Aufbau und die Funktionsweise des Organismus und seiner Teilaspekte gesteuert wird. Signale, die der quantenmechanische Körper abgibt, verursachen Veränderungen im physischen Organismus. Krankheiten sind aus ayurvedischer Sicht die Folge von „Verzerrungen" des quantenmechanischen Schwingungsmusters. Sie sind auf ein „falsches Computerprogramm" zurückführbar: Geist und Körper stehen in einer Beziehung zueinander wie eine Computerdatei zu ihrem Ausdruck. Eine Veränderung des Körpers (Ausdruck) setzt die Fähigkeit voraus, den Geist (Datei) neu zu strukturieren.

Abbildung 2 zeigt die grundlegende Wirklichkeit des quantenmechanischen Körpers (schwarzer Punkt) im Grenzbereich zwischen dem sogenannten vereinheitlichten Feld und ersten materiellen Manifestationen. Das vereinheitlichte Feld soll nach Einsichten modernster Physik die letzte Wirklichkeit sein, in der alle Kraft- und Materiefelder zusammengefaßt sind. Die ganze Natur soll hier ihren Ursprung haben. Insofern der Mensch Teil der Natur ist, ist er selbstverständlich auch Ausdruck dieser allumfassenden Wirklichkeit.

Aus Abbildung 2 geht ferner hervor, daß die Verringerung geistiger und körperlicher Aktivität, zum Beispiel durch Meditation, der Schlüssel zur Erfahrung innerer Ganzheit beziehungsweise der geistigen Entsprechung des vereinheitlichten Feldes ist. Der Ayurveda kennt einen Zustand reinen, stillen, unveränderlichen und gedankenfreien Bewußtseins. Genauso wie das vereinheitlichte Feld allen Naturphänomenen zugrunde liegt, entspringen sämtliche geistig-seelische Aktivitäten diesem reinen Bewußtsein. Die klassischen ayurvedischen Texte bezeichnen reines Bewußtsein als das Selbst oder Atman (siehe Kapitel 4).

Folgender Bericht eines meditierenden Handwerksmeisters verdeutlicht Ihnen diese Erfahrung:

„Als ich während der Meditation immer mehr zur Ruhe kam, alle Gedanken und Gefühle verschwanden, trat allmählich tiefe Stille ein. Alle Begrenzungen, die bestimmten, wo ich war, wieviel Uhr es ist und wie ich mich verhalten muß, lösten sich vollständig auf. Keine Spur von Denken oder Gedächtnis gab es mehr. Mein Körper- und Raumgefühl waren weg. Während einer nicht einschätzbaren Dauer verweilte ich in diesem Zustand vollkommener, einfacher Wachheit.

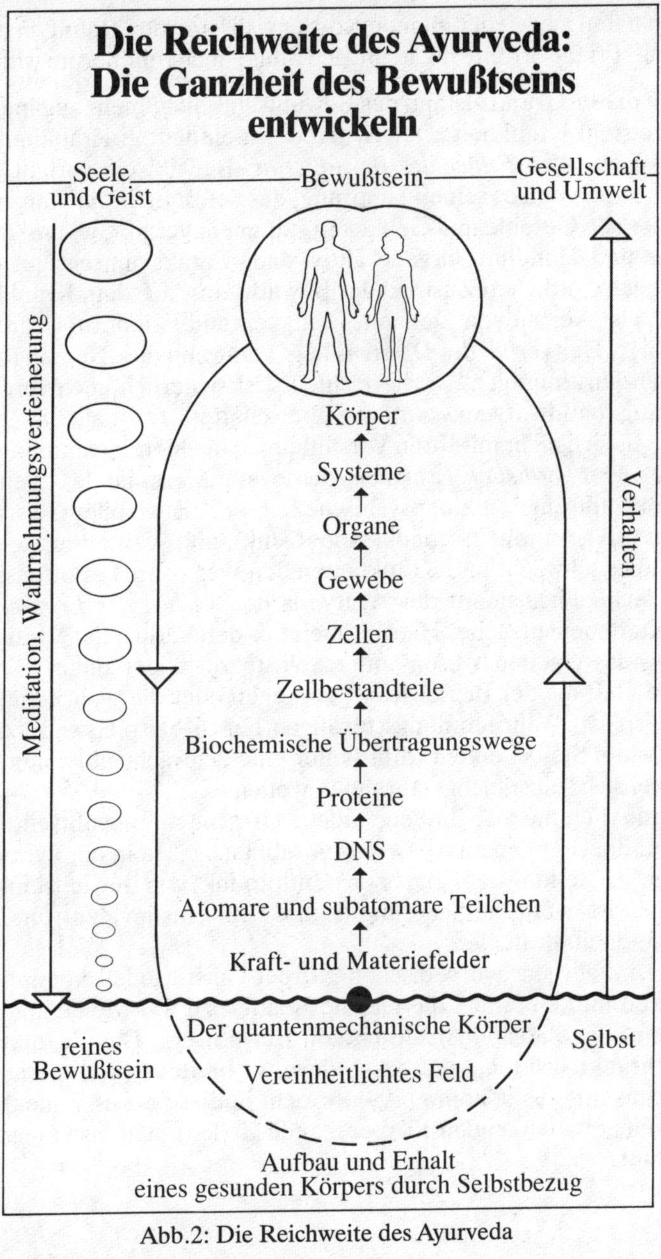

Die Reichweite des Ayurveda: Die Ganzheit des Bewußtseins entwickeln

Seele und Geist — Bewußtsein — Gesellschaft und Umwelt

Meditation, Wahrnehmungsverfeinerung

Verhalten

Körper
↑
Systeme
↑
Organe
↑
Gewebe
↑
Zellen
↑
Zellbestandteile
↑
Biochemische Übertragungswege
↑
Proteine
↑
DNS
↑
Atomare und subatomare Teilchen
↑
Kraft- und Materiefelder

reines Bewußtsein

Der quantenmechanische Körper

Selbst

Vereinheitlichtes Feld

Aufbau und Erhalt eines gesunden Körpers durch Selbstbezug

Abb.2: Die Reichweite des Ayurveda

Dann nahm ich wieder meinen Körper wahr und den Raum, in dem ich saß. Friede erfüllte mich, und ich fühlte mich rundherum wohl."

Wenn dieser Grundzustand des Bewußtseins nicht mehr zugänglich ist, entsteht Krankheit. Der Ayurveda ist eindeutig: Krankheit resultiert aus dem *Fehler des Bewußtseins*. Bewußtsein verhält sich fehlerhaft, wenn es seinen Ursprung, das Selbst oder die Ganzheit, aus der alle Gefühle und Gedanken stammen, vergißt, während die Sinne und Handlungsorgane aktiv sind. Caraka umschreibt den nicht ganzheitlichen Zustand des Bewußtseins, aus dem Krankheit folgt, als „Verfall von Denken, Festigkeit und Erinnerung (an das Selbst)". Der *Verfall des Denkens* liegt vor, wenn die „Neigung zum In-sich-Unstimmigen" vorherrscht. Es ist sicherlich auch Ihre Erfahrung, daß Ihr Denkvermögen überschattet ist, sobald Sie etwas tun, was sich nicht mit Ihren Vorstellungen in Übereinstimmung befindet. Der *Verlust an Festigkeit*, das zweite Merkmal des „Fehlers des Bewußtseins", meint psychische Labilität. Ein labiler Geist fällt leicht in gesundheitsschädigende Denk- und Verhaltensweisen. Daß dies schwächt und Krankheiten den Weg bahnt, ist offensichtlich. Schließlich nennt der Ayurveda den *Verlust der Erinnerung* als Krankheitsursache. Hiermit meint er den Verlust der Wahrnehmung des eigenen Wesens oder Selbstverlust, der dann eintritt, wenn Gefühle der Leidenschaft vorliegen oder die Wahrnehmung verzerrt ist. Wahrnehmungsstörungen liegen beispielsweise dann vor, wenn Sie bei einem Mitarbeiter eine Schwäche ablehnen, die Sie bei sich selbst nicht wahrhaben wollen.

Krankheit hat also ihre eigentliche Ursache im Bewußtsein, und Gesundheit ist genauso bewußtseinsabhängig. Da in der ayurvedischen Vorstellung der Körper das Endprodukt von Bewußtseinsvorgängen ist, steht die Schulung des Bewußtseins im Zentrum aller Gesundheitsstrategien.

Im modernen ayurvedischen Körper-Geist-Modell kommt Gedanken und Gefühlen die gleiche Realität zu wie Molekülen und Zellen. Sie alle sind Ausdruck von Bewußtsein. Das Bewußtsein beschränkt sich nicht auf das Gehirn, es breitet sich im gesamten Organismus aus. Chopra (1991) spricht in diesem Zusammenhang von einem „denkenden Körper". Jede Zelle besitzt also Geist, ist bewußt.

Übung: Nehmen Sie Kontakt mit Ihren „denkenden Zellen" auf!

Im ersten Schritt dieser Übung setzen Sie sich bequem hin oder legen sich in die Yoga-Ruhestellung (siehe S. 108). Schließen Sie Ihre Augen, nachdem Sie sich mit dieser Übung vertraut gemacht haben, und entspannen Sie sich, indem Sie einige Male bewußt tief durchatmen.

Lenken Sie Ihre Aufmerksamkeit auf Ihren Körper. Sie wird spontan von einer Empfindung angezogen. Welche ist es? Sobald Sie körperlich etwas wahrnehmen, verweilen Sie bei der Körperpartie, die Sie spüren.

Was erleben Sie? Vielleicht sind es alltägliche „Botschaften" Ihrer Zellen: Sie verspüren Durst oder Appetit. Oder aber Ihr Magen erzählt vom letzten Essen. Vielleicht meldet sich Ihr rechtes Knie und sendet Erinnerungen an den Zusammenstoß mit dem gegnerischen Verteidiger beim letzten Fußballspiel. Spüren Sie die Wärme Ihres Atems? Oder haben Sie irgendeine Druckempfindung?

Akzeptieren Sie die Wahrnehmungen, Gedanken und Bilder, die sich spontan einstellen, als Mitteilungen Ihrer Zellen. Wenn Sie keine weiteren Botschaften mehr erhalten, wandern Sie entweder weiter oder beenden die Übung durch mehrmaliges tiefes Ein- und Ausatmen und ein wiederholtes Strecken und Räkeln.

Ergebnisprotokoll:

Welche Botschaft war für mich besonders wichtig?

_____

_____

_____

Welche Konsequenzen ziehe ich daraus?

_____

_____

_____

Diese Art des Körperfühlens erlaubt Ihnen, einen Kontakt mit Ihren Zellen aufzubauen. Selbst wenn Sie nicht den quantenmechanischen Körper als solchen erfahren haben, sind Sie verstärkt mit sich selbst in Berührung gekommen. Sie haben damit den körperlichen Selbstbezug belebt, der im Idealfall heilend wirkt. Wahrscheinlich fühlen Sie sich jetzt etwas ausgeglichener und wohler.

Alle gesundheitsfördernden Maßnahmen des Ayurveda versuchen auf unterschiedliche Weise die Verbindung zur Quelle innerer Ordnung herzustellen. Aus dieser Quelle werden Ihre Zellen gespeist. Wenn der Zugang zum Zustand ganzheitlicher Bewußtheit (siehe Kapitel 4) erhalten bleibt, ist dies die beste Vorbeugung gegen Krankheiten.

Die Wechselwirkungen zwischen Körper und Geist waren in den letzten Jahren Gegenstand von Untersuchungen der Psychosomatik und der *Psychoneuroimmunologie*. Letztere beschäftigt sich vorwiegend mit einer Gruppe von Botenstoffen, den sogenannten *Neuropeptiden* – von denen mittlerweile etwa siebzig bekannt sind –, die vom Gehirn, vom Immunsystem und von den Nervenzellen verschiedener anderer Körperorgane ausgeschüttet werden. Wissenschaftler haben herausgefunden, daß die Gehirnbereiche, die die Emotionen steuern, über eine größere Anzahl von Rezeptoren („Anlegestellen") für die Neuropeptide verfügen. Sie entdecken mehr und mehr ein sehr differenziertes Kommunikationsnetz, das Geist, Immunsystem und alle weiteren Körpersysteme miteinander verbindet (siehe dazu Grünn, 1990). Über diese Verbindungsbahnen können Gefühle, aber auch Gedanken und Vorstellungen direkten Einfluß auf den Körper ausüben. Das Bewußtsein kann zum Beispiel auf dem Weg geistiger Visualisierung das Abwehrsystem beeinflussen.

Der amerikanische Psychologe Simonton hat eine Selbstheilungsmethode entwickelt, die heute insbesondere von Krebspatienten angewandt wird. In einem Entspannungszustand lernt der Betreffende zum Beispiel zu „sehen", wie seine weißen Blutkörperchen die Krebszellen angreifen, schwächen und schließlich abtöten. Mit dieser Imaginationstechnik sind zum Teil faustgroße Tumore zum Verschwinden gebracht worden.

Die Neuropeptide setzen Bewußtseinsinhalte und Gefühle unmittelbar in körperliche Reaktionen um, sie sind die physischen Äquivalente von Gefühlen und Gedanken. Die Erkenntnisse der Psychoneuroimmunologie verdeutlichen: Der gesamte Organismus

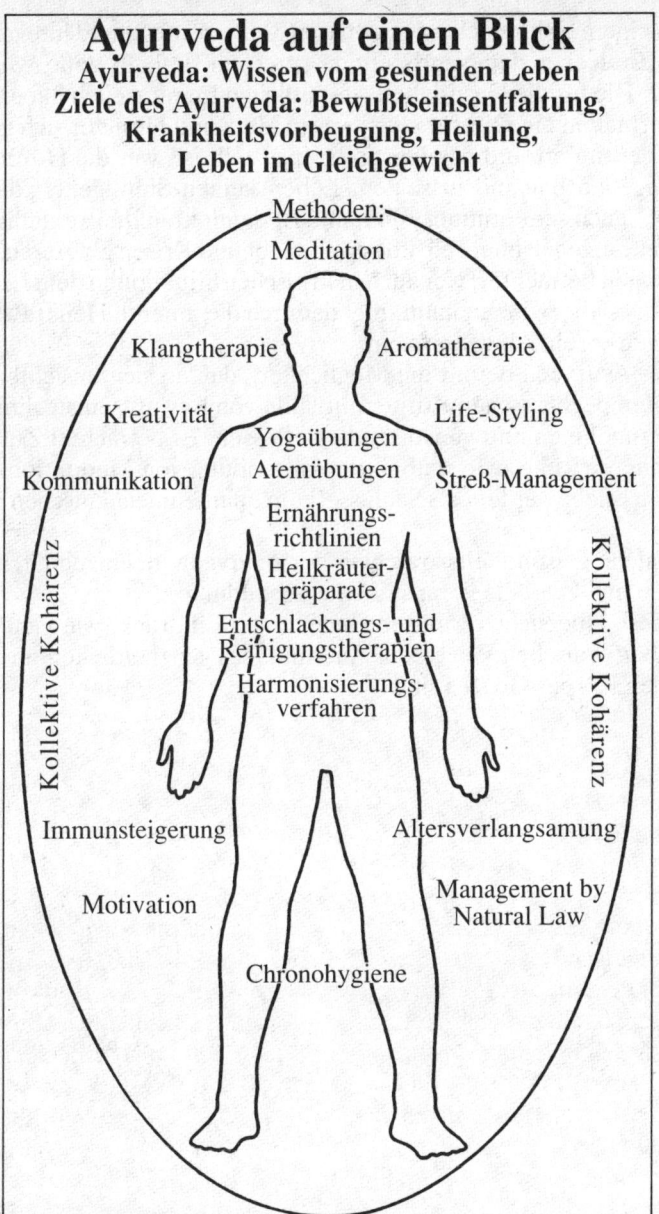

Ayurveda auf einen Blick
Ayurveda: Wissen vom gesunden Leben
Ziele des Ayurveda: Bewußtseinsentfaltung,
Krankheitsvorbeugung, Heilung,
Leben im Gleichgewicht

Methoden:

Meditation

Klangtherapie   Aromatherapie

Kreativität   Life-Styling

Yogaübungen
Kommunikation   Atemübungen   Streß-Management

Ernährungs-
richtlinien
Heilkräuter-
präparate
Entschlackungs- und
Reinigungstherapien
Harmonisierungs-
verfahren

Kollektive Kohärenz   Kollektive Kohärenz

Immunsteigerung   Altersverlangsamung

Management by
Motivation   Natural Law

Chronohygiene

Abb.3: Ayurveda auf einen Blick

ist in einem bisher nicht vorstellbaren Maße vernetzt und integriert. Die Entdecker der Neuropeptide sprechen deshalb vom *Körper-Geist*. Die für die Gesundheit wesentlichen Immunzellen haben gewissermaßen ein Ohr für alles, was in Herz und Hirn vor sich geht. Wer deprimiert und pessimistisch eingestellt ist, wer die Hoffnung aufgegeben hat und in seinem Leben keinen Sinn sieht, „deprimiert" auch sein Immunsystem und ist damit krankheitsanfälliger.

Wer hingegen eher selbstbestimmt lebt und Krisen als Herausforderungen betrachtet, wer auch in kritischen Situationen dem Leben Positives abgewinnen kann, regt dadurch die inneren Heilkräfte an und stärkt sein Abwehrsystem.

Der Ayurveda betont die Möglichkeit, den an sich unsichtbaren quantenmechanischen Körper mit Hilfe von Bewußtseinstechniken wahrzunehmen und günstig zu beeinflussen. Er betrachtet Zustände innerer Ruhe, wie sie bei der Anwendung von Meditationsverfahren erlebt werden, als Schlüssel zum quantenmechanischen Körper.

Welche Gesundheitsstrategien der Ayurveda im einzelnen anzubieten hat, zeigt die voranstehende Abbildung.

Diese Übersicht vermittelt Ihnen einen Eindruck, wie vielfältig die ayurvedischen Wege zum Aufbau eines ganzheitlichen und gesunden Körper-Geistes sind.

2. Ayurveda – Theorie und Praxis optimalen Gesundheitsverhaltens

In diesem Kapitel möchten wir Sie näher mit den theoretischen Grundlagen des Ayurveda vertraut machen. Wir stellen Ihnen auch die praktischen Maßnahmen vor, die er zur Optimierung der Gesundheit empfiehlt. Dabei vermitteln wir Ihnen zahlreiche einfache und wirkungsvolle Strategien, um Ihr Wohlbefinden und Ihre Leistungsfähigkeit zu erhöhen. Ihre Aufgabe wird es dann sein, diejenigen herauszugreifen und umzusetzen, die Sie am meisten ansprechen und die bei Ihren Gesundheitsproblemen am ehesten Abhilfe schaffen können.

Alle körperlichen und seelisch-geistigen Funktionen werden nach ayurvedischem Verständnis von drei Grundkräften gesteuert, den sogenannten *Doshas* (siehe hierzu 2.2). Das individuelle Gleichgewicht dieser Grundkräfte oder Doshas ist entscheidend für die Aufrechterhaltung von Gesundheit. Ist diese Balance gestört, kommt es zu Fehlsteuerungen im Organismus.

Der Ayurveda nennt zahlreiche Ursachen für das Ungleichgewicht der Doshas: Neben spezifischen Krankheitsursachen bezieht er unter anderem die Denk- und Gefühlsmuster, die Ernährung, Verhaltensgewohnheiten, jahreszeitliche und klimatische Bedingungen, Streß und andere Umweltfaktoren mit ein. Eine gestörte Gleichgewichtslage führt zum Beispiel zu Symptomen wie einem Mangel an innerer Zufriedenheit und Ganzheit sowie zur Abnahme des Leistungsvermögens. Ist der Organismus außerstande, die ursprüngliche Balance wiederherzustellen, und dauert die Disharmonie an, so entwickeln sich gesundheitliche Störungen.

2.1 Selbstanalyse: Erkennen Sie Ihren Konstitutionstyp

Jeder Mensch ist körperlich und seelisch-geistig einzigartig. Dennoch gibt es typische Klassifizierungen, die etwa den Körperbau, Zu- oder Abneigungen oder bestimmte Verhaltensgewohnheiten betreffen. Der Ayurveda unterscheidet drei Konstitutionstypen, die *Doshas*: es sind dies *Vata*, *Pitta* und *Kapha*.

Bevor wir Sie näher mit diesen drei Grundtypen vertraut machen, möchten wir Sie bitten, zunächst einmal Ihren persönlichen Konstitutionstyp zu bestimmen. Eine solche Analyse ermöglicht Ihnen,

– Maßnahmen zur Gesundheitsvorsorge anzuwenden, die auf Ihren spezifischen Typ bezogen sind;
– falls Sie gesundheitliche Beschwerden haben, gezielte Behandlungsstrategien einzusetzen;
– sich selbst genauer kennenzulernen, indem Sie zum Beispiel verstehen, warum Sie dann und wann lustlos sind oder in bestimmten Situationen „überschäumend" reagieren oder in den letzten Monaten zu einer besonders starken Gewichtszunahme neigten.

Diese Analyse ersetzt natürlich nicht die genaue ärztliche Untersuchung und Typenbestimmung. Hierbei wird zuerst Ihre angeborene Dosha-Konstellation ermittelt und anschließend das gegenwärtige Verhältnis der drei Doshas unter Gesichtspunkten eines möglichen Ungleichgewichts diagnostiziert. Die Konstitution eines Menschen gilt als unveränderlich und ist von Geburt an festgelegt. Das spezifische Verhältnis der Doshas ist auf der Ebene der Zellen fixiert und wandelt sich insgesamt nur im Fall von schweren Krankheiten. Im Alltag ist der Mensch jedoch immer wieder Einflüssen ausgesetzt, die sich zeitweilig verändernd auf die Doshas auswirken. Die Geburtskonstellation wird dann durch Einflüsse, die aus der aktuellen Lebenssituation resultieren und die die Doshas anregen, überlagert. Meist gerät dasjenige Dosha am ehesten aus der Balance, das für die jeweilige Konstellation bestimmend ist.

Nehmen Sie sich jetzt etwas Zeit, um den folgenden Fragebogen zur Analyse Ihrer momentanen Konstitution auszufüllen.

Fragebogen:
Bestimmung des persönlichen ayurvedischen Konstitutionstyps
(in Anlehnung an Chopra, 1991, S. 40 ff.)

Im folgenden Test finden Sie insgesamt sechzig Aussagen, die in drei Abschnitte unterteilt sind. Bewerten Sie sie einzeln darauf hin, wie stark Sie bei Ihnen zutreffen oder nicht. Hierfür steht Ihnen eine Skala mit Werten zwischen 0 und 6 zur Verfügung.
0 bedeutet „trifft nicht zu", 3 heißt „trifft gelegentlich oder einigermaßen zu" und 6 entspricht der Einschätzung „trifft meist zu". Die körperbezogenen Aussagen werden Sie sicherlich eindeutig bewerten können. Bei denjenigen Aussagen, die seelisch-geistige Aspekte betreffen, orientieren Sie sich danach – falls Sie mit der Beantwortung Schwierigkeiten haben sollten –, wie Sie sich überwiegend im Laufe Ihres bisherigen Lebens (oder zumindest während der letzten Jahre) gefühlt oder verhalten haben.

Teil 1: Vata-Test

	trifft nicht zu		trifft gelegentlich zu			trifft meist zu	
	0	1	2	3	4	5	6
1. Ich handle schnell.							
2. Ich kann schlecht auswendig lernen und auch schlecht auf lange Zeit behalten.							
3. Ich bin lebhaft und begeisterungsfähig.							
4. Ich habe einen leichten Körperbau und nehme schwer zu.							
5. Ich kann Neues schnell aufnehmen.							
6. Ich habe einen raschen und leichten Gang.							
7. Ich kann mich schwer entscheiden.							
8. Ich neige zu Blähungen oder zu Verstopfung.							

	trifft nicht zu		trifft gelegentlich zu			trifft meist zu	
	0	1	2	3	4	5	6
9. Ich bekomme leicht kalte Hände und Füße.							
10. Ich bin häufig besorgt und ängstlich.							
11. Ich ertrage kaltes Wetter weniger gut als andere Menschen.							
12. Ich spreche schnell und gelte bei meinen Freunden als sehr gesprächig.							
13. Meine Stimmungen wechseln schnell, und ich reagiere gefühlsbetont.							
14. Ich schlafe oft schlecht ein und wache nachts häufig auf.							
15. Ich neige zu trockener Haut, besonders im Winter.							
16. Ich bin geistig sehr rege, gelegentlich auch rastlos, sprudle vor Ideen über.							
17. Meine Bewegungen sind rasch und aktiv; meine Energie kommt in plötzlichen Schüben.							
18. Ich werde leicht aufgeregt.							
19. Auf mich selbst gestellt, habe ich unregelmäßige Eß- und Schlafgewohnheiten.							
20. Ich bin zugluftempfindlich.							

Vata-Gesamtwert _____

Teil 2: Pitta-Test

	trifft nicht zu		trifft gelegentlich zu			trifft meist zu	
	0	1	2	3	4	5	6
1. Ich halte mich für sehr effizient.							
2. Ich bin bei allem, was ich tue, genau und zielgerichtet.							
3. Ich habe einen starken Willen und kann mich gut durchsetzen.							
4. Bei heiß-feuchtem Wetter fühle ich mich unwohl oder ermüde leicht.							
5. Ich schwitze leicht.							
6. Auch wenn ich es nicht immer zeige, bin ich schnell gereizt oder wütend.							
7. Wenn ich eine Mahlzeit auslasse oder sich die Essenszeit verzögert, fühle ich mich unausgeglichen.							
8. Mein Haar weist mindestens eines der folgenden Merkmale auf: frühzeitig ergrauend oder Haarausfall; dünn, seidig, glatt; rötlich oder rötlichen Schimmer.							
9. Ich habe einen guten Appetit und kann große Mengen essen.							
10. Manche Leute bezeichnen mich als stur.							

	trifft nicht zu		trifft gelegentlich zu			trifft meist zu	
	0	1	2	3	4	5	6
11. Ich habe eine regelmäßige Verdauung; ich neige eher zu Durchfall als zu Verstopfung.							
12. Ich verliere leicht die Geduld.							
13. Ich neige zum Perfektionismus.							
14. Ich brause schnell auf, vergesse aber ebenso schnell wieder.							
15. Ich liebe kalte Speisen und gekühlte Getränke.							
16. Ich bin sehr direkt und eher extravertiert.							
17. Ich vertrage keine scharf gewürzten oder heißen Speisen.							
18. Ich bin nicht so tolerant, wie ich sein sollte.							
19. Ich genieße Herausforderungen und bin beim Erreichen meiner Ziele sehr beharrlich.							
20. Ich bin mir selbst und anderen gegenüber kritisch eingestellt.							

Pitta-Gesamtwert: _____

Teil 3: Kapha-Test

	trifft nicht zu		trifft gelegentlich zu			trifft meist zu	
	0	1	2	3	4	5	6
1. Ich handle gewöhnlich langsam und ohne Hektik.							
2. Ich nehme leichter zu und schwerer ab als andere.							
3. Ich bin von Natur aus ruhig und gesetzt: ich gerate selten aus der Fassung.							
4. Ich kann Mahlzeiten problemlos auslassen.							
5. Ich neige zu Schleimbildung, Trägheit, chronischer Verstopfung oder Asthma.							
6. Ich brauche mindestens acht Stunden Schlaf, um mich am folgenden Tag wohlzufühlen.							
7. Ich habe eine tiefen Schlaf.							
8. Ich errege mich selten.							
9. Ich lerne langsamer als andere, habe aber auch auf lange Zeit hin ein ausgezeichnetes Gedächtnis.							
10. Geldsorgen sind mir fremd.							
11. Kaltes und feuchtes Wetter ist mir zuwider.							
12. Meine Haare sind dicht, dunkel und gewellt oder dick.							

	trifft nicht zu		trifft gelegentlich zu			trifft meist zu	
	0	1	2	3	4	5	6
13. Ich habe eine weiche, glatte und blasse Haut.							
14. Ich habe einen kräftigen Körperbau.							
15. Ich bin von Natur aus heiter, sanftmütig, liebevoll; Ich vergebe leicht.							
16. Meine Verdauung ist regelmäßig, auch auf Reisen.							
17. Ich habe eine gute Ausdauer und Widerstandskraft; mein Energiepegel ist ausgeglichen.							
18. Ich gehe langsam und gemessen.							
19. Ich neige zur Langschläferei und komme morgens langsam in Gang.							
20. Ich esse mit Bedacht und gehe auch sonst langsam und methodisch vor.							

Kapha-Gesamtwert: _____

Auswertung:
Ermitteln Sie nun für jeden der drei Testabschnitte gesondert Ihre Punktzahl, indem Sie jeweils die zwanzig Zahlen addieren. Wenn Sie die drei Werte für Vata, Pitta und Kapha miteinander vergleichen, erkennen Sie, ob ein Grundtyp überwiegt, eventuell zwei dominieren oder vielleicht sogar die drei ähnlich ausgeprägt sind. An einigen Beispielen möchten wie Ihnen veranschaulichen, wie die Testwerte zu interpretieren sind:

Pitta 80, Vata 61 (Kapha 29)   = Pitta-Vata-Typ
Vata 88, (Pitta 34, Kapha 37) = Vata-Typ
Vata 61, Pitta 64, Kapha 60   = Vata-Pitta-Kapha-Typ

Bei den Erläuterungen zu den einzelnen Konstitutionstypen, die wir Ihnen in den nächsten Abschnitten geben, sollten Sie diejenigen besonders aufmerksam durchlesen, die sich auf den Typ, der bei Ihnen im Vordergrund steht, beziehen. Welche körperlichen, seelisch-geistigen und verhaltensmäßigen Merkmale die einzelnen Typen kennzeichnen und worauf Sie künftig im Alltag in Ihrem Gesundheitsverhalten achten sollten, verdeutlichen die nachfolgenden Ausführungen.

2.2 Die ayurvedischen Konstitutionstypen

Alle Maßnahmen zur Erhaltung und Förderung der Gesundheit richten sich im Ayurveda nach dem jeweiligen körperlichen Konstitutionstyp. Die Eigenschaften der drei Konstitutionstypen, die wir später eingehender besprechen, lassen sich aus den *fünf Grundelementen*, aus denen der Kosmos aufgebaut ist, ableiten: *Raum, Luft, Feuer, Wasser* und *Erde*. Diesen fünf werden sowohl Eigenschaften der Materie als auch solche der Energie zugeordnet. Der Ayurveda geht von einer engen Verflechtung von Mikro- und Makrokosmos aus: Er betrachtet den menschlichen Körper als Abbild des Kosmos. Die fünf Elemente sind demnach auch die grundlegenden Bausteine des menschlichen Organismus, der Zellen, Gewebe und Organe.

Der Zusammenhang zwischen den fünf Grundelementen und den drei Doshas läßt sich wie folgt darstellen:

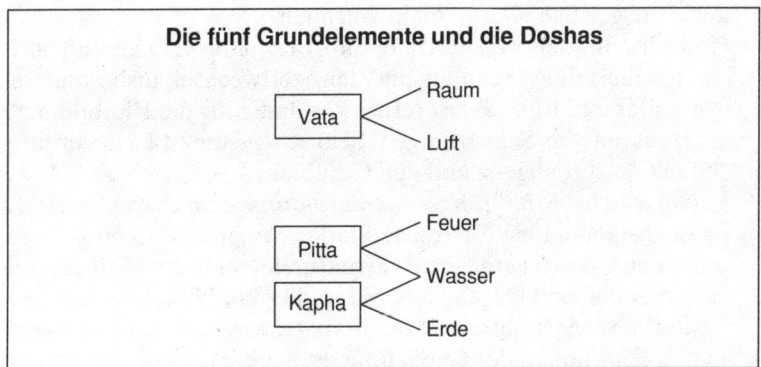

Die fünf Grundelemente und die Doshas

Vata — Raum, Luft

Pitta — Feuer, Wasser

Kapha — Wasser, Erde

Aus diesem Schema lassen sich für *Vata* (Raum und Luft) die Eigenschaften kalt, leicht, schnell, trocken, rauh, beweglich und subtil ableiten.

Pitta (Feuer und Wasser) können die Qualitäten warm, leicht, scharf, flüssig, geringfügig ölig und sauer zugeordnet werden.

Kapha (Erde und Wasser) zeichnet sich durch die Eigenschaften kalt, schwer, ölig, süß, stabil, langsam, glatt/weich und viskös aus. Auf diese Gruppen von Eigenschaften werden wir, wenn wir uns mit den Merkmalen der drei Konstitutionstypen näher beschäftigen, zurückkommen.

Die Lehre von den drei Doshas (Vata, Pitta und Kapha) spielt im Ayurveda eine Schlüsselrolle. Sie stellt ein praktisches Instrument dar, um körperliche Vorgänge mit seelisch-geistigen Prozessen, dem Verhalten und der Umwelt zu verbinden. Die Konstellation der Doshas ist angeboren, jedoch in Grenzen veränderbar und von vielen Gegebenheiten abhängig wie der Ernährungweise, tages- und jahreszeitlichen Zyklen, Lebensphasen und Lebensgewohnheiten. Die Doshas regulieren alle Vorgänge in Körper, Geist und Seele; einige Aufgaben, die sie erfüllen, sind aber besonders wichtig:

– *Vata* gilt als *Bewegungsprinzip*, das alle willkürlichen und vegetativen Bewegungsabläufe steuert. Ihm unterliegt die Beeinflussung der Muskulatur, die Regulation der inneren Organe, des Kreislaufs, der Atmung und aller Ausscheidungsvorgänge. Es ist außerdem für die geistige Aktivität und für die Sinnesorgane verantwortlich; entsprechend beeinflußt es die Aufnahmefähigkeit sowie die geistige Klarheit und Wachheit.

– *Pitta* wird mit dem *Wärme- oder Stoffwechselprinzip* identifiziert und reguliert die Verdauung und den Stoffwechsel, insbesondere von Leber und Milz. Es ist ferner zuständig für die Blutbildung, die Haut und das Sehvermögen. Seelisch-geistig ist Pitta verbunden mit der Intelligenz und den Gefühlen.

– *Kapha* wird als *Ernährungs- oder Strukturprinzip* charakterisiert. Es ist zuständig für körperliche Stärke, Widerstandsfähigkeit sowie für die flüssigen und festen Strukturelemente des Körpers. Es baut Gewebe und Organe auf und ist darüber hinaus an der Aufrechterhaltung psychischer Stabilität und Ausgeglichenheit sowie an den Funktionen des Gedächtnisses beteiligt.

Jedes der drei Doshas ist zusätzlich in fünf Subdoshas unterteilt, mit Hilfe derer eine genauere Diagnose und Therapie bei körperlichen Beschwerden möglich ist. Eine Erörterung dieser Subdoshas würde aber den Rahmen dieses Buches sprengen (siehe dazu im einzelnen Chopra, 1991, S. 77 ff.).

Damit der Organismus reibungslos arbeitet, muß jede Zelle alle drei Prinzipien enthalten:

- im Körper muß *Vata* (Bewegung) vorhanden sein, das es ermöglicht zu atmen, das Blut fließen zu lassen, Speisen durch den Verdauungstrakt zu bewegen und Nervenimpulse vom Gehirn aus zum Beispiel zu einzelnen Organen und von dort zurück zum Gehirn zu schicken.
- *Pitta* (Stoffwechsel) ist erforderlich, um Nahrung, Sauerstoff und Flüssigkeit zu verarbeiten und zu verteilen.
- *Kapha* (Struktur) wird schließlich benötigt für die Zellbildung und für den Aufbau von Muskeln, Fett, Knochen und Sehnen.

In gewisser Weise ist Ihr Körper mit einem Ofen vergleichbar: Damit der Ofen funktioniert, benötigen Sie Brennmaterial (Substanz = Kapha), Sauerstoff (Luft = Vata) und Feuer (Energie = Pitta). Wenn eines dieser drei überwiegt, beeinträchtigt dies das Zusammenspiel der Einzelteile: Der Ofen bzw. der Organismus arbeitet dann nicht optimal. Wenn die Sauerstoffzufuhr zu hoch ist, brennt das Feuer zu stark und nicht lange. Wenn das Material schwer verbrennt, bildet sich verstärkt Ruß. Wenn die Sauerstoffzufuhr schließlich zu niedrig ist, droht das Feuer auszugehen.

Wenn also ein Vata-Überschuß vorherrscht, entsteht zuviel Bewegung oder Unruhe im Körper.

Wenn Pitta übermäßig angeregt ist, befindet sich der Energiehaushalt im Ungleichgewicht.

Wenn Kapha schließlich aus der Balance gerät, hat der Organismus mit einem Übermaß an Substanz zu kämpfen: Er neigt zu Ablagerungen.

Diese Grundkräfte sind so konkret, daß sie sich bewegen, vermehren oder vermindern; es ist auch möglich, daß sie irgendwo im Gewebe „festsitzen" oder in Körperbereiche gelangen, in denen sie in hoher Konzentration nichts zu suchen haben. Die Doshas stehen miteinander in Beziehung, als ob sie durch zahllose, nicht wahrnehmbare Fäden verbunden seien. Jedes Dosha wirkt in allen Körperzellen, Geweben und Organen, und ihm kommt darüber hinaus eine geistige Funktion zu.

Die Doshas sind zwar überall im Körper verteilt, sie haben aber auch einen „Hauptsitz":

– Kapha befindet sich im Brustbereich und oberen Magen,
– Pitta im Magen, Dünndarm und Zwölffingerdarm sowie
– Vata im Dickdarm.

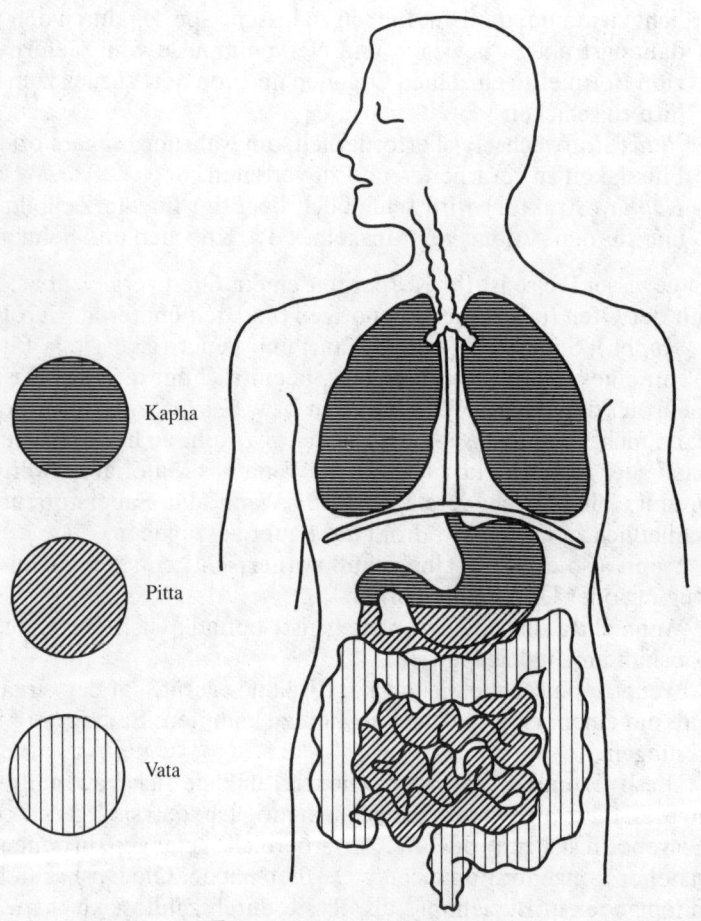

Abb. 4: Der Sitz der Doshas

Wenn nun ein Dosha ins Ungleichgewicht gerät, zeigen sich daher häufig entsprechende Symptome zunächst in diesen Körperbereichen:

- Beschwerden mit den Atmungsorganen, Husten oder Schnupfen (Kapha),
- Blähungen, Verstopfung, Bauchschmerzen (Vata) und
- Schmerzen oder unangenehmes Brennen im Oberbauch (Pitta).

Dem Ayurveda gemäß entwickeln sich körperliche Beschwerden in einer Stufenfolge von sieben Schritten:

1. Aufgrund unterschiedlichster Einflüsse kommt es zunächst zu einer *Ansammlung* von einem oder mehreren Doshas.
2. Das jeweilige Dosha-Ungleichgewicht nimmt weiter zu, weil die störenden Einflüsse bestehen bleiben (*Verstärkung*).
3. Die lokal begrenzte Dosha-Störung breitet sich auf andere Bereiche des Körpers aus (*Zirkulation*).
4. Das betreffende Dosha wandert dann durch den Organismus und setzt sich irgendwo anders fest (*Ablagerung*).
5. Dann zeigen sich in diesem Körperbereich *erste Krankheitssymptome*, und schließlich entwickelt sich
6. eine *akute gesundheitliche Störung*, die
7. in ein *chronisches Stadium* übergehen kann.

Der Organismus hat eine gewisse Bandbreite, innerhalb derer er gleichgewichtsstörende Einflüsse neutralisieren kann. Wird diese Bandbreite überschritten, so entwickeln sich gesundheitliche Störungen. Krankheiten sind für den Ayurveda die Folge eines Dosha-Überschusses und weniger eines Dosha- Mangels. Ausgewogenheit im Zusammenspiel der Doshas ist aus der Perspektive des Ayurveda die Basis für Gesundheit.

Dem Ayurveda geht es um *Heilung*, in seiner modernen Form aber vor allem um *Vorbeugung*: Mit Hilfe einfacher Verfahren gelingt es oft, bereits auf den ersten vier Stufen der Entwicklung einer Krankheit entgegenzuwirken. Die westliche Medizin erkennt hier noch kein Ungleichgewicht, weil in diesen Phasen deutliche Krankheitssymptome nicht sichtbar sind. Es gelingt ihr häufig auch nicht, Symptome auf dieser Vorstufe einzuordnen. Deshalb werden sie ignoriert oder als „psychisch" abgetan.

An einem Beispiel möchten wir Ihnen veranschaulichen, wie eine solche Früherkennung von Gesundheitsstörungen aussehen kann: Nehmen wir an, ein Manager fühle sich im herkömmlichen Sinn gesund. In einem Gespräch mit dem Ayurveda-Arzt stellt sich jedoch heraus, daß er seit einigen Monaten morgens nicht mehr frisch aufwacht. Er fühlt sich im Rücken und den Fingergelenken etwas steif, und die Nasenschleimhaut ist leicht geschwollen. Außerdem mangelt es ihm zusehends an der gewohnten Vitalität, und besonders nach dem Mittagessen fühlt er sich oft müde. Die körperliche Untersuchung ergibt außer einer belegten Zunge mit seitlichen Zahneindrücken und längsgerillten Fingernägeln keinen pathologischen Befund. Alle Laborwerte liegen im Normalbereich.

Durch einfache Maßnahmen wie kleinere Ernährungsumstellungen oder verstärkte Entschlackung, die den Kapha-Tendenzen entgegenwirken, kann in einem solchen Fall bereits eine Verbesserung in einigen Wochen erreicht werden. Der Betreffende fühlt sich nun wohler, leistungsfähiger und merkt jetzt erst, daß er vorher doch nicht ganz gesund war. Mit solchen Maßnahmen setzt der Arzt ein Gegengewicht, um gesundheitliche Störungen bereits in einem Frühstadium zu verhindern.

Die „reinen" Konstitutionstypen

Die Körpergrundtypen Vata, Pitta und Kapha decken jeweils ein breites Spektrum von Körperreaktionen sowie von Denk- und Verhaltensmöglichkeiten ab. Jedes Dosha umfaßt Eigenschaften, Persönlichkeitsmerkmale oder Verhaltensweisen, die je nach Erziehung und persönlicher Bewertung entweder als positiv oder negativ eingeschätzt werden. Ayurvedisch gesehen sind die Doshas jedoch gleichwertig.

Es kommt allerdings eher selten vor, daß es Konstitutionstypen gibt, bei denen eine einfache Dosha-Dominanz vorliegt. Die meisten Menschen, vermutlich auch Sie, sind Mischtypen: Es ist dann entweder eine doppelte Dosha-Dominanz vorhanden, oder Sie entsprechen einem Drei-Dosha-Typ. Aufgrund der Ergebnisse des Fragebogens zur persönlichen Konstitutionsbestimmung werden Sie dies vielleicht auch bei sich festgestellt haben. Aus Gründen einer besseren Verständlichkeit besprechen wir jedoch nachfolgend die Körpergrundtypen getrennt.

Vata-Typen reagieren schnell und sensibel auf Veränderungen. Dies birgt die Gefahr in sich, daß sie sich unverhältnismäßig stark anregen lassen und sich häufig überreizt fühlen. Vata steht für Bewegung: Ein *ausgewogener Lebensrhythmus* von (ausreichend) Ruhe und (nicht zuviel) Aktivität ist für Vata-Menschen daher von besonderer Bedeutung. Vata ist *König der Doshas*, weil es die anderen Doshas in Bewegung bringt und regiert. Mehr als fünfzig Prozent aller gesundheitlichen Beeinträchtigungen sind auf einen Vata-Überschuß zurückzuführen. Wenn Vata aus der Balance gerät, zieht dies auch ein Ungleichgewicht von Pitta und Kapha nach sich. Die Ausbalancierung von Vata ist daher im Ayurveda zentral. Auch jegliche Art von psychosomatischen und streßbedingten Störungen ist mit einem Vata-Ungleichgewicht in Verbindung zu bringen. Ein Großteil der heutigen Zivilisationskrankheiten wird demnach einem gestörten Vata-Gleichgewicht zugeordnet.

Für den Vata-Typen sind folgende *Eigenschaften* kennzeichnend:

Merkmale des Vata-Typs

- geringes Gewicht, leichter Körperbau
- Begeisterungsfähigkeit
- Ideenreichtum
- Aktivitäten werden schnell ausgeführt
- Neigung zu trockener Haut
- Abneigung gegen kaltes, windiges Wetter
- unregelmäßiger Hunger und unregelmäßige Verdauung
- Probleme mit Verstopfung
- schnelle Auffassungsgabe und gutes Kurzzeitgedächtnis
- Neigung zu Sorgen und Kummer
- hohe Anpassungsfähigkeit und gutes Einfühlungsvermögen
- Tendenz zu leichtem und unterbrochenem Schlaf

Für *Vata-Störungen* sind charakteristisch: rauhe Haut, spröde, gerillte Fingernägel, eine trockene, gefurchte Zunge. Aufgrund der trockenen Schleimhäute neigt der Vata-Typ zu trockenem Stuhl, der mit Verstopfungen einhergehen kann. Er verliert häufig Gewicht, tendiert zu nervösen Magenbeschwerden, die Haut ist eher dunkel gefärbt (grau-brauner Teint), er hat mit Gelenkbeschwerden, Schwindelgefühlen, Bluthochdruck und Eiterungen zu tun. Muskelverspannungen und Nervenschmerzen, Zittern, Krämpfe und Kälteschauer sind weitere typische Vata-Beschwerden. Seelisch-geistig machen dem Vata-Typ Unruhe, Schlaflosigkeit, Ängstlichkeit, Sorgen und Depressionen sowie Schwäche und Abgeschlagenheit zu schaffen.

Zahlreiche Faktoren können *Vata-Störungen auslösen:* unregelmäßiger Lebensrhythmus, Mißbrauch von Genußmitteln, grundlegende und plötzlich auftretende Lebensveränderungen, Ängste, körperliche Überanstrengung, psychische Belastungen, häufiges Auslassen von Mahlzeiten, zuviel kalte, rohe oder trockene Speisen, zuwenig Schlaf, kaltes, windiges und trockenes Wetter, Reisen.

Ist *Vata im Gleichgewicht*, so dominieren unter anderem folgende Merkmale:

- gute, ausgeglichene Stimmung,
- klarer, wacher und kreativer Geist,
- Spontanität und Flexibilität,
- gute Ausscheidungsfunktion von Blase und Darm,
- Aufbau stabiler Körpergewebe,
- gesunder, leichter Schlaf und
- ausgezeichnete Vitalität sowie eine gute Abwehrlage.

Allgemeine Empfehlungen für Vata-Typen

1. Diese Konstitutionstypen tun gut daran, sich *häufiger auszuruhen,* indem sie sich einfach hinlegen, ihrem Körper genügend Schlaf gönnen; auch rechtzeitiges Zubettgehen (vor 22 Uhr) ist empfehlenswert oder regelmäßige Meditations- und Entspannungsübungen.
2. Wichtig für Vata-Menschen ist *Regelmäßigkeit*, was auch für Mahlzeiten gelten sollte. Vata-Typen bekommt es gut, wenn sie mittags nach dem Essen eine Zeit ruhen. Fünf Minuten haben bereits eine wohltuende Wirkung.
3. Sinnvoll ist für diesen Körpergrundtyp ferner, dem Organismus eine *ausreichende Menge an Flüssigkeit* zuzuführen. Die Getränke sollten möglichst warm oder heiß sein.

4. *Wärme* in jeglicher Form ist für Vata-Typen wohltuend, das heißt, sie müssen Zug vermeiden und dafür sorgen, daß die Luftfeuchtigkeit nicht zu gering ist. Ein längeres warmes Baden oder Duschen am Morgen ist diesem Typ besonders zuträglich, auch tut es ihm gut, sich täglich in die Sonne zu setzen. In sonnenarmen Perioden stärkt ein zweimaliger Solariumbesuch pro Woche die Abwehrkräfte.

5. *Überanstrengung und Überstimulation zu meiden,* ist ein weiterer Grundsatz, den Vata-Typen besonders beachten müssen. Das bedeutet zum Beispiel, daß sie sich davor hüten sollten, Filme mit gewalthaftem Inhalt anzusehen oder sich dem Einfluß von sehr lauter, nervenaufreibender Musik auszusetzen. Sich geistig und körperlich nicht im Übermaß zu belasten, da sie sich sonst zu stark erschöpfen, ist des weiteren wichtig.

6. Auf *anregende Mittel* wie Kaffee, schwarzen Tee, Tabak oder Alkohol zu verzichten, ist für Vata-Typen ratsam, weil sie ohnehin zu Nervosität und innerer Unruhe neigen. Empfehlenswert sind dagegen aufbauende Anregungsmittel wie Ingwertee und süße Früchte.

Fallstudie: Die „Vata-Managerin"

Sehen wir uns einmal Liselotte M., eine fünfzigjährige leitende Mitarbeiterin eines Sportartikelherstellers, näher an, bei der Vata-Tendenzen überwiegen. Äußerlich macht sie eher einen feingliedrigen, hageren und leichten Eindruck. Frau M. geht sehr zügig. Sie berichtet davon, daß ihr häufiger kalte Füße und Hände, gelegentlich eine unregelmäßige Verdauung und Schlafprobleme zu schaffen machen. Manche Belastungen des Berufsalltags wirken sich bei ihr auf den Magen-Darm-Trakt aus: Es verschlägt ihr dann förmlich den Appetit, oder sie bekommt Verstopfung.

Ihr Arbeitsstil ist durch schnelles Erledigen ihrer Aufgaben gekennzeichnet. Manche Mitarbeiter wundern sich über das Tempo, mit dem sie ihre Tätigkeiten durchführt. Auch bestechen ihre Spontaneität und Flexibilität. Frau M. ist allerdings nicht immer effektiv in ihrer Arbeitsweise, weil sie dann und wann etwas übersieht und unkonzentriert ist. Normalerweise handelt sie schnell und wirkt sehr wach. Wenn ihr andere Leute etwas mitteilen, nimmt sie deren Informationen leicht auf, neigt aber dazu, einiges nach kurzer Zeit wieder zu vergessen.

Nicht immer fällt es ihr leicht, die richtigen Entscheidungen zu treffen. Sie bezieht gerne andere in Entscheidungsfindungsprozesse ein. Dabei ist sie sehr kreativ, leicht zu begeistern, kann sich aber häufig bei der Umsetzung von Entscheidungen so stark engagieren, daß sie sich völlig erschöpft. Dies liegt auch daran, daß sie sich oft verzettelt und sich gerne um andere kümmert, wobei sie niemandem weh tun möchte.

Diese Managerin ist lebhaft und sprudelt geradezu über vor Ideen, hat aber manchmal, zum Beispiel in Konferenzen, Probleme, die Dinge auf den Punkt zu bringen. Ihre Ausführungen wirken dann langatmig, was die anderen Beteiligten unruhig macht und manchmal ärgert.

Im Umgang mit den Kollegen und Mitarbeitern ist sie meist offen, vertrauenerweckend und gesprächig. Es fällt ihr eher schwer, anderen ruhig zuzuhören, was sich zum Beispiel darin zeigt, daß sie gelegentlich ihren Mitarbeitern ins Wort fällt. Wenn sie besonders viel um die Ohren hat oder schlecht geschlafen hat, verhält sie sich auch schroff und zeigt wenig Toleranz. Sie neigt dann vermehrt zu Unausgeglichenheit und einer schlechten Stimmung. Frau M. ist häufiger nervös und hat in ihrem Führungsalltag auch mit Ängsten zu kämpfen, vor allem im Umgang mit ihren Vorgesetzten.

Der Pitta-Typ

Dieser Konstitutionstyp zeichnet sich meist durch eine gute gesundheitliche Verfassung aus. Dies hängt zum einen mit seiner guten Verdauung zusammen, die maßgeblich dazu beiträgt, ein gesundes Gewebe aufzubauen und die Abwehrkräfte zu stärken, zum anderen kann er sich durch kurzen tiefen Schlaf schnell regenerieren. Dieser Typ ist unter Führungskräften, die imstande sein sollten, „etwas zu bewegen", sehr verbreitet. Er muß sich vor allem im *Maßhalten* in jeglicher Form üben: Der Pitta-Mensch ist normalerweise mit viel Energie ausgestattet, die ihn dazu veranlaßt, sich selbst zu überfordern und seine Grenzen nicht genügend zu erkennen.

Eigenschaften des Pitta-Typs

- mittelschwerer, geschmeidiger Körperbau
- präzise und zielstrebige Art zu arbeiten
- Organisationstalent
- Abneigung gegen Hitze
- starker Hunger und gute Verdauung
- mittlere Auffassungsgabe und mittleres Gedächtnis
- Fähigkeit, Erlerntes systematisch wiederzugeben
- guter Redner
- unternehmungslustig und wagemutig
- Bevorzugung kalter Nahrung und kühler Getränke
- hohe Erregungsbereitschaft
- Neigung zu Ungeduld, Zornausbrüchen und Unterdrückung anderer
- Tendenz zu rötlicher Hautfarbe, rötlichen Haaren, Sommersprossen und Muttermalen

Auf *Pitta-Störungen* weisen zum Beispiel folgende körperliche Anzeichen hin: gelbliches Aussehen, starkes Schwitzen, Hitzewallungen, Mundgeruch, schlechter Schlaf, schwache Verdauung, Leberfunktionsstörungen, Neigung zu Entzündungen (zum Beispiel des Zahnfleischs), Ekzeme, Blutungen, Sodbrennen und übersäuerter Magen, Steinbildungen (Niere, Galle), brennende Empfindungen in unterschiedlichen Körperbereichen, Magen- und Darmgeschwüre, übermäßige Hunger- und Durstgefühle, Hautkrankheiten. Auf geistiger Ebene kann sich ein Pitta-Ungleichgewicht in Form von Aggressivität, einer starken Tendenz, sich selbst und andere zu kritisieren, sowie Sturheit und Rücksichtslosigkeit zeigen.

Wenn Pitta-Typen im Alltag stark unter Streß und Zeitdruck stehen, ihren Ärger eher zurückhalten, sich lange in der Wärme (zum Beispiel in der Sonne) aufhalten, viel Salz, fette, scharf gewürzte Speisen zu sich nehmen oder Nahrungsmittel, die milchsauer vergoren sind, *begünstigt* dies *Pitta-Störungen*.

Wenn *Pitta ausgewogen* ist, herrschen vor:

- innere Zufriedenheit,
- gute Verdauung,
- Beweglichkeit des Körpers,

- ein ausgeglichener Wärmehaushalt,
- Klarheit des Intellekts und Scharfsinnigkeit,
- Tendenz, viel zu unternehmen sowie ein
- hohes Energieniveau.

Beachtenswerte Punkte für Pitta-Typen

1. Für Pitta-Typen stellt sich als wesentlichste Aufgabe, nicht „über die Stränge zu schlagen": Ein *ausgewogenes Verhältnis von Entspannungs- und Mußephasen und Perioden der Aktivität* ist bei diesem Typ besonders angesagt. Pitta-Menschen benötigen auf alle Fälle Zeit, um Phasen der Selbstbesinnung einzulegen.

2. Zu stark angeregtes Pitta läßt sich am besten durch Maßnahmen vermindern, die *kühlend* wirken. Falls ein Pitta-Typ badet, sollte er dies nicht zu lange tun und nicht bei zu heißer Wassertemperatur. Einen abkühlenden Effekt haben Getränke mit einem niedrigen Säuregehalt, aber auch kohlensäurefreies Mineralwasser. Grundsätzlich ist ausreichend Flüssigkeit wichtig, um der Steinbildung vorzubeugen. Beachtenswert ist außerdem eine nicht zu hohe Zimmertemperatur. Unter Umständen helfen auch kalte Umschläge in der Stirn- und Nackenpartie, Pitta zu reduzieren. In der Sonne ist es für Pitta-Typen ratsam, stets den Kopf bedeckt zu halten.

3. In ihrer *Ernährung* sollten Pitta-Typen *maßvoll sein* und dreimal täglich eine Mahlzeit zu sich nehmen; dabei sollten sie vor alle vermeiden, zuviel zu essen. Auf der anderen Seite ist es aber auch wichtig, sich bei größerem Appetit nicht zu zwingen, weniger zu essen. Darüber hinaus empfiehlt es sich, hinsichtlich dessen, was sie essen, eine Reihe von Punkten zu beachten (Näheres dazu im folgenden Abschnitt). Vor allen Dingen sind „heiße" Diskussionen während des Essens abträglich.

4. Ähnlich wie beim Vata-Typ empfiehlt es sich auch für Pitta-Konstitutionstypen, sich im *Konsum von Stimulantien und Genußmitteln* zurückzuhalten, da Pitta hierdurch zusätzlich angeheizt wird und gerade in dieser Hinsicht zu Maßlosigkeit neigt.

5. Ein sehr wirkungsvolles Mittel, um Pitta zu verringern, ist, sporadisch bestimmte *natürliche Abführmittel* einzunehmen, was auch im Rahmen von Ayurveda-Kuren geschieht (siehe dazu Abschnitt 2.4). Danach ist eine schonende Aufbaukost zu empfehlen. Auch gelegentliches Blutspenden oder therapeutische Aderlässe regulieren Pitta.

6. Pitta-Typen *reagieren stark auf Toxine*: Sie tun deshalb gut daran, möglichst viele Nahrungsmittel aus kontrolliertem Anbau zu konsu-

mieren, die Qualität des verwendeten Wassers ebenso zu beachten wie die Güte der eingeatmeten Luft sowie Medikamente sparsam zu verwenden.

7. *Körperliche Bewegung* sollte einen mittleren Intensitätsgrad nicht übersteigen, was vor allem in den Sommermonaten von Wichtigkeit ist. Geeignet sind Golf, Tanzen, Segeln, Radfahren und Reiten.

8. Einem interessanten *Hobby* nachzugehen oder sich in der *Freizeit* einer Tätigkeit zu widmen, die auch lustige Seiten beinhaltet, oder sich in der *Natur* an der frischen Luft im Schatten aufzuhalten, dient außerdem dazu, Pitta abzubauen.

Fallstudie: Der „Pitta-Manager"

Bei Herrn Walter F., achtundvierzig Jahre alt, Geschäftsführer eines Unternehmens der Bauindustrie, überwiegen Pitta-Tendenzen. Herr F. ist gewissermaßen der Prototyp eines Managers: Er ist dynamisch, intelligent, scharfsinnig, ehrgeizig und verlangt von sich und anderen außerordentlich viel. Sein Haar ist schütter, größtenteils grau und eher seidig, er ist ein mittelgroßer sportlicher Typ. Gesundheitlich ist Herr F. in recht guter Verfassung: Gelegentliches Sodbrennen macht ihm zwar zu schaffen, und er hat schlechte Leberwerte. Auch hat in den letzten Jahren sein Sehvermögen deutlich nachgelassen, so daß er jetzt zum Lesen eine Brille braucht. Ansonsten fühlt er sich sehr fit, vital und gesund. Er achtet wenig auf seine Gesundheit, sondern genießt das Leben in vollen Zügen, wenn ihm dazu einmal Zeit bleibt.

Beobachten wir Herrn F. nun bei einer Verhandlung mit Kollegen, bei der er den Vorsitz hat. Die Anwesenden wurden von ihm vorher schriftlich in allen Einzelheiten über das geplante neue Bauprojekt informiert. In der Konferenz, die er wie immer gut organisiert hat, kommt er zügig und in prägnanten Worten auf die Essentials zu sprechen. Zu Sitzungsbeginn hält er sich nicht lange mit einer Vorrede auf, sondern erläutert den Kollegen systematisch und klar die wesentlichen Punkte, die es bei dem neuen Projekt seiner Ansicht nach zu bedenken gilt. Dann und wann muß er sich beim Sprechen den Schweiß von der Stirn wischen. Er trinkt während der Sitzung viel und bevorzugt kühles Mineralwasser.

Auf Einwände, insbesondere von zwei Kollegen, reagiert er zunächst ruhig und überlegen, mit klaren Gegenargumenten. Als diese nicht auf Akzeptanz stoßen, wird Herr F. gereizt und aggressiv. Er vermittelt dadurch den Zuhörern den Eindruck, als ob es ihm lästig sei, daß jemand zu einer anderen Beurteilung des neuen Bauprojekts gelangt. Auf seine Meinung scheinen die anderen viel Wert zu legen, da sie meist aufmerksam und konzentriert zuhören, wenn er spricht. Unter den Sitzungsteilnehmern gibt es wenige, die den Mut aufbringen, ihm in wichtigen Punkten zu widersprechen, zumal sie seine hohen Ansprüche kennen. Herr F. gilt in den Augen seiner Kollegen als sehr durchsetzungsfähig, selbstsicher, manchmal auch rechthaberisch, weshalb auch in dieser Konferenz die anderen eher „klein beigeben".

Wegen seiner hohen Fachkompetenz wird er oft um Rat gefragt, was er besonders mag. Positiv wirkt auf seine Manager-Kollegen immer wieder seine geradezu ansteckende Risikobereitschaft: Ängste oder Zweifel, in welcher Form auch immer, scheinen Herrn F. fremd zu sein. So gelingt es ihm auch in dieser Sitzung die Kollegen in engagierter Form davon zu überzeugen, daß das neue Bauprojekt so durchgeführt werden sollte, wie es ihm vorschwebt.

Der Kapha-Typ

Menschen, bei denen eine starke Kapha-Tendenz vorherrscht, sind in vielerlei Hinsicht den Vata-Typen genau entgegengesetzt. Sie sind beständig, ausgeglichen und eher langsam: Dieses Dosha gerät daher nur selten aus dem Gleichgewicht. Der Gesundheitszustand dieses Typs ist deshalb in der Regel gut.

Merkmale des Kapha-Typs

- stabiler, schwerer Körperbau
- Kraft und Ausdauer
- langsames und gründliches Arbeiten
- Neigung zu glatter und fetter Haut
- mäßiger Hunger und langsame Verdauung
- ruhige und ausgeglichene Persönlichkeit
- langsame Auffassungsgabe und gutes Langzeitgedächtnis
- tiefer und langer Schlaf
- kräftiges, meist dunkles Haar

Wenn das *Kapha-Dosha gestört* ist, liegt eine blasse Hautfarbe vor, Kälteempfindlichkeit, ein Gefühl von körperlicher Schwere (vor allem morgens, was sich auch in einer langen Anlaufzeit niederschlägt) und geistiger Dumpfheit, ferner ist der Schlaf übermäßig lang und die Gewichtszunahme stark. Typische Kapha-Beeinträchtigungen, die sich auf körperlicher Ebene ausdrücken, sind: Erkrankungen der Atemwege (verstärkte Schleimbildung, Bronchitis, Nebenhöhlenverstopfung) und Wasseransammlung, Mattigkeit und schwere Glieder, Neigung zu häufigen Erkältungen, zu Allergien und Diabetes, erhöhter Cholesterinspiegel, großes Schlafbedürfnis. Anzeichen für eine Kapha-Störung auf psychischer Ebene sind: die Tendenz zum Aufschieben, die Unfähigkeit, Veränderungen anzunehmen, mangelnde Initiative, eingeschränktes Aufnahmevermögen und Depressionen. Auch ein übermäßig starkes Besitzstreben oder Geiz, häufige Benommenheitsgefühle oder Schwierigkeiten loszulassen, sind Hinweise auf eine Kapha-Störung geistig-seelischer Art.

Ursachen für ein Kapha-Ungleichgewicht können zum Beispiel sein: ein sehr ruhiger Lebensstil oder mangelnde Auslastung, zuviel Essen oder eine Ernährung, die zu hohe Zucker-, Fett- oder Salzanteile hat, zuwenig Bewegung, zu langes Schlafen und eine Witterung, die feucht und kalt ist.

Wenn sich *Kapha im Gleichgewicht* befindet, verfügt der Betreffende über körperliche Stärke, kräftige Gelenke und einen kompakten, gut proportionierten Körperbau. Er strahlt Ruhe aus, ist mitfühlend, nachsichtig, liebevoll, mutig, vital und psychisch stabil.

Verhaltensregeln für Kapha-Typen

1. Ein *ausreichendes Maß an Aktivität und Anregung* ist für Kapha-Menschen von Bedeutung, da sie sonst träge und dumpf werden. Sport sollten sie regelmäßig treiben, um einerseits Gift- und Schlakkenstoffe auszuscheiden und andererseits die Trägheit abzubauen. Sie tun gut daran, sich darüber hinaus bewußt in Situationen zu begeben, in denen sie neue Erfahrungen sammeln können, die ihre Flexibilität fördern und ihrer Lethargie entgegenwirken.
2. Wenn Kapha-Tendenzen vorherrschen, muß man lernen, *Veränderungen zuzulassen* und sein starkes Verlangen nach Besitz loszulassen.

---

3. Bei der Ernährung sollte die Devise lauten: *Nicht zuviel und vor allem leicht essen.* Außerdem empfiehlt es sich, da dieser Typ zu einer trägen Verdauung neigt, diese durch spezielle Maßnahmen anzuregen. Hierzu gehören zum Beispiel bittere und scharfe Gewürze wie Gelbwurz, Pfeffer, Zimt oder das Trinken von heißem Wasser, das günstigerweise 10 bis 20 Minuten gekocht hat. Kalte Getränke sind für diesen Typ nur begrenzt zuträglich.

4. Wenn Kapha-Typen *viel Süßes* zu sich nehmen, gerät dieses Dosha besonders stark aus dem Gleichgewicht.

5. *Nach dem Mittagessen* ist es für Menschen mit Kapha-Tendenzen ratsam, sich *nicht hinzulegen*, sondern allenfalls einige Minuten im Sitzen zu ruhen und dann fünf Minuten zügig zu gehen und dabei tief durchzuatmen.

6. Der Kapha-Typ sollte auf *trockene Wärme* achten, dagegen feuchte Kälte meiden, da er auf sie sehr sensibel reagiert. Warme, aufsteigende Fußbäder und andere Teilanwendungen wie feuchtwarme Leberpackungen oder Gesichtsdampfbäder sind ebenfall angezeigt.

Fallstudie: Der „Kapha-Manager"

Herr Hans L. ist Abteilungsleiter einer Bank und steht ein Jahr vor seiner Pensionierung. Er ist klein, eher schwergewichtig und strahlt auf seine Mitarbeiter eine angenehme Ruhe und Gelassenheit aus. Die Ärzte bescheinigen ihm für sein Alter eine ausgesprochen gute Gesundheit. Immer wieder hat er im Winter mit den Atemwegen Probleme, darüber hinaus fühlt er sich, vor allem morgens und nach dem Essen, manchmal recht müde. Ansonsten hat er nur wenige unbedeutende, gelegentlich auftretende Beschwerden.

Stellen wir uns Herrn L. in einer für ihn alltäglichen Situation vor, in welcher er mit einem Mitarbeiter ein Beurteilungsgespräch führt. Herr L. hat den Mitarbeiter rechtzeitig zu diesem Gespräch eingeladen und sich vorher genau überlegt, auf welche Punkte er im Gespräch besonders eingehen will. Erfahrungsgemäß dauern diese Gespräche meist lange, denn Herr L. hat die Tendenz, systematisch und genau vorzugehen. Er ist sicherlich nicht der schnellste, dafür aber ausdauernd und gewissenhaft. Seinen Mitarbeiter behandelt er während des Gesprächs behutsam, tolerant und eher nachsichtig. Von daher ist er beliebt. Angelegenheiten, die für den Mitarbeiter unangenehm sein könnten, spricht er mit Vorsicht an, ohne ihn zu verletzen. Wenn er Kritik anbringen muß, geschieht dies auf ruhige und sachliche Weise, ohne sich innerlich dabei aufzuregen.

Herr L. legt großen Wert auf Ordnung, Sauberkeit, Pünktlichkeit und Zuverlässigkeit. Schon mehrmals haben dies seine Mitarbeiter zu spüren bekommen. Gerade auch in Beurteilungsgesprächen schneidet er immer wieder Punkte an, die zum Beispiel mangelnde Korrektheit oder Unpünktlichkeit betreffen. Er wundert sich immer wieder darüber, daß die heutige Jugend diesbezüglich andere Vorstellungen hat als er. Von Mitarbeitern, die einen Auftrag von ihm erhalten, erwartet er, daß sie diesen genauso gewissenhaft ausführen wie er. In dieser Richtung erlebt er in seinem beruflichen Alltag zwangsläufig häufiger Enttäuschungen.

Trotzdem kann er aufgrund seiner Toleranz auch andere Lebens- und Arbeitsweisen wertschätzen.

Die Mischtypen

Wahrscheinlich haben Sie beim Durchlesen der vorherigen Typenbeschreibungen festgestellt, daß Sie sich nicht eindeutig einem Typ zuordnen konnten. Dies ist verständlich, weil die meisten Menschen eher Mischtypen sind. Sollten Sie ein *Zwei-Dosha-Typ* sein, so bestimmen zwei Doshas Ihre Konstitution. Sie treten also deutlicher hervor als das dritte Dosha. Unternehmer zeichnen sich häufig durch eine Pitta-Kapha-Kombination aus, Wissenschaftler durch eine Kapha-Vata-Dominanz und Künstler durch eine Vata-Pitta-Konstitution.

Dasjenige Dosha, in dem Sie bei dem Test zur Bestimmung des ayurvedischen Konstitutionstyps den höchsten Punktwert erzielt haben, übt bei Ihnen zur Zeit den größten Einfluß aus. Sie tun gut daran, sich in Ihrem Alltag in erster Linie an diesem Dosha zu orientieren.

Wenn dagegen bei Ihnen alle drei Doshas ähnlich stark ausgeprägt sind, gehören Sie zum *Drei-Dosha-Typ*. Dieser kommt allerdings eher selten vor.

Wenn Sie nach den bisherigen Ausführungen noch unsicher sind, welchem Konstitutionstyp Sie entsprechen, besteht die Möglichkeit, einen ayurvedisch ausgebildeten Arzt zu konsultieren (Adressen siehe Anhang). Dieser beherrscht zusätzlich zu den üblichen ärztlichen Untersuchungsmethoden ein uraltes Diagnoseverfahren zur Bestimmung des Konstitutionstyps, die *Pulsdiagnose*. Aus ayurvedischer Sicht spiegeln sich die Qualitäten der Doshas im Puls wider: Die Aktivität des Körpers ist gewissermaßen in konzentrierter Form im Puls erkennbar. So drückt sich Kapha in einem langsamen, gleitenden Puls aus, der in ayurvedischen Texten mit einem Schwan verglichen wird. Pitta zeigt sich in einem raschen, kräftigen, eher pochenden Puls, einem Frosch entsprechend. Vata geht mit einem unregelmäßigen, gelegentlich schwankenden Puls einher, der durch eine Schlange symbolisiert wird. Mit Hilfe der Pulsdiagnose läßt sich ein noch genauerer Aufschluß über die momentane Dosha-Konstellation der betreffenden Person gewinnen, als dies durch ärztliche Befragung oder Fragebögen möglich ist.

2.3 Mehr Leistung und erhöhtes Wohlbefinden durch ayurvedische Ernährung

„Zur rechten Zeit esse man bekömmliche, reine, heilsame, fetthaltige, warme und leichte Speise, die Gedanken auf diese gerichtet. Speise, die alle sechs Geschmacksqualitäten besitzt, doch in der Hauptsache ‚süß‘ ist, – nicht zu rasch und nicht zu langsam, nachdem man sich gewaschen und Hunger hat.“
Vagbhata

Die *Ernährung* ist zweifelsohne *einer der wichtigsten Bausteine der Gesundheit*. Die meisten Zivilisationskrankheiten hängen direkt oder indirekt mit Ernährungsfehlern zusammen. Jährlich entstehen den Krankenkassen in der Bundesrepublik aufgrund von falschen Ernährungsgewohnheiten ihrer Mitglieder ungefähr sechzig Milliarden Mark an Kosten. Heute ist immerhin jeder dritte Bundesbürger übergewichtig. Trotzdem leiden mehr und mehr Menschen an Mangelerscheinungen, was darauf hinweist, daß einerseits zuwenig auf die Qualität der Nahrung geachtet wird, andererseits die Verdauungsfähigkeit geschwächt ist und die Nahrung unzureichend aufgeschlossen wird. Auf eine kurze Formel gebracht, läßt sich das Eßverhalten der Deutschen wie folgt charakterisieren: *Sie essen zuviel, zuviel Falsches auf falsche Weise und meist noch zur falschen Zeit!*
Ihnen ist in Ihrem beruflichen Alltag wahrscheinlich schon häufiger aufgefallen, daß Sie leistungsfähiger sind und sich wohler fühlen, wenn Sie das „Richtige“ gegessen haben. Darüber, was für den

einzelnen richtig ist, macht der Ayurveda genaue Aussagen, die wir Ihnen in diesem Abschnitt näher erläutern. Wenn die Ernährungsweise ausgewogen ist und dem jeweiligen Konstitutionstyp entspricht, kommt ihr bei der Prävention von Krankheiten und bei der Gesundheitsförderung eine herausragende Bedeutung zu.

Welche Ernährung paßt zu Ihnen?

Für den Ayurveda ist Nahrung eine Art von Medizin. Sie muß ähnlich sorgfältig ausgesucht und dosiert werden wie Medikamente. Den Wert der Ernährung beurteilt der Ayurveda nicht primär anhand des Gehalts an Kalorien, Eiweißstoffen, Fetten, Kohlehydraten, Vitaminen, Mineralstoffen, Spurenelementen und Ballaststoffen, wie dies die moderne Ernährungswissenschaft tut. Ihm kommt es zwar auch auf eine qualitativ hochwertige Nahrung an; er mißt aber der *individuellen Verträglichkeit der Nahrung* eine größere Bedeutung zu und nimmt zum Beispiel Vorlieben und Abneigungen des einzelnen ernst. Die ayurvedische Art, sich zu ernähren, kann Ihnen helfen, Ihren eigenen spontanen Bedürfnissen wieder zu vertrauen und die Sprache Ihres Körpers besser verstehen zu lernen. Der Ayurveda geht davon aus, daß Nahrungsmittel, die Sie mit Vorliebe essen, die Sie als schmackhaft empfinden und nach deren Genuß Sie sich wohl fühlen, für Ihren Körper besonders wichtig sind.

Nahrung sollte aus ayurvedischer Sicht bekömmlich, warm, gut gekocht, nährstoffreich und schmackhaft sein. Warme und gekochte Speisen gelten als leichter verdaulich als rohe und kalte Nahrungsmittel, abgesehen von Obst, Nüssen und Salat. Jede Mahlzeit sollte *alle sechs Geschmacksrichtungen* enthalten, also *süß, sauer, salzig, scharf, bitter* und *zusammenziehend/herb.* Wenn alle Geschmacksrichtungen berücksichtigt werden, ist die ausgleichende Wirkung auf die Doshas am ehesten gegeben.

Die sechs Geschmacksrichtungen mit Beispielen

Anhand einiger Beispiele möchten wir Ihnen nun näher erläutern, welche Nahrungsmittel sich diesen sechs Geschmacksrichtungen zuordnen lassen:

1. Fast alle Grundnahrungsmittel wie Getreide (Brot, Teigwaren etc.), Kartoffeln, Reis, Milch, Butter, Sahne, Zucker, Fleisch, Nüsse, Öle

fallen unter die Kategorie *süß*. Sie vermehren Kapha und reduzieren Vata und Pitta. Sie nähren den Körper, das heißt, sie bauen ihn auf.

2. *Saure Nahrungsmittel* sind zum Beispiel Zitrusfrüchte, Käse, Joghurt, Essig und milchsauer Vergorenes. Sie erhöhen Kapha und Pitta, verringern dagegen Vata. Auch diese Nahrungsmittel bauen auf, sind aber zusätzlich noch verdauungsanregend.

3. Salz entspricht der Geschmacksrichtung *salzig*. Im Ayurveda wird das Steinsalz anderen Salzarten wie beispielsweise Kräuter- oder Meersalz vorgezogen. Salzige Speisen regen Kapha und Pitta an, während sie Vata vermindern. Salziges fördert ebenfalls die Verdauung und begünstigt die Speicherung von Flüssigkeit.

4. Zu den Nahrungsmitteln der Kategorie *scharf* zählen Gewürze wie Ingwer, Pfeffer und Kreuzkümmel, aber auch verschiedene Gemüsesorten (Rettich und Radieschen). Nahrungsmittel, die der Geschmacksrichtung „scharf" entsprechen, vermehren Vata und Pitta, dämpfen auf der anderen Seite Kapha. Sie sind wenig nahrhaft, unterstützen aber die Verbrennung und den Stuhlgang.

5. Zu der Geschmacksrichtung *bitter* gehört alles grüne Blattgemüse wie Spinat und Rosenkohl sowie bittere Gewürze und Kräuter. Diese Gemüse-, Gewürz- und Kräuterarten reduzieren Kapha und Pitta, regen hingegen Vata an. Sie regen die Darmbewegung und den Gallenfluß an.

6. Die Geschmackskategorie *herb* (oder zusammenziehend) findet sich in Hülsenfrüchten wie Bohnen, Gemüsearten wie Blumenkohl und Brokkoli, Obstsorten wie Äpfel und Birnen sowie in Kartoffeln. Diese Geschmacksrichtung erhöht Vata, reduziert aber Pitta und Kapha.

Die Wirkungen der Geschmacksrichtungen auf die Doshas

Wie ein Nahrungsmittel auf die Doshas wirkt, läßt sich in erster Linie anhand der Geschmacksempfindung bestimmen, die die Nahrung auf den Geschmacksknospen der Zunge auslöst.

Mit Hilfe des subjektiven Geschmacksempfindens lassen sich die Doshas ausbalancieren: Vata wird durch die Geschmacksrichtungen salzig, sauer und süß ins Gleichgewicht gebracht, Pitta durch Nahrungsmittel, die bitter, süß und herb schmecken, und Kapha durch scharfe, bittere und herbe Speisen. Im allgemeinen wird empfohlen, Nahrung zu sich zu nehmen, die das dominierende Dosha der eigenen Konstitution verringert und die sekundären oder untergeordneten Doshas verstärkt.

Im einzelnen beeinflussen die sechs Geschmacksrichtungen die Doshas wie folgt:

Dosha-Veränderungen durch die sechs Geschmacksrichtungen

– Vata-dämpfend: süß, sauer, salzig
– Vata-erhöhend: scharf, bitter, herb
– Pitta-verringernd: süß, bitter, herb
– Pitta-anregend: scharf, sauer, salzig
– Kapha-beruhigend: scharf, bitter, herb
– Kapha-vermehrend: süß, sauer, salzig

Denken Sie nun nicht: Wie kompliziert hört sich dies alles an! In der Regel enthalten Ihre Mahlzeiten ohnehin (fast) alle Geschmacksrichtungen. Viele Speisen sind süß und salzig. Die Geschmacksrichtung scharf ist vielleicht nicht immer dabei: Verwenden Sie dann zum Beispiel Pfeffer oder Ingwer als Gewürz. Bitter und herb sind viele Gemüsesorten. Die Geschmacksrichtung sauer ist ebenfalls häufig Bestandteil Ihres Ernährungsplans.

Die wichtigste Ernährungsregel des Ayurveda lautet in diesem Zusammenhang: *Lassen Sie sich von Ihrem Geschmacksempfinden leiten!*

An einem Beispiel illustriert, heißt das für einen Kapha-Typ: Nahrung zu essen, die Kapha verringert und Pitta sowie Vata erhöht. Der Betreffende sollte dann unter anderem Bananen, Melonen, Kokosnüsse, Datteln, Ananas und Milchprodukte eher meiden, da diese Nahrungsmittel Kapha-Tendenzen verstärken. Statt dessen ist es für ihn ratsam, Trockenobst, Preiselbeeren, Aprikosen, Sprossen, Gemüse wie rote Beete, Karotten, Paprika zu konsumieren, die Kapha-beruhigend wirken.

Die physikalischen Grundlagen der sechs Geschmacksrichtungen

Die sechs Geschmacksrichtungen lassen sich auch aus den fünf Elementen Raum, Luft, Feuer, Wasser und Erde ableiten. Aber auch *physikalische Eigenschaften der Nahrung* beeinflussen die Doshas. Solche Eigenschaften sind: *schwer, leicht, ölig, trocken, heiß* oder *kalt.* Schwere und ölige Nahrungsmittel wie Weizenprodukte, Käse, Joghurt, Milch, Butter, Fette und Öle, Sahne, Nüsse, Bananen und Reis verstärken Kapha und verringern Vata. Leichtere und trockene Nahrungsmittel wie Gerste, Mais, Hirse, Hafer, Bohnen, Linsen, Kartoffeln und alle Obstsorten außer Bananen erhöhen Vata und reduzieren Kapha. Heiße Speisen und Getränke verstärken Pitta, kalte vermindern es.

In tabellarischer Form stellt sich der Einfluß der physikalischen Eigenschaften von Nahrungsmitteln auf die Doshas wie folgt dar:

Physikalische Eigenschaften von Nahrungsmitteln und ihr Effekt auf die Doshas

Vata-dämpfend: schwer, ölig, heiß
Vata-erhöhend: leicht, trocken, kalt

Pitta-verringernd: kalt, schwer, ölig
Pitta-anregend: heiß, leicht, trocken

Kapha-beruhigend: leicht, trocken, heiß
Kapha-vermehrend: schwer, ölig, kalt

Daraus läßt sich zum Beispiel für einen Menschen, der mit innerer Unruhe, Erschöpfung, Schlaflosigkeit und Ängsten zu kämpfen hat – bei dem also Vata-Tendenzen stark überwiegen – ableiten, daß er in der Ernährung folgendes beachten sollte: Sie sollte nicht nur die Geschmacksrichtungen süß, sauer und salzig beinhalten, sondern darüber hinaus auch die Qualitäten schwer, ölig und heiß.

Nahrungsmittel, die für die drei Konstitutionstypen geeignet sind

Ob die Ernährung angemessen ist, beurteilt der Ayurveda vor allem nach dem Konstitutionstyp. Die Wirkungen einzelner Nahrungsmittel auf die Doshas sind bekannt. Deshalb lassen sich für die drei Grundtypen einige Ernährungsregeln ableiten:

Der *Vata-Typ* sollte in seiner Ernährungsweise besonderen Wert legen auf

– warme, eher schwere (ölige) Speisen sowie
– Nahrungsmittel, die süß, salzig oder sauer schmecken und sätti-

gend sind (Reis, Nudeln, warme Milch, Sahne, Butter, Suppen und Eintöpfe, Getreidebrei, frisches Brot etc.).

– Für Vata-Menschen ist es ratsam, ein nahrhaftes Frühstück zu sich zu nehmen, zum Beispiel einen warmen, süßen und mit Milch zubereiteten Grießbrei oder süßes Obst oder, eher kräftigend und anregend, getoastetes Brot, Pfeffer, Salat und saure Gurken.

– Salate und rohes Gemüse sind für ihn nicht in größeren Mengen geeignet, weil sie zu kalt, leicht und kalorienarm sind.

– Obst, das süß ist, bekommt dem Vata-Typ dagegen gut.

– Besonders empfehlenswert für diesen Typ sind ferner: eingeweichte und dann geschälte Mandeln, Sesampaste (Tahin), Lassi (eine halbe Tasse Joghurt und eineinhalb Tassen Wasser verquirlt).

– Für Vata-Typen gibt es neuerdings spezielle Gewürzpulvermischungen (sogenannte Churnas) und Gewürztees, die stark Vata-beruhigend sind (Bezugsquelle siehe Anhang).

Der *Pitta-Typ* tut gut daran,

– heiße Speisen zu meiden.

– Statt dessen sollte er eher temperierte Nahrung essen, bei der die Geschmacksrichtungen bitter, süß und herb überwiegen. Wenn bitter und herb schmeckende Nahrungsmittel (Salate und Gemüse) in seinem Speiseplan enthalten sind, hilft ihm dies, seinen Appetit etwas zu dämpfen, da er bekanntlich zur Maßlosigkeit neigt.

– Nahrungsmittel, die übersäuern, sind vom Pitta-Typ zu meiden: Darunter fallen etwa Kaffee, Alkohol, Zucker, die meisten Milchprodukte.

– Der Pitta-Typ sollte weitgehend auf Fleisch verzichten, weil (besonders fettes) Fleisch Pitta anregt.

– Mit scharfen Gewürzen muß dieser Konstitutionstyp sparsam umgehen und sich vor allem mit Salz zurückhalten. Am besten sind für ihn Oregano, Koriander, Kardamom.

– Auch für Menschen, bei denen Pitta-Tendenzen überwiegen, gibt es ausgleichend wirkende Gewürzmischungen und Gewürztees (siehe oben).

Der *Kapha-Typ* ißt am besten

– warme, leichte Speisen, die trocken sind und bei denen wenig Fett und Zucker sowie Salz verwendet werden.

- Die Geschmacksrichtungen, die bei ihm im Vordergrund stehen sollten, sind: scharf (vor allem Gewürze), bitter und herb.
- Das Frühstück kann bei diesem Typ sehr leicht sein oder ganz ausfallen. Es dient bei ihm vorwiegend dazu, „in die Gänge zu kommen". Gut ist bitterer Tee oder Espresso; ein bis zwei Stunden später, bei Hunger, etwas Obst.
- Süßigkeiten in jeglicher Form sind von Kapha-Typen einzuschränken. Dies gilt auch für Brötchen und Butter. Eine Ausnahme bildet Honig, da dieser herb wirkt. Außerdem sollte dieser Typ weitgehend auf Sauermilchprodukte verzichten.
- Frische Salate, rohes Obst und Gemüse bekommen diesem Konstitutionstyp besonders gut. Der herbe Geschmack und der hohe Gehalt an Ballaststoffen wirken verdauungsanregend.
- Sehr zu empfehlen ist dem Kapha-Typ, dann und wann heißen Ingwertee zu trinken.
- Eine Kapha-gerechte Ernährung läßt sich ebenfalls durch spezielle Mischungen von Gewürzen und Tees unterstützen (siehe oben).

Wie Sie den hier genannten Tips für eine typengerechte Ernährung entnehmen können, heißt sich nach ayurvedischen Prinzipien zu ernähren nicht, seine Ernährungsweise völlig umstellen zu müssen. Das Besondere und Angenehme an der ayurvedischen Ernährung ist, daß sie einfache Grundsätze enthält, die sich ohne großen Aufwand in Ihr tägliches Ernährungsverhalten einbauen lassen.

Die wichtigsten Ernährungsregeln des Ayurveda, die sich sowohl auf die Zusammensetzung der Nahrung als auch auf das Eßverhalten beziehen und die für alle Konstitutionstypen Gültigkeit haben, lauten:

Allgemeine Ernährungsrichtlinien des Ayurveda

1. Essen Sie in Stille, in *ruhiger und angenehmer Atmosphäre* und richten Sie Ihr Bewußtsein auf das, was Sie essen. Sie sollten während der Mahlzeit nur essen und nicht lesen oder fernsehen. Essen Sie möglichst jeden Tag zu den gleichen Zeiten. Es ist sinnvoll, in ausgeglichener Stimmung zu speisen. Dies ist eine wesentliche Voraussetzung für ein harmonisches Funktionieren des Verdauungssystems.

2. Kauen Sie die Nahrung ausgiebig. Essen Sie weder zu schnell noch zu langsam. Essen Sie etwa 3/4 Ihrer Sättigungsmenge. Verlassen Sie den Tisch *weder hungrig* noch satt.

3. Essen Sie nicht, bevor Sie die vorherige Mahlzeit verdaut haben. Etwa *drei bis sechs Stunden sollten zwischen zwei Mahlzeiten liegen*. Dies gewährleistet, daß Ihr Körper das, was Sie ihm zuvor zugeführt haben, auch tatsächlich verdaut hat. Ein sicheres Zeichen dafür ist richtiger Hunger (im Gegensatz zu Appetit). Wenn Sie keinen Hunger haben, ist es ratsam, sich nicht zum Essen zu zwingen.

4. Wasser oder Saft können Sie zum Essen schluckweise trinken. Sie sollten allerdings *nicht eiskalt* sein, da dies Ihre Verdauungskraft vermindert. Am günstigsten ist es, zu den Mahlzeiten *heißes Wasser* zu trinken. Trinken Sie eine Stunde vor und nach dem Essen nichts.

5. Die Nahrung sollte *ausgewogen* sein: Alle sechs Geschmacksrichtungen sind dabei zu berücksichtigen. Darüber hinaus ist der dominierende Konstitutionstyp einzubeziehen sowie die Jahreszeiten (siehe hierzu 2.7).

6. Am besten richten Sie sich nach Ihren *spontanen Bedürfnissen*. Ihr Körper drückt durch ein Verlangen aus, was er braucht, um in einer bestimmten Situation ins Gleichgewicht zu gelangen.

7. *Meiden Sie abends Sauermilchprodukte und tierisches Eiweiß*, da sie schwer verdaulich sind und Ihr Organismus sie nicht angemessen verarbeiten kann; sonst kommt es zur Ansammlung von Schlacken- und Giftstoffen.

8. Die *Hauptmahlzeit* sollte *mittags* eingenommen werden, da zu diesem Zeitpunkt die Verdauungskraft am stärksten ist. Abends empfiehlt es sich, leichtere Kost zu essen.

9. Die Hauptmenge Ihrer Nahrung sollte *warm* und *frisch* zubereitet sein. Durch Hitze aufgeschlossene Nahrung ist leichter zu verdauen: Fäulnis- und Gärungsprozesse werden so weitgehend vermieden. Rohkost wie Salate sollten nur einen kleinen Teil Ihrer Mahlzeit ausmachen. Der Ayurveda betont auch die Notwendigkeit, regelmäßig Fett (am besten in Form von Butterfett) zu sich zu nehmen, um die Tätigkeit der Verdauungsorgane zu stärken.

10. Gönnen Sie sich *ein paar Minuten Zeit nach dem Essen*, um in Ruhe sitzen zu bleiben, bevor Sie sich wieder Ihrer Tätigkeit zuwenden.

Wenn Sie nun schrittweise anfangen, diese Prinzipien einer ausgewogenen Ernährung und eines richtigen Eßverhaltens zu beherzigen, werden Sie allmählich bei sich ein erhöhtes Wohlbefinden und eine größere Vitalität feststellen.

„Durch die Rasayana-Behandlung entwickelt man Langlebigkeit, Gedächtnis, Intelligenz, Freiheit von Krankheiten, jugendliches Aussehen und Aus-
strahlung, gute Stimme und optimale Stärke des Körpers und der Sinne.
Man gewinnt an Brillanz, spricht erfolgreich und wird respektiert." Caraka

Im Ayurveda spielen Kräuter, die zu Heil- oder Vorbeugungszwek-
ken eingesetzt werden, eine wichtige Rolle. Heilpflanzen haben in-
tensivere und spezifischere Effekte als die Nahrung. Heilkräuter
werden gewissermaßen als „konzentrierte Nahrung" betrachtet.
Ihnen werden unterschiedliche Wirkungen zugeschrieben wie Stimulierung des Abwehrsystems, Stärkung des körperlichen und seelischen Gleichgewichts, Anregung der Reparaturmechanismen des
Gewebes und Vorbeugung gegen unnatürliche Alterungsvorgänge.
   Im Ayurveda sind spezielle Mittel zur Nahrungsergänzung bekannt, die sich teils aus komplexen Verbindungen von Kräutern und
Mineralien zusammensetzen, die sogenannten *Rasayanas*. Ihre
Herstellung dauert manchmal monatelang. Durch sehr aufwendige
Produktionsverfahren soll allmählich die „Intelligenz der Materie"
freigelegt werden. Aber auch einfache Rasayanas sind im Ayurveda
verbreitet wie das regelmäßige Trinken von Milch, Essen von Butterschmalz (Ghee) oder Basmati-Reis.
   Alles, was die Körpergewebe und Organe stärkt und belebt, widerstandsfähiger gegen Krankheiten macht und altersbedingten
Prozessen entgegenwirkt, ist ein Rasayana. Sie wirken vor allem
vorbeugend, allerdings erst optimal, wenn sich derjenige, der ein
Rasayana verabreicht bekommt, zuvor einer gründlichen ayurvedischen Entschlackungskur (siehe hierzu das folgende Kapitel) unter-
zieht und ausgewogen lebt. Erst dann sind die subtilsten Zirkulationskanäle im Körper durchlässig, so daß der Stoffaustausch unge-
hindert möglich ist. Die Wirksubstanzen der Rasayanas werden
vom Körper also erst völlig aufgenommen, wenn er zuvor gereinigt
wurde. Es verhält sich ähnlich wie mit einem Leinentuch, das nur
dann gut gefärbt werden kann, wenn es vorher von allem Schmutz
befreit wurde. Die Rasayanas wirken auf die Doshas, die ihren Ursprung am Verbindungspunkt zwischen Bewußtsein und Materie
haben. Sie beeinflussen dadurch auf einer sehr grundlegenden Ebene das Intelligenzmuster des Körpers und stärken den Organismus
von seiner Basis her.

In den letzten Jahren ist das bekannteste unter Hunderten von Rasayanas von renommierten indischen Ayurveda-Ärzten rekonstruiert worden: das *Amrit Kalash*. Es stellt eine Kombination dar aus über zwei Dutzend Kräutern und Früchten, von denen jedes einzelne auch als Rasayana bezeichnet wird. Dieses Rasayana hat eine ausgeprägt stärkende und harmonisierende Wirkung und setzt sich zusammen aus einer Paste und Tabletten, die täglich jeweils zweimal eingenommen werden. Amrit Kalash ist seit einiger Zeit auch in der Bundesrepublik erhältlich (Bezugsquelle siehe Anhang).

Mittlerweile ist Amrit Kalash in den USA auch Gegenstand verschiedener wissenschaftlicher Untersuchungen gewesen. Dabei zeigte sich folgendes Wirkungsspektrum:

**Ergebnisse der Ayurveda-Forschung I:
Wirkungen der Rasayanas (insbesondere von Amrit Kalash)**

Zell- und Tierexperimente:

- Tumorrückbildung und erhöhte Krebsresistenz bei Ratten (Sharma et al., 1990)
- Erhöhung der Endorphin-Produktion („Glückshormone") bei Ratten (Hanissian, Sharma & Tejwani, 1988)
- Schnellere Erholung von Gehirnschädigungen bei Ratten, was auf eine Regeneration von traumatischen Nervenschäden verweist (Nader, 1987)
- Verlängerung der Lebensdauer von Mäusen (Fields et al., 1990)
- Zunahme der Produktion der Abwehrzellen T-Lymphozyten (Dileepan et al., 1990)
- Verringerung der freien Radikale, aggressive Bruchstücke von Molekülen, die regelmäßig im Stoffwechsel entstehen und zu extremen Schädigungen des Gewebes führen können. Bei etwa achtzig Prozent aller Erkrankungen werden sie als wichtige Ursache angesehen (Niwa, 1991)
- Verminderung der Thrombozyten-Aggregation (= Verklumpung), was auf mögliche präventive Wirkungen auf das Herz-Kreislauf-System hindeutet (Sharma, Feng & Panganamala, 1989)

Untersuchungen am Menschen:

- Abnahme von allergischen Symptomen bei Patienten mit jahreszeitlich bedingten Allergien des Atmungsapparats (Glaser et al., 1987)

- Erhöhung des Wohlbefindens und der Wachheit, geringere Anfälligkeit gegenüber Erkältungen (Glaser & Moriarty, 1991)
- Positive Effekte in der Therapie von chronischen Krankheiten, insbesondere bei Verstopfung, Kopfschmerzen, Nebenhöhlenbeschwerden, Arthritis, Bronchialasthma, Ekzemen und Bluthochdruck (Janssen, 1980)
- Verbesserung des altersabhängigen visuellen Unterscheidungsvermögens (Geiderloos et al., 1990)

Wie Sie Ihre Verdauungskraft erhöhen

Eine gestörte Verdauung ist aus ayurvedischer Sicht Ursache für
viele Krankheiten. Dagegen liegt ein gut funktionierender Verdauungsapparat der Gesundheit zugrunde. Dies deckt sich mit Erkenntnissen der westlichen Naturheilkunde und der Entdeckung
der modernen Medizin, daß sich ein Großteil der Immunzellen im
Gewebe des Darms befindet.

Wie gut Sie Nahrung vertragen, hängt entscheidend davon ab, ob
Ihr Verdauungssystem und Ihr Stoffwechsel imstande sind, die Nahrung vollkommen umzusetzen. Der Ayurveda richtet sich nach dem
alten Sprichwort: *Der Mensch lebt nicht von dem, was er ißt, sondern von dem, was er verdaut.* Der Stärkung der Verdauungskraft,
mit anderen Worten der Fähigkeit, Nahrung in körpereigene Ener-
gie- und Strukturbausteine umzuwandeln, wird daher große Bedeutung beigemessen.

Die einzelnen Doshas wirken sich jeweils unterschiedlich auf die
Verdauung aus:
- Dominiert *Kapha*, so ist die Verdauungs- und Stoffwechseltätig-
keit eher langsam. Es kann beim Kapha-Typ zu einem Völlegefühl
oder Müdigkeit nach dem Essen kommen. Die Nahrung verweilt
lange im Magen, das heißt, Kapha-Menschen können ohne Probleme eine längere Zeit verstreichen lassen, bevor sie wieder
Nahrung aufnehmen.
- Bei einem Überwiegen von *Pitta* erfreut sich die betreffende Person einer starken, intensiven Verdauungstätigkeit. Anders ausgedrückt: Sie verdaut die Speisen schnell und hat recht bald nach
einer Mahlzeit schon wieder Hunger. Wenn die Verdauungskraft
zu ausgeprägt ist, können Sodbrennen, unter Umständen sogar
Geschwüre auftreten.

– *Vata-Typen* tendieren eher zu einer unregelmäßigen, empfindlichen und störanfälligen Verdauung. Häufig berichten sie dann über Blähungen, aber auch über Mißlaunigkeit und Konzentrationsstörungen.

Die Verdauungstätigkeit wird in erster Linie durch *falsche Eßgewohnheiten* geschwächt: zum Beispiel durch die Unsitte, *etwas zwischen den Mahlzeiten zu essen*, obwohl noch kein Hungergefühl da ist. Auch mengenmäßig dem Körper *zuviel Nahrung* zuzuführen, bringt die Doshas aus dem Gleichgewicht. Die aufgenommene Nahrung kann dann nicht angemessen verarbeitet werden und produziert dadurch Fäulnis- und Gärungsstoffe. Dies gilt übrigens insbesondere auch für manche Gerichte, die im Rahmen der Vollwerternährung zubereitet werden (zum Beispiel überfordert Rohkost schnell das Verdauungssystem). Eine Belastung des Verdauungssystems stellt auch das Nebeneinander verschiedener Eiweiß- und Kohlehydratarten wie beispielsweise Quark und Vollkorn sowie Soja und Hülsenfrüchte dar. Wenn jemand schließlich ständig über seinen Appetit ißt, schwächt dies den Verdauungsapparat auf Dauer so, daß er dann auch normale Nahrungsmengen nicht mehr angemessen verdauen kann.

Maßnahmen, um die Verdauungskraft zu erhöhen

1. Ihr Magen sollte durch Speisen und Getränke *nur zu 3/4* gefüllt werden, wovon idealerweise 1/4 aus Flüssigkeit besteht.
2. *Warme Mahlzeiten* sind, wenn Sie eine geschwächte Verdauung haben, bekömmlicher für Sie als kaltes und rohes Essen.
3. Nach einer Hauptmahlzeit sind *Süßigkeiten* wie Pudding oder Kuchen nicht zu empfehlen.
4. Benutzen Sie häufiger etwas *Ingwer:* Er hat eine besonders günstige Wirkung auf Ihre Verdauungsfunktionen. Etwa eine halbe Stunde vor den Mahlzeiten empfiehlt es sich für Vata-Typen, frisch gehackten Ingwer mit Salz zu essen. Pitta-Menschen gleichen ihre Verdauung durch schwachen Ingwertee mit einer kleinen Menge Zucker aus, während für Kapha-Typen auch Ingwertee geeignet ist, allerdings mit Honig gesüßt, der nicht über 40 Grad erhitzt wird.
5. Des weiteren können Sie andere *Gewürze* wie schwarzen Pfeffer, Kardamom, Nelken, Senfkörner und Zimt verwenden, um Ihre Verdauung zu fördern.

6. *Butterschmalz* (Ghee) in geringer Menge ist ein zusätzliches Mittel, um Ihre Verdauungskraft anzuregen. Es läßt sich den jeweiligen Speisen zur Geschmacksverbesserung beifügen.

7. Zu jeder Mahlzeit sollten Sie eine Tasse *heißes Wasser* trinken. Dies ist ein hervorragendes Mittel, um Ihre Verdauung anzuregen und die Bekömmlichkeit der Speisen zu erhöhen.

8. Aus ayurvedischer Sicht ist auch die *Art der Nahrungszubereitung* und *unter welchen Umständen die Speisen gegessen werden*, bedeutsam für eine ausgewogene Verdauung. Meiden Sie aufgewärmte oder nicht frisch zubereitete Speisen, denn sie schwächen die Verdauung ebenso wie eine unangenehme Umgebung oder eine gespannte Atmosphäre beim Essen.

Diese Ratschläge werden, ergänzt durch die Ernährungshinweise, die wir Ihnen für die einzelnen Konstitutionstypen bereits gegeben haben, dazu beitragen, daß sich Ihre Verdauungskraft allmählich erhöht.

Was Sie gegen Verschlackung und Müdigkeit tun können

Immer dann, wenn in Ihrem Körper ein Mißverhältnis vorherrscht zwischen den aufgenommenen Nahrungsstoffen und der Verdauungskraft, entstehen im Organismus Stoffwechselschlacken wie Säuren, Alkohole und Fäulnisprodukte. Die Aufnahme von zuviel Nahrung oder Essen zu falschen Zeiten, zum Beispiel spätabends, oder eine unausgewogene Zusammensetzung der Speisen verhindert eine normale Verdauung: Es kommt zu einer Ansammlung und Einlagerung von Schlacken in den Zellen und Geweben. Der Ayurveda nennt diese Schlackenstoffe *Ama*.

Im Körper gibt es nach ayurvedischem Verständnis eine Vielzahl von kleinen „Kanälen", die sogenannten *Shrotas*, die den Körper ver- und entsorgen. Die Shrotas sind Zirkulationskanäle, durch die Nahrungs- und Ausscheidungsstoffe zu ihren Bestimmungsorten im Körper bewegt werden. Nach einer eiweißreichen Mahlzeit am Abend können Sie beobachten, daß Ihr Körper nicht in der Lage ist, die eiweißhaltigen Speisen richtig zu verdauen. Sie fühlen sich dann nach einer Nacht mit schwerem, dumpfem oder unruhigem Schlaf unter Umständen regelrecht „verklebt". Dies äußert sich dann morgens in einem Schweregefühl und allgemeiner Trägheit,

Blähungen und einem aufgetriebenen Bauch, einer stark belegten Zunge, schmerzenden und steifen Gliedern oder starken Unlustgefühlen und in einer geringen Vitalität.

All diese Symptome, die nicht nur nach reichhaltigen abendlichen Mahlzeiten auftreten können, sind ein Hinweis auf Ama. Die Shrotas müssen frei und unverstopft sein, damit der Stofftransport im Körper glatt und reibungslos verlaufen kann. Der Ayurveda sieht die *Verstopfung der Shrotas* als *wesentlich für die Entstehung von Krankheiten* an.

Für die Beseitigung von Schlackenstoffen ist es nun wichtig, sowohl den Verdauungstrakt als auch den Stoffwechsel so zu entlasten, daß der Organismus das Ama ausscheidet. Das Prinzip lautet also: *Ama abbauen durch Stärkung der Verdauungskraft*. Dazu können Sie sich einer Reihe einfacher Vorgehensweisen bedienen:

Tips zur Reduktion von Schlacken

1. Bei ersten Anzeichen einer Ansammlung von Schlackenstoffen lassen Sie *eine oder mehrere Mahlzeiten ausfallen*. Wenn Sie keinen Hunger verspüren, verzichten Sie einfach auf die entsprechende Mahlzeit.
2. Morgens als erstes den *Saft einer halben Zitrone* mit etwas zimmerwarmem Wasser in eine Tasse füllen und dazu einen *Teelöffel Honig* essen, ist die zweite Maßnahme, die der Ama-Reduktion dient.
3. Ein weiteres hervorragendes Mittel, um Ama abzubauen, ist, eine *Trinkkur mit heißem Wasser* während einiger Tage durchzuführen. Das Wasser sollte mindestens zehn Minuten gekocht haben, bevor Sie es trinken. Es ist dann geschmacklich besser und dringt tiefer in die Körperzellen ein. Stündlich können Sie dann in kleinen Schlucken eine Tasse heißes Wasser zu sich nehmen. Heißes Wasser regt den Stoffwechsel an und trägt zur Reinigung der Shrotas bei.
4. Schlackenreduzierend sind *Speisen, die leicht, gut gekocht und eher breiig oder flüssig sind*. Dazu gehört zum Beispiel eine dünne Reissuppe (Basmati-Reis) mit einem Teil Reis und sechs Teilen Wasser. Unter Umständen lassen sich dieser Suppe noch geschälte Mungbohnen oder kleingehacktes Gemüse beifügen. Durch Hinzufügen von Kräutern und scharfen Gewürzen läßt sich der Verdauungsvorgang zusätzlich unterstützen.
5. Entschlackend wirken gemäß dem Ayurveda auch *Ganzkörpermassagen mit Sesamöl* oder Körpermassagen mit Rohseiden-Handschuhen (siehe hierzu auch Kapitel 2.4).

Wenn Sie diese einfachen Maßnahmen zum Abbau von Ama im Körper einmal ausprobieren, werden Sie bemerken, daß Sie sich in Ihrem Alltag zunehmend leichter, wohler und leistungsfähiger fühlen. Sie wachen dann morgens frischer auf, und zu den Mahlzeiten verspüren Sie einen gesunden Appetit.

2.4 Generalüberholung durch die ayurvedische Reinigungskur Panchakarma

Wie wir Ihnen im letzten Abschnitt erläutert haben, stellt Verschlakkung eine der wesentlichsten Ursachen für Krankheiten, allgemeines Unwohlsein und eingeschränktes Leistungsvermögen dar. Schätzungen von Medizinern zufolge setzt sich bei einem älteren Menschen *ein größerer Prozentsatz des sogenannten Trockengewichts aus Schlackenstoffen* zusammen. Sie haben also vielleicht eine erhebliche Menge an Schlackenstoffen in Ihrem Körper gespeichert. Dem können Sie durch eine jährliche Reinigungskur vorbeugen. Damit sind Sie imstande, sogar im Alter zunehmend leistungsfähiger zu werden.

Körperliche und seelisch-geistige Entschlackung durch Panchakarma-Behandlungen

Die wirksamsten Methoden zur tiefgreifenden Entschlackung und Wiederherstellung von Ausgewogenheit sind im „*Panchakarma*" zusammengefaßt. „Pancha" heißt dabei „fünf", während „karma" soviel wie „Handlung" bedeutet; *Panchakarma* heißt also „fünf (ausscheidende) Handlungen". Klassisch setzt es sich zusammen aus:

1. Nasen- und Kopfreinigung,
2. Erbrechen,
3. Aderlaß,
4. Abführen und
5. Einläufen.

Die Panchakarma-Kur dient primär der Lösung und Ausscheidung von Toxinen aus den Zellen, wobei man die natürlichen Ausscheidungsorgane wie Schweißdrüsen, Blutgefäße, Harnwege und Darm benutzt.

Die Panchakarma-Behandlungen werden meist stationär in einem Ayurveda-Gesundheitszentrum durchgeführt, wobei eine Kur durchschnittlich etwa vierzehn Tage dauert. Neuerdings gibt es in einigen Großstädten aber auch die Möglichkeit, sich einer ambulanten Ayurveda-Behandlung zu unterziehen (Adressen siehe Anhang).

Die Panchakarma-Kur gliedert sich in mehrere, aufeinander aufbauende Schritte. Diese richten sich nach dem jeweiligen Konstitutionstyp und dem Gesundheitszustand. Die westlich angepaßte Kurform des Maharishi-Ayurveda beinhaltet drei Phasen:

– *Vorbehandlung*:
  In dieser Phase werden die Doshas aus dem Gewebe gelöst und körperliche Unreinheiten in den Magen-Darm-Trakt transportiert.
– *Hauptbehandlung*:
  Die Ausscheidung von Schlackenstoffen steht hierbei im Mittelpunkt, was mit Hilfe von fünf verschiedenen Behandlungsarten geschieht (Näheres dazu siehe unten).
– *Nachbehandlung*:
  Die abschließende Phase leitet allmählich wieder in den normalen Arbeitsalltag über und umfaßt einen schrittweisen Übergang von der leichten vegetarischen Kurdiät zur gewohnten Ernährung.

Die *Panchakarma-Kur* verläuft in der Regel in *sechs Schritten*:

Schritt 1:
Am Anfang steht eine ausführliche *ärztliche Untersuchung,* die das Ziel hat, die jeweilige Konstitution genauer zu bestimmen und eventuell vorhandene Krankheitssymptome zu beurteilen. Hierbei wird auch die bereits erwähnte Pulsdiagnose angewandt.

Schritt 2:
Zur ersten Phase der Panchakarma-Behandlung gehört eine *spezielle, leicht verdauliche Diät*, die fettfrei ist; jedoch wird während drei Tagen morgens nüchtern eine genau festgelegte Menge von gereinigtem Butterfett genommen. Dieses sogenannte Ghee dringt in die Haargefäße und Zellspalten ein. Dadurch sollen die abgelagerten Schlackenstoffe aus den Geweben und Organen in die Blutbahn gelangen und die Doshas „aufgeweicht" werden.

Bei ayurvedischen Entschlackungskuren wird vor allem Sesamöl oder gereinigtes Butterfett innerlich oder äußerlich verwendet, weil beide als organische Lösungsmittel dienen, die besonders tief in die Zellen eindringen und entsprechend effektiv Schlackenstoffe herauslösen können.

Diese Art von modifiziertem Fasten muß beim ersten Mal unbedingt unter erfahrener Anleitung eines Arztes erlernt werden.

Schritt 3:
Nach diesen Tagen „innerer Ölung" und einem warmen Bad wird ein ayurvedisches *Abführmittel* (Virechana) verabreicht. Dieses befreit den Organismus von Stoffwechselschlacken und Giften, die sich nach drei Diättagen und nach der dreimaligen Einnahme von Butterfett im Verdauungstrakt angesammelt haben. Dieses Abführen verringert Pitta-Tendenzen.

Schritt 4:
Dann folgt ein *Ruhetag* ohne jegliche Behandlung, an welchem der Körper Zeit hat, sich auf ein neues Gleichgewicht einzustellen. Damit ist die erste Phase der Behandlung abgeschlossen.

Schritt 5:
Die sich nun anschließende *Intensivbehandlung des Panchakarma* ist sehr angenehm und beinhaltet eine Reihe von Einzelschritten, die eine tiefgreifend harmonisierende, reinigende und heilende Wirkung haben. Sie setzt sich aus einer Reihe systematischer Maßnahmen zusammen wie:

- *Ganzkörpermassagen mit speziellen Ölen* (Abhyanga), die Kräuterzusätze enthalten, gehören dazu. Sie werden von zwei Therapeuten synchron durchgeführt. Die Wirkungen sind sehr vielschichtig und reichen von einer Kräftigung der Haut und des darunterliegenden Gewebes sowie des Lymph- und Immunsystems über die Mobilisierung von körperlichen Unreinheiten bis zu tiefer Entspannung und innerer Harmonie. In Begriffen des Ayurveda erfolgt hier eine Beruhigung von Vata, Pitta und Kapha.

- *Eine Ölbehandlung, die beruhigend und regenerierend wirkt* (Shirodhara). Hier fließt ein kontinuierlicher, angenehm temperierter Ölstrahl nach einem festgelegten Schema während längerer Zeit über die Stirn. Diese Behandlungsform senkt den Blutdruck, beseitigt Schlafstörungen und beruhigt das vegetative Nervensystem. Sie gleicht Vata-Störungen aus.

– Neben diesen beiden Ölbehandlungen spielen bei den ayurvedischen Reinigungskuren *Wärmebehandlungen in Form von Kräu-
terdampfbädern* (Svedana) eine wichtige Rolle. Die Wärme
kann, je nach Konstitutionstyp und in Abhängigkeit von den jeweiligen Beschwerden, trocken oder feucht sein. Die starke
Durchwärmung des Körpers führt zu einer Erweiterung der
kleinsten Blutgefäße (Kapillaren) und Gewebsspalten. Dies fördert die Ausscheidung von Schlackenstoffen aus den Geweben
über die Schweißdrüsen. Dabei wird darauf geachtet, daß der
Kopf frei und kühl bleibt.

– Verschiedentlich werden *Ölmassagen und Wärmebehandlungen*
zu einer sehr intensiv wirkenden Behandlungsform (Pizzichil)
kombiniert: Dabei fließt etwa eine Stunde lang sehr warmes Sesamöl über den Körper und wird von zwei Masseuren einmas-
siert.

– *Öl- und Kräuter-Einläufe* (Basti) sind einer der wichtigsten Bestandteile der Panchakarma-Behandlung. Ein Großteil der Wirkungen ayurvedischer Entschlackungskuren wird darauf zurückgeführt. Zahlreiche Einlauf-Rezepte für die verschiedensten Anwendungsbereiche sind bekannt.

Eine Reihe weiterer Behandlungsmaßnahmen findet im Rahmen
der Panchakarma-Kur außerdem Anwendung. Dazu zählen:

– *Ganzkörpermassagen,* bei denen zwei Masseure synchron mit
Rohseiden-Handschuhen massieren (Garshana). Diese Massageform aktiviert das Lymphsystem und den Kreislauf, unterstützt
den Organismus bei der Lösung von Schlackenstoffen und ist besonders für Kapha-Typen geeignet. Sie hilft außerdem, das Gewicht zu normalisieren.

– *Nasentherapien* (Nasya), bei denen Öle, Kräuter und spezielle
Lösungen benutzt werden, um Störungen im Schulterbereich, im
Nacken und Kopf zu beseitigen.

– *Marmatherapie:* Der Ayurveda kennt 107 sogenannte *Marmas.*
Das sind vitale Punkte an der Körperoberfläche, die einzelnen
Organen entsprechen und den Doshas oder Subdoshas zugeordnet werden. Sie sind Verbindungspunkte zwischen Bewußtsein
und Materie und, anders als in der Akupunktur, netzwerkartig im
Körper verteilt. Durch die sanfte Massage dieser Punkte mit speziellen Ölen werden körperliche und seelisch-geistige Funktio-

nen beeinflußt und die Doshas ins Gleichgewicht gebracht, was insbesondere Vata-Überschüsse reduziert. Dieser Massageform werden zahlreiche wohltuende Wirkungen zugeschrieben: Anregung der Ausscheidungsfunktionen, Rückbildung von Schmerzen, Normalisierung von Körperfunktionen, angenehm belebender und entspannender Effekt.

Wenn Sie ab und zu Ihre *Fußsohlen mit Sesamöl in sanften, leicht kreisenden Bewegungen massieren*, verabreichen Sie sich gewissermaßen selbst eine „kleine Marmatherapie". Denn auf der Fußsohle sind besonders viele Marmapunkte zu finden.

Schritt 6:
In der *Phase der Nachbehandlung* kehrt der Ayurveda-Kurgast allmählich wieder zu seiner normalen Ernährungsweise zurück. Er bekommt Hilfe und Anweisungen, wie gesundheitsfördernde Maßnahmen in seinem Alltag umzusetzen sind.

Die ayurvedische Ganzkörperölmassage zur Erhöhung des Gleichgewichts

Der Ayurveda empfiehlt regelmäßige Ölmassagen nicht nur während Panchakarma-Behandlungen, sondern auch zu Hause. Für Vata-Typen ist dies täglich ratsam, für Kapha-Typen ein- bis zweimal wöchentlich und für Pitta-Typen zwei- bis dreimal pro Woche. Die nachfolgend beschriebene Massage harmonisiert die Doshas und beugt Krankheiten vor. Sie regt den Kreislauf an, stärkt das zentrale Nervensystem, die Muskulatur und die Verdauung. Sie hat eine sowohl belebende als auch ausgleichende Wirkung auf den ganzen Körper.

Wenn Sie diese Massage zu Hause anwenden, gehen Sie folgendermaßen vor:

– Sie besorgen sich hochwertiges, kaltgepreßtes Sesamöl. Bei Pitta-Typen oder bei Hautleiden ist Oliven- oder Sonnenblumenöl angezeigt. Vor dem ersten Gebrauch erhitzen Sie dieses Öl einmalig auf etwa 110 Grad. Die Temperatur können Sie mit einem Thermometer kontrollieren, oder Sie geben einen Tropfen Wasser in das warme Öl. Beim Erreichen der Wassersiedetemperatur zerplatzt dieser Tropfen deutlich hörbar. Das so gereifte Öl läßt sich längere Zeit lagern.

– Am besten massieren Sie Ihren gesamten Körper frühmorgens mit diesem Öl. Benutzen Sie soviel Öl, wie Ihnen angenehm ist. Wenn Sie Ihre Haut berühren, sollte der Kontakt zu ihr sanft und glatt sein.

– Zunächst einmal ölen Sie alle Körperteile ein – von der Kopfhaut bis zu den Fußsohlen – und fangen dann erst mit der eigentlichen Massage an. Beginnen Sie mit der Kopfhaut, den Ohren und dem Gesicht, dann folgen der Reihe nach Rumpf, Arme, Hände, Beine und Füße. Die geraden Körperpartien wie den Rücken massieren Sie mit streichenden Bewegungen, die Gelenke mit kreisenden Bewegungen. Die langen Arm- und Beinknochen sollten mit jeweils gleichem Druck auf und ab massiert werden. Das Brustbein und der Bauch werden sanft massiert. Beim Bauch achten Sie darauf, daß Sie im Uhrzeigersinn streichen.

– Diese Ölmassage dauert etwa fünf bis zehn Minuten. Das Öl zieht schon nach zwei bis drei Minuten ein. Sie sollten es mindestens zehn Minuten einwirken lassen, bevor Sie es unter der Dusche oder in der Badewanne mit warmem Wasser abwaschen.

Trockenmassage mit Seidenhandschuhen zur Entschlackung und Fitneßförderung

Als Alternative zur Ölmassage können Sie die Ganzkörpermassage mit Rohseiden-Handschuhen ausprobieren. Diese Handschuhe erhalten Sie im Handel (siehe Anhang). Die Trockenmassage ist vorwiegend für Kapha-Typen und bei akuten Ama-Störungen angezeigt. Sie wird morgens nach dem Aufstehen ohne Anstrengung während einiger Minuten durchgeführt. Folgende Punkte gilt es dabei besonders zu beachten:

– Wenn Sie die Seidenhandschuhe angezogen haben, massieren Sie mit beiden Händen schnell und unter Ausübung eines stärkeren Drucks. Ihre Arme und Beine bearbeiten Sie mit Auf- und Abwärtsbewegungen, während Sie die Gelenke mit kreisenden Bewegungen massieren.

– Zu Beginn sollten Sie etwa zehn Längsstriche oder Kreisbewegungen pro Körperpartie oder pro Organ machen. Die Anzahl läßt sich dann später allmählich auf bis zu vierzig erhöhen.

Die Reihenfolge, in der Sie Ihren Körper massieren, gleicht derjenigen, die Sie bereits von der Sesamölmassage her kennen:

– Fangen Sie am Kopf mit schnellen Kreisbewegungen an, gehen dann zum Hals und den Schultern, die Sie mit Längsbewegungen massieren. Dann folgen die Arme bis zu den Händen, indem Sie wechseln zwischen Längsbewegungen (Oberarm, Unterarm, Hand) und Kreisbewegungen (Ellenbogen, Handgelenk, Fingergelenke).

- Die Brust wird als nächstes mit waagrechten Längsbewegungen be-
  arbeitet, wobei Sie darauf achten sollten, daß Sie die Herzgegend
  (und, für Frauen wichtig, die Brüste) auslassen.
- Dann kommt die Magengegend an die Reihe, über die Sie mit zwei
  waagrechten Bewegungen streichen, denen zwei diagonale folgen.
- Ihr Unterbauch, die Kreuzgegend, das Gesäß und die Schenkel sind
  die nächsten Stationen der Massage.
- Massieren Sie die Gelenke Ihrer Beine in kreisenden Bewegungen,
  während Sie die anderen Teile Ihrer Beine mit Längsbewegungen bearbeiten.
- Sie beenden die Massage, indem Sie ein etwa zehnminütiges Bad
  nehmen. Diese Maßnahme führt zu einer verstärkten Ausschwem-
  mung von Schlackenstoffen und Toxinen.

Panchakarma-Forschung

In klassischen ayurvedischen Schriften werden folgende vorbeu-
gende und therapeutische Effekte der Panchakarma-Behandlung
hervorgehoben:

– *Vorbeugung:*
  Allgemeine Prävention von Krankheiten
  Förderung der Gesundheit durch Stärkung der Abwehrkräfte
  Erhöhung der Vitalität und Leistungsfähigkeit
  Vertiefung der geistigen Klarheit
  Steigerung des körperlich-seelischen Wohlbefindens
  „Verjüngung" der Physiologie und Verlangsamung des Alte-
  rungsvorgangs

– *Heilung:*
  Die Panchakarma-Verfahren haben sich darüber hinaus bei einer
  Reihe spezieller Krankheitsbilder bewährt. Dazu zählen rheu-
  matische Erkrankungen, Magen-Darm-Beschwerden, Stoff-
  wechselstörungen, vegetativ bedingte und psychosomatische Beschwerden, unklare Schmerzzustände, Störungen der Mikrozir-
  kulation, diverse Kopfschmerzarten und Erkältungsanfälligkeit.

Von einem befreundeten Arzt wurde uns der folgende *Fall eines
selbständigen Unternehmers* geschildert. Er verdeutlicht, wie sich
eine Panchakarma-Kur selbst bei größeren Beschwerden auswirken
kann: Der Mann war zu Kurbeginn sechsundfünfzig Jahre alt. Er

hatte zwanzig Kilo Übergewicht und in den letzten Jahren zunehmend abgebaut. Die schulmedizinischen Untersuchungen ergaben folgende Diagnose: Diabetes mellitus mit peripherer Neuropathie (Mißempfindungen und Sensibilitätsstörungen der Zehen), hoher Blutdruck, linksseitiges Ohrenrauschen, chronische Bronchitis, Schmerzen in allen Gelenken, erhöhte Blutfettwerte.

Während der Panchakarma-Behandlung verschwanden die Mißempfindungen der Zehen bereits während der Vorkur. Dies erstaunt deshalb, weil eine derartige Folgeerscheinung des Diabetes normalerweise therapeutisch schwer zu beeinflussen ist. Am vierten Tag der Hauptbehandlung sank der Blutzucker auf 60 mg%. Der Blutzucker sank zuvor im normalen Alltag selten unter 200 mg% (normal sind 100 mg%). Der Unternehmer konnte das Insulin daraufhin ganz absetzen. Die Cholesterinwerte lagen nach der Kur ca. zehn Prozent niedriger. Seine Gelenkbeschwerden waren deutlich geringer. Am Ende verließ dieser Manager die Kurklinik in einem gesundheitlich recht guten Allgemeinzustand.

Mittlerweile sind in Deutschland und den USA erste *medizinische und psychologische Untersuchungen an Panchakarma-Kurgästen* durchgeführt worden, die die in alten Ayurveda-Schriften enthaltenen Aussagen bestätigen.

**Ergebnisse der Ayurveda-Forschung II:
Wirkungen der Panchakarma-Behandlungen**

- Abnahme des Gesamtcholesterins um 8,7% und Verringerung des Arteriosklerose-Risikos (Waldschütz, 1988)
- Verringerung von Zahnstein und Zahnfleischbluten sowie Veränderung der Bakterienflora im Mund nach regelmäßiger Benutzung von Sesamöl in der Mundhygiene (Smith & Stevens, 1988)
- Reduktion des biologischen Alters um 4,8 Jahre, festgestellt anhand des Morgan-Tests, der den systolischen Blutdruck, die Hörschwelle und die Nahsichtigkeit erfaßt (Stryker & Wallace, 1985)
- Steigerung des geistigen Leistungsvermögens, was sich in Form höherer geistiger Wachheit und allgemeiner Intelligenz zeigt sowie in einem verbesserten Kurz- und Langzeitgedächtnis (Chandler et al., 1987)
- Konstruktive Persönlichkeitsveränderungen wie Verringerung von Aggressivität, Depressivität, Erregbarkeit, Beanspruchung und Gehemmtheit; Zunahme von Leistungsorientierung, Extraversion und emotionaler Stabilität (Waldschütz, 1988)

– Verbesserung der körperlichen und psychischen Gesundheit: Reduktion von Angst, depressiven Tendenzen, Müdigkeit; Abnahme verschiedener körperlicher Symptome, die von Beschwerden herrühren; Anstieg des „Energiepegels", Zunahme von Vitalität, Jugendlichkeit, Wohlbefinden, Appetit und Verdauungstätigkeit (Schneider et al., 1990)

Wie ein Manager die Panchakarma-Kur erlebt hat –
ein Erfahrungsbericht

Um Ihnen in möglichst anschaulicher Form vor Augen zu führen, wie eine Ayurveda-Kur auf den einzelnen wirkt, haben wir einen fünfundvierzig Jahre alten Manager gebeten, seine Erlebnisse während der Panchakarma-Kur zusammenzufassen. Er ist Geschäftsführer eines mittelständischen pharmatechnischen Unternehmens und war zu Beginn der Behandlungen in einer gesundheitlich schlechten Verfassung. Er schrieb uns folgenden Bericht:

„Ich begab mich in ein Ayurveda-Gesundheitszentrum, weil ich wegen meiner Beschwerden zuvor erfolglos etliche Schulmediziner aufgesucht hatte. Ich litt vor allem unter folgenden Symptomen und Beschwerden: häufige Schmerzen in der Kreuzgegend, Schlafstörungen, zu hohe Blutdruck- und Cholesterinwerte, Herzrhythmusstörungen und das Gefühl, ‚ausgebrannt' zu sein. Ich ging mit einiger Skepsis zur Panchakarma-Kur, weil manches auf mich befremdend wirkte, was ich vor meinem Kuraufenthalt über die ayurvedischen Behandlungen in Zeitschriften gelesen hatte.

Die Pulsdiagnose im Rahmen der ärztlichen Erstuntersuchung ergab bei mir ein deutliches Überwiegen von Vata-, teils auch Pitta-Tendenzen. Der behandelnde Arzt bezeichnete mich als herzinfarktgefährdet und riet mir, mindestens sieben Hauptbehandlungstage zu absolvieren. Er stellte individuell für mich einen Behandlungsplan auf, der vorsah, zunächst einmal drei Tage lang eine spezielle Diät einzuhalten. Diese sollte völlig fettfrei sein und setzte sich aus einem leichten Mittag- und Abendessen zusammen, das aus lange gekochten, geschälten Mungbohnen und einem besonders bekömmlichen Reis (Basmati-Reis) bestand. Auch gedünstetes Gemüse stand auf dem Speiseplan. Essen sollte ich jedoch nur, wenn ich Hunger verspürte, notfalls konnte ich das Mittagessen ganz ausfallen lassen oder später zu mir nehmen. An jedem der drei ersten Tage trank ich morgens nüchtern leicht erwärmtes flüssiges Butterfett in ansteigender Menge: Am ersten Tag waren es drei Eßlöffel, am zweiten sechs und am dritten neun.

Nachdem ich dieses Butterfett zu mir genommen hatte, fühlte ich mich körperlich eher schwer und träge. Teilweise traten auch leichte Übelkeitsgefühle auf, die ich jedoch durch das Trinken von heißem Wasser mit etwas Ingwerpulver schnell in den Griff bekam. Während der ersten Tage fühlte ich mich häufig müde und hatte ein starkes Schlafbedürfnis, dem ich auch nachgab. Wie vorgeschrieben nahm ich am letzten Vorbehandlungstag abends ein warmes Bad. Durch die angenehme Körperwärme wird, wie man mir sagte, der Abtransport der durch das Butterfett gelösten Schlacken erleichtert.

Am nächsten Tag war Abführen an der Reihe: Vor acht Uhr morgens mußte ich ein Abführmittel trinken, das aus einer Tasse Rizinusöl und einem besonderen ayurvedischen Tee mit abführender Wirkung bestand. Der Tee schmeckte abscheulich: Mit einigem Würgen gelang es mir schließlich, ihn zu trinken. Die Wirkungen ließen etwa zwei Stunden auf sich warten: Die Menge der Darmentleerungen war beträchtlich. Ich fühlte mich bereits jetzt um einiges besser, geradezu erleichtert. Nachdem sich mein Darm beruhigt hatte, aß ich am frühen Nachmittag wieder die spezielle Reissuppe. Diese Suppe war das einzige, was ich an den nächsten anderthalb Tagen zu essen bekam. Zu meinem großen Erstaunen überstand ich diese Phase ohne größeren Hunger. Besonderer Wert wurde darauf gelegt, genügend zu trinken, da das Abführen mit einem hohen Flüssigkeitsverlust verbunden ist.

Dem Abführtag folgte ein Ruhetag. An diesem Kurtag sollte ich mich ausruhen und, wenn ich wollte, einen kleineren Spaziergang unternehmen. Sich körperlich in irgendeiner Form anzustrengen, ist während der Panchakarma-Kur nicht sinnvoll. Mir selbst war die ganze Kur über nicht nach sehr viel Bewegung zumute.

Nach dem Ruhetag begann die eigentliche Hauptbehandlung. Ich hatte morgens um zehn Uhr den ersten Behandlungstermin. Diese Behandlung bestand aus einer sanften, etwa halbstündigen Ganzkörpermassage, die von zwei Masseuren, welche synchron arbeiteten, durchgeführt wurde. Ich legte mich unbekleidet auf einen Massagetisch, und die beiden Panchakarma-Therapeuten fingen zunächst an, meine Kopfhaut in kreisenden Bewegungen mit Sesamöl zu bestreichen. Während ich entspannt und mit geschlossenen Augen dalag, massierten sie nach und nach alle Körperpartien mit einer größeren Menge Öl. Ich empfand diese Massage als sehr angenehm, belebend und entspannend. Eine andere Art der Ölbehandlung schloß sich an. Diese bestand darin, daß mir, auf dem Rücken liegend, längere Zeit ein konstanter, wohltemperierter Ölstrahl über die Stirn floß. Ich spürte dabei, wie sich mein Geist mehr und mehr beruhigte und ich auch körperlich allmählich in einen tiefen Entspannungszustand kam. Ich vergaß für Augenblicke alles um mich herum und fühlte in mir eine innere Harmonie, die ich selten zuvor erlebt hatte.

In der Klinik stand neben den Behandlungen morgens, nachmittags und abends Gesundheitsbildung auf dem Programm. Das Angebot umfaßte Vorträge und Videobänder von ayurvedisch geschulten Ärzten, Arztkonsultationen, Gruppentreffen, um eventuelle Probleme zu klären, Yoga-Unterricht, Atemschulung, Meditation etc. Langeweile kam in Anbetracht des reichhaltigen Programms nie auf. Wann immer es meine Behandlungszeiten erlaubten, besuchte ich diese gesundheitsbildenden Veranstaltungen.

Der zweite Tag der Hauptbehandlungszeit war von den Anwendungen her identisch mit dem ersten. Ich stellte jedoch fest, daß die Behandlungen subjektiv an Intensität gewannen; vielleicht deshalb, weil ich den Ablauf nun kannte und mich eher ‚fallen lassen‘ konnte. Ich fühlte mich bereits deutlich besser als zu Kurbeginn. Meine innere Unruhe hatte nachgelassen, und meine ‚Batterien‘ luden sich von Tag zu Tag mehr auf. Auch bemerkte ich, daß ich abends besser einschlief und die Durchschlafschwierigkeiten geringer waren.

Mein dritter Behandlungstag machte mich mit einer weiteren Ölmassage vertraut: Wiederum massierten mich zwei Therapeuten mit Sesamöl, diesmal jedoch so intensiv, daß an einigen Körperstellen die Schmerzgrenze fast erreicht wurde. Diese Tiefengewebsmassage dient dazu, Schlackenstoffe verstärkt aus dem Bindegewebe herauszulösen. Ich hatte während und nach dieser Massage das Gefühl, daß sich im Körper wirklich etwas bewegt. Im Anschluß an diese kräftige Ölmassage mußte ich in den ‚Schwitzkasten‘: Ich legte mich auf eine spezielle, nach oben hin geschlossene Liege, die mit zahlreichen Löchern versehen war. Aus diesen stieg feuchte Wärme auf. Die Öffnungen waren mit einem Leinentuch bedeckt, da es sonst zu heiß geworden wäre. Während dieser Wärmebehandlung kühlte einer der Masseure mir von Zeit zu Zeit den Kopf mit einem feuchten Handtuch, was ich als sehr angenehm empfand. Daran schloß sich ein Einlauf aus Fett und Öl an, der vor allem eine reinigende Wirkung haben soll. Nach zweimaligem Abführen fühlte ich mich besonders leicht und bemerkte eine ungewöhnliche geistige Klarheit.

Der vierte und fünfte Behandlungstag umfaßte wiederum eine Tiefengewebsmassage und ein Kräuterdampfbad, die mir beide genauso guttaten wie am Vortag. Am fünften Tag stand darüber hinaus noch ein Einlauf auf dem Programm, der hauptsächlich eine aufbauende, Vata-beruhigende Wirkung haben soll.

Am sechsten und siebten Hauptbehandlungstag verabreichte man mir wieder sanfte Ganzkörperölmassagen, denen die bereits beschriebene Behandlung mit dem langsam und kontinuierlich auf die Stirn fließenden Ölstrahl folgte. Jedesmal merkte ich dabei eine außergewöhnliche und sehr wohltuende Entspannung, die mehr und mehr auch im sonstigen Kuralltag anhielt. Die körperlichen Symptome, die mir zu Kurbeginn zu schaffen machten, hatten sich um einiges gebessert: Meine nervösen Herzbeschwerden waren größtenteils verschwunden, die Rückenprobleme waren nicht mehr vorhanden, mein Schlaf war nun gut und sehr erholsam. Meine Blutdruckwerte hatten sich gebessert (von 150/100 mmHg auf 130/85 mmHg), und der Cholesterinspiegel war von 251 mg auf 220 mg gesunken. Ich fühlte mich am Ende der Kur zwar zum Teil noch ruhebedürftig; es überwogen aber ein starker Tatendrang und ausgeprägte Vitalität. Ich hatte das Gefühl, viel Überflüssiges losgeworden zu sein.

Im Abschlußgespräch gab mir der behandelnde Arzt eine Reihe von Ernährungs- und Verhaltensregeln mit auf den Weg, die meiner Konstitution entsprechen. Er riet mir, nach der Kur zu Hause erst allmählich wieder auf normale Kost umzusteigen. Die eigentlichen Kurerfolge, so der Arzt, würden sich erst einige Zeit nach der Kur zeigen. Sie hingen entscheidend davon ab, ob es mir auch in meinem belastungsreichen Alltag gelänge, gesundheitsbewußter zu leben.

Mein Fazit: Die Panchakarma-Kur hat mir gut gefallen und mich in erstaunlich kurzer Zeit wieder ins Gleichgewicht gebracht. Ich habe im Ayurveda-Gesundheitszentrum eine Menge gelernt und war vor allem von den einfachen, aber gleichzeitig wirkungsvollen Gesundheitstips des Ayurveda angenehm überrascht."

2.5 Bewußtheit in Bewegung – Fitneß durch ayurvedisches Körpertraining

Als Mittel zur Verbesserung und Erhaltung der Gesundheit spielen im Ayurveda Yoga- und Atemübungen aber auch andere Formen des Fitneßtrainings eine bedeutende Rolle.

Yoga-Übungen haben unter anderem die Aufgabe, Sie für Ihre eigenen innerkörperlichen Vorgänge zu sensibilisieren, Sie zu entkrampfen und die Funktionen Ihres Körpers zu harmonisieren. Ferner erreichen Sie durch diese Übungen eine Steigerung Ihrer Geist-Körper-Koordination und fördern die Beweglichkeit und Vitalität. In psychologischer Hinsicht können Sie von Yoga-Übungen erwarten, daß sie Ihre Wachheit und geistige Klarheit erhöhen und zur Entwicklung Ihrer Persönlichkeit beitragen.

Bevor Sie nun weiterlesen, bitten wir Sie, einmal folgende Übung durchzuführen, die Sie darauf vorbereitet, Ihren Körper genauer wahrzunehmen.

Übung: Den Körper auffrischen

1. Nachdem Sie den Raum gelüftet haben, Ihre Schuhe ausgezogen und gegebenenfalls auch den Gürtel gelockert haben, setzen Sie sich auf den Boden in eine bequeme, aufrechte Stellung. Nun beginnen Sie mit den Handflächen und Fingern beider Hände den Kopf von der Schädelmitte her zu massieren. Die Hände bewegen sich dann über das Gesicht und den Hals zur Brust hin. Dabei bleiben sie in ständigem Hautkontakt und streichen im Rhythmus von zunehmendem und abnehmendem Druck über die jeweiligen Körperpartien. Atmen Sie bei dieser Übung normal weiter.

2. Gehen Sie jetzt noch einmal mit beiden Händen zur Schädelmitte und wandern dann pressend und lockernd über den Nacken hinunter und dann nach vorn über die Schultern bis zur Brust.

3. Jetzt massieren Sie mit der linken Hand den rechten Arm von oben über die Schulter hin zur Brust. Dabei beginnen Sie bei den Fingerspitzen der rechten Hand. Anschließend massieren Sie den rechten Arm in der selben Weise von unten und gehen über die Achselhöhle zur Brust.

Abb. zu Schritt 1

Abb. zu Schritt 3

4. Wiederholen Sie diese Abfolge am linken Arm und Schulterbereich, indem Sie die linke Hand an den Fingerspitzen von oben mit der rechten fassen. Und daraufhin das Ganze von unten noch einmal durchführen.

5. Legen Sie beide Hände auf den Bauch in Höhe des Beckenbereichs. Massieren Sie aus der Bauchgegend über den Nabel, den unteren Teil des Brustkorbs bis zum Herzen. Seien Sie hier äußerst behutsam. Bei jeglichem Unbehagen, speziell in der Herzgegend, hören Sie umgehend auf, diesen Teil Ihres Körpers zu behandeln.

6. Greifen Sie nun mit beiden Händen unter Ihr Gesäß und bewegen Sie die Hände dann pressend und lockernd Ihren Rücken aufwärts über die Rippen und dann dem Herzen zu.

7. Ergreifen Sie die Zehenspitzen Ihres rechten Fußes, massieren Zehen, Fußsohle und Fußrücken. Dann greift Ihre rechte Hand von oben, Ihre linke Hand von unten um die Wade und beide Hände bewegen sich über den Unterschenkel, das Knie, den Oberschenkel, die rechte Hüfte zum Herzen. Wiederholen Sie nun dasselbe mit dem linken Bein.

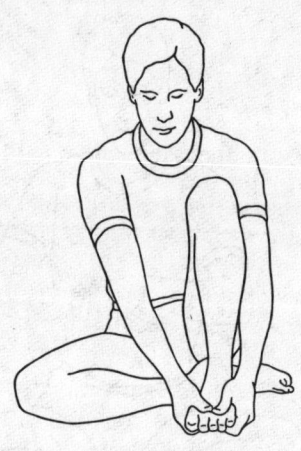

8. Jetzt legen Sie sich auf den Rücken, Kopf und Hals befinden sich auf dem Boden. Beide Knie ziehen Sie an die Brust, so weit wie möglich. Falten Sie Ihre Hände über den Knien.

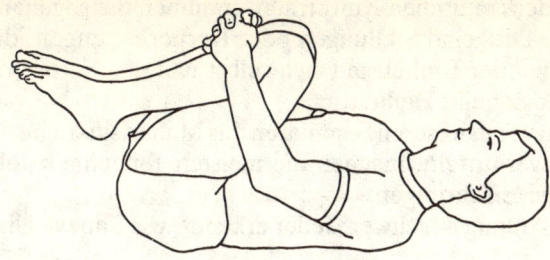

9. Lassen Sie sich langsam auf die rechte Seite rollen. Nach einer kurzen Pause drehen Sie Ihren Kopf langsam nach links. Der Rest Ihres Körpers folgt langsam der Rollbewegung nach links. Wiederholen Sie diese Bewegung fünfmal zu jeder Seite.

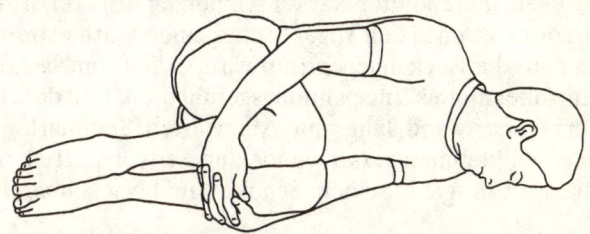

10. Lösen Sie die Hände von den Knien, strecken langsam die Beine nach vorne und erlauben sich, in der Ruhelage zu entspannen.

Nun haben Sie einmal mit Ihrem ganzen Körper Kontakt aufgenommen. Wenn Sie bei dieser Übung mit Aufmerksamkeit dabei waren, fühlen Sie sich jetzt belebt und integriert, also etwas mehr im Gleichgewicht. Sie haben Bewußtheit in Bewegung umgesetzt. Ihr Körper dankt es Ihnen durch ein Gefühl erhöhten Wohlbefindens.

Der Ayurveda will Ihnen helfen, ein für Sie passendes und die Gesundheit unterstützendes Körpertraining zu finden. Dazu müssen Sie vor allem lernen, auf die „Stimme Ihres Körpers" zu achten. Jede Regung, jede Empfindung und natürlich jeder Schmerz ist ein Signal Ihres Körpers, das ernstgenommen werden will. In der Yoga-Tradition dient der Körper als entscheidendes Mittel zur Selbstentfaltung, die eine ganzheitliche Wahrnehmung voraussetzt. Also transformieren Sie mit Hilfe Ihres Körpers Ihr Bewußtsein.

Aus dem indischen Kulturraum stammen die sogenannten *Yoga-Asanas*. Dies sind Stellungen oder Körperhaltungen, die neue Erfahrungen der Einheit mit sich selbst und der Natur ermöglichen. Denn Yoga heißt Einheit.

Wenn wir in unseren Seminaren das Maharishi-Yoga-Asanas-Programm vermitteln, machen die meisten Teilnehmer folgende einschlägige Erfahrungen:

– aller Anfang ist schwer: Jeder erkennt, wie unbeweglich und steif er ist;

– schon beim zweiten oder dritten Durchgang geht alles viel leichter; nach einem Monat des Übens ist eine Biegsamkeit des Körpers erreicht, die viele nicht für möglich halten;

– weitgehende Befreiung von gesundheitlichen Problemen, die mit Bewegungsmangel zusammenhängen.

Auf einem offenen Seminar hatten wir einen jungen Unternehmer, der seit Jahren unter Nackenschmerzen litt. Am dritten Seminartag spürte er nach den Yoga-Asanas einen Wärmestrom im Rücken, der aus der Beckengegend aufwärts verlief. Im Nacken machte sich ein unbekanntes Entspannungsgefühl breit, und der chronische Schmerz verschwand langsam. Am vierten Seminartag war der Schmerz vollkommen verschwunden und er verspürte Leichtigkeit gepaart mit Energie in seinem Schulter- und Nackenbereich.

Wissenschaftlich überprüfte Wirkungen von Yoga-Übungen

– Entspannung der Muskulatur und Zunahme der Beweglichkeit
– Blutdrucksenkung und gesteigerte Leistungsfähigkeit des Herz-Kreislauf-Systems
– Erhöhtes Ein- und Ausatmungsvolumen (Vitalkapazität)
– Senkung des Cholesterinspiegels
– Verringerung der Konzentration der Streßhormone Adrenalin und Cortisol
– Förderung des Gleichgewichts des vegetativen Nervensystems und Steigerung der körperlichen Belastbarkeit
– Symptomreduktion bei einer Reihe psychosomatischer Beschwerden
– Persönlichkeitsveränderungen wie Angstabbau, positivere Selbsteinschätzung und Zunahme von Selbstbestimmung (siehe Zusammenfassung bei: Ebert, 1986; Funderburk, 1977)

Unsere eigene Erfahrung bestätigt, daß jede Asana sowohl körperliche als auch seelisch-geistige Auswirkungen hat. Um einen größtmöglichen Nutzen zu erzielen, sollten Sie einige Punkte zur richtigen Durchführung beachten:

Regeln für die Durchführung von Yoga-Asanas:

1. *Langsamkeit:* Um Bewußtheit in der Bewegung auszudrücken, müssen Sie sich Zeit lassen. Jede Phase einer Haltung sollte ausgekostet werden: das Hineingehen in eine Position, das Sich-einlassen in die Haltung, die Auflösung der Stellung und das Nachspüren. Das heißt, Sie lassen sich mindestens zehn Sekunden lang Zeit für jede dieser vier Phasen.
2. *Fließender Atem*: Wann immer Sie merken, daß Ihr Atem nicht leicht fließt, strengen Sie sich an – und das ist falsch. Halten Sie dann einen Augenblick inne, bis der Atem wieder normal strömt. Sie atmen ein, wenn Sie sich nach hinten beugen oder bei jeder Streckung des Körpers. Sie atmen aus, wenn Sie sich zum Mittelpunkt des Körpers hin beugen.
   Wenn Sie in der jeweiligen Stellung eine schmerzhafte Grenze spüren, dann atmen Sie aus.
3. *Zwanglosigkeit:* Zwingen Sie Ihren Körper zu nichts. Sie benötigen für die Yoga-Praxis lockere Kleidung. Sie müssen sich nach einer leichten Mahlzeit eine Stunde Zeit lassen, nach einer schweren Mahlzeit drei Stunden, bis Sie mit den Übungen beginnen. Am besten üben Sie morgens nach dem Waschen oder abends vor dem Abendessen.
   Sie erlauben den Knien und Ellenbogen sich zu beugen. Sie wollen keine ideale Haltung erreichen, sondern ein für Ihre jetzige Verfassung angemessenes Zusammenspiel von Aufmerksamkeit, Bewegung und Atem erleben. Gehen Sie sanft und nicht leistungsorientiert mit sich um.
4. *Kein ruckartiges Einnehmen oder Auflösen einer Stellung*, kein Wippen oder schwingendes Dehnen.
5. *Der Geist arbeitet mit*: Gehen Sie mit Ihrer Aufmerksamkeit in Ihren Körper, speziell zu den Stellen, die Sie deutlich spüren. Die Aufmerksamkeit hilft beim Aushalten der Grenzen, die durch Ihre Steifheit gesetzt sind, und belebt die entsprechenden Körperteile, denn Aufmerksamkeit ist Energie.

6. Eine *geordnete, regelmäßige Abfolge* ist wichtig. Aufwärmen, Flexibilisieren und Stärken des ganzen Körpers werden durch die Reihenfolge der Übungen garantiert.
7. In bestimmten Situationen, etwa bei durch den Körperbau bedingten Problemen oder auch nach Bandscheiben-Operationen sollte ein *Yogalehrer konsultiert* werden, um die Übungen Ihrer körperlichen Verfassung anzupassen.

Maharishi-Yoga-Asanas: Zehn Übungen

Nachfolgend stellen wir Ihnen zehn einfache Yoga-Asanas vor, die Wirbelsäulen- und Haltungsübungen, Umkehr- oder Gegenpositionen, Dehnungs- und Kontraktionsübungen sowie eine Entspannungsposition umfassen. Am besten führen Sie die einzelnen Übungen nun entsprechend unseren Anweisungen durch.

I. Die Auffrisch-Übung

Diese Übung kennen Sie bereits. Sie ist oben beschrieben. Wenn Sie ganz perfekt anfangen wollen, lassen Sie sich vor dieser Übung etwa eine halbe Minute Zeit, sitzen mit geschlossenen Augen und wandern mit Ihrer Aufmerksamkeit einmal durch den Körper und spüren die Umgebung.

Wirkung:
Sie werden eine umfassende Vitalisierung bemerken.

II. Der Diamantsitz

Sie knien sich hin. Dann überkreuzen Sie die großen Zehen und lassen die Füße nach innen zeigen. Daraufhin setzen Sie sich auf Ihre Fersen. Nun legen Sie Ihre Hände in den Schoß, die rechte in die linke. Dabei sind die Handflächen nach oben geöffnet. Kopf, Nacken und Wirbelsäule sind aufgerichtet, nach oben gestreckt.

Nach mindestens zehn Sekunden heben Sie Ihr Gesäß und richten sich kniend gerade auf. Dabei atmen Sie ein. Setzen Sie sich erneut auf Ihre Fersen und atmen aus. Die Brust ist angehoben und gedehnt. Wiederholen Sie dies dreimal.

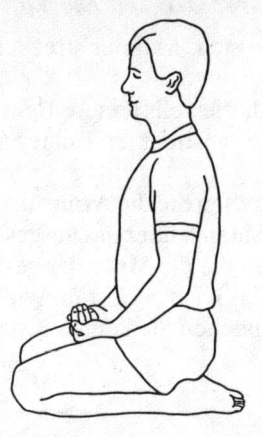

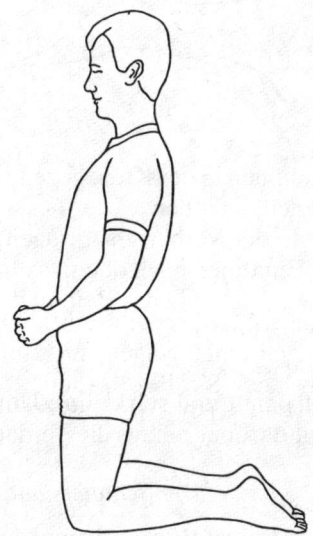

Wirkung:
Diese Übung stärkt das Becken, löst Versteifungen in den Knie-
und Fußgelenken und kräftigt den Rücken.

III. Der Kniekuß

Zunächst setzen Sie sich. Männer strecken das rechte, Frauen das linke Bein aus.

Nun beugen Sie das jeweils andere Bein und führen die Fußsohle an die Innenseite des gestreckten Beines auf Höhe des Oberschenkels.

Beim Einatmen heben Sie die Arme über den Kopf. Während Sie ausatmen, beugen Sie sich über das ausgestreckte Bein vor. Nach einiger Übung können Sie die Mitte des gestreckten Fußes umfassen und mit dem Kopf das Knie berühren. Wichtig: Lassen Sie den Rücken gestreckt und machen Sie keinen Katzenbuckel.

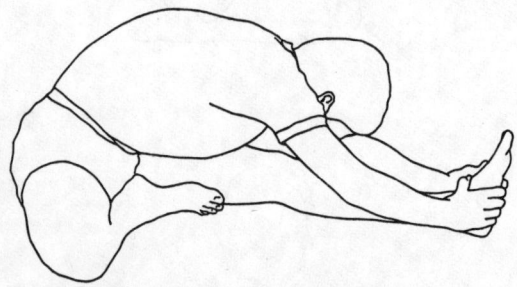

Sollten sich Spannungen in der Kreuzgegend zeigen, können Sie das gestreckte Knie leicht anheben.

Nach einer Weile des Verharrens bringen Sie Ihren Oberkörper wieder durch ein Einatmen nach oben.

Anschließend wechseln Sie das Bein und machen die Übung zur anderen Körperseite hin.

Wirkung:
Diese Übung entspannt und stärkt Ihre Unterleibsorgane und Ihr Rückgrat. Sie regt darüber hinaus die Verdauung an.

IV.   Der Schulterstand

Vorsicht: Bei chronischen Rückenschmerzen, starker Sklerose der Hirngefäße, Abszessen im Kopfbereich, hohem Blutdruck bitte erst Rücksprache mit Ihrem Arzt halten. Bei großer Steifheit im Schulter- und Nackenbereich legen Sie bitte eine Decke unter Ihre Schulter, um den Nacken zu stützen.

100

Legen Sie sich flach auf den Rücken. Ihre Handflächen sind nach unten geöffnet. Entspannen Sie einmal den ganzen Körper, indem Sie spüren, daß alle Körperteile am Boden liegen.

Indem Sie ausatmen, winkeln Sie Ihre Knie an und heben die Beine langsam. Sie gleichen Ihr Gewicht mit den Händen am Boden aus und bringen die Knie über Ihren Kopf. Nun winkeln Sie Ihre Ellenbogen an und stützen mit den Händen im unteren Wirbelsäulenbereich ab.

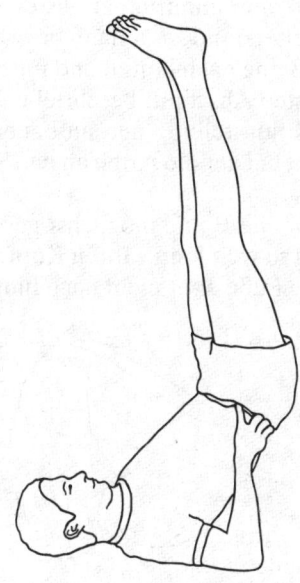

Jetzt strecken Sie die Beine von der Hüfte aus nach oben und nehmen den Schulterstand ein. Ihr Körper bildet eine gerade Linie von den Fußgelenken bis zu den Schultern. Der Nacken liegt gerade am Boden, das Kinn ist gegen die Brust gepreßt. So verharren Sie und spüren, wie das Blut in den Schulter- und Kopfbereich strömt. Wenn Sie einen gewissen Druck wahrnehmen, lösen Sie die Übung langsam in der umgekehrten Reihenfolge wieder auf.

Nach einiger Übungszeit können Sie bis zu zwei Minuten im Schulterstand verharren.

Wirkung:
Diese Übung verbessert die venöse Blutzirkulation, schafft Entlastung der Organe des unteren Bauchraums, beseitigt Hämorrhoiden, wirkt Senkungen der Nieren, des Magens, der Eingeweide und der Gebärmutter entgegen und verbessert die Gehirndurchblutung, was sich auch bei Haarausfall positiv bemerkbar machen kann.

V.   *Die Pflugstellung*

Die Pflugstellung kann unmittelbar aus dem Schulterstand folgen. Wenn Sie im Schulterstand sind, dann bringen Sie mit einem Ausatmen einfach die Beine nach hinten und führen den Rest der Übung wie im übernächsten Abschnitt beschrieben aus.

Wenn Sie die Pflugstellung neu aufbauen, so beginnen Sie mit einer Rückenlage, bei der die Arme an den Seiten Ihres Körpers abgelegt werden.

Dann heben Sie die Beine möglichst gestreckt, führen Sie hoch und anschließend so weit hinter Ihren Kopf, daß die Zehen den Boden berühren, die Füße aber nicht nach hinten weggestreckt sind.

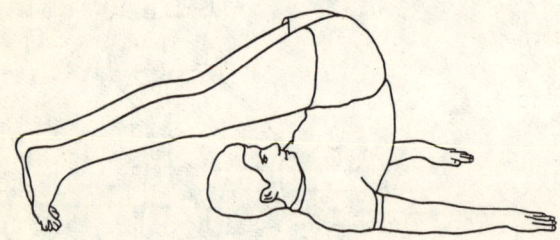

Jetzt schieben Sie Ihre Beine so weit wie möglich nach hinten, bis das Kinn die Brust berührt. Kreuzen Sie dann Ihre Arme hinter dem Kopf, und bleiben Sie bis zu einer Minute in dieser Stellung.

Sie lösen diese Stellung auf, indem Sie ausatmend Ihre Knie anwinkeln und den unteren Wirbelsäulenbereich mit beiden Händen abstützen (siehe Schulterstand). Dann rollen Sie ab, die Knie sind weiterhin angewinkelt, bis der Rücken wieder flach auf dem Boden liegt. Achten Sie darauf, daß beim Abrollen der Kopf am Boden bleibt, und lassen Sie sich etwas Zeit, bevor Sie mit der nächsten Übung beginnen.

102

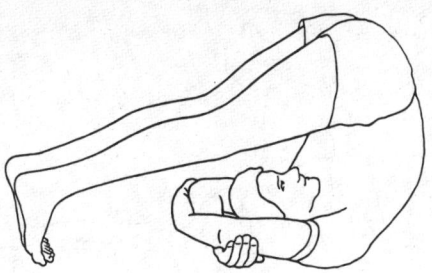

Wirkung:
Diese Übung stärkt die Wirbelsäule, wirkt regenerierend; kräftigt den Muskelgürtel des Unterleibs; baut überflüssige Fettpolster ab; normalisiert die Schilddrüsenfunktion; Nieren und Leber werden unterstützt, Müdigkeit beseitigt.

VI. Die Kobrastellung

Legen Sie sich auf den Bauch. Ihre nach unten geöffneten Handflächen plazieren Sie neben den Schultern und legen die angewinkelten Arme eng an den Körper auf den Boden.

Strecken Sie Ihre Wirbelsäule ein wenig, indem Sie Ihre Beine nach hinten schieben und mit der am Boden liegenden Stirn etwas mehr nach vorne rücken.

Nun bewegen Sie Ihr Kinn über den Boden langsam nach vorne, bis der Nacken richtig gepreßt wird. Dann erst heben Sie Ihren Kopf nur mit Unterstützung der Rückenmuskulatur an. Nach einer Weile des Verharrens verlagern Sie Ihr Gewicht auf die Arme und drücken diese durch in eine Stützstellung. Dabei sollte Ihr Nabel immer am Boden bleiben.

Spüren Sie die Dehnung des oberen Rücken- und Brustbereichs.

Nach einigen Atemzügen kommen Sie langsam zurück und setzen mit dem Kinn auf dem Boden auf, bevor Sie den Kopf langsam wieder einrollen, bis die Stirn erneut am Boden liegt und Sie sich entspannen.

Sie können die Übung bis zu dreimal ausführen.

Wirkung:
Diese Übung kräftigt die Rückenmuskulatur, flexibilisiert die Wirbelsäule und erhält damit ihre Funktionsfähigkeit; sie regt Leber,

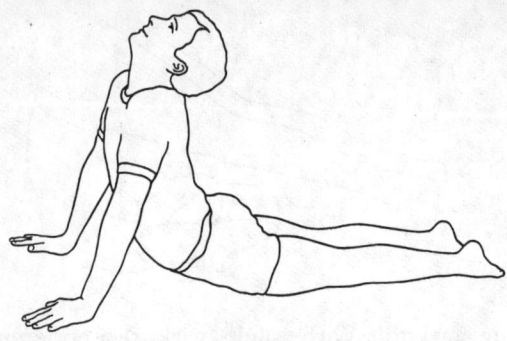

Gallenblase, Milz und Bauchspeicheldrüse an und verbessert die Statik des Brustkorbs.

VII. *Die Heuschreckenstellung*

Sie liegen flach auf dem Boden. Ihre Arme befinden sich parallel zum Körper, die Handflächen sind nach oben geöffnet.

Ihr Kinn ruht auf der Erde, der Nacken ist leicht gepreßt.

Während des Einatmens heben Sie beide Beine von der Hüfte aus an. Ihre Wirbelsäule bleibt gestreckt, genauso die Beine. Bei jedem Ausatmen lassen Sie die Beine in der erreichten Höhe, beim Einatmen können Sie sie noch etwas weiter anheben. Achten Sie darauf, nicht mit dem Atmen zu stocken.

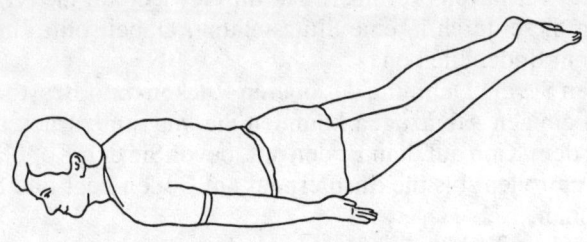

Sie können die Übung bis zu dreimal wiederholen.

Wenn es Ihnen leichter fällt, können Sie anfangs unter Umständen jeweils nur ein Bein abwechselnd anheben.

Wirkung:
Diese Übung bewirkt eine Wirbelsäulenkräftigung im unteren Lendenbereich, eine Verstärkung der Beckenmuskulatur, eine Anregung der Nierenfunktion, eine Regulierung der Verdauungstätigkeit, eine Vorbeugung von Krampfadern, eine Straffung der Haut in der Halsgegend und eine Entspannung der Schulter- und Nackenmuskulatur.

VIII. Die Drehstellung

Sie setzen sich und strecken das rechte Bein auf dem Boden nach vorne, Ihr Oberkörper ist aufrecht.

Nun heben Sie den linken Fuß über das rechte Bein und setzen ihn neben das rechte Knie.

Anschließend führen Sie Ihren rechten Arm über das linke Knie und greifen mit der rechten Hand auf den Unterschenkel des rechten Beins. Sollten Sie Ihren Unterschenkel nicht berühren können, so schieben Sie den linken Fuß etwas mehr in Richtung des rechten Fußes.

Jetzt drehen Sie Ihren Kopf und blicken über Ihre linke Schulter. Der linke Arm kann zur Abstützung dienen, oder Sie führen ihn um die Hüfte herum.

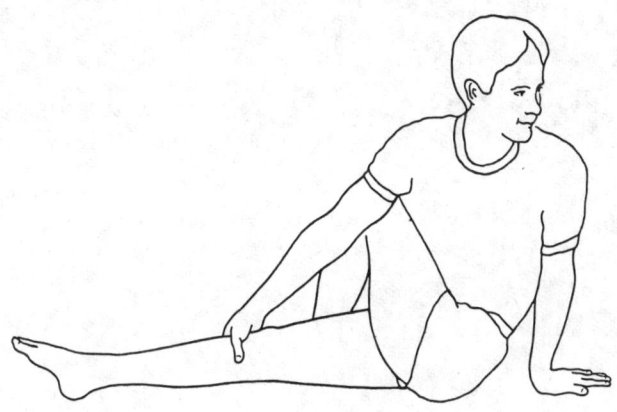

Sie drehen hierbei Ihre ganze Wirbelsäule.

Nachdem Sie einige Atemzüge lang in dieser Stellung geblieben sind, lösen Sie sie wieder auf.

Dann strecken Sie das linke Bein, setzen den rechten Fuß über das linke Knie auf den Boden ab.

Nun führen Sie den linken Arm über das rechte Knie und greifen auf den linken Unterschenkel. Eventuell müssen Sie auch hier den rechten Fuß etwas mehr nach vorne, in Richtung des linken Fußes bringen.

Jetzt drehen Sie Ihren Kopf und blicken über die rechte Schulter, wobei Sie sich wieder mit dem rechten Arm abstützen oder diesen um die Hüfte herum führen können.

Nach dem Verharren in dieser Stellung lösen Sie die Drehbewegung wieder auf.

Wirkung:
Die Übung wirkt Versteifungen speziell im unteren Wirbelsäulenbereich entgegen, sie gestattet eine hervorragende Blutzirkulation in Leber und Milz, löst Verspannungen im Hals- und Schulterbereich und stimuliert ferner die Nebennieren.

IX. Die Hand-Fußstellung

Stellen Sie sich hin, die Füße nebeneinander und die Beine gestreckt.
Spüren Sie, wie Ihr Gewicht auf beiden Füßen ruht.

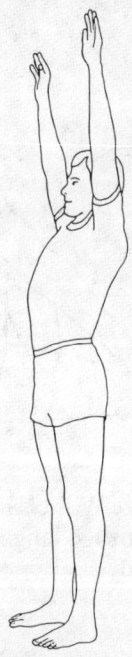

Ihre Arme hängen entspannt seitwärts, der Brustkorb öffnet sich bei jedem Einatmen mehr und mehr, die Schultern sind locker.

Nun heben Sie die Arme über den Kopf. Beim Ausatmen beugen Sie sich mit gerader Wirbelsäule und ausgestreckten Armen in Richtung Boden. Der Kopf begleitet diese Bewegung.

Berühren Sie mit den Händen die Erde. Wenn Ihre Beinmuskulatur spannt, knicken Sie in den Knien ein. Schulter, Arme und Hände sind gelockert.

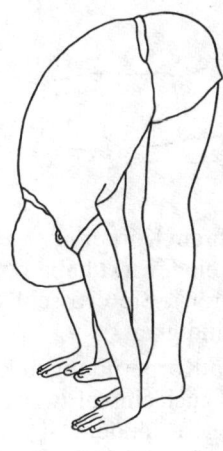

Während sie gleichmäßig und ruhig weiteratmen, bleiben Sie eine Weile in dieser Position.

Sie lösen die Stellung auf, indem Sie sich mit einem Ausatmen aufrichten und anschließend die Arme vom oberen Rückenbereich aus anheben, wieder über den Kopf ausstrecken und dann langsam an der Seite Ihres Körpers heruntergleiten lassen.

Wirkung:
Diese Übung bewirkt eine Kräftigung und Verbesserung der Unterleibsfunktionen, eine zunehmende Verdauungssekretion, eine bessere Blutzirkulation im Brust- und Kopfbereich und eine verbesserte Leistungsfähigkeit der Sinne.

X. Die Ruhestellung

Legen Sie sich wie abgebildet auf den Rücken, die Füße fallen in einem Winkel von etwa 45 Grad auseinander, die Arme liegen leicht angewinkelt neben dem Körper, die Handflächen leicht nach oben geöffnet. Spüren Sie, wie alle Glieder am Boden liegen und sich ihre Bauchdecke beim Ein- und Ausatmen leicht hebt und senkt. Ruhen Sie auf diese Weise mindestens eine Minute lang.

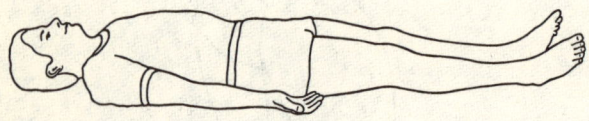

Wirkung:
Die Ruhelage erlaubt Ihrem Körper alle Reize, die während der anderen Übungen auf ihn eingewirkt haben, zu verarbeiten (wie etwa Dehnungen nachzuspüren). Sie erfrischt den Körper als Ganzes und beseitigt geistige Müdigkeit.

Von den vorgestellten Körperübungen können Sie die eine oder andere gewinnbringend auch einmal zwischendurch anwenden. Besonders bei Erschöpfungszuständen hat es sich bewährt, den Schulterstand oder aber die Hand-Fußstellung einzunehmen. Beide Übungen erfrischen unmittelbar und nachhaltig.

Yoga-Atmung

Richtiges Atmen ist aus ayurvedischer Sicht einer der wichtigsten Bausteine der Gesundheit. Pro Tag atmen Sie zwischen 10.000 und 12.000 Liter Luft ein! Wenn Sie falsch atmen, kann dies auf Dauer verheerende Folgen haben.

Ist Ihnen schon einmal aufgefallen, daß Sie in Belastungssituationen zu flach atmen und dann eine sogenannte *Brustatmung* betreiben? Wenn Sie beim Einatmen Ihren Bauch einziehen, kann die Atmung nur in den oberen Lungenbereichen stattfinden. Der typische Bauchatmer hat jedoch eine acht- bis zehnmal höhere Sauerstoffzufuhr. Eine ständige Mangelatmung versorgt den Organismus nur mit einem Minimum an Sauerstoff. Das Blut gibt dann nicht genügend Kohlensäure ab, nimmt infolgedessen aber auch nicht wieder ausreichend Sauerstoff auf, so daß dieser in den Organen und Geweben fehlt. Auf Dauer kann dies Haltungsschäden, Verspannungen der Rückenmuskulatur, Bandscheibenüberlastung, chronische Müdigkeit und Antriebslosigkeit, Unausgeglichenheit und Stimmungsprobleme sowie verschiedene vegetative Beschwerden zur Folge haben.

Bei der sogenannten *Bauch- oder Zwerchfellatmung,* die durch nachfolgend beschriebene Yoga-Atemübung trainiert wird, wölbt sich der Bauch beim Einatmen wie ein Ballon nach vorne, beim Ausatmen sinkt die Bauchdecke wieder ein. In einem entspannten Zustand innerer Ausgeglichenheit geht der Körper automatisch zur Bauchatmung über. Bereits vor dreitausend Jahren erkannten die ayurvedischen Ärzte die Vorzüge richtigen Atmens für die Gesundheit. Sie setzten Atemübungen als „Medikament" bei der Behandlung zahlreicher Krankheiten und Beschwerden ein, aber auch als vorbeugendes und die Gesundheit stärkendes Mittel.

Wenn Sie demnächst vor einer wichtigen Sitzung oder einem entscheidenden Gespräch die nun folgende Atemübung anwenden, bemerken Sie zweifelsohne ihre wohltuende körperlichen und seelisch-geistigen Wirkungen. Diese einfache Übung beruhigt Körper und Geist, führt eine bessere Körper-Geist-Koordination herbei und befähigt Sie zu größerer Konzentration.

Der Maharishi-Ayurveda setzt diese Übung ein, um Körper und Geist über den Atem auszubalancieren. Wenn Sie Ihre Aufmerksamkeit mit dem Atem verbinden, sammeln Sie sich automatisch, in der Regel ohne sich dabei groß anzustrengen. Wird der Atemrhythmus regelmäßig, ist dies eine gute Voraussetzung für energiegeladenes und zielgerichtetes Handeln.

Unsere Seminarteilnehmer verspüren bei dieser Atemübung meist tiefe Entspannung und häufig auch eine wohltuende Leichtigkeit im Schulter- und Kopfbereich. Ferner verteilt sich angenehme Wärme im ganzen Körper.

Aus der Medizin ist bekannt, daß die Gehirnfunktionen auf zwei Gehirnhälften verteilt sind. Die Atemübung aktiviert und koordiniert beide Gehirnhälften durch den rhythmischen Vorgang des links und rechts abwechselnden Ein- und Ausatmens. Nach traditionellem Verständnis wird der rechte Atemkanal, also das rechte Nasenloch, mit dem aktiven, stimulierenden Prinzip, manchmal auch mit der Sonne in Beziehung gebracht. Der linke Atemkanal, also das linke Nasenloch, steht dagegen für das passive und rezeptive Lebensprinzip, manchmal auch für den Mond. *Pranayamas,* wie Yoga-Atemübungen auch genannt werden, dient demzufolge der Koordination beider Seiten des Körpers und der Atmung.

Es ist empfehlenswert, jeden Tag fünf Minuten lang morgens und abends die folgende Übung auszuführen:

Bequeme Atemübung

1. Setzen Sie sich bequem und aufrecht hin. Die Wirbelsäule sollte einigermaßen gerade sein und nicht durch einen Druck oder durch ein Kissen oder die Stuhllehne eingeengt werden.
2. Nachdem Sie die Augen geschlossen haben, schließen Sie das rechte Nasenloch mit dem rechten Daumen.

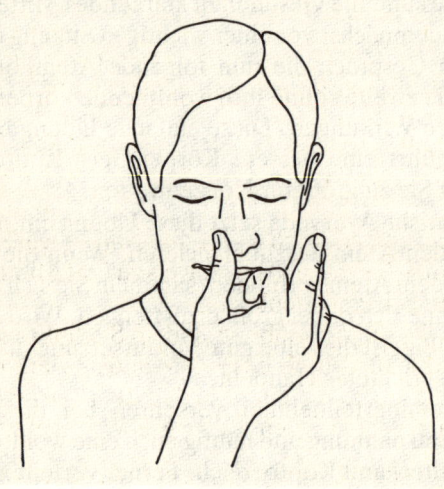

3. Atmen Sie durch das linke Nasenloch langsam aus, und zwar ganz. Anschließend machen Sie eine kleine Pause.
4. Atmen Sie durch dasselbe Nasenloch geräuschlos ein und

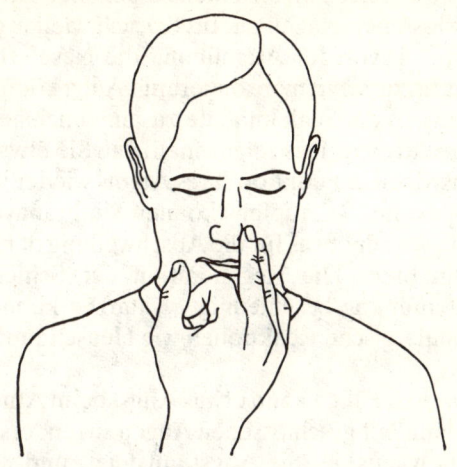

5. schließen Sie es dann mit dem Mittel- und Ringfinger der rechten Hand, um danach
6. das rechte Nasenloch wieder zu öffnen, damit Sie ausatmen können.
7. Atmen Sie geräuschlos, langsam und vollständig durch das rechte Nasenloch aus. Auch jetzt machen Sie wieder eine kleine Pause.
8. Atmen Sie wieder durch das rechte Nasenloch ein.
9. Wiederholen Sie diesen Vorgang bis zu fünf Minuten im Wechsel von Nasenloch zu Nasenloch.
10. Beenden Sie die Atemübung, indem Sie links noch einmal einatmen und dann durch beide Nasenlöcher ausatmen. Danach bleiben Sie noch ein bis zwei Minuten lang bequem mit geschlossenen Augen sitzen, bevor Sie wieder etwas anderes tun.

Bei dieser Atemübung vermeiden Sie bitte jede Anstrengung. Ihr rechter Arm schwebt frei. Wenn er Ihnen zu schwer wird, dann unterstützen Sie ihn mit der linken Hand, in die Sie den rechten Ellenbogen einfach hineinlegen. Achten Sie darauf, den Luftfluß in den Bauchraum nicht zu behindern, indem der linke Arm den unteren

Rippenbereich eindrückt oder es zu einer Schiefhaltung des Kopfes kommt.

Sollte es zu einem Schwindelgefühl kommen oder sollten Sie zu keuchen beginnen, machen Sie einen Augenblick Pause. Sitzen Sie nur mit geschlossenen Augen da, bis Sie sich wieder gut fühlen.

Putzen Sie sich vor der Atemübung die Nase. Bei Anfängern kommt es häufig zu Schleimabsonderung. Auch können sich besonders bei Rauchern die Schleimhäute zusammenziehen und das Atmen etwas erschweren. Das zeigt Ihnen, daß Sie etwas tun müssen, um die lebenswichtige Funktion Ihres Atems wieder voll zu nutzen. Selbst im Falle eines Schnupfens können Sie Pranayama ausüben, auch wenn Sie vorher etwas für die Abschwellung der Schleimhäute einnehmen mußten. Die Regeneration der Schleimhäute wird durch die Atemübung beschleunigt. Katarrhe klingen wesentlich schneller ab, allergische Reaktionen wie Heuschnupfen lassen sich leichter ertragen.

In ganz seltenen Fällen kann etwas Angst beim Atmen entstehen. Bleiben Sie dann mit geschlossenen Augen sitzen, erspüren die körperliche Region, aus der die Angst aufsteigt, und warten, bis Sie sich wieder entspannt fühlen. Falls die unangenehme Empfindung andauert, legen Sie sich für etwa fünf Minuten hin. Dies erlaubt Ihrem Körper, mit der Situation schneller fertig zu werden.

Halten Sie niemals den Atem an, üben Sie nie Kontrolle auf den Atem aus, etwa durch Zählen der Atemzüge, sondern verhalten Sie sich natürlich und ungezwungen. Ihr Körper lernt bei dieser Atemübung sonst nicht, ins Gleichgewicht zu gelangen.

Gesundheitsförderliche Sportarten für Manager

„Von körperlichen Übungen bekommt man Leichtigkeit, Leistungskraft, Festigkeit und Durchhaltevermögen. Unreinheiten werden ausgeschieden, und die Verdauung wird angeregt."   Caraka

Die vorgestellten Übungen erhöhen Ihre Kondition und Fitneß. Immer wieder hören wir von Seminarteilnehmern, die dieses Yoga-Asanas-Programm einmal täglich durchführen, daß Sie trotz längerer Pausen in anderen Sportarten, zum Beispiel dem Tennis oder dem Reiten, fit und ausdauernd sind, wenn sie diese einmal wieder, vielleicht in den Ferien, betreiben. Ohne Muskelkater, Erschöpfung oder plötzlichem Schlappmachen können sie gut mit anderen mithalten.

Yoga ersetzt aber nicht das aktive Sporttreiben, denn regelmäßige Bewegung in Form sportlicher Betätigung ist eine Grundvoraussetzung für ein gesundes Leben. Bewegungsmangel gilt heute als Ursache für viele Zivilisationskrankheiten und eine verminderte Lebenserwartung. Jedes Organ, jeder Muskel und jedes Gelenk büßen im Laufe der Zeit – getreu dem Motto „wer rastet, der rostet" – an Funktionsfähigkeit ein, wenn sie nicht ständig ein wenig beansprucht werden.

Unzureichende körperliche Aktivität schädigt meist zuerst den Stütz- und Bewegungsapparat, also die Knochen, Gelenke und Muskeln. Durch Körpertraining wird ein Teil der bereitgestellten Streß-Energie in einer biologisch sinnvollen Weise abgebaut. Erhöhte Blutfett- und Blutzuckerwerte lassen sich durch Bewegung senken, und überschüssige Kalorien können durch die Anregung des Stoffwechsels verbraucht werden. Die Gefäße erweitern sich, die Blutgerinnungsbereitschaft nimmt ab, die Bildung neuer Gefäße wird angeregt und die Sauerstoffversorgung aller Organe optimiert. Es kommt zu einer Verbesserung der Blutzirkulation in den Arterien und Venen. Herzarbeit und Atmung werden ökonomischer. Die Kreislauffunktionen eines körperlich Trainierten zeichnen sich durch größere Stabilität aus, das heißt durch einen niedrigeren Ruhepuls. Körperliche Bewegung wirkt sich darüber hinaus auch psychisch günstig aus: Innere Spannungen werden abgebaut, und die Stimmung hellt sich auf.

Sicherlich haben auch Sie einen persönlichen Lieblingssport, den Sie aktiv ausüben (wollen). So geht es jedenfalls den meisten Managern, die auf ihre Gesundheit achten. Der Ayurveda gibt einige Hinweise, welche Sportarten der Gesundheit besonders dienen und wie sie zu betreiben sind.

Prüfen Sie Ihre bevorzugte Sportart daraufhin, wie Caraka empfiehlt, ob sie Ihnen Leichtigkeit, Leistungskraft, Stabilität und Durchhaltevermögen vermittelt. Auch sollten durch Körpertraining Ihre Belastungsresistenz erhöht, die Abwehrkräfte gesteigert und die zwischenmenschliche Kommunikation gefördert werden.

Sport hat nur dann einen bewußtseinskultivierenden Sinn, wenn er Körper, Geist und Seele gleichermaßen aktiviert und entwickelt. Alles, was Ihren Körper quält oder zwingt, ist im ayurvedischen Sinn nicht geeignet, ganzheitliche Gesundheit aufzubauen.

Ein guter Spaziergang kommt den ayurvedischen Vorstellungen von Bewußtseinsschulung durch Bewegung häufig näher als irgendeine Kraftsportart. Ein Spaziergang ist eine natürliche Aktivität, die alle drei Doshas ausbalanciert. Der *Vata-Typ* wird durch einen längeren Spaziergang beruhigt. Der *Pitta-Typ* entspannt während eines langsamen Gangs. Der *Kapha-Typ* braucht einen schnellen Spaziergang, um Trägheit und Müdigkeit zu beseitigen. Neben den Yoga-Asanas empfiehlt der Ayurveda deshalb jedem täglich einen halbstündigen Spaziergang in der ihm gemäßen Art.

Sport ist ferner dazu da, Ihr Wohlbefinden zu erhöhen. Prüfen Sie Ihren Lieblingssport daraufhin, ob er dazu beiträgt, daß Ihr Leben angenehmer verläuft und Sie sich vitaler fühlen. Dann bewegen Sie sich richtig. Was geht in Ihnen vor, wenn Sie einen Jogger sehen, dessen Gesicht verspannt ist, oder einen verkrampften Tennisspieler, der bei jedem Schlag einen Schrei ausstößt? Da stimmt doch etwas nicht, oder? Das ayurvedische Handlungsprinzip, das auch für den Sport gilt, lautet: *Gesund ist, was Spaß macht!*

Jegliche körperliche Betätigung verstärkt Vata. Bei einer maßvollen Erhöhung von Vata fühlen Sie sich in der Regel energetisiert, wacher und klarer. Wird Vata zu stark angeregt, werden Sie dagegen unruhig, müde oder gar zittrig. Der Ayurveda rät Ihnen daher, *nur die Hälfte Ihrer Leistungskapazität auszuschöpfen*. Wenn Sie 3000 Meter laufen könnten, sollten Sie nur 1500 laufen. Ihr Körper gerät zu sehr ins Ungleichgewicht, wenn Sie die Höchstgrenze Ihrer Belastbarkeit erreichen. Das schlägt sich etwa in einer starken Milchsäurebildung und im muskulären Bereich in Form von Mikrotraumen nieder. Ihr Körper muß dann einen Ausgleich schaffen: Weniger ist also mehr! Trainieren Sie deshalb nur solange, bis Sie etwas schwitzen und die Mundatmung beginnt. Da liegen Ihre natürlichen Grenzen. Bei den ersten Anzeichen einer Überanstrengung hören Sie mit Ihrem Sport oder Training auf, bis sich die Atmung normalisiert hat, Ihr Herz wieder ruhig und gleichmäßig schlägt und sich Wohlbefinden eingestellt hat. Wann immer Sie sich antreiben müssen, um sich oder anderen zu zeigen, wie gut Sie sind, schädigen Sie sich.

Vor allem *Vata-Typen* tun gut daran, Überlastung zu vermeiden. Auch *Pitta-Typen* dürfen nicht übertreiben. Nur den *Kapha-Typen* bekommt ein hohes Maß an Ausdauer- und Körpertraining.

Ausgewogen treiben Sie dann Sport, wenn Sie Ihre Doshas dreifach beeinflussen:

– eine gute Körperhaltung, körperliche Flexibilität, Gefühl körperlicher Leichtigkeit, ganzheitliches Wohlbefinden: Vata-Dosha im Gleichgewicht;
– gute Durchblutung, körperliches Wärmegefühl, erhöhte Pulsfrequenz: ausbalanciertes Pitta-Dosha;
– Energie, gesteigerte Kraft, wachsende Stabilität: Kapha-Dosha im Gleichgewicht.

Sportarten für den Vata-Typ

Für den Vata-Typ ist Überanstrengung und Überstimulation die Hauptgefahr. Sportarten, die dies verhindern, sind besonders geeignet für ihn. Täglich eine halbe Stunde leichtes Krafttraining oder isometrische Übungen reichen für ihn aus. Geruhsames Radfahren, Yoga, klassischer Tanz, kürzere Wanderungen sind ideal für den Vata-Typ. Auch Hallensportarten kommen seiner Leichtigkeit und Gelenkigkeit entgegen.

Sportarten für den Pitta-Typ

Der Pitta-Typ ist in der Lage, alle Sportarten auszuüben. Er muß allerdings darauf achten, maßvoll zu bleiben und alles in einer mittleren Intensität zu betreiben. Schwimmen, Bergsteigen, Leichtathletik, Skifahren, Segeln und Reiten sind Sportarten, die dem Pitta-Typ wohltun, da sie ihm genügend Herausforderungen bieten. Auch wenn sie keine guten Verlierer sind, brauchen Pitta-Typen die Erfolgserlebnisse des Wettkampfs.

Sportarten für den Kapha-Typ

Die ausgeprägte Energie des Kapha-Typs befähigt ihn dazu, Schwerathletik zu treiben, alle Formen von Ausdauersport, aber auch Tanz zu genießen. Er ist in fast allen Sportarten gut, insbesondere wenn er durch regelmäßiges Üben noch beweglicher wird. Dem Kapha-Ausgleich dienen beispielsweise Tennis, Fußball, Boxen und Fechten.

Als *allgemeine Ratschläge für die Ausübung von Sport* empfiehlt der Ayurveda:

1. Keinen Sport kurz vor dem Essen betreiben, da er die Verdauung schwächt. Ein zweistündiges Warten nach dem Essen verhindert, daß Sie Schlacken aufbauen.

2. Sport bei windigem oder kaltem Wetter empfiehlt sich nicht. Insbesondere für Vata- und Kapha-Typen entsteht dann ein Ungleichgewicht. Feucht-kalte Luft schadet außerdem den Atemwegen.
3. In der prallen Sonne ist größere körperliche Anstrengung zu meiden, da diese zu einer Pitta-Störung führen kann.
4. Üben Sie die Sportart, die Sie mögen, regelmäßig aus.

2.6 So stärken Sie Ihre Abwehrkräfte und verlängern Ihr Leben

Es ist heutzutage allgemein bekannt, daß Ernährungsfehler und eine falsche Lebensführung wesentliche Ursachen für eine Immunschwäche sowie für vorzeitige Alterserscheinungen darstellen. Sie werden es am eigenen Leib erfahren haben, daß in bestimmten Lebenssituationen Ihre Anfälligkeit gegenüber Krankheiten besonders zunahm: Vielleicht haben Sie einige Zeit kaum auf Ihre Ernährung geachtet, indem Sie zuviel Genußmittel zu sich nahmen oder zuwenig vitalstoffreiche Nahrung. Es ist auch denkbar, daß Sie häufiger einfach zuviel gegessen haben und Sie allmählich etliche Pfunde zulegten. In Ihrem Alltag fühlten Sie sich unter Umständen über Wochen oder Monate stark überfordert oder allein. Sie konnten eventuell auch Ihre belastenden Gefühle nicht angemessen ausdrücken oder kamen kaum dazu, sich an der frischen Luft zu bewegen oder sich in die Sonne zu setzen. All dies sind mögliche Gründe für ein eingeschränkt arbeitendes Abwehrsystem.

Wie Sie widerstandsfähiger gegen Krankheiten werden

Seelische Einflüsse wirken sich nach neueren Erkenntnissen der Psychoneuroimmunologie, über die wir bereits gesprochen haben, nachhaltig auf das Immunsystem aus: Durch die Art, wie Sie denken, sich fühlen oder was Sie sich geistig vorstellen, stärken oder schwächen Sie Ihre Körperabwehr. Wer ständig unzufrieden ist oder negative Gedanken hat, schädigt sein Immunsystem. In der Streßforschung konnte zum Beispiel nachgewiesen werden, daß psychische Belastungen die Funktion der sogenannten Killerzellen hemmen, deren Aufgabe darin besteht, entartete Zellen (Krebszellen) aufzuspüren und sie zu vernichten. Ein anderes anschauliches

Beispiel für den engen Zusammenhang zwischen dem Gehirn, der Psyche und dem Immunsystem ist der bekannte *Placebo-Effekt:* „Zuckerpillen" können echte Medikamente zum Teil ersetzen, wenn beim Patienten eine entsprechend positive Erwartungshaltung aufgebaut wird und die Placebo-Tabletten wie echte aussehen. Placebo-Medikamente sind dann imstande, den „inneren Arzt" zu aktivieren und ähnliche Wirkungen hervorzurufen wie ein echtes Medikament.

Das Abwehrsystem sollten Sie sich nicht als einzelnes Organ vorstellen. Vielmehr arbeiten verschiedene Körperorgane und -funktionen zusammen, um die Abwehr reibungslos zu gewährleisten. An der Abwehr ist neben dem Knochenmark, dem Ursprungsort der Abwehrzellen, vor allem das lymphatische System beteiligt. Hierunter fallen die Thymusdrüse (sie sitzt hinter dem zweiten Brustbein) sowie Organe wie die Mandeln, Milz, Lymphknoten und vor allem die wichtigen Lymphknötchen des Darms und Blinddarms. Da enge Zusammenhänge zwischen dem Darm und den Abwehrkräften bestehen, sollten Verdauungsbeschwerden grundsätzlich ernstgenommen werden. Der Aufbau von nützlichen Darmbakterien (Darmflora) ist eine wichtige abwehrsteigernde Maßnahme.

Sie fragen sich nun vielleicht: Woran kann ich erkennen, ob mein Immunsystem ausreichend arbeitet? Abwehrschwäche macht sich oft durch allgemeine, unklare Symptome bemerkbar, die in der Regel nicht genügend beachtet werden. Solche, *auf eine Abwehrstörung hinweisende Symptome* können beispielsweise sein:

- Allgemeine Abgespanntheit und Leistungsschwäche, die unabhängig von Beanspruchungen, Schlafstörungen oder einer vorhandenen Erkrankung sind;
- Nervosität, Unruhe, Gereiztheit und depressive Verstimmungen, die ohne äußeren Anlaß auftreten;
- Kopfschmerzen, die entweder anfallartig auftreten oder längere Zeit anhalten, ohne daß dafür äußere Ursachen erkennbar wären;
- Wetterfühligkeit mit Nervosität, Schlafstörungen, Herz-Kreislauf-Beschwerden, rheumaartige Schmerzen und andere nicht eindeutige Symptome, die mit bestimmten Wetterlagen zusammenhängen;

- große Anfälligkeit für Erkältungskrankheiten mit Husten, Schnupfen und Heiserkeit, die oft besonders schwer verlaufen und ungewöhnlich lange dauern;
- hartnäckige bis chronisch verlaufende andere Infektionskrankheiten, zum Beispiel chronische Bronchitis sowie
- häufige Ausschläge, Entzündungen und Eiterungen der Haut.

Ein geschwächtes Immunsystem verweist auf eine gestörte Selbstregulation des Organismus und steht mit einem Ungleichgewicht der Doshas in Verbindung. Die wirkliche Ursache für Abwehrschwäche und alle daraus resultierenden Krankheiten sieht der Ayurveda in einer *Fehlorientierung des Bewußtseins.* Wenn Sie nicht mehr bei sich selbst sind, sich selbst gewissermaßen verloren haben, also überhaupt nicht mehr in sich selbst ruhen, dann nennt der Ayurveda diesen *Verlust des Selbstbezugs* „Fehler des Intellekts". Mit Carakas Worten:

„Eine Handlung, die ein Mensch ausführt, dessen Intellekt eingeschränkt ist und dessen Gedächtnis beeinträchtigt ist, wird als Fehler des Intellekts bezeichnet. Sie stört alle Doshas. Eine forcierte Trieberfüllung oder Triebunterdrückung,...extreme Tätigkeiten,... fehlende Bescheidenheit und mangelnde Sitten,...die Anwendung von gesundheitsschädlichen Verhaltensweisen wider besseren Wissens,...Neid, Zorn, Gier, Narkotika,...all das wird Fehler des Intellekts genannt und als Ursache von Krankheiten angesehen."

Letztlich beruht der Fehler des Intellekts immer darauf, daß der Selbstbezug des Bewußtseins und damit auch der Selbstbezug auf der Ebene des Körpers verlorengegangen ist. Krankheiten beginnen sich demnach zunächst in geistiger Form auszudrücken und erst danach in körperlichen Symptomen. Dem Ayurveda geht es deshalb darum, den Selbstbezug im Bewußtsein und im Körper zu beleben, also den Kontakt mit dem „inwendigen Arzt" (Paracelsus) herzustellen. Die dazu geeigneten Strategien haben wir Ihnen zum Teil bereits vorgestellt oder werden Sie Ihnen in späteren Abschnitten noch näher erläutern. Es sind vor allem:

- *Entschlackungs- und Reinigungsverfahren,* die im Rahmen der Panchakarma-Kur Anwendung finden (Ölmassagen, Massagen mit Rohseiden-Handschuhen, gründliche Darmentleerungen, Wärmebehandlungen);
- die *Stärkung der Verdauungskraft* unter anderem durch häufiges Trinken von heißem Wasser mit Ingwer, dem Essen von warmen,

leicht verdaulichen Speisen und der gelegentlichen Verwendung von gereinigtem Butterfett;

- eine *Ernährung,* die typengerecht, vitalstoffreich, vorwiegend basisch und mengenmäßig bescheiden ist und außerdem wenig Genußmittel (Alkohol, Nikotin) und chemische Rückstände enthält;

- *ayurvedische Nahrungsmittelergänzungen* (Rasayanas), die sich aus Kräutern und Früchten zusammensetzen, wie zum Beispiel Amrit Kalash, das sich als besonders abwehrstärkend erwiesen hat;

- regelmäßige *Yoga- und Atemübungen,* welche sich belebend und harmonisierend auf alle Funktionen von Körper, Seele und Geist auswirken;

- die Anwendung von *Meditationstechniken,* deren abwehrsteigernde Effekte wissenschaftlich belegt sind. Meditation hemmt Entzündungen und verringert die Anfälligkeit gegenüber Infektionskrankheiten, Allergien und Krebs. Aus einer umfangreichen amerikanischen Studie geht hervor, daß Meditierende die Krankenkassenleistungen um 50% weniger häufig in Anspruch nehmen als Nichtmeditierende (Orme-Johnson, 1987);

- Stärkung der Abwehrkräfte durch dosiertes *Körpertraining* sowie *Luft- und Sonnenbäder;*

- eine Lebensweise, die einen ausgewogenen Rhythmus von Ruhe (Schlaf, Erholung) und Aktivität beinhaltet und die nicht nur biologische Rhythmen, sondern auch kosmische Rhythmen beachtet *(Chronohygiene);*

- ayurvedisches *Streß-Management,* das einen Abbau unnötiger Streßfaktoren, die Erhöhung der Widerstandsfähigkeit gegen Belastungen und einen angemessenen Umgang mit unvermeidbarem Streß umfaßt.

Zeitlich lassen sich diese Maßnahmen leicht in Ihren Alltag integrieren. Selbst wenn Sie nur einen Teil davon anwenden, wächst Ihr Selbstbezug spürbar, Ihre Widerstandskraft gegen Krankheiten nimmt deutlich zu und Sie erfreuen sich Ihres Lebens noch mehr.

Auf dem Weg zur Langlebigkeit

Der Ayurveda hat sich eingehend mit Möglichkeiten der Lebensverlängerung beschäftigt. Die klassischen ayurvedischen Schriften gehen davon aus, daß eine Lebenserwartung von hundert Jahren normal ist, und zwar ohne Gebrechen und Krankheit. Der Ayurveda vertritt den Standpunkt, daß das heutige Verständnis von Altern falsch ist. Altern bedeutet nicht, schwach oder krank zu werden, zu verkalken und von den Mitmenschen als „unbrauchbar" eingeschätzt zu werden. Natürliches Altern heißt vielmehr, daß Geistigkeit, Klarheit und Zufriedenheit zunehmen.

Die *Altersforschung* hat festgestellt, daß die meisten Menschen nicht aufgrund von Altersschwäche sterben (dies ist nur bei weniger als einem Prozent der Fall), sondern vor allem durch Krankheiten des Herz-Kreislauf-Systems oder Krebs.

Auf der anderen Seite hat die bisherige Forschung acht Faktoren gefunden, die neben Erbanlagen eng mit *Langlebigkeit* in Zusammenhang stehen; es sind dies:

- ein störungsfrei arbeitendes Herz-Kreislauf-System (das heißt zum Beispiel normaler Blutdruck und Cholesterinspiegel)
- Arbeitszufriedenheit
- gesunde Lebensgewohnheiten (niedriger Alkohol-, Drogen- und Zigarettenkonsum oder völliger Verzicht auf diese Genußmittel)
- körperliche Fitneß (akustisch und visuell genaue Wahrnehmung, gutes Reaktionsvermögen, störungsfreie Geist-Körper-Koordination etc.)
- persönliches Wohlbefinden
- positive Selbsteinschätzung des Gesundheitszustandes
- hohe handlungsbezogene Intelligenz und
- psychische Gesundheit.

Wenn bei Ihnen die meisten dieser „Langlebigkeitsfaktoren" ausgeprägt sind, so ist die Wahrscheinlichkeit groß, daß Sie alt werden und daran Freude haben. Der Ayurveda kennt zwar kein spezielles Programm, das rein auf die Verlängerung Ihres Lebens zielt. Alle seine Gesundheitsstrategien sind jedoch geeignet, dazu beizutragen, daß Sie nicht nur erfolgreicher, sondern auch glücklicher und länger leben. So ist in der Meditationsforschung festgestellt worden, daß sich die *Ausübung von Meditation* förderlich auf alle Langlebigkeitsfaktoren auswirkt. Wenn Sie regelmäßig meditieren,

- beeinflussen Sie dadurch Ihre Herz-Kreislauf-Funktionen günstig: Sie senken Ihren Blutdruck und Cholesterinspiegel;

- entwickeln Sie Ihrer Arbeit und Ihrem Leben gegenüber eine andere Einstellung und sind zufriedener;
- eignen Sie sich allmählich gesundheitsförderlichere Verhaltensweisen an wie etwa einen geringeren Genußmittelkonsum;
- steigern Sie Ihre körperliche Fitneß und Ihr eigenes Wohlbefinden;
- fördern Sie Ihre körperliche und psychische Gesundheit und
- sind sogar imstande, Ihre Intelligenzleistungen zu verbessern.

Meditation ist also ein wirkungsvolles Mittel, um von der körperlichen und seelisch-geistigen Seite her die Voraussetzungen für eine Verlangsamung des Alterns und die Förderung der Gesundheit zu schaffen. Sie verstehen jetzt, warum heute immer mehr Unternehmen dazu übergehen, Meditation in ihre Gesundheitsprogramme aufzunehmen (siehe dazu Kapitel 4).

In der Altersforschung trifft man die Unterscheidung zwischen chronologischem und biologischem Alter. Das *chronologische Alter* (Kalenderalter) bezieht sich darauf, wie alt Sie von den Lebensjahren her tatsächlich sind. Das *biologische Alter* sagt aus, wie alt Sie aufgrund Ihrer körperlichen und geistigen Funktionstüchtigkeit im Vergleich mit dem Bevölkerungsdurchschnitt sind.

Der Zusammenhang zwischen chronologischem und biologischem Alter ist eingehend bei Ausübenden der Transzendentalen Meditation und Nichtmeditierenden anhand standardisierter Tests untersucht worden. Die Testverfahren setzten sich aus der Bestimmung der Hörschwelle, der Nahsichtigkeit und dem systolischen Blutdruck zusammen, alles Faktoren, die hoch mit dem biologischen Alter korrelieren. Zum Erstaunen der Wissenschaftler ergab sich bei Langzeitmeditierenden, das heißt Personen, die bereits im Durchschnitt für sechs Jahre Meditation praktizierten, eine Differenz zwischen chronologischem und biologischem Alter, die bei *12,2 Jahren* lag. Mit anderen Worten: Diese Versuchsgruppe erwies sich in den erfaßten körperlichen Merkmalen um über zwölf Jahre jünger, als es ihrem Lebensalter entsprach (Wallace et al., 1982).

Auch in biochemischer Hinsicht konnten altershemmende Meditationseffekte nachgewiesen werden: bei der Erfassung des Steroidhormons Dehydroepiandosteron (DHEA), das mit zunehmendem Alter abnimmt und bei sehr alten Menschen um bis zu achtzig Prozent verringert ist, ergab sich ein ähnlicher Effekt: Meditierende wiesen Werte auf, die bei Männern 23% und bei Frauen 47% über denen altersmäßig vergleichbarer Kontrollpersonen lagen. Die DHEA-Werte der Meditierenden entsprechen einer „Verjüngung" um fünf bis zehn Jahre (Glaser et al., 1986).

Selbst bei Achtzigjährigen scheint Meditation altersverlängernd zu wirken, wie aus einer neuen psychologischen Studie hervorgeht: Von der untersuchten Gruppe Meditierender lebten am Versuchsende noch alle, während die Überlebensrate bei dieser Altersgruppe sonst durchschnittlich nur 62,5% beträgt (Alexander et al., 1989).

Altern hängt nach neueren Erkenntnissen unter anderem davon ab, wie gut die Fähigkeit entwickelt ist, sich anzupassen und auf die Umwelt zu reagieren sowie innere Stabilität inmitten von Veränderungen aufrechtzuerhalten. Anders ausgedrückt: Die Mechanismen im Körper, die für die Aufrechterhaltung von Gleichgewicht verantwortlich sind, spielen eine entscheidende Rolle beim Altern. Streß begünstigt dagegen Alterungsvorgänge: Er ruft Abnutzungs- und Verschleißerscheinungen im Organismus hervor und führt zu organischen Veränderungen und funktionellen Störungen. Die körperlichen Steuerungsmechanismen beginnen dann mehr und mehr zu „entgleisen".

Im Ayurveda finden, um das Altern zu verlangsamen, neben der Meditation vor allem eine konstitutionsgerechte Ernährung, spezielle Nahrungsmittelergänzungen (Rasayanas, insbesondere Amrit Kalash), Ölbehandlungen, Entschlackungsverfahren, Atem- und Yogaübungen sowie chronobiologische Erkenntnisse Anwendung.

Die Bedeutung der Ernährung wird im Zusammenhang mit dem Altern schon seit geraumer Zeit diskutiert. Neuerdings richtet sich das Augenmerk verstärkt auf die sogenannten *freien Radikale*. Sie entstehen im Stoffwechsel und spielen eine bedeutsame Rolle bei der Verteidigung des Körpers gegen Infektionen. Sie erhöhen die Widerstandsfähigkeit der Zellen und beugen Krankheiten vor. Zum Problem werden sie, wenn sich zu viele bilden. Sie greifen dann den Körper an, beschädigen die Zellen, Gewebe, Adern und Organe und sogar die DNS und begünstigen Alterungsvorgänge. Sie verwandeln nützliche Substanzen in gefährliche und lösen Kettenreaktionen aus, die die Zellwände zerstören. Sie entstehen unter anderem durch Nahrungsmittel, die mit Chemikalien angebaut oder vorbehandelt sind, durch Bohnenkaffee, mehrfach ungesättigte Fettsäuren, Tabakrauch, Luftverschmutzung, zu viel Sonne und psychische Belastungen. Einen guten Schutz gegen die freien Radikale bieten zum Beispiel:

– eine typengerechte Ernährung,
– frische, biologisch angebaute Nahrungsmittel,
– gereinigtes Butterfett und Olivenöl,
– Rasayanas wie das Amrit Kalash,
– frische Luft,
– eine Lebensweise, die chronohygienische Gesichtspunkte beachtet und
– regelmäßige Meditationspraxis.

Altern hängt schließlich eng mit der Art zusammen, wie Sie die Zeit wahrnehmen. Häufig überwiegt bei Ihnen vermutlich das Gefühl, Zeit sei vergänglich, und Sie nehmen die Zeit als linearen Prozeß wahr. Dossey (1984), ein amerikanischer Mediziner, führt einen Großteil der heutigen Zivilisationskrankheiten auf eine zu einseitige Zeitwahrnehmung zurück. Das Gefühl, die Zeit dränge oder verrinne wie im Flug, oder die Erkenntnis „Ich werde älter" rufen ein *Geschwindigkeitssyndrom* hervor. Dieses Syndrom drückt sich in Herzkrankheiten, Bluthochdruck, Immunschwäche, Magengeschwüren, Muskelverspannungen und vorzeitigen Alterserscheinungen aus. Es handelt sich hierbei um eine chronische Fehleinschätzung der Zeit, die letztlich deshalb in eine Krankheit mündet, weil der Körper dadurch ständig überreizt und unnötig verschlissen wird.

Übung: Wie nehmen Sie die Zeit wahr?

Um Ihnen anschaulich vor Augen zu führen, wie Ihre Zeitwahrnehmung aussieht, möchten wir Sie nun bitten, sich bequem hinzusetzen und eine Uhr mit Sekundenzeiger neben sich zu legen. Ihre Aufgabe ist es jetzt, bei geschlossenen Augen zu schätzen, wann sechzig Sekunden vorbei sind. Zählen Sie bei dieser Übung innerlich nicht mit, sondern lassen Sie sich ausschließlich von Ihrem subjektiven Zeitgefühl leiten. Wenn Sie den Eindruck haben, die Minute sei um, öffnen Sie wieder die Augen, um auf der Armbanduhr zu überprüfen, wie viele Sekunden wirklich verstrichen sind.

Sie haben bei dieser Übung eventuell bemerkt, daß Sie bereits nach relativ kurzer Zeit – vielleicht nach fünfunddreißig Sekunden – meinten, die Minute sei um. Es kann aber auch sein, daß Ihnen erst nach fünfundsiebzig Sekunden eine innere Stimme sagte, die Zeit sei abgelaufen. Ihr eigenes Zeitempfinden ist stark davon abhängig, wie ruhig oder unruhig Sie sich bei dieser Übung fühlten und auch davon, was innerlich bei Ihnen ablief. Anhand dieses Beispiels ist Ihnen nun sicherlich deutlich geworden, daß die „Geschwindigkeit", mit der die Zeit verstreicht, ausschließlich subjektiv ist.

Langlebigkeit oder Sterblichkeit bringen die meisten mit einer angeblich „absoluten" Zeit in Zusammenhang, von der sie annehmen, sie sei ein Teil der äußeren Wirklichkeit. *Die Zeit ist aber etwas vollkommen Subjektives*, sie ist auf persönliche Wahrnehmung zurückzuführen. Dossey plädiert, um Krankheiten vorzubeugen und das Leben zu verlängern, dafür, die lineare Zeitwahrnehmung durch die Erfahrung nicht-linearer Zeit zu ergänzen. Er betrachtet die *Veränderung des Zeitsinns als eine positive Gesundheitsstrategie*. Er spricht von „Zeit-Therapien" und faßt darunter Techniken, die eine Grundstimmung hervorrufen, die die Zeitwahrnehmung verändert. Solche *Verlangsamungstherapien* sind Entspannungs- und Meditationstechniken. Nach Dossey ist es für den heutigen Menschen lebenswichtig, eine *komplementäre Zeitwahrnehmung* zu entwickeln, das heißt, imstande zu sein, zwischen einer linearen und nicht-linearen Zeitwahrnehmung wechseln zu können.

Die wirkungsvollste Art, um die Zeit zu verlangsamen, ist das Einstellen allen Tuns zugunsten einer Erfahrung „reinen, zeitlosen Seins". Die *statische, nicht-lineare Wahrnehmung der Zeit* erzeugt ein Gefühl der Erleichterung und Befreiung, der Ruhe und Gelassenheit. Das Sprichwort, daß dem Glücklichen keine Stunde schlägt, verdeutlicht diesen Zusammenhang. Wenn jemand Erfahrungen der „nicht-fließenden" Zeit oder Zeitlosigkeit macht, lernt er allmählich die Zeit mit anderen als nur „linearen" Augen zu betrachten. Das Verrinnen der Zeit hat ihn dann weniger im Griff, und er lebt nicht mehr ständig im Wettlauf mit der Uhr. Die häufige Erfahrung von Zuständen, in denen die Zeit „stillsteht", hat meßbare physiologische Veränderungen: Sie wirkt Verschleiß- und Abnutzungserscheinungen sowie vorzeitigen Alterungsvorgängen entgegen.

2.7 Chronohygiene: Leben Sie im Einklang mit biologischen und kosmischen Rhythmen

In den Industrienationen sind heute, wie wir Ihnen im letzten Abschnitt darlegten, viele Menschen „zeitkrank": Die Uhr wird immer mehr zum entscheidenden Orientierungspunkt im Leben. Natürliche Rhythmen finden dagegen im Alltag zuwenig Beachtung. Dies belegt auch der Sachverhalt, daß seit einigen Jahren im Führungskräftetraining „Zeit-Management-Seminare" Hochkonjunktur haben. Diese einseitige Ausrichtung auf die Uhr ist aus gesundheitlicher Sicht bedenklich, weil sie zu einer Entfremdung von natürlichen Rhythmen führt. Der Mensch verfügt über zahlreiche innere und äußere Schrittmacher, die zum Beispiel Körpervorgänge, Stimmungen und Verhaltensweisen steuern. Deren Mißachtung führt dazu, daß es zu einer „inneren Desynchronisation" kommt. Die rhythmischen Funktionen verlieren dann ihren Zusammenhang und geraten aus dem Gleichgewicht, so daß „innere Reibungen" auftreten.

Führen Sie sich einmal eine besonders arbeitsreiche Woche vor Augen: Sie haben vielleicht nicht genügend Schlaf bekommen, sind jeweils sehr spät ins Bett gegangen, haben unregelmäßig gegessen, standen die ganze Zeit über unter Druck und die Regenerationsphasen waren zu kurz. Eine solche Woche hat unübersehbare Folgen: Sie kann Ihr körperliches und seelisch-geistiges Gleichgewicht stark beeinträchtigen; Ihre Doshas geraten aus der Balance.

Auch das rasche Reisen in neue Zeit- und Klimazonen durch einen Transatlantikflug stört die Abgestimmtheit der biologischen Rhythmen. Die sogenannte Jet-Krankheit bringt Ihre inneren Rhythmen durch plötzliche Veränderungen der Zeitgeber durcheinander. Die Anpassung kann Tage oder sogar Wochen dauern. So erholen sich diejenigen Rhythmen, die Ihre Wachheit und Konzentration beeinflussen, zum Beispiel erst nach zwei Tagen bis zwei Wochen.

Die mit der Schichtarbeit verbundenen Probleme ähneln in vielem denen, die von der Zeitverschiebung beim Fliegen verursacht werden. Auch hier kommt es zu einer Zerstörung der natürlichen tageszeitlichen Rhythmen. Schichtarbeiter leiden überproportional häufig an übermäßigem Streß, Magen-Darm-Krankheiten und Erkrankungen der Atemwege.

Wenn Sie dagegen im Einklang mit naturgegebenen Rhythmen wie dem Tages- oder Jahresrhythmus leben, erhöhen Sie automatisch Ihre Leistungsfähigkeit und Ihr Wohlbefinden.

Wir möchten Ihnen nun einige Fragen stellen, die Ihnen verdeutlichen sollen, wie genau Sie sich Ihrer biologischen Rhythmen bewußt sind.

Übung: Überprüfen Sie Ihr Rhythmusbewußtsein!

- Fühle ich mich als Nacht- oder Morgenmensch?
- Gibt es eine bestimmte Tageszeit, zu der ich nach eigener Einschätzung am produktivsten bin, egal, was ich tue?
- Habe ich den Eindruck, daß meine Energien am frühen Nachmittag erlahmen?
- Verspüre ich zu einer bestimmten Zeit am Tag, im Monat oder im Jahr einen besonders starken sexuellen Drang?
- Ändert sich meine Stimmung mit den Jahreszeiten?
- Fallen mir sportliche Übungen zu einer bestimmten Tageszeit leichter?
- Schmeckt mir das Essen mit fortgeschrittener Tageszeit besser?

Wenn Sie einige dieser Fragen mit „Ja" beantwortet haben, sind Sie sich Ihrer biologischen Rhythmen bewußt oder zumindest der Auswirkungen, die diese Rhythmen auf Ihr Befinden haben.

Aus der biologischen Rhythmusforschung ist bekannt, daß ein enger Zusammenhang zwischen natürlichen oder kosmischen Rhythmen und Biorhythmen des Menschen besteht. Dies zeigt sich zum Beispiel darin, daß das Immun- und Hormonsystem eng mit Naturzyklen verbunden ist. Denken Sie an die Winterdepressionen oder die Frühjahrsmüdigkeit. Die biologischen Rhythmen werden von folgenden vier natürlichen Rhythmen überlagert:

- der Erdumdrehung, die den Tag-Nacht-Rhythmus reguliert;
- dem Umlauf der Erde um die Sonne, der die Jahreszeiten entstehen läßt;
- der Bewegung des Mondes um die Erde, die in Mondphasen beobachtbar ist und

– der Einwirkung der Schwerkraft von Erde, Mond und Sonne, die die Gezeiten hervorruft.

Jedem dieser grundlegenden Umweltrhythmen entspricht ein biologischer Rhythmus im Menschen. Rhythmen des Makrokosmos finden so ihre Entsprechung in den Rhythmen des Mikrokosmos. Jeder Mensch ist aufgrund seiner Genstruktur darauf programmiert, auf natürliche Rhythmen zu reagieren.

Die Medizin hat in den letzten Jahren zahlreiche Erkenntnisse darüber gewonnen, wie natürliche Rhythmen den menschlichen Organismus steuern: So treten Herzinfarkte wesentlich häufiger während der Aktivphase des Menschen zwischen acht und achtzehn Uhr auf als nachts. Schmerzstillende Spritzen wirken am frühen Nachmittag zwei- bis dreimal so lange wie morgens. Bei einem Ausdauertraining ist die Leistungsfähigkeit am Mittag und besonders nachmittags größer als bei einem morgendlichen Konditionstraining. Auch ist bekannt, daß bestimmte Krankheiten jahreszeitlich gehäuft auftreten oder sich verschlimmern können. Im Frühjahr treten etwa Bronchitis und Nebenhöhlenbeschwerden verstärkt auf. Die sogenannten Organzyklen (auch Organ-Uhren genannt) sind Phasen, während derer ein Organ besonders aktiv ist, während es zu anderen Zeiten mehr oder weniger stark „ruht": Das Herz hat beispielsweise seine aktivste Phase von elf bis dreizehn Uhr, die Nieren zwischen siebzehn und neunzehn Uhr und die Leber zwischen ein und drei Uhr nachts. Jedes einzelne Organ hat demnach seinen eigenen Biorhythmus.

Im Ayurveda sind genaue Erkenntnisse darüber gewonnen worden, wie sich die Doshas ausbalancieren lassen, wenn tages- und jahreszeitliche Aspekte beachtet werden sowie der Lebenszyklus berücksichtigt wird. Diese möchten wir Ihnen nun näher vorstellen, damit Sie einige davon in Ihrem Alltag umsetzen können. Es geht uns hier allerdings weniger darum, Ihnen bestimmte Regeln zu vermitteln: Letztlich kommt es darauf an, zu lernen sich auf die persönlichen natürlichen Instinkte zu verlassen.

Die Tagesrhythmen und die Doshas

Vierundzwanzig Stunden unterteilt der Ayurveda in zwei große Hauptzyklen, die sich aus drei Phasen zusammensetzen, in denen jeweils ein Dosha dominiert.

Die nachfolgende Grafik veranschaulicht diesen Zusammenhang im einzelnen:

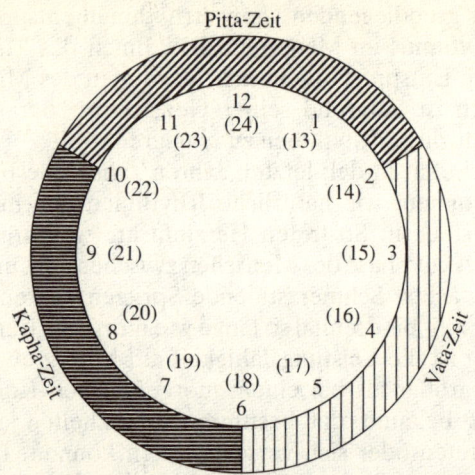

Abb. 5: Der Tageszyklus und die drei Doshas

Je nach Phase kommt es besonders häufig zu Störungen oder übermäßigem Auftreten des vorherrschenden Doshas. Wenn ein Kapha-Typ zum Beispiel über einen bestimmten Zeitraum größeren Belastungen ausgesetzt war wie partnerschaftlichen Konflikten oder länger zuviel gegessen hat, treten Kapha-Störungen am ehesten entweder morgens zwischen 6 und 10 Uhr oder abends zwischen 18 und 22 Uhr auf.

Aus obenstehender Abbildung lassen sich einige konkrete gesundheitsfördernde *Tips für Ihre Tagesgestaltung* ableiten:

Es ist zunächst einmal ratsam, morgens nicht länger als bis sechs Uhr zu schlafen, da danach die *Kapha-Zeit* (6–10 Uhr) beginnt. Längeres Schlafen macht eher müde und träge. Wenn Sie sonntags einmal ausschlafen können, erleben Sie es vermutlich dann und wann, daß Sie sich hinterher alles andere als frisch fühlen. Abends erstreckt sich die Kapha-Zeit von 18 bis 22 Uhr. Es empfiehlt sich in dieser Periode nicht viel zu essen und möglichst innerhalb der abendlichen Kapha-Phase schlafen zu gehen, weil Sie dann besonders gut einschlafen. In dieser Zeit erholen sich vor allem die „Kapha-Organe" wie die Lunge, Bronchien und die Drüsen.

Die *Pitta-Zeit* ist morgens von 10 bis 14 Uhr. Wahrscheinlich erleben Sie es im beruflichen Alltag, daß Sie während dieser Zeit sehr leistungsfähig sind und Ihnen entsprechend viel Energien zur Verfügung stehen. Auch wenn Sie sich als Manager vielleicht häufig dazu verleiten lassen, mittags durchzuarbeiten, sollten Sie in dieser Periode die Hauptmahlzeit zu sich zu nehmen. Ihre Verdauungstätigkeit ist nämlich dann am intensivsten, und es lagern sich weniger Schlackenstoffe im Körper ab. Abends beginnt die Pitta-Phase um 22 Uhr. Wenn Sie sich gegen 23 Uhr frisch fühlen, hängt dies mit der Pitta-Periode zusammen, die Sie aktiviert. Sie verpassen dann allerdings die Chance zur Regeneration. Deshalb ist es sinnvoll, vorher ins Bett zu gehen. Sonst könnten noch zusätzlich Einschlafprobleme auftreten. In dieser Phase regenerieren sich in erster Linie die „Pitta-Organe" (Dünndarm, Leber, Milz und Augen).

Die zweite *Vata-Phase* des Tages liegt zwischen 14 und 18 Uhr. Wir empfehlen Ihnen, besonders wenn Sie ein Vata-Typ sind, in dieser Zeit auch einmal eine Ruhepause einzulegen. Zum Beispiel könnten Sie nachmittags bewußt eine Teepause einplanen oder Entspannungsübungen anwenden, um Vata-Tendenzen etwas zu verringern. Beachten Sie dabei, daß dies aber auch der kreativste und kommunikativste Teil des Tages ist. Die erste Vata-Periode erstreckt sich von zwei bis sechs Uhr. Jetzt erholen sich die „Vata-Organe" wie Nerven, Haut, Dickdarm und Gehör. Nach Möglichkeit sollten Sie gegen Ende dieser Phase aufwachen: Sie werden bemerken, daß Sie sich dann frischer und energievoller fühlen, als wenn Sie später aufwachen.

Der Jahreszyklus und die Doshas

Die Physiologie einer Zelle oder eines Organs muß sich in Harmonie mit der Physiologie des ganzen Körpers befinden, damit die Zelle oder das Organ optimal funktionieren. Genauso müssen auch die Rhythmen des Körpers im Einklang sein mit denen der ihn umgebenden Natur. Stimmen die Rhythmen von Mikro- und Makrokosmos nicht überein, ist Unwohlsein oder Krankheit die Folge. Der Ayurveda zeigt auch Wege auf, wie sich biologische und kosmische Rhythmen durch die Beachtung jahreszeitlicher Zyklen ins Gleichgewicht bringen lassen oder ihre Balance aufrechterhalten werden kann.

Die Doshas reagieren sensibel auf *Wetteränderungen*. Sie werden durch die ihnen gemäße Witterung angeregt. In derjenigen Jahreszeit, in der das jeweilige Dosha überwiegt, gerät es am leichtesten aus dem Gleichgewicht. Es ist dann besonders wichtig für Sie, verstärkt auf dieses Dosha zu achten. Die folgende Übersicht zeigt Ihnen, mit welchen Jahreszeiten die Doshas in Beziehung stehen:

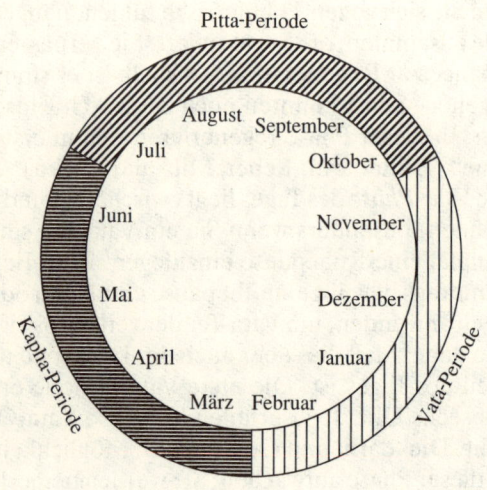

Abb. 6: Jahreszeitliche Rhythmen und die Doshas

Vata wird bekanntlich mit Eigenschaften wie kalt, trocken, leicht und beweglich assoziiert. Es ist daher bei kaltem, windigem oder trockenem Wetter erhöht. *Die Vata entsprechende Jahreszeit* ist der Spätherbst und Winter von November bis Februar. In dieser Zeit sollte sich insbesondere der Vata-Konstitutionstyp nicht zu lange dem Wind und der Kälte aussetzen. Für ihn ist ratsam, sich in geheizten Räumen mit Luftbefeuchtern aufzuhalten. Trockene Luft muß er meiden. Empfohlen wird weiter, Vata-reduzierende Kost zu sich zu nehmen: Diese umfaßt Speisen, die warm, eher schwer und ölig sind und bei denen die Geschmacksrichtungen süß, sauer und salzig vorherrschen. Gut für ihn ist auch, seine Füße und Hände warmzuhalten und sich in der Vata-Zeit mehr Ruhe zu gönnen als zu anderen Jahreszeiten.

Kapha ist seiner Natur nach kalt, feucht und langsam. Die *Kapha-Periode* schließt sich an die Vata-Zeit an und erstreckt sich von März bis Juni. Wichtig ist in dieser Zeit am Tage nicht zu schlafen, sich körperlich viel zu bewegen, gezielt die Entschlackung zu fördern sowie Nahrungsmittel zu essen, die trocken sind und scharf, bitter sowie herb schmecken.

Die Natur von Pitta ist unter anderem heiß. Pitta-Tendenzen treten entsprechend vor allem im Hochsommer bis in den Frühherbst hinein verstärkt auf. Die *Pitta-Zeit* dauert von Juli bis Oktober. Alles, was abkühlend wirkt, ist in dieser Periode erwünscht: Wenig essen, leichte und kühle Nahrungsmittel zu sich nehmen, die einen süßen, bitteren und herben Geschmack haben, Spaziergänge in der Natur am Abend, sich am Wasser oder in Wäldern aufhalten. In dieser Periode sollte Überanstrengung zum Beispiel in Form von hartem Körpertraining gemieden werden. Auch ist es nicht zu empfehlen, sich in der Pitta-Phase länger der Sonne oder der Hitze auszusetzen.

Für alle Jahreszeiten gibt es spezielle *Gewürzmischungen* und *Gewürztees,* die Sie essen und trinken können, um die jeweils vorhandenen Dosha-Überschüsse zu neutralisieren. Diese sind im Fachhandel erhältlich (siehe Anhang).

Letztlich entscheidet nicht der Kalender darüber, wann Sie einzelne Maßnahmen anwenden, die die Doshas ausgleichen, sondern ausschlaggebend ist das tatsächliche Wetter.

Der Lebenszyklus und die Doshas

Ein weiterer wichtiger Zyklus der drei Doshas betrifft die gesamte Lebensdauer. Drei Lebensabschnitte entsprechen dabei den drei Doshas: Die *Kapha-Phase* fängt mit der Geburt an und dauert bis zum dreißigsten Lebensjahr. Zwischen dem dreißigsten und sechzigsten Lebensjahr liegt die *Pitta-Periode*. Danach kommt die *Vata-Phase* an die Reihe. Wenn Sie diese drei Zyklen mit den Eigenschaften der drei Doshas in Beziehung setzen, wird klar, warum mit jedem dieser drei Lebensabschnitte unterschiedliche Aufgaben verbunden sind.

Die erste Lebensperiode dient dem *Aufbau* und *Wachstum* Ihres Körpers und Bewußtseinspotentials. Zwischen dem dreißigsten und sechzigsten Lebensjahr geht es darum, „etwas zu bewegen";

dies ist die *Transformationsphase,* in der Sie vorrangig Ihre Fähigkeiten umsetzen. Ab dem sechzigsten Lebensjahr erfolgt ein allmählicher Rückzug aus der (beruflichen) Aktivität und damit verbunden ein schrittweiser *Abbau* und eine *Verlagerung der Aktivität* auf geistige Ebenen.

Tips, um verstärkt im Einklang mit natürlichen Rhythmen zu leben:

Abschließend stellen wir Ihnen eine Reihe von Maßnahmen vor, die es Ihnen ermöglichen, mehr in Übereinstimmung mit inneren und äußeren Rhythmen zu leben.

1. Achten Sie auf einen ausgewogenen Wechsel von Ruhe und Aktivität: Wenn Sie sich genügend Muße und Erholung im Alltag gönnen, ist dies die effektivste Strategie, um Ihre inneren Rhythmen zu normalisieren.
2. Vermeiden Sie möglichst zuviel Stimulierung: Wenn Sie beispielsweise Auto fahren, so lassen Sie sich nicht ständig durch Musik berieseln.
3. Wenn Sie mit dem Wagen unterwegs sind, fahren Sie möglichst ruhig, ohne sich selbst unter Druck zu setzen.
4. Wachen Sie morgens mit Hilfe Ihrer „inneren Uhr" auf, und lassen Sie sich nicht durch den Wecker aus dem Schlaf holen.
5. Gönnen Sie sich direkt nach dem Aufwachen und kurz vor dem Schlafengehen etwas Ruhe.
6. Verrichten Sie Ihre Arbeit an einem Platz in der Nähe eines Fensters und vermeiden Sie Hintergrundmusik.
7. Halten Sie nach den Mahlzeiten jeweils eine Phase der Ruhe ein.
8. Die letzte Mahlzeit sollten Sie etwa bei Sonnenuntergang zu sich nehmen, mindestens jedoch drei Stunden vor dem Zubettgehen.
9. Vor dem Abendessen und nach dem Mittagessen ist es ratsam, sich für einige Minuten hinzulegen.
10. Machen Sie, sofern die Sonne scheint, täglich einen Spaziergang.

Fazit:
Sie können nichts falsch machen, wenn Sie sich nach den in der Natur beobachtbaren Zyklen richten.

2.8 Aktionsplan zur Förderung meiner körperlichen Gesundheit

In diesem umfangreichen zweiten Kapitel haben wir Sie mit vielen Strategien des Ayurveda vertraut gemacht, um Ihre körperliche Gesundheit zu erhalten oder zu fördern. Die wichtigsten Ansatzpunkte seien Ihnen hier noch einmal in Erinnerung gerufen; es sind dies:

– eine Ernährungsweise, die Ihrem Konstitutionstyp entspricht;
– ayurvedische Nahrungsergänzungsmittel (Rasayanas);
– Steigerung der Verdauungskraft;
– entschlackende und reinigende Verfahren, die unter anderem im Rahmen der Panchakarma-Kuren Anwendung finden;
– Atem- und Yogaübungen;
– immunsteigernde Methoden;
– lebensverlängernde Maßnahmen und
– chronohygienische Strategien.

Erfahrungsgemäß gilt für jegliche Versuche zur Optimierung Ihrer Gesundheit das Motto: „Weniger ist mehr." Das heißt, wir empfehlen Ihnen, sich aus all dem, was wir Ihnen in diesem Kapitel vorgestellt haben, einige wenige Strategien und Maßnahmen herauszugreifen. Am besten entwickeln Sie nun für deren Umsetzung in Ihrem Alltag einen persönlichen Aktionsplan.

Versuchen Sie jetzt, Ihre Ziele in einem möglichst konkreten Handlungsplan zu formulieren. Überlegen Sie im einzelnen, wie Sie Ihre wichtigsten Ziele in bezug auf Ihre körperliche Gesundheit erreichen können. Legen Sie dabei die jeweiligen Aktionsschritte fest. Vermeiden Sie, sich unrealistische Ziele zu setzen und entwickeln Sie einen genauen Zeitplan.

– Was möchte ich in gesundheitlicher Hinsicht erhalten, ändern oder verbessern?

_____

_____

_____

_____

_____

– Welche Schritte wähle ich dabei im einzelnen?

_____

_____

_____

_____

– Wie sieht mein Zeitplan im Detail aus? Bis wann will ich was erreicht haben?

_____

_____

_____

_____

– Wen beziehe ich als „Kontrolleur" mit ein?

_____

_____

_____

_____

Legen Sie etwa alle vier Wochen einen Kontrolltermin fest. Die gesamte Zeit, die Sie für die Umsetzung des Aktionsplans veranschlagen, sollte sechs Monate nicht übersteigen.

Fertigen Sie sich nach dem hier abgedruckten Muster einen persönlichen Aktionsplan an. Wahrscheinlich benötigen Sie mehr Platz, als an dieser Stelle im Buch dafür vorgesehen ist. Schauen Sie einige Male pro Woche in Ihren Protokollbogen, um sich Ihre Ziele wieder ins Gedächtnis zu rufen. So geben Sie sich jedesmal erneut einen Anstoß zur Zielverwirklichung.

Teil 2:
Bewußtseins-Management:
Ayurveda zur Gesundung der
Persönlichkeit

Wer heute als Führungskraft im beruflichen Wettbewerb bestehen will, steht vor nahezu übermenschlich anmutenden Forderungen: Er muß stets energievoll und geistesgegenwärtig sein, einen klaren Kopf haben, kreativ, intuitiv, flexibel sowie streßstabil sein, ferner imstande sein, eine große Menge von Informationen zu verarbeiten, er darf den Überblick nicht verlieren, im Umgang mit anderen sollte er freundlich, verständnisvoll und hilfsbereit sein, seine Mitarbeiter einfühlsam und vorausblickend führen. Erfolgreiche Manager zeichnen sich nicht allein durch fachliche Kompetenz aus, vielmehr noch durch persönliche Qualifikation, geistige Leistungsfähigkeit und menschliche Integrität.

Die Erkenntnis wächst vielerorts, daß Persönlichkeitsentwicklung mindestens genauso wichtig ist wie Wissen und Fachkompetenz: Nur wer mit sich selbst im reinen ist und seine Stärken und Schwächen kennt, kann zum Beispiel überzeugend auftreten, angemessen mit Mitarbeitern umgehen, kreativ sein und ein großes Arbeitspensum absolvieren.

Die wenigsten Manager haben allerdings den Mut, einen Blick auf ihr Inneres zu werfen. Etliche stehen noch auf dem Standpunkt, dies gehöre in die Privatsphäre. Sie spielen und verteidigen im beruflichen Alltag nach wie vor die „Rolle des Königs": Nur nicht vom „Thron" gestoßen werden, ist ihr Motto. Deshalb meiden sie möglichst alles, was der *Selbsterfahrung und Selbstreflexion* dient. Beides ist jedoch Voraussetzung dafür, daß sich ein Manager erst zu jener Reife und jenem Format entwickelt, die für höchste Führungspositionen unerläßlich sind. Denn sonst klaffen Selbst- und Fremdbild weit auseinander.

Manager suchen deshalb bei psychologisch geschulten Trainern Hilfe, die personenzentrierte Einzelberatung durchführen, das sogenannte *Coaching*. Dieses relativ neue Instrument wird in bundesdeutschen Unternehmen vermehrt zur Personalentwicklung eingesetzt. Es soll leitende Mitarbeiter in den Bereichen Führung, Leistungssteigerung und persönliche Entwicklung unterstützen.

Die Schwerpunkte von Coaching-Maßnahmen sind vielfältig: Karrierereflexion und Standortbestimmung, Selbstanalyse, Streß-Management, Abbau von Leistungs- und Motivationsblockaden, mentale Vorbereitung auf schwierige Aufgaben, Reflexion des Kommunikations- und Führungsverhaltens, Lösung privater Probleme und persönlicher Krisen etc.

Im zweiten Teil des Buches geben wir Ihnen nun einen Überblick, welche Strategien der Ayurveda einsetzt, um Ihnen bei der Behebung persönlicher Unzulänglichkeiten und der Weiterentwicklung Ihrer positiven Eigenschaften und Fähigkeiten zu helfen. Das Ziel des Ayurveda ist *Bewußtseinsentfaltung:* Sie ist der Schlüssel, um körperlich und seelisch-geistig ins Gleichgewicht zu kommen. *Bewußtseinsbildung im Ayurveda* ist ganzheitlich und hat viele Facetten, wie zum Beispiel:

– den effektiven Umgang mit Alltagsbelastungen;
– die regelmäßige Ausübung von Meditationsverfahren;
– die Schulung der Sinne in Form eines Wahrnehmungstrainings;
– die Entwicklung positiver und kohärenter Denkmuster;
– das angemessene Ausdrücken von positiven und der Abbau von negativen Gefühlen;
– Kreativitäts- und Intuitionsschulung;
– Life-Styling;
– den Aufbau eines wirksamen und harmonischen Kommunikationsverhaltens;
– die Steigerung der Selbst-Motivation und
– die Anwendung von Erfolgsprinzipien.

Die Konturen des „Managers der Zukunft" zeichnen sich immer klarer ab. Bewußtseinsentfaltung steht hierbei im Mittelpunkt. So ist beispielsweise offensichtlich, daß besonders kompetente Manager die Fähigkeit haben, ihre geistig-seelischen Aktivitäten zu steuern. Nicht Planungsmethodik und Handlungsstrategien müssen vorrangig optimiert werden, sondern vielmehr die Persönlichkeit als Ganzes.

3. Der Alltag des Managers: Was für ein Streß!

Private und berufsbedingte Belastungen haben sich innerhalb der letzten Jahre zu einem medizinischen und psychologischen Problem ersten Ranges entwickelt. Streßbelastungen haben unübersehbare Folgen: Nach einer Untersuchung der Bundeszentrale für gesundheitliche Aufklärung

- konsumieren elf Prozent der Berufstätigen während der Arbeit regelmäßig Alkohol;
- fünfundzwanzig Prozent der Befragten rauchen unter hoher Arbeitsbelastung mehr als fünfzehn Zigaretten täglich, was sonst nur vierzehn Prozent der Gesamtbevölkerung tun;
- bekämpfen dreiundsechzig Prozent der stark belasteten Arbeitnehmerinnen aufkommendes Unwohlsein mit Tabletten.

Während es vor wenigen Jahren in Unternehmen noch weitgehend unüblich war, sich mit dem Thema „Streß" und seinen Folgen auseinanderzusetzen, gehen heute mehr und mehr Betriebe dazu über, Streß-Management-Seminare als Präventivmaßnahme anzubieten. Streßstabilität ist mittlerweile zu einem wichtigen Business-Thema geworden, auch wenn Führungskräfte aus Furcht vor Imageverlust oft noch sehr zurückhaltend sind, persönliche Belastungen und gesundheitliche Probleme zuzugeben. In der Bundesrepublik gibt es aber nach wie vor (zu) viele Betriebe, die es ihren Mitarbeitern überlassen, in ihrer Freizeit irgendwie mit dem Streß fertig zu werden. Kein Unternehmen wird in Zukunft daran vorbeikommen, Streßprophylaxe und Streßbewältigung zu einem Schwerpunkt der betrieblichen Gesundheitsbildung zu machen. Denn es ist unbestritten, daß übermäßige Belastungen die Ursache für eine Vielzahl von Gesundheitsstörungen und ein eingeschränktes Leistungsvermögen sind.

Immer mehr hochmotivierte Führungskräfte werden Opfer ihres eigenen Engagements: Sie brennen entweder aus oder leiden unter Arbeitssucht: Im Falle des *Ausbrennens* wird Streß beispielsweise zu einem Problem, wenn der Betreffende glaubt, viel leisten zu müssen, dabei jedoch den Eindruck der Sinnlosigkeit hat. *Work-aholiker* ziehen ihre Selbstakzeptanz in einseitiger Weise aus unermüdlicher Arbeit, was zu einer Verarmung anderer Bereiche der Persönlichkeit führt. Sie haben verlernt, nichts mehr zu tun oder Sinn außerhalb ihrer Arbeit zu finden.

3.1 Selbsttest: Wie belastet bin ich?

Bevor wir Ihnen im einzelnen darlegen, was der Ayurveda zum Thema Streß und seiner Bewältigung zu sagen hat, möchten wir Sie bitten, nachfolgenden Streß-Fragebogen auszufüllen, der auf Krause (1990, S. 96 f.) zurückgeht. Sie erhalten dadurch Aufschluß über Ihr persönliches Streßniveau. Ein klares Verständnis der eigenen Streßsymptome ist die beste Voraussetzung, um Abhilfe zu schaffen.

Test: Überprüfen Sie Ihre Streßstabilität!

Die in den Aussagen dieses Fragebogens enthaltenen Streßsymptome können Warnsignale sein, besonders wenn sie gehäuft auftreten. Machen Sie jeweils unter einer der drei Antwortrubriken ein Kreuz.

Problem	häufig/ stark	selten/ manchmal	nicht/ niemals
1. Mein Blutdruck ist zu hoch.	2	1	0
2. Ich leide an Übelkeit.	2	1	0
3. Ich fürchte mich vor Krankheiten.	2	1	0
4. Ich fühle mich hoffnungslos.	2	0	0
5. Ich habe Alpträume.	2	1	0
6. Meine Beine/Hände zittern.	2	1	0
7. Ich wache häufig auf.	2	0	0
8. Meine Hände/Füße sind kalt.	2	1	0
9. Ich kann nicht richtig durchatmen.	2	1	0
10. Ich fühle mich schwach.	2	1	0
11. Ich habe schweißnasse Hände/Stirn.	2	0	0
12. Ich habe Halsschmerzen.	2	1	0
13. Ich kann mich nicht konzentrieren.	2	0	0
14. Meine Verdauung ist gestört.	2	1	0
15. Ich leide unter niedrigem Blutdruck.	2	1	0
16. Privater Ärger läßt mich nicht los.	2	1	0
17. Beruflicher Ärger läßt mich nicht los.	2	1	0

18. Ich habe Migräneanfälle.	2	1	0
19. Ich bin innerlich unruhig.	2	1	0
20. Ich leide unter Magenschmerzen.	2	2	0
21. Ich möchte immer schlafen.	2	1	0
22. Mein Herz rast oder stolpert.	2	2	0
23. Mir steckt ein Kloß im Hals.	2	2	0
24. Ich spüre ein Druckgefühl in der Brust.	2	2	0
25. Ich bin nervös.	2	1	0
26. Hitzewallungen überkommen mich.	2	1	0
27. Weinanfälle überkommen mich.	2	2	0
28. Ich habe Kopfschmerzen.	2	1	0
29. Bestimmte Muskeln sind verspannt.	2	1	0
30. Angste überfallen mich.	2	2	0
31. Mir schwindelt.	2	1	0
32. Rücken und Kreuz tun mir weh.	2	1	0
33. Ich kann nicht einschlafen.	2	1	0

34. Zählen Sie auf einem Beiblatt alle zusätzlichen Probleme auf, die Sie gegenwärtig im Betrieb und zu Hause bedrücken.

Auswertung:

1. Zählen Sie die Zahlen der Fragen 1 bis 33 zusammen, die Ihren Kreuzen entsprechen.

    —Punkte

2. Zu Aufgabe 34:
   Bewerten Sie jedes genannte Problem je nachdem, wie stark es Sie belastet, mit 1 bis 3 Punkten.

– *etwas belastend* je 1 Punkt
– *belastend* je 2 Punkte
– *stark belastend* je 3 Punkte

    — Punkte

3. Addieren Sie die unter 1. und 2. erreichten Punktsummen.

    — Gesamtpunktzahl

Bewertung:

0 bis 12 Punkte:
Über Ihre relativ gute gesundheitliche Stabilität können Sie sich freuen. Wenn Sie die ayurvedischen Maßnahmen zur Streßbewältigung anwenden, wirken diese bei Ihnen in erster Linie vorbeugend. Sie können da-

von ausgehen, daß sich dann Ihre Beschwerden, sofern Sie überhaupt welche haben, allmählich bessern oder ganz beseitigen lassen. Die Methoden des ayurvedischen Streß-Managements helfen Ihnen darüber hinaus, Ihre Leistungsfähigkeit noch weiter zu erhöhen.

13 bis 27 Punkte:
Bei Ihnen laufen bereits Kettenreaktionen von körperlichen und seelischen Störungen ab. Sie sollten sobald wie möglich anfangen, streßbewältigende Maßnahmen des Ayurveda in Ihrem Alltag anzuwenden. Schon nach einigen Wochen werden Sie eine wesentliche Besserung Ihrer Streßsymptome beziehungsweise deren Beseitigung bemerken sowie einen Leistungszuwachs.

28 und mehr Punkte:
Sie stecken tief im Kreisprozeß der Verspannungen, gefühlsmäßigen Belastungen und Gesundheitsstörungen. Sie sollten gezielt und umgehend etwas gegen Ihren Streß unternehmen, um gelassener, ruhiger und leistungsfähiger zu werden. Allerdings dauert es bei Ihnen länger, bis Sie eine Linderung beziehungsweise die Beseitigung mancher Beschwerden erreicht haben. Dies setzt eine konsequente Anwendung von Streßreduktionsprogrammen des Ayurveda voraus. Wir empfehlen in diesem Fall, mit einer vierzehntägigen ayurvedischen Reinigungskur (siehe dazu Kapitel 2.4) zu beginnen, um aus dem gesundheitsschädlichen Teufelskreis herauszukommen.

Was Sie im einzelnen tun können, um den alltäglichen Belastungen körperlich und psychisch besser gewachsen zu sein, erläutern wir Ihnen in den folgenden Abschnitten. Zuvor soll uns jedoch die Frage beschäftigen, was unter Streß zu verstehen ist und welche Ursachen ihm zugrunde liegen. Medizinisches und psychologisches Basiswissen über das Streßgeschehen ist Voraussetzung für ein angemessenes Verständnis der eigenen Streßreaktionen.

3.2 Wie Streß entsteht, und was er für Sie bedeutet

Jeder Mensch benötigt ein gewisses Maß an Anregung, um überhaupt leben zu können. Streß ist in den Worten von Selye, dem Begründer der modernen Streßforschung, die „Würze des Lebens". Ob Streß die Gesundheit schädigt oder nicht, hängt von der jeweiligen Dosis, der Art der Belastung und der Verarbeitung der Reize ab.

Was ist Streß überhaupt?

In der Umgangssprache wird der *Begriff Streß* sehr verschwommen gebraucht: Zum Beispiel wird darunter ein belastender Einfluß, ein Belastungszustand oder die Reaktion auf Belastungen verstanden. Streß bedeutet Spannung, Druck oder Belastung. Der Begriff ist aus der Materialforschung abgeleitet und bezeichnet dort den Druck, der bei der Prüfung eines Materials ausgeübt wird. In Streßsituationen laufen Prozesse der körperlichen und seelisch-geistigen Anpassung an äußere oder innere Anforderungen ab. Entsprechend läßt sich Streß definieren als eine *Abwehrreaktion auf äußere oder innere Reize*. Die Reize werden als *Stressoren*, die unspezifische Reaktion des Organismus als *Streß* bezeichnet.

Durch die Streßreaktion versucht Ihr Körper, ein Gleichgewicht, das durch die Einwirkung von Streßreizen gestört wurde, wiederherzustellen. Dabei kommt es zum Beispiel zu einer Aktivierung desjenigen Teils des vegetativen Nervensystems, der für Aktivität und Leistung verantwortlich ist (Sympathikus). Ferner werden bestimmte Drüsen angeregt, deren Hormone stoffwechselsteigernd wirken. Streß führt damit zu einer Erhöhung der Leistungsbereitschaft und Widerstandsfähigkeit Ihres Körpers.

Bei einem Gesunden schwanken die einzelnen Körperfunktionen innerhalb bestimmter Grenzen und selbst kurzfristige Fehlsteuerungen normalisieren sich relativ schnell wieder. Ist jedoch das Gleichgewicht von Anspannungs- und Entspannungsphasen gestört, kommt es zu einem Daueralarm und einer Dauerspannung. Fehlen die notwendigen Regenerationsphasen, so beeinträchtigt dies die Anpassungs- und Leistungsfähigkeit auf der körperlichen, der emotionalen und der geistigen Ebene.

Chronische Überforderung und ein Mangel an vegetativer Entspannung können zu einer andauernden Überaktivität des Sympathikus führen. Mögliche Folgen sind dann zum Beispiel Herz- und Kreislauf-Schäden, innere Unruhe, Aggressivität, verschiedenste Wahrnehmungs- und Denkstörungen. In Begriffen des Ayurveda handelt es sich hierbei vorwiegend um Vata-Störungen.

Auf der anderen Seite kann als Reaktion auf länger andauernde Belastungen auch eine Dämpfung des Parasympathikus auftreten, der für Ruhe und Erholung zuständig ist. Dies zieht eine Verminderung der aufbauenden und energiegewinnenden Fähigkeiten des

Körpers nach sich: Die Abwehrkräfte werden dadurch geschwächt und die allgemeine Krankheitsanfälligkeit nimmt zu. Auch eine Überreizung des Parasympathikus ist möglich und verursacht Fehlsteuerungen wie Schwindelgefühle, Durchblutungsstörungen, Mattigkeit, Verdauungsbeschwerden, Konzentrationsschwäche, Grübeleien und depressive Verstimmung.

Es gibt aber auch eine Form von vegetativem Ungleichgewicht, an der Sympathikus und Parasympathikus gleichermaßen beteiligt sind: die *vegetative Dystonie*. Sie entsteht häufig durch Kompensationsversuche der zugrundeliegenden Disharmonie, wie durch gezügeltes, beherrschtes Verhalten bei Überaktivität, durch „Zusammenreißen" trotz Erschöpfung, aber auch durch den unsachgemäßen Gebrauch von Beruhigungs- und Anregungsmitteln.

Wie sich Streß äußert

Übung: Belastungen erkennen

Wählen Sie aus den Streßsituationen, mit denen Sie häufiger konfrontiert werden, eine aus, mit der Sie besonders gut vertraut sind. Beantworten Sie auf einem separaten Blatt nachfolgende Fragen:

- Was belastet mich in dieser Situation eigentlich?
- Unter welchen Bedingungen ist die Belastung besonders stark?
- Wie verhalte ich mich in dieser Situation?
- Wie fühle ich mich angesichts der Belastungsquelle?
- Welche Gedanken und Bilder gehen mir dabei durch den Kopf?
- Wann belastet mich diese Situation weniger?

Wie Sie Ihren Antworten entnehmen können, verursacht Streß Veränderungen auf drei verschiedenen Ebenen:

- auf der geistig-gefühlsmäßigen,
- der körperlichen (vegetativen und motorischen) sowie
- der Verhaltensebene.

Reaktionen auf der *geistig-gefühlsmäßigen Ebene* umfassen einerseits Denk- und Wahrnehmungsvorgänge, andererseits unter-

schiedlichste Gefühle: Eingeengte Wahrnehmung, Denkblockaden, Unsicherheit, Nervosität und Angst sind Beispiele für mögliche geistige oder emotionale Folgen von Streß.

Auf *körperlicher Ebene* sind vor allem Veränderungen des *vegeta-*
tiven Nervensystems und der Organe, die von ihm beeinflußt werden, beobachtbar sowie muskuläre Verspannungen: Herzrasen,
Schwindelgefühle, gestörte Verdauung, mangelnder Appetit, Atemnot, Schlafstörungen, um nur einige vegetativ bedingte Wirkungen
zu nennen. Den *motorischen Bereich* beeinflußt Streß als Anspannung der Skelettmuskulatur, die sich ausdrückt in Verspannungen
der Schulter-, Nacken-, Gesichts-, Sprech- oder Kiefermuskulatur.

Darüber hinaus spiegeln sich Streßsymptome im *Verhalten* wider:
Hektisches, unüberlegtes oder unkontrolliertes Verhalten oder Re-
aktionsblockaden seien hier erwähnt.

Führen Sie sich jetzt einmal vor Augen, wie sich bei Ihnen chronische Belastungen auswirken. Vielleicht stellen Sie fest, daß Sie

– sich oft müde und ausgepumpt fühlen;
– ständig unter Hochdruck stehen und nachts und am Wochenende
  nicht abschalten können;
– Kleinigkeiten oder Sticheleien so auf die Palme bringen, daß
  Ihnen dadurch der Tag vermiest wird;
– im Umgang mit Ihren Mitarbeitern häufig die Geduld verlieren;
– selten etwas gut genug finden und sich über Ihre eigene Leistung
  nicht freuen können;
– aus Furcht oder Angst etwas nicht tun, was Ihnen sonst Freude
  und Befriedigung verschafft.

Dies sind Beispiele für typische *Anzeichen von übermäßigem, bela-*
stenden Streß. Wie Sie sehen, wirkt sich Streß auf Ihre ganze Person
aus – auf Ihren Geist, Ihre Gefühle, Ihren Körper und Ihr Verhalten. Weil all diese Ebenen im Gehirn miteinander verbunden sind,
beeinflussen Störungen in einem Bereich alle anderen. Jedes effi-
ziente Programm zur Streßbewältigung muß daher all diese Ebenen
berücksichtigen.

Der „gute" und der „schlechte" Streß

Streß als Druck oder Spannung ist neutral. Ihr Körper unterscheidet nicht, ob positiver oder negativer Streß vorliegt. Entscheidend

ist, wie Sie die jeweilige Spannungssituation geistig und gefühlsmäßig selbst einschätzen: Als positiv empfinden Sie wahrscheinlich in Ihrem Führungsalltag Situationen, die Sie zu außergewöhnlichen Leistungen herausfordern und Ihre Kreativität besonders anregen. Positiv wirkt auf Sie sicherlich auch, wenn Sie Ihren Partner nach zweiwöchiger Trennung wieder in die Arme nehmen können. Diese Form von Spannung tut Ihnen gut, regt Sie an, motiviert Sie und setzt Kräfte frei. Sie wird *„Eustreß"* genannt (vom griechischen Wort „eu" = „gut" abgeleitet). In Eustreß-Situationen besteht meist die Möglichkeit, vorhandene Spannung positiv in Handlung umzusetzen. In Ihrer Freizeit gibt es vermutlich häufiger Situationen, in denen Sie sich viel Streß aussetzen – sei es beim Tennis, Golf oder Bergsteigen. Sie steuern in solchen Situationen Ihr Verhalten aber selbst und realisieren Ihre persönlichen Ziele. Sie sind gewissermaßen „Täter", handeln also selbstbestimmt.

Negative Spannungssituationen treten dagegen meist dann auf, wenn Sie sich fremdbestimmt fühlen, wenn Sie von den Umständen stark beeinflußt werden. Sie haben dann nur begrenzte Einflußmöglichkeiten und empfinden sich eher als „Opfer". Auf Sie als „Opfer" dringt dann eine Welt ein, die ständig Forderungen stellt, Druck ausübt, etwas von Ihnen will. „Opfer" leiden mehr unter Streß als Personen, die eher selbstbestimmt leben. Negativer Streß wird auch als *„Distreß"* bezeichnet (vom Griechischen „dis" = „schlecht") und umfaßt alle akut oder chronisch auftretenden Situationen, die Sie als belastend, unbefriedigend, ärgerlich, beängstigend oder bedrohlich empfinden. Es kann sich hierbei sowohl um die „täglichen Nervensägen" als auch um einschneidendere Vorkommnisse handeln.

Ob Streß Sie jedoch in positivem Sinne anregt, oder ob er Sie schädigt und krank macht, hängt von der Dosis und natürlich auch von der Art der Belastung ab. Je länger und intensiver ein Reiz auf Sie einwirkt, und je vielfältiger und ungewöhnlicher die Belastungen sind, um so stärker sind die dadurch bei Ihnen ausgelösten Belastungsreaktionen. Wenn Sie beispielsweise über Wochen mit einem Kollegen Kommunikationsprobleme haben *(Dauer)* und dieser Konflikt Sie selbst stark beschäftigt *(Intensität)*, wenn Sie eine solche Konfliktsituation zum ersten Mal erleben *(Neuheit)* und diese sich vielleicht sogar noch auf andere Mitarbeiter ausdehnt *(Vielfältigkeit)*, so ist die Streßdosis am größten und belastet Sie am stärksten. Die Dauer, Intensität, Neuheit und Vielfältigkeit einer Belastungssituation entscheiden also darüber, ob Streß Ihrer Gesundheit abträglich ist oder nicht.

Wenn Sie sehr viel arbeiten und stark angespannt sind, schadet Ihnen dies selbst auf lange Sicht nicht, solange Ihnen Ihre Tätigkeit Spaß macht und Sie Erfolgserlebnisse zu verzeichnen haben. Wenn aber zu der Anstrengung noch Enttäuschungen und Mißerfolge hinzukommen, dann steigt das Erkrankungsrisiko deutlich. Besonders gefährlich ist demnach eine Kombination äußerer und innerer Stressoren.

Was Streß verursacht

Sie werden nun wahrscheinlich genauer wissen wollen, wodurch Streß überhaupt zustande kommt. Aus der Streßforschung ist bekannt, daß sowohl äußere als auch innere Faktoren an der Entstehung von Streß beteiligt sind. Im einzelnen werden folgende *Streß-auslöser* unterschieden:

1. *Umweltfaktoren* wie zum Beispiel Hitze, Kälte, schlechte Luft, Lärm und Stressoren, welche durch die Nahrung aufgenommen werden.

2. Die zahllosen *täglichen Reibereien und Konflikte* wie Verspätungen, Staus, kleinere Auseinandersetzungen, rücksichtslose Raucher, zu viele Störungen am Arbeitsplatz, zu viel zu tun zu haben etc. Diese Kleinigkeiten können Ihnen den Tag vermiesen und sich zu einem beträchtlichen „Streß-Paket" ansammeln.

3. *Kritische Lebensereignisse:* Hierunter fallen alle größeren Belastungen und einschneidenden Lebensveränderungen. Wann immer sich in Ihrem Leben Grundlegendes verändert, ist Vorsicht geboten: Veränderungen wie der Tod einer nahen Bezugsperson, Scheidung, Umzug, Arbeitsplatzwechsel, Hochzeit etc. können Ihr persönliches Anpassungsvermögen übersteigen und Sie möglicherweise krank werden lassen.

In der amerikanischen Streßforschung ist ermittelt worden, daß der Tod des Ehepartners das belastendste Lebensereignis überhaupt darstellt (100 Punkte). An zweiter Stelle folgt die Scheidung mit 73 Punkten. Die Hochzeit liegt mit 50 Punkten erstaunlicherweise auf Rang 7. Sie erkennen daraus: Selbst positive Ereignisse können Streß hervorrufen, weil sie ebenso eine

Umorientierung und Neuanpassung erfordern wie negative. Wenn sich nun vieles mehr oder weniger gleichzeitig in Ihrem Leben verändert, wächst das Erkrankungsrisiko beträchtlich: Allerdings entwickeln sich Krankheiten nicht zeitgleich mit kritischen Lebensereignissen, sondern manifestieren sich erst in einem Zeitraum von sechs bis achtzehn Monaten nach dem Auftreten der jeweiligen Lebensveränderung. Dieser Zusammenhang ist bei verschiedenen Krankheitsbildern wie zum Beispiel Hauterkrankungen, Magen-Darm-Beschwerden und Krebs bestätigt worden.

4. *Unrealistische Erwartungen und Ansprüche:* Eine der wichtigsten Streßquellen sind ohne Zweifel die Erwartungen, die Sie an sich und andere stellen. Meist sind Streßreaktionen weniger von äußeren Ereignissen abhängig, sondern eher von der subjektiven Bewertung einer bestimmten Situation. Wenn Sie von Ihren Mitarbeitern dieselbe Perfektion in der Durchführung von Arbeiten erwarten, mit der Sie Aufgaben in Angriff nehmen, werden Ihnen Fehler und Ungenauigkeit anderer besonders zu schaffen machen.

Diese unrealistischen Bewertungen beinhalten eines oder mehrere der folgenden Merkmale:

– *Muß-Denken:* Kategorische Imperative wie „Ich muß auf jeden Fall ..." oder „Die anderen müssen unbedingt ..." stehen hierbei im Mittelpunkt. Recht verbreitet sind unrealistische Annahmen wie: „Ich muß immer stark sein" oder „Ich muß alles, was ich tue, perfekt machen";

– *globale negative Selbstbewertung und Selbsterniedrigung* wie zum Beispiel: „Habe ich einmal einen Mißerfolg, so zeigt dies, daß ich ein Versager bin";

– *niedrige Frustrationstoleranz:* Es werden vor allem fehlende Bewältigungsmöglichkeiten angesichts von Schwierigkeiten gesehen. „Ich kann es nicht ertragen... Ich kann es nicht aushalten..." sind entsprechende Einstellungen;

– *Katastrophendenken:* Die Bedeutsamkeit oder das Ausmaß negativer Ereignisse in naher Zukunft wird verzerrt wahrgenommen. „Wenn dies nicht klappt, ist alles verloren."

Die Gedanken, die Ihnen in Distreßsituationen kommen, lassen sich anhand einiger Anhaltspunkte überprüfen. *Unangemessene Programmierungen* können vorliegen, wenn Sie

- hohe oder unrealistische Erwartungen an sich und andere stellen;
- erwarten, daß die Welt und Ihre Mitmenschen perfekt zu sein haben;
- glauben, selbst perfekt sein zu müssen;
- Ihren eigenen Selbstwert eher aus der Sicht anderer definieren, statt aus sich selbst heraus;
- erwarten, daß alles, was Sie möchten, bequem und schnell zu bekommen ist;
- die eigene Verantwortlichkeit leugnen und glauben, durch andere Menschen oder irgendwelche Ereignisse gesteuert zu werden;
- aus einem spezifischen Ereignis weitreichende Schlüsse ziehen, also unzulässig verallgemeinern.

Fragen Sie sich deshalb immer, ob

- Ihre Gedanken auf beweisbaren Fakten beruhen (meist ist dies nämlich nicht der Fall!);
- sie Ihnen ermöglichen, kurz- oder langfristige Lebensziele zu erreichen;
- sie Sie dabei unterstützen, gefühlsmäßige Konflikte und belastende Gefühle zu vermeiden;
- Ihre Gesundheit dadurch geschützt wird und Sie vor möglichem Schaden bewahrt werden.

Unangemessene Denkmuster sind also eine Hauptursache für Belastungsgefühle im Alltag. Einer unrealistischen oder negativen Bewertung folgen stets negative oder belastende Gefühle. Um ein Beispiel zu nennen: Wenn Sie in Ihrem Unternehmen im Rahmen einer Betriebsversammlung ein Kurzreferat halten sollen und vor dieser Veranstaltung denken: „Die werden mich heute nach Strich und Faden zerpflücken", so werden Sie sich vorher und in der Situation zwangsläufig stark unter Druck, belastet und unsicher fühlen. Es ist also nie die Situation als solche, die Sie sich gestreßt fühlen läßt, sondern immer die Art, wie Sie sie einschätzen und bewerten.

Viele kennen Ihre „Gedankensoftware", also bestimmte Denkprogramme, Einstellungen und Glaubenssätze, im alltäglichen Streßgeschehen gar nicht. Der Grund ist, daß diese Programme häufig unbewußt ablaufen. Im 5. Kapitel machen wir Sie mit bewußten mentalen Strategien vertraut, die Ihre Streßstabilität erhöhen.

Zusammenfassend:

Streß entsteht letztlich in Ihrem Kopf. Er tritt immer dann auf, wenn ein Mißverständnis zwischen Ihren eigenen Bewältigungsmöglichkeiten und den Anforderungen, die eine bestimmte Situation an Sie stellt, besteht. Ein solches Mißverhältnis liegt zum Beispiel vor, wenn Sie das Gefühl haben „das schaffe ich nicht" oder wenn die jeweilige Situation mehrdeutig ist oder nicht vorhersehbar ist, wie sie sich entwickelt. In solchen Fällen ist die von Ihnen empfundene Belastung deshalb besonders groß, weil Sie sich ihr ausgeliefert fühlen und mehr oder weniger hilflos sind. Wenn Sie die Fäden nicht mehr selbst in der Hand haben, nimmt die Streßanfälligkeit stark zu. Umgekehrt unterliegen Menschen, die vorwiegend selbstbestimmt leben, weniger häufig den negativen Wirkungen von Streß.

Ein Beispiel für selbstgemachten Streß: Das Typ-A-Verhalten

Gerade Führungskräfte zeichnen sich überproportional häufig durch *Typ-A-Einstellungs- und Verhaltensweisen* aus. Diese Einstellungen und dieses Verhalten tragen häufig zum beruflichen Aufstieg und zu Erfolgen bei. Rivalitätsstreben und ein hohes Maß an Aggressivität verbessern nach wie vor die Chancen in einem Konkurrenzkampf, in dem es auf die „Ellenbogen ankommt".

Typ-A-Menschen schaffen sich durch ihre eigene *selbstüberfordernde Einstellung* eine permanente Streßquelle. Die Wurzeln für ihre Streßanfälligkeit liegen bei ihnen in einer falschen Einstellung zu Beruf und Arbeit, die meist erziehungsbedingt ist. Diese äußert sich in

- zu hoher Leistungsmotivation,
- zu ausschließlicher Berufsorientierung (einseitige Prioritätensetzung) und
- fehlenden Möglichkeiten außerberuflicher Selbsterfüllung.

Das Typ-A-Verhalten ist charakterisiert durch: starkes Konkurrenzverhalten, ausgeprägtes Leistungsstreben und großen Ehrgeiz, Aggressivität, Hektik, Ungeduld, Ruhelosigkeit, Wachsamkeit, explosives Sprechen, gespannte Gesichtsmuskulatur, Zeitdruck und übertriebene Verantwortung.

Typ-A-Menschen sind

- *vulkanische Kämpfer*: Sie strotzen unter Umständen vor kaum beherrschbarer Wut, die dicht unter der Oberfläche kocht. Zu den Anzeichen dieses inneren Aufruhrs gehören auf den Tisch schlagende Fäuste, nervöse Ticks und Zähneknirschen;
- *chronische Hetzer*: Ein bedeutsamer Charakterzug dieses Typs ist sein gewohnheitsmäßiges Gefühl, die Zeit dränge. Er bemüht sich, in der Zeit, die er für etwas vorsieht, zuviel zu erreichen;
- *kampfbereite Herausforderer*: Sie neigen dazu, stets mit anderen zu konkurrieren oder sie herauszufordern, ganz egal, ob es sich um einen sportlichen Wettkampf, ein einfaches Kartenspiel oder eine unwichtige Diskussion handelt;
- *gereizte Zeitvergeuder*: Qualvoll ist es zum Beispiel für sie, in einer Schlange anstehen zu müssen, langatmige Bücher zu lesen oder unrationelle Arbeiten auszuführen;
- *Einmannkapellen*: Sie tendieren dazu, an zwei oder mehr Dingen gleichzeitig zu arbeiten.

Das Typ-A-Verhaltensmuster ist stark herzinfarktgefährdend. Die Wahrscheinlichkeit von Herzerkrankungen liegt aufgrund amerikanischer Studien sechsmal so hoch wie bei Personen, die zu einem entgegengesetzten Verhalten neigen (Typ-B-Menschen). Während der Typ B gelassen abwägt, wann und wie stark er sich engagiert, bringt der Typ A bei fast jeder Aufgabe oder Herausforderung seine volle Leistung. Er muß demnach lernen, sein „inneres Dosierventil" so zu betätigen, daß er seine Energie sinnvoll einteilt und Überforderung vermeidet.

In der Wirtschaft sind heute in Führungspositionen vermehrt Eigenschaften wie Gelassenheit, Übersicht, Kooperationsfähigkeit gefordert. Typ-A-Eigenschaften wie blinder Ehrgeiz, Rivalität, Ungeduld, Gereiztheit wirken in der Arbeitswelt daher eher störend. Sie erzeugen häufig Konflikte, Spannungen sowie Unzufriedenheit in Teams und beeinträchtigen insgesamt die Effektivität.

3.3 Neue Prinzipien des Streß-Managements

Bevor wir uns mit den ayurvedischen Grundsätzen der Streßprophylaxe und Belastungsreduktion beschäftigen, zunächst ein Blick auf das Verhalten der drei ayurvedischen Konstitutionstypen in

Streßsituationen. Am stärksten streßgefährdet ist der *Vata-Typ,* da die meisten streßbedingten und psychosomatischen Störungen auf einem Vata-Überschuß beruhen.

Eine Vata-Beruhigung hat demnach in und nach vielen Streßsituationen höchste Priorität. Der Vata-Typ ist eher labil und sensibel, daher relativ schnell aus dem Gleichgewicht zu bringen. Er neigt unter Streß zu Unruhe, Fluchttendenzen, Nervosität und Ängsten. Sein Arbeitstempo ist hoch, trotzdem widerfährt es ihm leicht, bei unerledigter Arbeit unter Zeitdruck zu geraten und „kopflos" zu werden.

Belastungssituationen, in die der Vata-Typ verwickelt ist, wirken bei ihm lange nach, was es ihm oft schwermacht, Abstand zu gewinnen.

Der *Pitta-Typ* weist große Ähnlichkeiten zu dem eben besprochenen Typ-A-Menschen auf. Bei ihm überwiegen in Streßsituationen „Kampftendenzen", das heißt, er neigt zu „überschäumendem" Verhalten, was oft die Folge einer unausgewogenen Gefühlslage ist. Gefühle wie Wut, Ärger, Ungeduld und Reizbarkeit leiten ihn, wenn er unter Druck gerät. Er selbst überfordert sich häufig durch sehr hohe Ansprüche. Auch erschwert ihm sein Dominanzstreben oftmals das Leben und beeinträchtigt seine Fähigkeit, loszulassen und sich zu entspannen.

In bezug auf einen gesunden Umgang mit Alltagsbelastungen ist es am günstigsten, ein *Kapha-Typ* zu sein. Dieser läßt sich nicht so leicht aus der Ruhe bringen und hat ein „dickes Fell". Er ist allerdings eher langsam und genau, braucht also für das, was er tut, entsprechend viel Zeit und Energien. Da er sehr gutmütig und hilfsbereit ist, fällt es ihm schwer, nein zu sagen. Auch läßt seine Flexibilität zu wünschen übrig, was ihm in Belastungssituationen Anpassungsprobleme bereiten kann.

Für den Aufbau und die Gesamtleitung eines Unternehmens ist eine gesunde Pitta-Kapha-Mischung am geeignetsten. Innerhalb des Managements können alle Konstitutionstypen wertvoll sein, falls sie ihren Neigungen gemäß arbeiten.

Die alten ayurvedischen Ärzte kannten zwar den Begriff „Streß" nicht, dennoch finden sich im Ayurveda zahlreiche Verfahren, die sich zur Streßprophylaxe und Streßbewältigung einsetzen lassen.

Diese berücksichtigen

– die körperliche Ebene,
– die Denk- und Gefühlsebene sowie
– die Verhaltensebene.

Das *ayurvedische Streß-Management* bezieht alle drei Ebenen mit ein. Erst dies gewährleistet, daß die Veränderungen ausgeprägt, langfristig und stabil sind. Je mehr Persönlichkeitsbereiche bei Anti-Streß-Trainings berücksichtigt werden, um so nachhaltiger sind die Effekte. Die ayurvedischen Streßreduktions-Programme verfolgen in erster Linie drei Ziele:

1. Stärkung der Widerstandskraft gegen Streß und Verbesserung des Umgangs mit unvermeidlichen physischen, emotionalen und geistigen Belastungen,
2. Abbau von vermeidbarem Streß und
3. Optimierung des Streßverhaltens durch Selbsterkenntnis.

Das körperbezogene Streß-Management des Ayurveda

Der Ayurveda bietet Methoden an, um das körperliche Gleichgewicht zu fördern, indem die drei Doshas ausbalanciert werden:

1. Die *Ernährung* sollte, wie wir Ihnen bereits darlegten, typengerecht sein. Das heißt zum Beispiel, wenn Vata-Tendenzen überwiegen, ist es ratsam, eine Vata-beruhigende Kost zu sich zu nehmen. Daneben empfiehlt der Ayurveda, allgemeine Ernährungstips zu berücksichtigen, die für alle drei Konstitutionstypen Gültigkeit besitzen (diese Grundsätze haben wir Ihnen im einzelnen in Kapitel 2.3 erläutert).

   Aus ayurvedischer Sicht ist es, über diese Ihnen bekannten Ratschläge hinausgehend, besonders wichtig, dem Körper *reine Nahrung* zuzuführen. Darunter fallen: Milch, gereinigte Butter, Obst (-Säfte), Honig, Datteln, Kokosnüsse, Reis, Sesam, ganz allgemein süße Speisen, Weizen, Mungbohnen, Quellwasser und Lassi (eine Mischung aus 1/3 Joghurt und 2/3 Wasser, verquirlt). Diese „reinen" Nahrungsmittel gleichen alle Doshas aus und verursachen, wenn überhaupt, nur geringe Schlackenbildung. Dagegen begünstigt Verschlackung zum Beispiel ein hoher Kaffeekonsum, ständiges Knabbern von Keksen, Chips und anderen Imbissen aus Tüten und Dosen.

Ganz allgemein formuliert sind Mahlzeiten, die *frisch, leicht verdaulich* und *geschmacklich ausgewogen* sind (das heißt alle sechs Geschmacksrichtungen berücksichtigen) sowie in *maßvollen Mengen* gegessen werden, aus ayurvedischer Perspektive „rein". Entsprechende Nahrungsmittel fördern nach Ansicht des Ayurveda die Vitalität, stärken die Gesundheit und das Wohlbefinden und erhöhen die Belastbarkeit.

Wenn Sie sich so ernähren, werden Sie bei sich einen Zuwachs an körperlicher und psychischer Streßstabilität bemerken. Die körperlichen Regulationssysteme arbeiten dann effizienter: Ihr Organismus gerät nach Belastungen wieder schneller ins Lot, und Fehlsteuerungen lassen sich eher ausgleichen.

2. Eng mit Ernährung ist ein weiterer Bereich ayurvedischen Streß-Managements verbunden: die *körperliche Reinigung und Entschlackung* (siehe hierzu auch 2.4). Wenn Ihr Körper durch Schlacken- und Giftstoffe (hierzu zählen auch nicht abgebaute Streßhormone), aber auch durch Übergewicht belastet wird, sind Sie streßanfälliger, weniger vital und leistungsfähig. Ihre Abwehrkräfte sind dann geschwächt, es kommt vermehrt zu körperlichen Verschleißerscheinungen, Müdigkeit und vorzeitigen Alterungsvorgängen. Ein- oder zweimal im Jahr ist es deshalb ratsam, sich einer ayurvedischen Reinigungs- und Entschlackungskur zu unterziehen. Aber auch zu Hause können Sie in Ihrem normalen Alltag einiges tun, um Ihren Körper von Überflüssigem zu befreien: Wöchentlich einen Entschlackungstag durchzuführen ist sinnvoll. An diesem essen Sie besonders leichte, die Doshas ausgleichende Kost und stärken Ihre Verdauung. Sich mit Sesamöl oder mit Rohseiden-Handschuhen dann und wann zu massieren ist eine weitere wirksame Entschlackungsmethode.

3. Der Ayurveda rät Ihnen als einfaches Anti-Streß-Mittel zu *ausreichendem Schlaf*, vor allem *abends rechtzeitig ins Bett zu gehen* (ideal wäre bis 22 Uhr) und *morgens rechtzeitig aufzustehen* (bis 6 Uhr). In Abhängigkeit vom Konstitutionstyp ist teilweise auch eine kurze Mittagsruhe oder eine Ruhephase vor dem Abendessen sinnvoll.

4. Täglich dreißig Minuten *spazierengehen*, ist eine weitere Anti-

Streß-Strategie im Ayurveda. Diese Maßnahme baut „positives Kapha" auf, was stabilisierend auf Körper, Geist und Psyche wirkt.

5. Als körperbezogene Anti-Streß-Strategien setzt der Ayurveda schon seit altersher ferner *Atem- und Yoga-Übungen* ein.

Den *Yoga-Übungen* kommt neben den Wirkungen auf spezifische Körperbereiche und einzelne Organe, die wir Ihnen bereits an anderer Stelle beschrieben haben (siehe Kapitel 2.5), besondere Bedeutung zu im Hinblick auf

– die Förderung eines körperlichen und seelisch-geistigen Gleichgewichts und einer damit einhergehenden größeren Streßresistenz;
– die Verbesserung der Geist-Körper-Koordination;
– erhöhte Sensibilität gegenüber innerkörperlichen Vorgängen;
– ein Abreagieren von durch körperliche Spannungen gebundenen und in Streßsituationen mobilisierten Energien, was eine Vitalisierung und gesundheitliche Verbesserungen zur Folge hat.

Mit der Anwendung von *Atemübungen* verfolgt der Ayurveda das Ziel,

– die Zwerchfell- oder Bauchatmung zu trainieren, die in Belastungssituationen bekanntlich durch die Brustatmung ersetzt wird;
– die Atemkanäle zum Beispiel durch Ausscheiden von Kohlendioxyd und anderen Toxinen zu reinigen;
– die Funktionen des Parasympathikus anzuregen und die des Sympathikus zu dämpfen, was der Beruhigung und Regeneration dient.

Mentale Anti-Streß-Strategien des Ayurveda

1. *Lebensfreude* gilt im Ayurveda als einer der wichtigsten geistigen Anti-Streßfaktoren. Dies dürfte für Sie leicht verständlich sein: Wir haben in einem früheren Abschnitt darüber gesprochen, daß alle positiven oder negativen Gefühle und Gedanken „Spuren" im Körper hinterlassen. Wer sich häufiger freut, erzeugt dadurch

verstärkt „Glückshormone", die das Wohlbefinden, die Gelassenheit und Gesundheit fördern.

Allerdings sind wahrscheinlich viele von Ihnen diesbezüglich aufgrund von Zeitmangel und Überforderung „nicht mehr genügend im Training". Oder achten Sie in Ihrem Alltag häufig darauf, Spaß, Freude oder Liebe zu erleben? Tun Sie täglich zwei- oder dreimal bewußt etwas, von dem Sie wissen, daß es Ihnen gut tut? Viele Menschen macht eine andauernde Selbst- oder Fremdüberforderung taub für die leichten, beschwingten und fröhlichen Seiten des Lebens. Die Genußfähigkeit wird aber auch durch innere Konflikte, ein geringes Selbstwertgefühl und vor allem durch die vielen Tabus behindert, die unsere Leistungsgesellschaft gegenüber dem Genießen aufgebaut hat. Die Fähigkeit, sich zu freuen, ist trainierbar. Suchen Sie Anlässe, um sich darin zu üben.

Übung: Die persönlichen „Aufrichter" erkennen

Nehmen Sie sich etwas Zeit, um eine Liste von Ereignissen oder Erlebnissen zu erstellen, die manchmal in Ihrem Alltag auftreten, und die Sie mit einem positiven Gefühl erfüllen. Solche Ereignisse können bei Ihnen innere Ruhe, Zufriedenheit, Freude und Gelassenheit fördern. Beispiele hierfür sind: genug Schlaf bekommen; gute Kontakte zu Freunden; effizient sein; das Leben als sinnvoll erleben; guten Rat bekommen; Komplimente machen etc.

_____

_____

_____

_____

_____

---

2. Ein weiterer wichtiger Baustein des mentalen ayurvedischen Streß-Managements ist *Entspannung und Muße*. Dies wird Sie nicht erstaunen, weil Sie sicherlich aus eigener Erfahrung zur Genüge wissen, wie wesentlich Regenerationsphasen als Gegengewicht zum alltäglichen Streß sind. Indem Körper, Seele und Geist die Möglichkeit geboten wird, loszulassen, sich zu erholen

Fragebogen zu Muße und Entspannung

Kreuzen Sie bei den folgenden Aussagen jeweils entweder „stimmt"
oder „stimmt nicht" an.

	stimmt	stimmt nicht
1. Ich halte Phasen von Ruhe und Stille für sehr wichtig.		
2. Ich sorge für ausreichende Ruhepausen in meinem Leben.		
3. Ich habe nicht ständig „etwas um die Ohren" (Aktivitäten, Radio, Fernsehen etc.).		
4. Ich finde Ruhe in der Meditation oder beim Entspannungstraining.		
5. Ich finde Ruhe im Gebet.		
6. Ich kann auch gut einmal loslassen und geschehen lassen.		
7. Ich ruhe in mir selbst.		
8. Ich erlebe oft ein Gefühl von Frieden in mir.		
9. Ich nehme oft ganz bewußt die Schönheit der Natur wahr.		
10. Ich nehme mir Zeit, um zu mir selbst zu finden.		

Auswertung:

Als grober Anhaltspunkt für die Auswertung gilt: Wenn Sie mindestens die
Hälfte dieser Fragen mit „stimmt" beantwortet haben, messen Sie dem Anti-
Streß-Faktor Entspannung und Muße ausreichend Bedeutung bei; falls Sie
weniger als fünfmal „stimmt" angekreuzt haben, so sollten Sie sich die
nachfolgend beschriebenen ayurvedischen Methoden besonders zu Herzen nehmen. Vielleicht regen Sie diese Ausführungen zu einer Einstel-
lungs- und Verhaltensänderung an.

und ins Gleichgewicht zu kommen, schaffen Sie es eher, gesundheitsschädliche Streßfolgen abzubauen oder sie gar nicht erst entstehen zu lassen. Natürliche Methoden zum Streßausgleich wie Urlaub oder Feiern, die früher ausreichten, um mit Belastungen fertig zu werden, genügen in unserer streßreichen Zeit vielfach nicht mehr, um die alltäglichen Anforderungen auszugleichen.

Wir erleben es immer wieder bei Meditationstrainings, die wir für Manager durchführen, daß es einigen recht gut gelingt, sich täglich Zeit zu nehmen, um zu meditieren. Anderen Führungskräften hingegen, häufig gerade denjenigen, die es besonders nötig haben, fällt es nicht leicht, Meditation zu einem festen Bestandteil ihres Alltags zu machen. Dies kann viele Ursachen haben: In unserer Leistungsgesellschaft werden Aktivität, Anstrengung und Effektivität überbewertet.

Die *Überbewertung der Aktivität* und ein damit verbundener Lebensstil führen dazu, daß Perioden der Stille, die die Möglichkeit zur inneren Einkehr und Sammlung bieten, als ungewöhnlich, unangenehm oder sogar beängstigend erlebt werden. Die *Überbewertung der Anstrengung* kann sich in einer Einstellung zu Verbissenheit und blindem Eifer niederschlagen. Während die *Überbewertung der Effektivität* deshalb problematisch ist, weil in diesem Fall alle Lebensbereiche durchorganisiert und unter Gesichtspunkten der Nützlichkeit und Effektivität betrachtet werden. Für Ruhe oder Selbstbesinnung bleibt dann keine Zeit mehr.

Stellen Sie sich doch einmal in einer ruhigen Minute Fragen wie:

– Neige ich zu einer Überbewertung der Aktivität?
– Tendiere ich zu einer Überschätzung von Anstrengung?
– Neige ich zu einer übertriebenen Wertschätzung von Nützlichkeit und Effektivität?

Ihre Antworten geben Ihnen Hinweise, ob auch Sie Aktivität, Anstrengung oder Effektivität überbewerten und sich deshalb schwer darin tun, zu genießen und sich zu entspannen.

3. *Setzen Sie sich nicht übermäßigen Reizen oder einer Überstimulation* aus. Dies betrifft auch eine Gewohnheit, die Ihnen wahr-

scheinlich bereits in Fleisch und Blut übergegangen ist: mehrere Dinge gleichzeitig zu tun. Reizüberflutung regt Vata stark an. Ein bereits vorhandenes hohes Streßniveau wird dadurch noch weiter in die Höhe getrieben.

4. Negative Denkgewohnheiten und damit verbundene Gefühle rufen, so der Ayurveda, *„geistige Unreinheiten"* oder *„mentale Schlacken"* (Ama) hervor. Solche Denkmuster haben auch körperliche Schlacken zur Folge und begünstigen Krankheiten. „Geistige Schlacken" werden vor allem erzeugt durch:

   – Ärger, Gier, Furcht und Selbstkritik;
   – seelisch-geistigen Streß wie familiäre Probleme, Konflikte am Arbeitsplatz, finanzielle Sorgen, Arbeitsplatzverlust, Scheidung, Tod einer nahen Bezugsperson;
   – Filme, Bücher etc. mit negativem (obszönem, schockierendem oder gewalthaftem) Inhalt;
   – Umgang mit negativ eingestellten Menschen;
   – geistige Trägheit oder Lethargie.

   „Geistige Schlacken" zu vermeiden, ist ein wesentliches Ziel von mentalen Streßreduktions-Programmen im Ayurveda. Dazu dienen verschiedene Verfahren, nicht zuletzt gehören Meditationstechniken dazu.

5. *Meditation* ist aus ayurvedischer Sicht die wichtigste Maßnahme, um im eigenen Leben Entspannung und Muße mehr Raum zu geben. Hiermit setzen wir uns im nächsten Kapitel auseinander. An dieser Stelle hierzu nur einige Bemerkungen: Der Ayurveda empfiehlt, morgens und abends regelmäßig zu meditieren. Sich durch Meditation in einen Zustand der Tiefenentspannung zu versetzen, belebt Ihre innere Stille. Die Meditationsausübung stärkt durch Selbsterfahrung den Selbstbezug. Sie lernen, mehr aus sich selbst heraus zu leben, unabhängiger von der Meinung und Erwartung anderer zu werden. Mehr bei sich selbst zu sein ist eine gute Grundlage für ein effizientes Streßverhalten.
   Aus Untersuchungen geht hervor, daß die Meditationspraxis einerseits streßstabiler macht und sich andererseits Belastungen mit ihrer Hilfe schneller verarbeiten lassen. In Experimenten setzte man meditierende Versuchspersonen akustischen oder

optischen Streßreizen aus. Nachdem verschiedene Stressoren auf sie einwirkten, gelangten sie schneller in einen Gleichgewichtszustand als Nichtmeditierende (Goleman & Schwartz, 1976; Orme-Johnson, 1973).

6. Aus der Streß- und der Gesundheitsforschung ist bekannt, daß Menschen, die *selbstbestimmt leben*, weniger krankheitsanfällig und streßresistenter sind. Wer glaubt, die „Fäden" in der Hand zu haben, bewältigt seinen Alltag besser, hat mehr Wahlmöglichkeiten und fühlt sich daher seltener als „Opfer".

   Mit Autonomie ist ferner ein Gefühl der Freiheit verbunden, das für den effizienten Umgang mit Streß und Ihr Wohlergehen bedeutsam ist. Die Meditationsforschung hat festgestellt, daß regelmäßig Meditierende stärkere „innere Kontrollüberzeugungen" entwickeln, das heißt, vermehrt davon überzeugt sind, daß sie den Erfolg ihrer Handlung bestimmen und Einfluß auf ihre Lebensumstände ausüben.

7. Selbstbestimmung setzt voraus, daß Sie Ihre eigenen Bedürfnisse kennen und wissen, worauf Sie im Leben hinsteuern. Eine *sinnerfüllte Lebensperspektive* zu haben (siehe hierzu 5.5), ermöglicht es Ihnen, sich von Kleinigkeiten nicht mehr so schnell aus der Balance bringen zu lassen. Das heißt auch, das eigene Leben als Ganzes vor Augen zu haben. Wer im Einklang mit seinen Bedürfnissen und Zielen lebt, kann eher genießen, ist stärker motiviert und vermag besser das Wichtige vom Unwesentlichen zu unterscheiden.

Streßabbau durch ayurvedische Verhaltensempfehlungen

Der Ayurveda gibt auch praktische Hinweise, wie Sie Ihr Verhalten optimieren können, um Streß vorzubeugen oder abzubauen.

1. In ayurvedischen Schriften wird verschiedentlich Bezug genommen auf *chronohygienische Maßnahmen:* Wie bereits andernorts ausgeführt, legt der Ayurveda Wert darauf, im Einklang mit biologischen und auch kosmischen Rhythmen zu leben (siehe Kapitel 2.7). Dies erfordert eine Lebensweise, die tages- und jahreszeitliche Zyklen berücksichtigt. Große Bedeutung wird auch einer *regelmäßigen Lebensführung* beigemessen. Dadurch

lassen sich Streßsymptome verhindern oder Belastungen leichter verarbeiten. Dazu gehört es, zu festgelegten Zeiten aufzustehen, zu essen oder schlafenzugehen. Eine gesundheitsfördernde Tagesroutine aufzubauen ist nicht zuletzt für Vata-Typen wichtig. Unregelmäßigkeit dagegen schafft Distreß und Unordnung.

2. *Die persönlichen Grenzen zu erkennen und sich nicht zu überfordern,* ist ein weiteres Anliegen des Ayurveda. Typ-A-Verhaltensweisen und Überidentifikation abzubauen sowie „Nein"-Sagen zu lernen hilft, der Selbstüberforderung entgegenzuwirken.

Der *Typ-A-Mensch* muß primär lernen:

– mehr zu lachen, vor allem über sich selbst, und Abstand zu gewinnen zu dem, was er tut;
– andere Interessen als die beruflichen zu entwickeln, um eine einseitige Lebensführung zu vermeiden;
– mehr Verständnis und Einfühlungsvermögen für Mitmenschen zu zeigen;
– zu delegieren;
– ein angemesseneres Zeit-Management zu praktizieren und geduldiger mit sich und anderen umzugehen;
– loszulassen.

Häufig neigen Typ-A-Menschen und Personen, die ihre Grenzen zu wenig beachten, auch zu *Überidentifikation.* Sie identifizieren sich so sehr mit ihrer Arbeit, daß sie einen Großteil ihres Selbstwertgefühls aus ihrem Beruf ziehen.
Die *Unfähigkeit „Nein" zu sagen,* kann eine Ursache für Selbstüberforderung darstellen. Menschen, denen dies schwerfällt, akzeptieren sich selbst meist zu wenig. Sie sagen nicht „Ja" zu sich selbst.

Alle ayurvedischen Maßnahmen zur Streßprophylaxe und Streßbewältigung zielen letztlich darauf ab, zu lernen, sorgsamer mit sich umzugehen und sensibler zu werden für die körperlichen und psychischen Warnsysteme. Wenn Sie einige der in diesem Kapitel geschilderten Maßnahmen zur Streßreduktion umsetzen, werden Sie feststellen, daß sich bei Ihnen allmählich ein gesünderer Umgang mit Alltagsbelastungen einstellt.

4. Meditation – Gesund durch Bewußtseinskultivierung

Der Ayurveda betont als ganzheitliches Programm zur Gesundheitsförderung die *Bedeutung des Bewußtseins für das körperliche und seelisch-geistige Wohlbefinden.* Er befindet sich damit, wie wir Ihnen bereits erläutert haben, in Übereinstimmung mit neuesten Erkenntnissen der Psychosomatik, Streßforschung, Psychoneuroimmunologie und Gesundheitsforschung. Sie alle heben den fundamentalen Wert von Bewußtsein hervor und haben nachgewiesen, daß jegliche Bewußtseinsaktivität, zum Beispiel in Form von Gedanken oder Gefühlen, Wirkungen auf den menschlichen Körper ausübt.

Meditation gilt im Ayurveda seit jeher als bedeutsames Mittel zur Persönlichkeitsentfaltung und Förderung ganzheitlicher Gesundheit. Obwohl Meditationstechniken jahrtausendealt sind, haben sich die westliche Medizin und Psychologie ihnen erst innerhalb der letzten zwei Jahrzehnte wissenschaftlich zugewandt. Die dabei erzielten Ergebnisse im Hinblick auf Bewußtseinsentwicklung und Gesundheitsförderung waren derart vielversprechend, daß mittlerweile Meditation auch vielerorts Einzug in das Management gehalten hat. Vor allem in den USA und Japan, neuerdings aber auch in der Bundesrepublik, sind Meditationstrainings inzwischen in fortschrittlichen Unternehmen zu einem festen Bestandteil der innerbetrieblichen Schulung geworden.

Dies mag Sie erstaunen, denn vielfach verbinden sich mit Meditation noch die merkwürdigsten Vorstellungen: Nach wie vor glauben zum Beispiel viele, Meditation sei etwas für Weltfremde und habe in der harten Geschäftswelt nichts zu suchen. Diese Fehleinschätzung beruht wohl darauf, daß der alltagspraktische Wert der Meditationsausübung nicht genügend gesehen wird; wie wir Ihnen noch ausführlicher darlegen werden, hat Meditation „handfeste" Effekte, die es gerade für Manager sinnvoll machen, sie in den eigenen Alltag einzubauen: Zum Beispiel ist Meditation ein Weg, um

– einen Ort der Klarheit, Ausgeglichenheit und Autonomie in sich zu finden;

- in schwierigen Situationen Distanz zu wahren, Übersicht zu behalten, Ereignisse ganzheitlich zu verstehen;
- mehr Konzentration, Entschiedenheit, Kreativität und Intuition zu entwickeln sowie
- Körper, Gefühl und Verstand vermehrt in Einklang zu bringen.

4.1 Was ist Meditation?

Meditation bezeichnet gemeinhin einen *Vorgang der Selbstversenkung*, einen Rückbezug auf die Quelle aller geistigen und körperlichen Aktivität, das eigene Selbst. Das Wort „meditieren" hängt mit einem alten indoeuropäischen Wortstamm zusammen. Dazu gehört das altgriechische Wort „medomai" und auch das lateinische „meditari", das „sinnen", „sich vorbereiten", „sich einüben" bedeutet. Meditation, so läßt sich verallgemeinernd sagen, heißt: „in die Mitte gehen" oder „aus der Mitte heraus sein".

Meditation zielt darauf ab, eine *Veränderung im Bewußtsein* herbeizuführen: eine Verlagerung weg vom aktiven, nach außen gerichteten Zustand, der im Alltag dominiert, hin zu einem rezeptiven, stillen Bewußtseinszustand. Mit dieser „Umschaltung" im Bewußtsein geht gewöhnlich eine Verlagerung von einem äußeren Brennpunkt der Aufmerksamkeit auf einen inneren einher. Meditation führt Sie in andere Bereiche Ihres Bewußtseins, gewissermaßen in „geistiges Neuland". Die Grenzen, die Ihnen durch Ihr gewöhnliches Alltagsbewußtsein auferlegt werden, überschreiten Sie, und Ihr Bewußtsein erweitert sich. Der Meditationsvorgang läßt sich bildhaft vergleichen mit dem Auslöschen des Tageslichts, um in der Dunkelheit die subtilen Lichtreize der Sterne am Himmel wahrzunehmen, die bei normalem Tageslicht nicht wahrnehmbar sind. Meditation erlaubt Ihnen, sensibler für das zu werden, was in Ihrem Körper und Ihrer Psyche abläuft.

In den meisten Meditationsschulen spielt die *Körperhaltung* eine wichtige Rolle: Eine aufrechte Haltung des Oberkörpers, manchmal auch der bekannte Lotussitz, ist wünschenswert. Dies erhöht die innere Wachheit bei der Meditationsausübung und begünstigt die körperliche und psychische Entspannung. Auch auf die *richtige Atmung* wird in einigen Traditionen Wert gelegt: auf die Bauch- oder Zwerchfellatmung. In anderen Schulen wiederum geht man davon aus, daß sich die Atmung als Folge der Meditationspraxis selbsttätig vertieft. In jedem Fall fördert eine entsprechende Atmung den meditativen Versenkungsvorgang.

Neben körperlichen Faktoren ist in allen Meditationssystemen die *innere Haltung* von Bedeutung. An erster Stelle steht dabei das *Geschehenlassen* oder die *Absichtslosigkeit*. Jede Form von Anstrengung behindert den Meditationsprozeß. Gerade Manager neigen häufig zu angespannter Anstrengung und aktivem Eingreifen; zu Beginn des Meditationstrainings müssen Sie zunächst einmal lernen loszulassen. Es stellt sich hier die Aufgabe, mehr Vertrauen zu entwickeln in die eigenen Wachstumstendenzen und die Selbststeuerungsfähigkeit des Organismus.

In nahezu allen Kulturen finden sich Meditationsverfahren. Um in den Meditationszustand zu gelangen, sind seit alters her unterschiedlichste Techniken benutzt worden. Schon immer wußten die Menschen um die Wichtigkeit, zur „Mitte" zu gelangen. Während Meditation ursprünglich vorrangig spirituellen Zielen diente, liegt ihr Hauptaugenmerk heute eher auf gesundheits- und persönlichkeitsbezogenen Aspekten. Sie wird in zunehmendem Maße als Anti-Streß-Mittel, als Verfahren zur Stärkung der Abwehrkräfte oder als Selbstentfaltungsmethode eingesetzt.

Um die Aufmerksamkeit zu bündeln und nach innen zu lenken, finden – je nach Meditationsschule – verschiedene Hilfsmittel Anwendung: Einige Traditionen benutzen Mandalas (geometrische Muster), andere lenken die Aufmerksamkeit auf bestimmte Wortklänge (sogenannte Mantras), natürliche Gegebenheiten, Bilder, Textstellen in heiligen Schriften, symbolträchtige Gegenstände oder auf körperliche Vorgänge wie den Atemrhythmus. Die Vielfalt der vorhandenen Meditationstechniken ist fast unüberschaubar.

Im folgenden stellen wir Ihnen eine Meditationsform näher vor, die im Maharishi-Ayurveda eingesetzt wird und die ebenso wie dieser ihre Wurzeln in der vedischen Tradition hat: die Technik der *Transzendentalen Meditation*. Am Beispiel dieser Methode möchten wir Ihnen aufzeigen, was ein Meditationstraining im einzelnen umfassen kann.

4.2 Woraus besteht ein Meditationstraining?

Zwar bietet sich Ihnen inzwischen die Möglichkeit, Meditation aus Büchern zu erlernen oder mit Hilfe von Kassetten. Da Sie durch die Anwendung von Meditation jedoch Bewußtseinsbereiche erfahren, mit denen Sie bislang nicht vertraut sind, halten wir es für unabdingbar, daß Sie dabei kompetent geführt werden. Unserer Ansicht nach setzt das sachgerechte und systematische Erlernen von Meditation einen *erfahrenen Meditationslehrer* voraus. Dies ist aus mehreren Gründen erforderlich:

- Ihnen entgehen dann keine wichtigen Hinweise zur richtigen Meditationsausübung, die den Erfolg der Meditation steigern könnten;
- Sie erhalten Erklärungen für eventuell während der Meditation auftretende ungewöhnliche Körperempfindungen und geistige Erfahrungen, die Sie unter Umständen verunsichern;
- Meditieren ist eine Fähigkeit, die erlernt und geübt werden muß; dieser Lernprozeß läßt sich, wie wir bei unseren Meditationsseminaren immer wieder erleben, durch einen Meditationslehrer wirksam beschleunigen.

Sie fragen sich nun vielleicht, welche Voraussetzungen eine Meditationstechnik erfüllen sollte, damit sie für Sie als Manager geeignet ist. Eine Meditationstechnik sollte aufgrund unserer Erfahrungen folgenden Kriterien genügen:

- Sie sollte möglichst *einfach zu erlernen und auszuüben* sein, denn von Ihnen als Führungskraft kann nicht erwartet werden, daß Sie sich aufwendigen Exerzitien unterziehen.
- Der *zeitliche Aufwand,* der für die tägliche Meditationspraxis erforderlich ist, sollte demnach gering sein: Meditation sollten Sie ohne Probleme in Ihren Tagesablauf einbauen können.
- Das *Lernverfahren,* in dem Sie die Meditation vermittelt bekommen, muß *systematisch* sein und auf einer Tradition beruhen, die sich bewährt hat.
- Meditation sollte *keine Änderungen Ihrer Weltanschauung oder Ihres Glaubens* erfordern, das heißt, sie muß sich durch weltanschauliche und religiöse Neutralität auszeichnen.
- Sie lassen sich am besten nur auf Techniken ein, *deren Effektivi-*

tät Sie selbst unmittelbar einschätzen können. Von Anfang an sollte bei Ihnen der Eindruck vorherrschen, daß es sich „lohnt" zu meditieren. Wenn Sie zum Beispiel nach einigen Tagen Meditationspraxis eine Zunahme Ihrer inneren Zufriedenheit, eine Verbesserung Ihrer körperlichen Verfassung oder mehr Ausgeglichenheit feststellen, können Sie davon ausgehen, daß dies Anzeichen für die Wirksamkeit der Meditation sind.

– Ein letztes Kriterium ist besonders wichtig: die (wissenschaftliche) *Überprüfbarkeit der Ergebnisse,* die Meditation hervorbringen soll. Bislang gibt es erst drei Meditationsformen, die einer ernsthaften medizinischen und psychologischen Überprüfung unterzogen worden sind: die Zen-Meditation, die Achtsamkeitsmeditation (Vipassana) und die Transzendentale Meditation.

Transzendentale Meditation ist diejenige Meditationstechnik, die bislang wissenschaftlich am intensivsten analysiert worden ist (siehe dazu 4.3).

Etwa vier Millionen Menschen üben heute diese Meditationstechnik in aller Welt aus. Sie findet seit einigen Jahren verstärkt Anwendung in Unternehmen, aber auch im Erziehungs- und Gesundheitswesen, in der Rehabilitation, Psychotherapie und Psychiatrie. In Japan gibt es inzwischen Firmen, in denen jeweils einige tausend Personen Transzendentale Meditation praktizieren. Auch ist es mittlerweile nicht mehr ungewöhnlich, daß Unternehmen ihren Mitarbeitern Meditationspausen gewähren und für diesen Zweck spezielle Meditationsräume zur Verfügung stellen. Über die Ergebnisse derartiger Projekte berichten wir Ihnen später in Kapitel 4.4.

Der Begriff „Transzendentale Meditation" leitet sich vom lateinischen „transcendere" ab, was „überschreiten" bedeutet. Überschritten werden soll dabei die normale, wachbewußte Denkebene mit dem Ziel, immer weniger bewußte („feinere") Ebenen des Denkens zu erfahren, um letztlich in einen Zustand zu gelangen, in dem jegliche Denkaktivität aufhört: *Reines Bewußtsein,* Bewußtsein an sich, ein gedankenleerer Zustand „ruhevoller Wachheit" wird erfahren. Reines Bewußtsein läßt sich in Analogie setzen zu einer Kinoleinwand, die die Grundlage des auf sie projizierten Films ist. Sie wird als solche erst sichtbar, wenn der Film aufgehört hat und sie nur noch vom Licht des Projektors angestrahlt wird. *Reines Bewußtsein ist die Grundlage allen Denkens, Fühlens und Handelns*. Wer diesen „Grundzustand" des Bewußtseins erfährt, harmonisiert dadurch Körper und Psyche und entwickelt darüber hinaus sein brachliegendes geistig-kreatives Potential.

Wahrscheinlich ist Ihnen bewußt, daß fast immer ein Strom von mehr oder weniger geordneten Gedanken durch Ihren Kopf fließt. Manchmal wünschen Sie sich vielleicht, wenn Ihnen alles zuviel wird, Ihren Denkapparat abstellen zu können. Die Meditation unterstützt Sie dabei, geistig zur Ruhe zu kommen, der „innere Dialog" kommt nach und nach zum Stillstand. Sie gewinnen während der Meditationspraxis zeitlich begrenzt Abstand zum Alltagsgeschehen. Diese positive Distanz bleibt zum Teil auch danach erhalten, das heißt, Sie sind mehr bei sich selbst, handeln mehr aus sich selbst heraus und werden weniger von äußeren Vorkommnissen „überschattet". Wenn Sie Ihre Aufgaben mit einem Bewußtsein von Distanz, Klarheit und innerer Ausgeglichenheit angehen, bewahren Sie eher den Überblick und sind in Ihrem Handeln effektiver.

Als Folge der Verringerung Ihrer mentalen Aktivität beruhigt sich im Verlauf der Meditation auch Ihre körperliche Aktivität: Sie atmen ruhiger, Ihr Herz schlägt langsamer, Ihre Muskeln sind entspannter usw. Dieser Entspannungszustand regeneriert Sie, fördert das Gleichgewicht Ihrer Doshas, stärkt Ihr Immunsystem, dient der Ausbalancierung Ihres Körpers und hilft Ihnen, Störungen der körperlichen Selbstregulation und Unausgewogenheit zu überwinden. Er befreit Sie von momentanen Belastungen und ermöglicht es Ihnen auch, „alten" Streß abzubauen. Wenn geistig und körperlich Ruhe vorherrscht, kommen Sie zu sich selbst, in Ihre eigene Mitte, sind in Ihrem Wesenskern verankert. Mit Hilfe der Meditation harmonisieren Sie also Ihren Körper über geistige Funktionen. *Ruhe, Wachheit* und *Wohlbefinden* sind von der Erfahrung her die Hauptmerkmale des Meditationszustands.

Während der Meditation läuft ein *Vorgang des Transzendierens* ab. Um diesen zu veranschaulichen, läßt sich der menschliche Geist mit einem See vergleichen: An der Wasseroberfläche ist der See bewegt und mehr oder weniger unruhig. In den Tiefen des Sees herrscht dagegen Ruhe vor. Ähnliches gilt für Ihren Geist: An seiner Oberfläche ist er ständig aktiv, indem er ununterbrochen Gedanken erzeugt. Die tiefste Ebene des Geistes ist jedoch still: „Reines Bewußtsein" wird hier erfahren.

Dies ist ein Zustand, in dem Sie innerlich hellwach sind, gleichzeitig aber Ihre Gedanken- und Sinnesaktivität zum Stillstand kommt. Sie dösen oder schlafen dabei nicht, befinden sich auch nicht in Trance. Bei der Anwendung der Technik der Transzendentalen Meditation erfolgt also eine Verringerung der gedanklichen Aktivität bis zu einem Punkt, an dem das körperliche Anregungsniveau so weit abgesunken ist, daß ein Zustand der wachen Nicht-Aktivität oder ein Zustand der nicht-objektgebundenen Wachheit auftritt.

Eine vierzigjährige Abteilungsleiterin eines Unternehmens in der Möbelindustrie hat diesen Vorgang wie folgt erfahren: „Ich sitze mit geschlossenen Augen da und beginne, die geistige Meditationstechnik anzuwenden. Anfangs gehen mir noch zahllose und wirre Gedanken durch den Kopf, sie bewegen sich schnell wie Wolken an mir vorbei.

Ich spüre allmählich, wie ich langsamer zu atmen beginne und sich im Körper mehr und mehr ein Gefühl wohligen Entspanntseins ausbreitet. Der ganze Meditationsvorgang läuft ohne Anstrengung ab und ist für mich sehr angenehm. Verschiedentlich erlebe ich Phasen in meinen Meditationen, in denen meine Gedanken völlig zum Stillstand kommen, mein Denkapparat wie abgestellt ist. Ich fühle mich dann besonders tief entspannt und merke manchmal gar nicht mehr, daß ich überhaupt atme und wie die Zeit vergeht.

In solchen Phasen, die meist nur kurzzeitig auftreten, erlebe ich häufig eine tiefe innere Zufriedenheit und Geborgenheit, ein Glücksgefühl, das ich in dieser Intensität sonst nicht kenne. Sorgen, Ängste und Probleme fallen in diesem Zustand von mir ab. Aber es gibt auch andere Meditationen, in denen ich vorwiegend Gedanken habe und ‚geistig nachverdaue'. Auch die körperliche Entspannung ist in solchen Fällen weniger tief. Egal, was während der Meditation geschieht: Nachher fühle ich mich in der Regel ruhiger, erfrischter, wacher und ausgeglichener."

Transzendentale Meditation nutzt die *natürliche Tendenz der Aufmerksamkeit*, sich spontan den Dingen oder Bereichen zuzuwenden, die als angenehmer oder befriedigender erlebt werden. Stellen Sie sich vor, Sie sitzen an Ihrem Schreibtisch und widmen sich einer eher uninteressanten, unangenehmen Aufgabe. Das Fenster ist leicht geöffnet, und plötzlich sehen Sie, wie sich ein Vogel auf Ihr Fensterbrett setzt und in den schönsten Tönen zu trillern beginnt. Ihre Aufmerksamkeit wird sich in diesem Fall ohne Anstrengung und ganz spontan dem Zwitschern des Vogels zuwenden. Aufgrund dieses „geistigen Lustprinzips" kann der Versenkungsvorgang während der Meditation nur spontan und automatisch erfolgen. Durch Kontrolle und Anstrengung läßt er sich nicht initiieren.

Die zweite Bedingung für die Auslösung des Meditationsvorgangs ist der *richtige Gebrauch eines Meditationsobjekts*, eines *Mantras*, das eine spezielle Lautkombination umfaßt. Der anstrengungslose, nicht-konzentrative Gebrauch eines Mantras reduziert die gedankliche und nachfolgend auch die körperliche Aktivität. Das Mantra ist inhaltlich bedeutungslos und kann daher keine assoziativen Gedankenketten auslösen. Es stellt ein Hilfsmittel dar, um die Aufmerksamkeit von der Ebene des wachbewußten Denkens wegzulenken und einen „Eintauchvorgang" oder einen Prozeß des Transzendierens einzuleiten. Der eigene Wesenskern wird erreicht: Der Geist gelangt an seinen Ursprung. Dies ist eine Bewußtseinserweiterung, die den quantenmechanischen Körper aktiviert und zu einer Harmonisierung der körperlichen und psychischen Funktionen beiträgt.

Wenn wir Managern die Transzendentale Meditation in Seminaren vermitteln, so dauern diese in der Regel vier Tage. Vorzugsweise finden diese Trainings außerhalb der Firma in einer ruhigen Umgebung statt. Danach ist jeder Teilnehmer imstande, die Meditation allein und selbständig zu Hause anzuwenden. Das eigentliche Erlernen erfolgt dabei in Form eines Einzeltrainings und erfordert speziell ausgebildete Meditationslehrer. In unserem Bewußtseins-Management-Seminar bauen auf dem Einzeltraining Gruppentrainings auf. Meist bieten wir als begleitenden Praxistransfer nach dem Basisseminar ein Folgeprogramm an, das nach Struktur und Inhalt abhängig ist vom Teilnehmerkreis und der Branche.

4.3 Transzendentale Meditation und ihr ganzheitliches Wirkungsspektrum

Sicherlich möchten Sie nun im einzelnen wissen, was Sie von der Meditationsausübung erwarten können. Das nachfolgend beschriebene Wirkungsspektrum von Meditation ist zweifelsohne beeindruckend. Es beruht auf den Befunden, die die Meditationsforschung innerhalb der letzten zwanzig Jahre ermittelt hat. Im Mittelpunkt stand dabei die Transzendentale Meditation, zu der mittlerweile etwa 600 medizinische, psychologische und soziologische Studien vorliegen. Allerdings sollten Sie nicht erwarten, daß Ihnen diese Effekte sozusagen in den Schoß fallen. Die wichtigste Voraussetzung für die Wirksamkeit von Meditation ist die regelmäßige Ausübung über einen längeren Zeitraum. Dies erfordert von Ihnen ein gewisses Maß an Selbstdisziplin, Ausdauer und sicherlich auch Geduld.

Was während der Meditation im Körper geschieht

Am auffälligsten ist zunächst einmal, wie sehr sich der einzelne während der Meditation entspannt und innerlich zur Ruhe kommt:

- Der *Sauerstoffverbrauch* nimmt dabei innerhalb von zehn bis zwanzig Minuten doppelt so stark ab wie nachts im Schlaf. Aus der Schlafforschung ist bekannt, daß ein niedriger Stoffwechsel regenerierend wirkt.
- Es kann vorkommen, wie Sie dem eben zitierten Erfahrungsbericht der Abteilungsleiterin entnehmen können, daß sogar die *Atmung* für kurze Zeit stillsteht. Aus der Meditationsforschung weiß man, daß solche Perioden des Atemstillstands bei Meditierenden bis zu 67 Sekunden dauern und mehrmals in einer Meditation auftauchen können.
- Ferner schlägt das *Herz* im Meditationszustand deutlich weniger häufig, und die Menge an Blut, die durch das Herz gepumpt wird, nimmt um bis zu 25 Prozent ab. Dies entlastet die Herzfunktionen und führt zu deren Erholung.
- Die Stirn-, Schulter- und Nackenmuskulatur entspannt sich bei der Meditation, und der Betreffende spürt eine angenehme Lockerung seiner *Muskeln.* Muskelverspannungen sind aufgrund der vorwiegend sitzenden Tätigkeit im Management und einseitiger körperlicher Belastung weit verbreitet, vielleicht machen sie auch Ihnen dann und wann zu schaffen.
- Der *elektrische Hautwiderstand,* der Ihnen vermutlich von den „Lügendetektoren" her bekannt ist, steigt im Meditationszustand deutlich an. Dies hängt damit zusammen, daß die Haut trockener wird. Meditierende fühlen sich weniger gestreßt und sind entspannter.

- Die Meditation verändert außerdem die *Durchblutung:* Nieren und Leber werden besser durchblutet, vor allem aber das Gehirn. Und zwar ist festgestellt worden, daß das Gehirn im Meditationszustand um sechzig Prozent stärker durchblutet wird im Vergleich zu einer Phase einfachen Sitzens. Meditationsforscher gehen davon aus, daß dies eine mögliche Erklärung für den ordnenden Effekt der Meditationspraxis auf die Gehirnfunktionen ist (mehr hierzu in Abschnitt 5.1).
- Auch der *Hormonhaushalt* unterliegt während der Meditation Veränderungen: So werden zum Beispiel Streßhormone wie Cortisol und Adrenalin abgebaut, während sich die Ausschüttung von Hormonen, die für das psychische Wohlbefinden zuständig sind, erhöht (zum Beispiel Serotonin).

Diese kurze Übersicht verdeutlicht Ihnen, daß die körperbezogenen Effekte von Meditation konkret erfaßbar und wissenschaftlich belegbar sind (siehe hierzu im einzelnen: Wallace, 1986). Meditation führt insbesondere zu einer tiefgreifenden Entspannung, wobei der erreichte Ruhezustand ausgeprägter ist als im Tiefschlaf.

Körperlich gelangen Sie spontan ins Gleichgewicht, regenerieren und vitalisieren sich und bauen schließlich Streß und Spannungen ab. In Ihrem Alltag fühlen Sie sich entspannter und lockerer, bei Ihrer Arbeit klarer und gelassener und sind insgesamt zentrierter. Sie werden darüber hinaus als Folge des Meditationstrainings leichter mit Ihren Aufgaben fertig und arbeiten sorgfältiger.

Welche gesundheitlichen Verbesserungen lassen sich durch Meditation erzielen?

Die geschilderten körperlichen Veränderungen während der Meditation machen es leicht verständlich, warum mit ihrer Ausübung nachhaltige Verbesserungen der gesundheitlichen Verfassung verbunden sind. Diese reichen von einem Abbau verschiedener streßbedingter und psychosomatischer Beeinträchtigungen, der Veränderung des Gesundheitsbewußtseins und -verhaltens und einem damit zusammenhängenden niedrigeren Konsum von Genußmitteln bis hin zu einer Steigerung der körperlichen Abwehrkräfte und einer möglichen Verringerung des biologischen Alters.

Besonders aufschlußreich ist eine amerikanische Studie, in welcher während fünf Jahren untersucht wurde, ob sich der Gesundheitszustand von knapp zweitausend Meditierenden verbessert und ob diese die Krankenkassenleistungen in geringerem Maße in Anspruch nehmen (Orme-Johnson, 1987): Die Ergebnisse belegen eindeutig, daß Meditierende weniger häufig krank sind und entsprechend seltener ärztliche Hilfe in Anspruch nehmen. Sie griffen innerhalb von fünf Jahren im Durchschnitt um etwa *fünfzig Prozent* weniger auf die Leistungen ihrer Krankenkasse zurück als Nichtmeditierende. Die deutlichsten Unterschiede ergaben sich erstaunlicherweise bei Personen, die über vierzig Jahre alt waren. Sie gingen um 68,4 Prozent seltener zum Arzt und suchten um 73,7 Prozent weniger häufig das Krankenhaus auf als die Vergleichsgruppe von Nichtmeditierenden. Aufgeschlüsselt nach Gesundheitsstörungen zeigte sich, daß Meditierende

– um 55 Prozent seltener an Krebs erkrankten,
– um 87 Prozent weniger unter Herz-Kreislauf-Erkrankungen litten,
– um 87 Prozent weniger häufig vegetative Beschwerden hatten und
– um 73 Prozent seltener Opfer von Lungen-, Hals- und Nasenkrankheiten waren als Personen aus der Kontrollgruppe.

Diese aufsehenerregenden Befunde haben mittlerweile private Krankenkassen in den USA, Holland und der Bundesrepublik veranlaßt, *die Beitragssätze für Meditierende um zehn bis vierzig Prozent zu senken*. Vor allem in japanischen und amerikanischen Unternehmen ist Meditation heute bereits integraler Bestandteil von Programmen zur Gesundheitsförderung.

Die wichtigsten der bislang gewonnenen Erkenntnisse über die Wirkungen der Meditation auf die körperliche Gesundheit können Sie dem folgenden Kasten entnehmen.

Ergebnisse der Meditationsforschung I:
Gesundheitsförderung durch Meditation

– Verringerung psychosomatischer Beschwerden wie Asthma, Bluthochdruck, Migräne, Magen- und Darmgeschwüre, Colitis (Darmentzündung), Gastritis (Magenschleimhautentzündung), Arthritis
– vorteilhafte Wirkungen bei Parodontose, multipler Sklerose, Übergewicht, Bronchitis, Infektionen der Atemwege, Rückenproblemen, All-

---

ergien, Hauterkrankungen (Ekzeme, Neurodermitis), Angina pectoris (Verengung der Herzkranzgefäße) und Krebs
- Senkung des Cholesterinspiegels
- Beseitigung von Ein- und Durchschlafstörungen
- Reduktion des Zigaretten-, Alkohol- und Drogenkonsums
- geringere Inanspruchnahme der Krankenkassenleistungen: Verringerung der Krankheitskosten um fünfzig Prozent
- mehr Energie und größere Vitalität
- Stärkung des Immunsystems
- Verlangsamung des Alterungsvorgangs: Reduktion des biologischen Alters
- Entwicklung des Gesundheitsbewußtseins und Optimierung des Gesundheitsverhaltens

(siehe dazu die einzelnen Untersuchungen in den Sammelbänden von: Chalmers et al., 1989; Orme-Johnson & Farrow, 1977)

Selbstentfaltung durch Meditation

Der Unternehmensberater Quiske (1991, S. 95) hebt die Bedeutung der Meditation für die Entwicklung der Persönlichkeit hervor, indem er auf Manager bezogen schreibt: „Heute liegt die größte Herausforderung für jede Führungskraft in ihrer persönlichen Bewußtseinsentwicklung zu mehr innerer Gelassenheit und Klarheit, zu mehr Angstfreiheit und Vertrauen zu sich selbst und anderen. Ein Weg ist Meditation, die Fähigkeit, in sich Ruhe und Entspannung zu finden – die Quelle für Intuition, Kreativität und Mut. Erst diese Qualitäten befähigen und berechtigen zum Führen."

Die Persönlichkeitseffekte von Meditation sind bislang in über dreihundert Untersuchungen erfaßt worden. Die Ergebnisse verdeutlichen, daß sich mit Hilfe von Meditation einerseits behindernde Persönlichkeitsmerkmale überwinden lassen und andererseits durch sie Selbstverwirklichungstendenzen angeregt werden.

Psychologen bezeichnen Menschen gewöhnlich dann als *seelisch gesund*, wenn sie sich „psychisch wohl fühlen" und „psychisch kompetent" sind.

Psychisches Wohlbefinden wiederum setzt voraus, häufig positive Gefühle und selten negative Gefühle zu haben und sich selbst darüber hinaus in gesunder Weise zu akzeptieren.

Psychische Kompetenz beinhaltet dagegen soziale und geistige Kompetenz, ein ausgeprägtes Streßbewältigungsvermögen und ein hohes Maß an Selbstkontrolle und Autonomie.

Die bisherige Meditationsforschung belegt, daß sich viele Kennzeichen von psychischer Gesundheit durch Transzendentale Meditation fördern lassen:

– Meditierende fühlen sich stimmungsmäßig ausgeglichener und berichten vermehrt über *positive Gefühle* wie innere Zufriedenheit und Gelassenheit.
– *Negative Gefühle* in Form von Ängsten, Streß, Ärger oder Depressionen werden durch regelmäßige Meditation abgeschwächt: Der Meditationszustand ist Angst- und Streßzuständen physiologisch genau entgegengesetzt, weshalb sich durch seine Herbeiführung Angst- und Belastungsgefühle wirkungsvoll abbauen lassen. Auch unangemessene Ärgerreaktionen, die auf ein hohes Maß an Reizbarkeit und eine geringe Frustrationstoleranz hinweisen, beeinflußt Meditation positiv, weil sie Spannungen und Frustrationen mindert.
– Wer immer wieder seinen Wesenskern erfährt und lernt, sich selbst nicht-wertend zuzuhören, was in der Meditation geschieht, vermag sich allmählich mehr so anzunehmen, wie er ist: Er entwickelt ein *positiveres Selbstbild* und wird selbstsicherer.
– Meditierende sind offener, spontaner und weniger gehemmt, was eine gute Grundlage für hohe *soziale Kompetenz* ist. Sie sind weniger mit sich selbst beschäftigt und können sich daher anderen direkter zuwenden.
– Veränderungen in der *geistigen Kompetenz* spiegeln sich darin wider, daß Meditation den einzelnen unterstützt, sorgsamer mit sich umzugehen, sich zum Beispiel weniger durch überhöhte Ansprüche und Erwartungen unter Druck zu setzen.
– Meditation führt des weiteren zu einer Steigerung der *Fähigkeit zur Streßbewältigung*. Dies zeigt sich unter anderem in dem Vermögen, Frustrationen schneller zu verarbeiten und sich Belastungen gegenüber körperlich und emotional stabiler zu verhalten.
– *Selbstkontrolle* und *Autonomie* sind schließlich zwei Persönlichkeitseigenschaften, die bei Meditierenden ausgeprägt sind. Sie leben stärker selbstgesteuert, richten sich vermehrt nach ihren eigenen Bedürfnissen und sind dadurch unabhängiger von anderen.

Wie Sie sehen, ist Meditation ein Mittel, das der umfassenden Entwicklung der Persönlichkeit dient. Die beschriebenen Veränderungen erfordern allerdings Zeit und setzen ein regelmäßiges Meditationstraining voraus.

Nachfolgend in einer Übersicht noch einmal die wichtigsten Persönlichkeitseffekte von Meditation auf einen Blick:

Ergebnisse der Meditationsforschung II:
Persönlichkeitsentfaltung durch Meditation

– Verringerung von allgemeinen und spezifischen Ängsten
– Abbau neurotischer Persönlichkeitsmerkmale wie Depressivität, Nervosität, Gehemmtheit, Labilität und Erregbarkeit
– Zunahme der Selbstakzeptanz und des Selbstvertrauens
– konstruktivere Selbstgespräche
– größere Übereinstimmung zwischen Selbst- und Wunschbild
– höhere Selbstkontrolle, Feldunabhängigkeit und Innengesteuertheit
– Verstärkung positiver Persönlichkeitseigenschaften wie Ich-Stärke, Kontaktfähigkeit, Toleranz, Offenheit, Gelassenheit, Ausgeglichenheit und Gegenwartsbezogenheit
– effizienteres Verhalten in Belastungssituationen (erhöhte Streßstabilität)
– Abbau von Typ-A-Verhaltensweisen

(siehe dazu im einzelnen Chalmers et al., 1989; Howald, 1989; Orme-Johnson & Farrow, 1977)

Welche persönlichkeitsbezogenen Erfahrungen mit Meditation speziell Manager gemacht haben, erläutern wir Ihnen im übernächsten Abschnitt.

Wie Meditation Ihr Leistungsvermögen erhöht

Die dargestellten Wirkungen der Meditation auf die Gesundheit und Persönlichkeit sind Voraussetzung für die Optimierung des Leistungsverhaltens: Nur wer in gesundheitlich guter Verfassung ist und wessen Persönlichkeit ausgewogen entwickelt ist, kann viel leisten.

Aus der folgenden Übersicht ersehen Sie, in welchen Bereichen Meditation leistungsfördernd wirkt:

4.4 Erfahrungen von Managern und Unternehmen mit Meditation

Aufgrund der beschriebenen körperlichen und seelisch-geistigen Wirkungen der Meditation wird Ihnen verständlich sein, warum heute immer mehr Unternehmen ihren Führungskräften und Mitarbeitern Meditationstrainings anbieten. *Meditation ist ein Instrument zur Entwicklung der Humanressourcen.* In Anbetracht der weit verbreiteten Streß-, Motivations- und Kommunikationsprobleme kommt der Entfaltung des Bewußtseinspotentials eine immer größere Bedeutung zu: Denn von der Qualität des Bewußtseins hängen entscheidend Fertigkeiten, Fachwissen und Einstellungen ab. Bewußtsein ist die primäre Ebene im Menschen; das Denken, die Gefühle und das Handeln sind lediglich Nachfolgeebenen, Funktionen des Bewußtseins.

Was Manager durch Meditation gewinnen

Anschaulich erläutert ein Manager eines deutschen Stahlkonzerns, wie er von der Praxis Transzendentaler Meditation profitiert hat:
  „Kurz nach einem Meditationsseminar bemerkte ich bereits eine

Zunahme an geistiger Klarheit, die für mich deshalb von besonderem Vorteil war, weil meine berufliche Tätigkeit in vielen Entscheidungssituationen ein sorgfältiges Abwägen zahlreicher Faktoren erfordert. Mir fällt es heute leichter, die richtigen Entscheidungen zu treffen.

Wichtig ist für mich auch, daß sich mein Selbstvertrauen gestärkt hat und ich in Konfliktsituationen durchsetzungsfähiger geworden bin. Wenn ich früher, als ich noch nicht meditierte, unter Druck geriet, reagierte ich häufig starr, wenig flexibel, manchmal auch ‚kopflos‘. Mir gelang es zwar dadurch, Kritik besser abzuwehren, ich fühlte mich aber dann meist in die Enge gedrängt und als ‚Verlierer‘.

Heute nehme ich vermehrt meine eigenen Bedürfnisse als Richtschnur für mein Handeln, fühle mich innerlich freier und stabiler. Ich verhalte mich in Belastungssituationen deshalb flexibler, fühle mich innerlich ruhiger und bewahre eher den Überblick.

Deutlich konnte ich außerdem feststellen, daß meine Konzentrationsfähigkeit zugenommen hat. In Besprechungen kann ich mich besser auf meine Gesprächspartner einstellen, und wenn ich etwas lesen muß, behalte ich mehr davon.“

Dieser Bericht verweist darauf, daß Meditation eine Hilfe für Manager darstellen kann, um *persönliche Defizite abzubauen*.

Aber auch *gesundheitliche Verbesserungen* sind die Folge regelmäßigen Meditationstrainings. Drei Jahre nachdem der Geschäftsführer eines Unternehmens der Textilbranche Meditation erlernt hatte, schrieb er:

„Vor vier Jahren entwickelten sich bei mir starke Verspannungen in der Schulterpartie und im unteren Rückenbereich. Ich hatte solche Schmerzen, daß ich häufig nicht schlafen konnte. Die Ärzte waren nicht imstande, mir zu helfen. Ich bekam Umschläge, Beruhigungsmittel, Spritzen, Massagen – aber nichts half.

Ein Arzt in einer Kurklinik meinte, ich sei ein klassischer Typ-A-Mensch und könne froh sein, daß sich die Spannungen und der Streß meines beruflichen Alltags nur auf meine Muskulatur ausgewirkt hätten und ich keine Herzattacke erlitten hätte. Man riet mir, weniger ehrgeizig zu sein und arbeitsmäßig einige Gänge zurückzuschalten. Ich müsse meinen Lebensstil ändern, sonst käme es zu einem Desaster… Diese Diagnose erschreckte mich, denn ich war ja erst einundvierzig Jahre alt.

Im Wartezimmer meines Hausarztes las ich dann einen Artikel über Meditation, der mich ansprach und Hoffnungen in mir weckte. Ich meldete mich gleich am nächsten Tag zu einem Meditations-seminar an. Drei Tage nach Erlernen der Meditation waren die Muskelverspannungen verschwunden und sind seither nicht mehr aufgetreten. Ich war außerdem allergisch gegen Pollen, Staub, Nüsse und andere Nahrungsmittel. Heute kann ich alle Nahrungsmittel essen und bin von meiner Staub- und Pollenallergie befreit.

Aufgrund meiner asthmatischen Beschwerden mußte ich früher nicht zum Militär. Pro Jahr erlitt ich, bevor ich die Meditation erlernte, etwa sechs starke Asthmaanfälle. Nach Meditationsbeginn verschwanden auch diese allmählich. Meinen Allergie-Spezialisten habe ich seither nicht mehr aufsuchen müssen."

Meditation wirkt sich natürlich nicht bei jedem so nachhaltig auf die Gesundheit aus wie bei diesem Geschäftsführer. Manager unterscheiden sich, genauso wie andere Menschen, sehr darin, wie sie auf Meditation reagieren.

Die folgende Grafik veranschaulicht managerbezogene Wirkungen von Meditation:

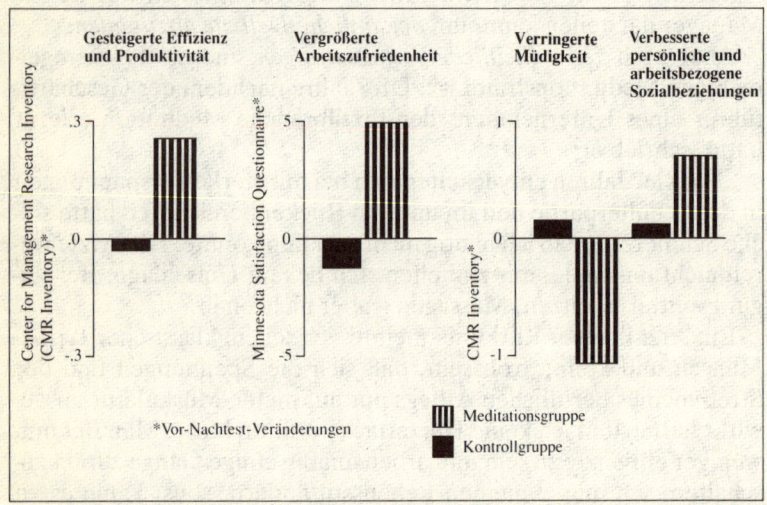

Abb. 7: Leistungssteigerung und Arbeitszufriedenheit durch Meditation

Alexander et al. (1987) untersuchten in einem Zeitraum von drei Monaten mit Hilfe einer Zufriedenheitsskala und eines speziell von

176

ihnen entwickelten Management-Fragebogens die Effekte von Meditation. Sie beobachteten unter anderem folgende Veränderungen bei der Meditationsgruppe im Vergleich zu den Kontrollpersonen:

– reduzierte Angst;
– erhöhte intrinsische Arbeitszufriedenheit;
– gesteigerte Effizienz und Produktivität;
– verbesserte Sozialbeziehungen am Arbeitsplatz;
– verringerter Zigaretten- und Schnapskonsum sowie
– weniger Müdigkeit und besserer Schlaf.

In anderen Studien zeigte sich, daß folgende Effekte mit der Meditationspraxis verbunden sind:

1. Sie verbessert das Leistungsvermögen und erhöht die Kreativität, was eine *Steigerung der Produktivität* zur Folge hat.
2. Meditation fördert die Gesundheit, was sich unter anderem in *geringeren krankheitsbedingten Fehlzeiten* und *gleichmäßigeren Arbeitsleistungen* niederschlägt.
3. Sie beeinflußt Psyche und Geist konstruktiv, was eine *größere Arbeitsmotivation,* ein *besseres Betriebsklima* und *harmonischere Sozialbeziehungen* nach sich ziehen kann.

Dieses Wirkungsspektrum hat dazu geführt, daß Meditationstechniken zunehmend in Firmen Anwendung finden.

Wissenschaftliche Begleitforschung: Meditation in Unternehmen

Meditationsuntersuchungen an amerikanischen, japanischen und schwedischen Managern zeigen auf, wie weitreichend die Wirkungen von Meditation sind. Die wesentlichen Befunde fassen wir Ihnen im nachfolgenden Kasten zusammen:

**Ergebnisse der Meditationsforschung IV:
Effekte von Meditation auf Führungskräfte und Unternehmen**

Gesundheit:
– besseres gesundheitliches Allgemeinbefinden und weniger körperliche Beschwerden (Alexander et al., 1987; Haratani & Henmi, 1990 a)
– reduzierter Alkohol- und Zigarettenkonsum (Alexander et al., 1987; Gustavsson, 1990; Haratani & Henmi, 1990 a)

- besserer und erholsamerer Schlaf (Gustavsson, 1990; Haratani & Henmi, 1990 a)
- gesteigerte Belastbarkeit und Streßstabilität (Alexander et al., 1987; Gustavsson, 1990)
- mehr körperliche Entspannung bei einfachen mentalen Aufgaben (Alexander et al., 1987)

Persönlichkeit:
- größere geistige Klarheit und Wachheit (Gustavsson, 1990; Jonsson, 1989)
- stärkeres Selbstvertrauen und höhere Selbstbestimmung (Jonsson, 1989)
- geringere Reizbarkeit und weniger Ärgerreaktionen (Alexander et al., 1987; Gustavsson, 1990; Jonsson, 1989)
- größere Ausgeglichenheit (Haratani & Henmi, 1990 b)
- verringerte Angst und weniger neurotische Tendenzen (Alexander et al., 1987; Gustavsson, 1990; Haratani & Henmi, 1990 b)
- höhere Arbeitszufriedenheit (Alexander et al., 1987; Frew, 1974; Friend, 1977)

Leistung und Verhalten:
- erhöhtes Leistungsvermögen, größere Effektivität und Produktivität (Alexander et al., 1987; Frew, 1974; Friend, 1977; Gustavsson, 1990; Jonsson, 1989)
- verbesserte Intuition (Heinstedt, 1990)
- effektiveres Entscheidungsverhalten und gesteigerte Fähigkeit, Prioritäten zu setzen (Jonsson, 1989)
- bessere Kontakt- und Kooperationsfähigkeit, mehr Toleranz, optimiertes Sozialverhalten (Alexander et al., 1987; Gustavsson, 1990; Jonsson, 1989)
- effektivere, kreativere und harmonischere Teamarbeit (Gustavsson, 1990)
- verbesserte Beziehungen zu Vorgesetzten und Mitarbeitern (Frew, 1974; Friend, 1977)
- verringerte Häufigkeit des Arbeitsplatzwechsels, geringere Mitarbeiterfluktuation (Frew, 1974)

Meditation in einem japanischen Konzern

Am Beispiel eines großen japanischen Unternehmens in der Maschinenbauindustrie, der *Sumitomo Heavy Industries,* möchten wir Ihnen vor Augen führen, wie sich die Einführung von Transzendentaler Meditation auswirken kann. Wie viele japanische Firmen hat auch Sumitomo Programme zur Gesundheitsbildung entwickelt. Seit 1983 werden als Teil dieser Programme Meditationstrainings durchgeführt. Mehr als eintausend Mitarbeiter haben seither Meditation erlernt. Im Rahmen einer staatlich unterstützten Studie sind die Effekte dieses Projekts bei 768 Personen wissenschaftlich erfaßt worden (Haratani & Henmi, 1990 a und b). Eine Gruppe von 447 Mitarbeitern erlernte Meditation, eine Kontrollgruppe von 321 Personen dagegen nicht. Alle Probanden füllten zu Projektbeginn und an dessen Ende nach fünf Monaten drei medizinische und psychologische Fragebögen aus: jeweils einen Gesundheits-, Stimmungs- und Angstfragebogen.

Die Ergebnisse verdeutlichten, daß sich meditierende Mitarbeiter und Manager in nahezu allen Testskalen stärker veränderten als nichtmeditierende. Nach fünf Monaten ergaben sich signifikante Unterschiede zwischen den beiden Gruppen. Meditierende zeigten unter anderem

– größere emotionale Stabilität,
– weniger körperliche Beschwerden,
– geringere Erregbarkeit,
– verminderte neurotische und depressive Tendenzen sowie
– verringerte Angst.

Inzwischen gibt es in diesem Unternehmen spezielle Meditationsräume und die Führungskräfte empfehlen ihren Mitarbeitern, Meditation zu erlernen. Die betriebseigene Krankenkasse rät allen Mitgliedern, an Meditationsseminaren teilzunehmen, um dadurch Krankheiten vorzubeugen, gesundheitliche Beschwerden zu vermindern und das Betriebsklima zu verbessern. Die Seminargebühren werden dabei von Sumitomo getragen.

Der Direktor der Betriebskrankenkasse von Sumitomo meint: „Viele unserer Mitarbeiter sind an Meditation interessiert. Wir planen deshalb, mehr Meditationstrainings durchzuführen und dabei auch untere Ebenen einzubeziehen. Im Moment erlaubt unser Budget, jährlich für 150 Personen Meditationsseminare anzubieten.

Wir hoffen, daß diese Maßnahme dazu beiträgt, den Streß und die Spannungen der Mitarbeiter von Sumitomo abzubauen, um dadurch die körperliche und psychische Gesundheit zu fördern. Wir gehen ferner davon aus, daß die Einführung von Meditation unsere

Gewinnentwicklung auf internationaler Ebene unterstützt. Sumitomo Heavy Industries und Transzendentale Meditation sind untrennbare Partner auf dem Weg ins 21. Jahrhundert." (Marcus, 1990, S. 115)

Die Berichte einzelner Manager von Sumitomo spiegeln die Vielfalt der Meditationswirkungen wider. Nachfolgend einige weitere Beispiele für Erfahrungen, die Führungskräfte mit Meditation gesammelt haben:

Ein Manager, der für den Vertrieb industrieller Maschinen zuständig ist, führt aus: „Ich fühle mich nach der Rückkehr von einer langen Geschäftsreise nicht mehr so müde, seit ich meditiere. Meditation hat mir hier sehr geholfen. Am nächsten Tag bin ich in der Regel frischer als früher. Die Müdigkeit hält nicht mehr so lange an: Ich regeneriere mich mit Hilfe der Meditation schneller. Ich kann konzentriert und effektiv arbeiten, auch wenn ich erst frühmorgens von einer Reise zurückgekommen bin. In verschiedener Hinsicht hat meine Effektivität zugenommen. Denjenigen, die mit Problemen zu mir kommen, oder Mitarbeitern, die unter den täglichen Belastungen zu leiden haben, rate ich häufig, mit der Meditation zu beginnen." (Marcus, 1990, S. 116)

Eine Führungskraft von Sumitomo, die längere Zeit aufgrund einer Leberfunktionsstörung über gesundheitliche Probleme klagte, berichtet, wie sie durch Meditation gesundheitlich wieder ins Lot gekommen ist: „Regelmäßige Verdauung, gesunder Appetit und erholsamer Schlaf waren drei Dinge, nach denen ich mich sehnte. Alle drei habe ich durch Meditation erreicht. Ich fühle mich jetzt einfach besser und gebe Kollegen und Mitarbeitern, die mit Gesundheitsstörungen zu kämpfen haben, verschiedentlich den Rat zu meditieren." (Marcus, 1990, S. 116)

Der Leiter der Programme zur Gesundheitsbildung bei Sumitomo stellt Überlegungen an, wie sich der Firmenalltag verändert, wenn Meditation in noch größerem Maße integriert wird:

„Ein Unternehmen ist eine Ansammlung von Menschen. Wenn jedes Firmenmitglied gereizt oder gestreßt ist oder wenn einzelne nicht miteinander klarkommen, so beeinflußt dies die Unternehmenskultur. Wenn alle Meditation ausübten, insbesondere jedoch Führungskräfte, dann würden Streß, Spannungen, Gereiztheit und alle möglichen negativen Tendenzen im Berufsalltag eine geringere Rolle spielen." (Marcus, 1990, S. 116)

Der Direktor der Personalabteilung von Sumitomo faßt die bisherigen Ergebnisse der firmeninternen Meditationstrainings wie folgt zusammen: „Viele Manager zeigen in meiner Firma wachsende positive Persönlichkeitsmerkmale wie zunehmende Ausgeglichenheit, Selbstkontrolle, Anpassungsfähigkeit und Selbstgenügsamkeit. Etliche stellten darüber hinaus fest, daß sich ihr Blutdruck senkte. Ich bin überzeugt davon, daß in unserer gestreßten Gesellschaft Meditation bei der Aufrechterhaltung psychischer und körperlicher Gesundheit eine immer größere Bedeutung erlangen wird."

In den letzten zehn Jahren hat Meditation vor allem in den USA und Japan Eingang in etlichen Unternehmen gefunden. Darunter befinden sich renommierte Firmen wie Xerox, Kodak, General Motors, Toyota, Sony. Es scheint lediglich eine Frage der Zeit zu sein, bis auch deutsche Unternehmen Meditation in größerem Maße zu einem integralen Bestandteil ihrer Programme zur Gesundheits- und Persönlichkeitsbildung machen. Momentan gibt es in der Bundesrepublik noch eine überschaubare Anzahl von vorwiegend mittelständischen Unternehmen, in denen Meditationstrainings durchgeführt werden. Die dabei gemachten Erfahrungen sind ebenfalls vielversprechend.

Erfahrungen mit Meditation in einem deutschen Unternehmen

Seit mehr als sieben Jahren ist Transzendentale Meditation Bestandteil des Fortbildungsprogramms einer Bank. Einer der früheren Geschäftsführer begann sich für ihre Einführung als Maßnahme der Personalentwicklung zu interessieren, nachdem er selber über einen längeren Zeitraum gute Erfahrungen in seinem Managementalltag gesammelt hatte. Er weckte zunächst die Neugier seiner beiden Kollegen. Von diesen verfügte einer ebenfalls über Meditationserfahrungen.

Während eines speziell für die Geschäftsleitung veranstalteten Seminars lernte auch der dritte Geschäftsführer zu meditieren. Nachdem dieser genauso von den Wirkungen dieser Meditationstechnik überzeugt war – seine nervösen Beschwerden ließen nach, und er erlebte eine Stabilisierung seiner psychischen Verfassung –, wurde für die Führungsmannschaft ein Basisseminar ausgerichtet. Die Meditation diente als Grundlage für ein Kreativitäts- und Kommunikationstraining. Nicht alle Führungskräfte kamen freiwillig.

Der anfängliche Widerstand löste sich bei den meisten Teilnehmern mehr und mehr auf, nachdem positive Wirkungen des Meditierens eintraten.

Während des folgenden halben Jahres bekam jeder Mitarbeiter der Bank Informationen über das Meditationstraining und Gelegenheit, daran teilzunehmen. Dieses Angebot war ausdrücklich nicht verpflichtend. So besuchten etwa achtzig Prozent der Mitarbeiter das Bewußtseinstrainingsseminar. Die anderen verhielten sich abwartend.

Mit der Geschäftsleitung waren konkrete Ziele festgelegt worden, um mögliche Entwicklungsprozesse der Firma als Ganzer zu beurteilen. Diese bezogen sich auf die Geschäftsergebnisse wie das Kreditvolumen oder die Abnahme der Insolvenzfälle. Ferner wurde darauf geachtet, inwieweit die krankheitsbedingten Fehlzeiten und die Kundenreklamationen zurückgehen würden. Und schließlich sollte das Betriebsklima beobachtet werden.

In all diesen Bereichen konnten Veränderungen in Richtung der gesetzten Ziele festgestellt werden. Darüber hinaus war feststellbar, daß eine deutliche Ausweitung des Geschäftsvolumens in den folgenden zwei Jahren mit einem nur minimalen Anwachsen des Personalbestandes einherging und die persönliche Einschätzung des Betriebsklimas durch die Mitarbeiter dennoch positiv ausfiel. Besonders interessant war, daß sich verstärkt Veränderungen ergaben, nachdem etwa zwanzig Prozent der Mitarbeiter der Bank an dem Basisseminar teilgenommen hatten.

Dies spricht dafür, daß durch Meditation Wachstums- und Entwicklungsprozesse für ein ganzes Unternehmen eingeleitet werden können, auch wenn nicht alle Mitarbeiter bei einem entsprechenden Training mitmachen. Qualitative Veränderungen im „Geist des Hauses" setzen anscheinend nur die Anhebung der „inneren Ordnung" weniger Mitarbeiter eines Unternehmens voraus.

Seit dieser Anfangszeit wird jährlich einmal ein Basisseminar für neue Mitarbeiter angeboten und zweimal jährlich eine zweitägige Fortbildung zur Vertiefung der Meditationserfahrung. Hierbei werden auch Lerninhalte erarbeitet, die für Persönlichkeitsentfaltung bedeutsam sind, also zum Beispiel konstruktives Denken und Intuition oder Maßnahmen für ein sinnerfülltes Life-Styling. Mittlerweile haben die meisten Mitarbeiter an diesem Seminarprogramm teilgenommen: Der Erfolg früherer Teilnehmer, aber auch die Neugier dienten als Motivation.

1989 wurden die Auswirkungen des Meditationsprogramms für die Unternehmenskultur der Bank qualitativ untersucht. Aus einer Reihe von Interviews quer durch alle Ebenen ergab sich folgendes Bild:

Frage:
„Was hat sich im Unternehmen seit Einführung des Meditationsprogramms geändert?"

Antworten:
„Durch Meditation ist das Unternehmen nun in der Lage, das alltägliche Geschäft relativ ruhig und ohne Streß zu erledigen, ohne daß da alles durcheinandergewürfelt wird."

„Vor 1984 war da so ein bißchen diese Buchhaltermentalität. Das hat sich grundlegend geändert. Diese Mentalität ist weg. Früher hieß es immer, das haben wir immer schon so gemacht, warum soll man da überhaupt etwas ändern; um Gottes willen, bloß keine Veränderung. Heute ist dies genau umgekehrt. Da kann es nicht schnell genug gehen. Da hat sich ein grundlegender Wandel im Denken vollzogen."

„Nicht nur daß Überstunden abgebaut wurden, nein, man hat sogar noch Zeit für Projekte, durch die man sich die Arbeit noch einfacher machen kann."

„Die gesamte Atmosphäre in diesem Hause möchte ich heute als vorbildlich bezeichnen, wenn ich sie mit anderen Unternehmen aus der gleichen Branche vergleiche, die ich ebenfalls gut kenne."

Frage:
„Was hat sich in bezug auf das Management geändert?"

Antworten:
„Die Entscheidungsfreiheit und die Möglichkeit, Arbeitsinhalte selbst zu gestalten – diese Haltung haben hier die meditierenden Vorgesetzten uns gegenüber."

„Wir versuchen alle, in der Abteilung die Arbeit zu optimieren und das Unternehmen, jeder aus seinem Bereich heraus, nach vorn zu bringen."

„Stuhlsägerei gibt es hier gar nicht. Hier gilt das Prinzip: Tue nur das, von dem alle Nutzen haben."

„Die Geschäftsleitung hat die Bereitschaft zu sagen, da hat einer eine Idee, jetzt hören wir einmal hin. Egal, ob das EDV oder Kosteneinsparung ist. Mit solchen Ideen wird die Geschäftsleitung jetzt ständig bombardiert."

„Im Hause entsteht irgend etwas Neues, eine neue Art von Arbeitsklima, eine neue Art, miteinander umzugehen, vielleicht ein neuer Begriff von Arbeit."

Einer der Geschäftsführer sieht die Situation zusammenfassend so: „Die Firma ist heute auf einem Standard, den ich bei keinem anderen vergleichbaren Unternehmen kenne. Das hat mit Meditation zu tun, weil die Kreativität, die Sicht, sich so zu engagieren und Neues zu entwickeln, durch Meditation freigesetzt wurden. Es tut gut, wenn ich alles einfacher, schneller, problemloser bewältigen kann. Und man merkt das auch am Feedback unserer Kunden, die sagen, wir arbeiten effektiver und viel besser als früher."

Insgesamt hat das Unternehmen quantitativ wie qualitativ im letzten halben Jahrzehnt ein Wachstum durchlaufen, das in der Branche große Beachtung findet.

5. Geistig-seelische Bausteine der Gesundheit

Gesundheit bedeutet im Ayurveda nicht nur Harmonisierung körperlicher Funktionen und das Erreichen eines Zustands der Beschwerde- und Symptomfreiheit, sondern setzt die stabile Erfahrung von Wohlbefinden oder Glück voraus.

Psychische Gesundheit heißt, daß

- die Sinne optimal funktionieren;
- positive und kohärente Denkmuster überwiegen;
- die Gefühle angemessen wahrgenommen und ausgedrückt werden sowie keine Bindung an die Emotionen besteht;
- das geistig-kreative Potential freigesetzt ist und
- das Leben bewußt und sinnerfüllt gelebt wird.

Diese Komponenten psychischer Gesundheit werden Ihnen nun näher erläutert. Wir zeigen Ihnen dabei auf, welche Strategien der Ayurveda zur Verfügung stellt, um diese fünf Elemente geistig-seelischer Gesundheit zu fördern.

5.1 Ganzheitlich wahrnehmen und die fünf Sinne trainieren

Sie nehmen Informationen aus der Umwelt über Ihre fünf Sinne auf. Ihre Sinneswahrnehmungen dienen vorrangig der Orientierung in der Welt. Ihre Sinne sind imstande, viel mehr aufzunehmen, als Sie bewußt verarbeiten. Das Gehirn entscheidet dann darüber, welche Wahrnehmung Sie bewußt bemerken und welche nicht. Sie nutzen die Sinne aber nicht nur, um äußere Dinge wahrzunehmen, sondern auch, um Ihre Gedanken und Gefühle zu organisieren. Während Sie diesen Text lesen, können Sie das Geräusch hören, das vom Umblättern der Seiten herrührt. Es ist Ihnen aber auch möglich, innerlich ein bestimmtes Lied zu hören, das Sie besonders mögen. Genauso verhält es sich mit dem Sehen, Fühlen, Riechen und Schmecken. Sie benötigen das Organisationsvermögen Ihrer Sinne für geistige Leistungen wie Erinnerung, Ideen und Zukunftsplanung.

Übung: Erfahren Sie die Sinneskanäle als Kraftquelle!

1. Nehmen Sie eine bequeme Sitzhaltung ein. Schauen Sie sich in Ihrer Umwelt genau um: Welcher Gegenstand zieht Ihre Aufmerksamkeit an? Welche Farbe fällt Ihnen besonders auf? Achten Sie auf irgendwelche Kleinigkeiten in Ihrem Alltag: zum Beispiel auf einen gelben Kugelschreiber, der vor Ihnen liegt. Versuchen Sie, Ihre Wahrnehmungen mit Bildern in Ihrem Inneren zu verbinden: Die gelbe Farbe erinnert Sie vielleicht an die Sonne, den Sommer oder an Sonnenblumen.

2. Im nächsten Schritt nehmen Sie alle Geräusche wahr, die auf Sie einwirken: das Ticken Ihrer Armbanduhr, Musik im Hintergrund, das Gezwitscher von Vögeln etc. Welche Geräusche sind Ihnen besonders angenehm? Welche Töne lösen bei Ihnen positive Empfindungen aus? Es ist denkbar, daß die Musik, die Sie hören, Sie an einen Abend mit einem Freund oder einer Freundin erinnert. Lassen Sie Ihrer Phantasie einmal freien Lauf.

3. Wenden Sie sich nun bewußt Ihrem Körper zu. Welchen Körperbereich spüren Sie im Moment am intensivsten? Welcher fühlt sich am angenehmsten an? Lenken Sie Ihre Aufmerksamkeit auf Körperteile, die Ihnen normalerweise nicht bewußt sind: Nehmen Sie Ihre Nasenspitze wahr oder Ihren großen Zeh. Was für Empfindungen treten dabei auf? Ist es ein Kribbeln oder eher ein Schweregefühl? Woran erinnern Sie diese Empfindungen?

4. Abschließend unternehmen Sie eine Reise durch Ihre Geruchs- und Geschmackswelt. Bemühen Sie sich, innerlich etwas zu riechen oder zu schmecken, auch wenn es nichts Besonderes ist. Denken Sie zum Beispiel an den Duft einer Blume oder eines frischgebackenen Brotes. Machen Sie sich Ihre geruchsmäßigen oder geschmacklichen Vorlieben bewußt.

Diese Übung können Sie auch in Ihrem beruflichen Alltag anwenden. In einer Sitzung lassen sich die Sinne auf die beschriebene Weise aktivieren, ohne daß dies Ihre Gesprächspartner bemerken. Auch wenn Sie Auto fahren, ist es Ihnen möglich, die einzelnen Übungsschritte zu absolvieren, dann allerdings am besten bei geöffneten Augen …

Die Doshas und die Sinne

Der Ayurveda führt die Sinne auf jeweils unterschiedliche Schwingungsmuster des quantenmechanischen Körpers zurück. Wenn Sie etwas berühren, so ruft dies andere Reaktionen hervor als Reize, die auf Ihre Netzhaut einfallen.

Die drei Doshas hängen jeweils mit einem oder zwei Sinnen besonders eng zusammen. Das heißt, jeder Konstitutionstyp hat unterschiedliche Schwerpunkte in der sinnlichen Wahrnehmung:

- *Vata:* Gehör- und Tastsinn,
- *Pitta:* Sehsinn und
- *Kapha:* Geschmacks- und Geruchssinn.

Bei einem Spaziergang durch den Wald nimmt der Vata-Typ das Rauschen der Blätter wahr und spürt die Kühle des Waldes. Der Pitta-Typ ist vielleicht vor allem von der Aussicht auf eine Waldlichtung und den gelb-roten Blättern des Herbstwaldes angetan. Der Kapha-Typ schließlich nimmt den süßlich-würzigen Geruch der Waldluft wahr und „schmeckt" sie geradezu.

Besonders wenn bei Ihnen ein Dosha dominiert, lassen sich die Beziehungen zwischen den Doshas und einzelnen Sinnesarten deutlich erkennen: Als Vata-Typ reagieren Sie eher empfindlich auf Lärm und auf kleinste Berührungen. Pitta-Typen sind sensibel für Schönheiten im visuellen Bereich, während Kapha-Typen sich an Essensdüften erfreuen und gerne schmackhaft essen.

Der Ayurveda berücksichtigt die Möglichkeit, körperliche und psychische Vorgänge über Sinneseindrücke zu verändern. Zum Beispiel erzeugen Farben, Düfte, Klänge, Berührungen oder Nahrungsmittel harmonisierende Wirkungen auf Körper, Geist und Seele. Einerseits sind die Sinne imstande, gleichgewichtsfördernde Impulse zu setzen. Andererseits kann eine Überstimulierung der Sinne zum Beispiel in Form von Lärm, Gestank, geschmacklich unausgewogenem Essen, sehr harter Berührung oder der Anblick von Gewalt auch die körperlich-seelische Balance stören.

Die ayurvedische Aromatherapie

Seit altersher ist in allen Kulturen bekannt, daß Düfte nachhaltige körperliche und psychische Wirkungen haben: Schlechte Luft oder Gestank können krank machen, angenehme Düfte hingegen fördern das körperliche und seelisch-geistige Wohlbefinden, sie beruhigen oder aktivieren. Gerüche üben eine entspannende Wirkung auf das vegetative Nervensystem aus. Sie lassen sich unter anderem gegen Streß-, Spannungs- und Angstzustände einsetzen und erhellen den Geist.

In einigen japanischen Unternehmen mißt man heute der sogenannten *Aromatherapie* bereits große Bedeutung bei. So gibt es Firmen, die ein computergesteuertes Belüftungssystem in die Büros eingebaut haben. Mehrmals am Tag werden über diese Anlage bestimmte Duftkombinationen verbreitet: Gegen die morgendliche Müdigkeit wird vormittags zum Beispiel Zitronenduft beigemischt. In der Mittagszeit unterstützt Rosenduft die Ruhepause, und Rosmarinduft sorgt nachmittags für neuen Schwung (Hildenbrand, 1991).

Sie werden sich nun sicherlich fragen, wie sich Düfte überhaupt auf Körper, Seele und Geist auswirken. Wenn Sie Gerüche wahrnehmen, lösen sich diese in der Feuchtigkeit der Schleimhaut Ihrer Nase auf und werden über spezielle Geruchszellen dem Hypothalamus gemeldet, einem Gehirnzentrum, das für die Steuerung vieler Körpervorgänge zuständig ist. Hunger und Durst, die Körpertemperatur, der Schlaf-Wach-Rhythmus, die Sexualfunktionen, die Gefühle, sie alle werden von diesem Zentrum her beeinflußt.

Wenn Sie etwas über Ihre Nase wahrnehmen, gelangen also Informationen zum Hypothalamus und breiten sich von dort im ganzen Organismus aus. Duftbotschaften erreichen aber auch das limbische System, einen Hirnbereich, der in erster Linie für die Steuerung der Gefühle verantwortlich ist, und eine Gehirnregion, die dem Erinnern zugrunde liegt (Hippocampus).

Dies macht verständlich, warum Düfte Vergangenes wieder in Erinnerung rufen können und das Riechen in enger Beziehung zur Psyche steht. Es kann Ihnen beispielsweise passieren, daß Sie über eine blühende Wiese gehen und Ihnen dabei eine Begebenheit lebendig in den Sinn kommt, die Sie irgendwann in Ihrer Kindheit erlebt haben.

Im Maharishi-Ayurveda werden die Doshas mit Hilfe von *Aromastoffen* ausbalanciert. Die dabei verwendeten Aromaöle sind aus Heilpflanzen extrahiert worden und haben ein großes Ausbreitungs- und Durchdringungsvermögen. Dies ermöglicht es ihnen, den gesamten Organismus zu beeinflussen. Die Aromastoffe werden den Doshas aufgrund der sechs Geschmacksrichtungen zugeordnet:

- Süße Düfte haben eine ausgleichende Wirkung auf Vata- und Pitta-Typen.
- Säuerliche und unangenehme Gerüche haben einen Pitta-anregenden Effekt.
- Gerüche, die bitter und herb sind, verstärken insbesondere Vata-Tendenzen.
- Sind Düfte feucht und erdhaft, so fördern sie Kapha-Tendenzen.

Der Maharishi-Ayurveda hat eine Reihe von Aromaölen entwickelt, um die drei Hauptkonstitutionstypen ins Gleichgewicht zu bringen. Darüber hinaus gibt es spezielle Aromaöle für die Subdoshas (Bezugsquelle siehe Anhang). Diesen Ölen wird eine stark ausgleichende und stabilisierende Wirkung zugeschrieben. Sie lassen sich auch einsetzen, um jahreszeitlich bedingte Einflüsse auf die Doshas zu neutralisieren. Als Leitlinie gilt: Besorgen Sie sich dasjenige Aromaöl, welches das gestörte oder gefährdete Dosha ausgleicht.

Die ayurvedischen Duftöle wenden Sie folgendermaßen an: Sie träufeln in ein Gefäß mit heißem Wasser je nach Raumgröße zwischen zehn und fünfzehn Tropfen des jeweiligen Vata-, Pitta- oder Kapha-Aromaöls. Nach kurzer Zeit riecht es in dem Raum bereits deutlich nach dem betreffenden Aromaöl, und Sie spüren allmählich Wirkungen wie zunehmende Beruhigung oder wachsende Frische.

Die Anwendungsdauer richtet sich nach Ihrem subjektiven Befinden. Manche verwenden die Öle täglich einige Stunden lang, andere wiederum geben sich mit dreißig Minuten zufrieden. Inzwischen gibt es im Handel spezielle Duftlampen oder Stövchen, die sich für die Aromaöle benutzen lassen.

Der Ayurveda bietet darüber hinaus Duftöle an, die Sie auf Ihre Haut (zum Beispiel auf die Stirn) auftragen, um unter anderem den Schlaf zu verbessern.

Die ayurvedischen Aromaöle sind im Büro oder zu Hause vielfältig einsetzbar: wenn Sie erkältet sind und einen Schnupfen haben, Sie sich müde, träge und lustlos fühlen, bei Kopfschmerzen, Rückenbeschwerden, Hautproblemen, bei Einschlafstörungen, bei Beschwerden mit den Bronchien oder Nebenhöhlen, bei Ängsten, Unausgeglichenheit und depressiven Tendenzen, bei innerer Unruhe und Sorgen, um nur einige Anwendungsbereiche zu nennen.

Der Ayurveda bezieht auch den Hörsinn ein, um die Doshas auszugleichen und hat dafür eine *systematische Musiktherapie* entwickelt. Diese ist als *Gandharva-Veda-Musik* bekannt und umfaßt ein differenziertes Wissen um die heilsamen Wirkungen von Klängen auf die Doshas und auf verschiedene Körperbereiche. In vielen asiatischen Ländern hat Heilmusik eine jahrtausendealte Tradition. Musik galt im Orient früher als medizinische Hilfsdisziplin, und Musiker ordnete man den medizinischen Hilfsberufen zu. Im Ayurveda wird der Gehörsinn als der Sinn mit dem größten Differenzierungsvermögen betrachtet.

Die klassische indische Musik, auf der die Klangtherapie des Ayurveda beruht, setzt sich aus kohärenten Frequenzen zusammen, die die Melodie ausmachen. Es ist eine Musik, die imstande ist, einzelne Körperregionen zu beeinflussen. Es gibt im Rahmen der klassischen indischen Musik *Ragas,* das heißt Tonfolgen, für spezielle körperliche Beschwerden und solche, die der jeweiligen Tages- und Jahreszeit entsprechen.

Die Gandharva-Musik bildet die grundlegenden Schwingungen nach, die jederzeit durch die Natur pulsieren. Sie ist daher eine *Musik der Natur,* die den Rhythmus des Kosmos verkörpert. Diese Musik umfaßt in der Regel einen Grundrhythmus (Tabla) und Saiteninstrumente, Flöten oder Gesang. Sie ist dem westlichen Tonempfinden eher etwas fremd. Die Instrumente und Stimmen klingen zu Beginn vielleicht ungewöhnlich. Das Entscheidende sind jedoch die Wirkungen: Wenn Sie diese Musik hören, fühlen Sie sich hinterher erfrischt, leicht, beschwingt und ausgeglichen. Die Gandharva-Musik harmonisiert Körper, Seele und Geist. Sie belebt im Zuhörer innere Stille, indem sie den Selbstbezug fördert. Ferner aktiviert sie die Selbstheilungskräfte.

Interessant ist in diesem Zusammenhang eine Studie, die an der Universität von Colorado durchgeführt wurde, in welcher man Kürbispflanzen unterschiedliche Musik vorspielte (Tompkins & Bird, 1977). *Diese Pflanzen „liebten" klassische indische Musik am meisten,* was sich darin zeigte, daß die Versuchspflanzen den Lautsprecher mit einem für Kürbisse untypischen Winkel von sechzig Grad umrankten. Schlagzeug „mochten" die Kürbispflanzen dagegen nicht, auf Country-Musik und Zwölftonmusik „reagierten" sie nicht, klassische Musik „hörten" sie recht gerne. Während die Wirkungen der Gandharva-Musik im asiatischen Raum bereits eingehend analysiert worden sind, liegen bislang kaum Untersuchungen zu den Effekten dieser Musik auf westliche Zuhörer vor.

Einzelne Ragas, von denen es über tausend gibt, sind jeweils *dreistündigen Zeitabschnitten* zugeordnet. Im Tagesablauf unterscheidet der Ayurveda vier zentrale Wendepunkte im Rhythmus der Natur: Sonnenaufgang, Mittagszeit, Sonnenuntergang und Mitternacht. Während dieser Zeiten treten Veränderungen im Rhythmus der Natur auf, die meist subjektiv nicht wahrnehmbare Schwankungen in einzelnen Körperfunktionen zur Folge haben. Der Ayurveda kennt darüber hinaus noch vier zusätzliche Veränderungspunkte im Rhythmus der Natur, die am späteren Vormittag, nachmittags, abends und frühmorgens auftreten. Folgende Zeitabschnitte werden im einzelnen unterschieden:

7 – 10 Uhr,
10 – 13 Uhr,
13 – 16 Uhr,
16 – 19 Uhr,
19 – 22 Uhr,
22 – 1 Uhr,
 1 – 4 Uhr und
 4 – 7 Uhr.

Die Klangtherapie des Maharishi-Ayurveda ist so aufgebaut, daß es spezielle Musikstücke für jeden dieser Zeitabschnitte gibt.

In Ihrem beruflichen oder privaten Alltag lassen sich unterschiedlichste *Anwendungsmöglichkeiten der ayurvedischen Klangtherapie* denken: Wenn Sie im Auto länger unterwegs sind, wird sie diese Musik erfrischen und entspannen. Geeignet ist die Gandharva-Musik außerdem als Einschlaf- und Aufwachmittel. Sie können Sie beim Essen hören, um dadurch innerlich mehr zur Ruhe zu kommen und bewußter sowie weniger zu essen. Auch wenn Sie sich über einen längeren Zeitraum ängstigen, sich unnötige, belastende Gedanken machen oder sich ärgern, bietet sich diese Musik an. Wenn Sie sich stark erschöpft fühlen, dann hilft Ihnen die ayurvedische Heilmusik, Ihre Batterien wieder aufzuladen. Stecken Sie in einer schwierigen Entscheidungssituation, so vermittelt Ihnen diese Musik die nötige Distanz und geistige Klarheit, um die richtige

Entscheidung zu fällen. Wenn Sie krank sind oder gerade dabei, sich von einer Krankheit zu erholen, die Gandharva-Musik kann Sie dabei unterstützen, körperlich und psychisch schneller wieder ins Gleichgewicht zu kommen.

Idealerweise hören Sie die Gandharva-Musik, wenn Sie sich entspannt hinsetzen oder mit geschlossenen Augen hinlegen. Ihre Aufmerksamkeit richten Sie dabei nur auf die Musik. Wenn Sie bemerken, daß Sie gedanklich abschweifen, wenden Sie sich wieder ohne Anstrengung der Musik zu.

Im Handel erhalten Sie inzwischen Gandharva-Musik auf Audio- und Videokassetten und Compact-Discs (siehe Anhang).

Der Ayurveda bedient sich nicht nur des Geruchs- und Hörsinns, um die Doshas auszubalancieren. Bei der bereits beschriebenen *Marmatherapie,* die im Rahmen der ayurvedischen Reinigungskuren Anwendung findet, steht der Tastsinn im Mittelpunkt: Die sanfte Ölmassage der einzelnen Marmapunkte reguliert die drei Doshas. Den Geschmackssinn berücksichtigt der Ayurveda in der *Ernährung,* indem er die sechs Geschmacksrichtungen süß, sauer, salzig, herb, bitter und scharf in Beziehung zu den drei Konstitutionstypen setzt. Zur Verbesserung des Geschmackssinns dient das morgendliche Abkratzen der Zunge mit einem Eßlöffel. Die Geschmacksknospen der Zunge werden dadurch gereinigt und sind sensibler für geringfügige Geschmacksabstufungen.

Schließlich verwendet der Ayurveda auch den *Sehsinn* und nutzt die Heilkraft der *Farben:* Die Grundfarben erzeugen ausgleichende oder die Balance störende Wirkungen auf die Doshas. Die Farbe *Grün* hat beispielsweise eine beruhigende Wirkung auf den Geist und erzeugt ein Gefühl von Frische. Bei einem Übermaß von Vata und Kapha wirkt Grün besänftigend. *Blau* dagegen entspannt den Körper. Es wirkt sich positiv bei Pitta-Störungen aus. *Rot* regt den Kreislauf an und energetisiert. Jedoch wird Pitta gestört, wenn Sie sich zuviel der Farbe Rot aussetzen.

5.2 Positiv und kohärent denken

Der Ayurveda sieht in einer positiven Grundhaltung sich selbst und dem Leben gegenüber einen der wichtigsten Bausteine der Gesundheit. Optimismus ist aus ayurvedischer Sicht deshalb eine bedeutsame Voraussetzung für Gesundheit, weil Gedanken, Vorstellungen und Erwartungen erheblichen Einfluß auf den Körper nehmen. Schon vor über zweihundert Jahren meinte Wilhelm von Humboldt: „Es wird die Zeit kommen, wo... Krankheiten als Wirkung verkehrter Gedanken erkannt werden."

Aus der Gesundheitsforschung ist bekannt, daß Gesunde optimistischer, hoffnungsvoller und anpassungsfähiger sind als Kranke. Sie gehen offensiv an Probleme heran, verlassen sich in kritischen Situationen auf die eigenen Fähigkeiten und streben bewußt oder unbewußt nach Eigenverantwortlichkeit, Selbstbestimmung und Unabhängigkeit. *Optimisten sind gesünder als Pessimisten*, und ihr Abwehrsystem arbeitet besser als das negativ Eingestellter. Positiv orientierte Menschen setzen verstärkt Endorphine („Glückshormone") frei und weisen kohärentere Gehirnfunktionen auf. Optimismus scheint aufgrund neuerer Erkenntnisse der Hirnforschung auch das Ergebnis einer verbesserten Zusammenarbeit, einer erhöhten Synchronisation der beiden Gehirnhälften zu sein.

Ist jemand eher pessimistisch eingestellt, so kann es bereits bei einem kleinen Ärgernis zu einer Kettenreaktion von ungünstigen chemischen Prozessen im Organismus kommen. Das vegetative Nervensystem wird in mehreren Zwischenschritten beeinflußt. Gleichzeitig setzt das Gehirn verschiedene chemische Botenstoffe frei, die einen dämpfenden Einfluß auf das Immunsystem haben.

Letztlich sind es Ihre persönlichen Einstellungen, Empfindungen und Reaktionen, die dafür verantwortlich sind, welche physiologischen und biochemischen „Knöpfe" bei Ihnen gedrückt werden und ob Ihr Abwehrsystem dadurch aktiviert oder blockiert wird. Positive Einstellungen bilden eine Art von Puffer, der Ihren Körper vor den Belastungen und Widrigkeiten des Lebens wirksam schützt.

Der amerikanische Psychologe Seligman untersuchte, wie sich negatives Denken über einen längeren Zeitraum auf die Gesundheit auswirkt. Seligman nahm dabei bekannte Basketballspieler der letzten fünfzig Jahre unter die Lupe. Er analysierte ihre Kommentare in alten Sportzeitschriften und Zeitungen, um herauszubekommen, welche Spieler einen negativen Denkstil aufwiesen.

Sie gaben sich beispielsweise bei einer Niederlage immer selbst die Schuld oder betrachteten nach einem verlorenen Spiel immer gleich alles als verloren. Den negativen Denkstil verglich er mit den aktuellen Gesundheitsdaten der Spieler. Das Ergebnis war eindeutig: Wer pessimistisch eingestellt war, wurde in seinem späteren Leben häufiger krank und wies auch eine kürzere Lebenserwartung auf.

Negaholismus – eine Zeitkrankheit

Immer mehr Menschen leiden heute unter *Negaholismus,* sie sind, meist ohne sich dessen bewußt zu sein, süchtig nach Negativem (Carter-Scott, 1990). Diese Sucht ist die Folge einer „Innenweltverschmutzung" und negativer Lebenserfahrungen. Sie betrifft sowohl Einstellungs- und Denkmuster als auch Verhaltensweisen.

Verschiedene Typen von Negaholikern lassen sich voneinander abgrenzen. Wahrscheinlich erkennen Sie sich in einem oder mehreren der nachfolgenden Typen wieder:

1. *Einstellungsnegaholiker* sind Erfolgsmenschen, die sich beständig unter Leistungsdruck setzen. Sie neigen zu Perfektionismus, zur Selbstüberforderung oder zu ständigem innerlichen Getriebensein.

2. *Verhaltensnegaholiker* leben ihre Negativität in nicht konstruktiven und ungesunden Verhaltensweisen aus wie zum Beispiel Rauchen, übermäßigem Essen oder Trinken, Spielsucht, Mißbrauch von Sport, Fernsehen, Arbeit, Sex. Sie sind unfähig, diese destruktiven Verhaltensmuster abzulegen, und außerstande, selbstkontrolliert zu handeln. Sie neigen unter anderem zum Aufschieben oder dazu, immer wieder in „Verhaltensfallen" hineinzutappen.

3. *Geistige Negaholiker* erschweren sich vor allem durch ihre eigenen Einstellungen und Gedanken das Leben. Sie werten sich häufig ab oder machen sich Selbstvorwürfe. Darunter fallen zum Beispiel Menschen, die nörglerisch veranlagt sind, die sich in den meisten Alltagssituationen in Konkurrenz zu anderen sehen, die nachträglich an irgend etwas immer wieder Fehler finden oder die sich, bevor sie in eine bestimmte Situation kommen, bereits schlecht machen.

4. *Verbale Negaholiker* sprechen häufig negativ über sich selbst, über andere oder über irgendwelche Situationen. Meist fällt ihnen dabei nicht auf, daß sie die betreffende Situation nicht realistisch einschätzen. Beispiele für sprachliche Negaholiker sind Personen, die beständig klagen und jammern, die andere um

einen Gefallen oder Rat bitten, diesen dann aber nicht akzeptieren oder berücksichtigen, die jeweils das Schlimmste erwarten und das auch zum Ausdruck bringen.

Allen Negaholikern macht in irgendeiner Weise der *innere Kritiker* zu schaffen. Darunter ist ein innerer Beobachter zu verstehen, der Ihr Verhalten überwacht und darüber urteilt, wie gut oder schlecht Sie abschneiden. Er hat selten ein gutes oder freundliches Wort für Sie übrig und macht Sie auf Ihre Fehler und Schwächen aufmerksam. Er ruht nie und ist immer schnell dabei, Sie anzugreifen und zu verurteilen. Über Ihre Fehler und Schwächen führt er genau Buch, erinnert sich aber nie an Ihre Stärken und positiven Seiten. Er nimmt davon einfach keine Notiz oder spielt sie herunter.

Wenn Sie gegen die Vorschriften des inneren Kritikers verstoßen, bombardiert er Sie mit den größten Vorwürfen und versucht, Ihnen ein schlechtes Gewissen einzureden und in Ihnen ein Gefühl zu erzeugen, Sie seien schlecht oder gemein.

Der innere Kritiker ist ständig damit beschäftigt, Ihr Selbstwertgefühl anzugreifen und Sie zu erniedrigen, was ihm häufig auch erfolgreich gelingt. Der Kritiker wirft Ihnen Worte an den Kopf wie Dummkopf, Idiot, Versager und Feigling oder nennt Sie unfähig, schwach etc. Dabei erledigt er seine Aufgabe so geschickt, daß seine Kritik meist berechtigt und gerechtfertigt erscheint und Sie verschiedentlich gar nicht merken, daß er Sie schon wieder kleingemacht hat.

Der innere Kritiker ist ein Meister im *verzerrten Denken*. Das heißt, er wendet eine Reihe von Tricks und Täuschungsmanövern an, um Sie irrezuführen. Folgende Strategien setzt er besonders häufig ein:

1. *Alles-oder-Nichts-Denken:*
   Denken in Extremen, das keine Abstufungen kennt.
2. *Übertriebene Verallgemeinerung:*
   Einmal versagen heißt immer versagen...
3. *Eingeengte Wahrnehmung:*
   Blind sein für die positiven Seiten und Eigenschaften, in einseitiger Weise das Negative sehen.
4. *Zu großes Verantwortungsgefühl:*
   Sie werden für etwas verantwortlich gemacht, wofür Sie gar keine Verantwortung haben.

5. *Gefühlsdenken:*
   Sie fühlen sich vielleicht in bestimmten Situationen minderwertig. Zwischen einem Sichfühlen und tatsächlich Sosein besteht jedoch ein großer Unterschied, den der Kritiker übersieht.

6. *Untertreibung und Leugnung des Positiven:*
   Wenn Ihnen etwas gut gelingt, so wird dies heruntergespielt oder überhaupt nicht beachtet.

7. *Übertreibung von Fehlern und Irrtümern:*
   Unterläuft Ihnen ein Fehler oder geht irgend etwas schief, so wird dies derart aufgebauscht, daß es einer Katastrophe gleichkommt.

8. *Gedankenlesen:*
   Ihr Saboteur tut so, als könne er die Gedanken in den Köpfen Ihrer Mitmenschen erkennen. Diese sind stets schlecht und gegen Sie gerichtet.

9. *Absolute Forderungen:*
   Überhöhte, unrealistische Forderungen werden an Sie gestellt, denen Sie niemals gerecht werden können. Beispiel: Mit allen Menschen gut auskommen zu müssen oder alles, was Sie tun, perfekt zu machen.

10. *Vergleiche mit anderen Menschen:*
    Eine sehr erfolgreiche Strategie besteht darin, daß der Kritiker Ihre Leistungen, Ihr Äußeres, Ihre Eigenschaften und Fähigkeiten mit denen anderer vergleicht. Er sucht sich dabei stets Menschen aus, die in etwas besser sind als Sie.

11. *Mit zweierlei Maß messen:*
    Ihre Fehler werden Ihnen weniger verziehen als die anderer Menschen. Wenn Sie einen Fehler machen, stellt dies eine Katastrophe dar, wenn anderen ein solcher unterläuft, ist dies nicht der Rede wert.

Was heißt negatives und positives Denken?

Aus den beschriebenen Strategien des inneren Kritikers lassen sich einige *Merkmale negativen Denkens* ableiten:

– es ist *nicht realistisch,* verzerrt die Wirklichkeit, betrachtet in einseitiger Weise das Negative;

– es ist ferner durch *unzulässige Verallgemeinerungen* gekennzeichnet: Die vermeintlichen Ursachen für etwas, was zum Beispiel schiefgelaufen ist, werden in die eigene Person verlagert, die „Schuld" wird bei sich selbst gesucht;

- es geht von der *Unveränderbarkeit* einer bestimmten Situation aus: Möglichkeiten zur Veränderung oder Verbesserung werden außer acht gelassen, indem der Betreffende annimmt, es werde sich nie etwas ändern, und

- es verursacht *negative Gefühle* wie Ärger, Schuld, Angst, Streß und Depressionen (diesen Zusammenhang erläutern wir Ihnen näher im Abschnitt 5.3).

Positives Denken ist demgegenüber realistisch. Das bedeutet allerdings nicht, daß alles positiv gesehen wird: Dies hätte eher etwas mit Blauäugigkeit zu tun und entspräche nicht der Wirklichkeit. Eine Sache realitätsgerecht zu betrachten heißt, beide Seiten zu sehen, die positiven wie auch die negativen. Die Dinge werden so betrachtet, wie sie sind, weder einseitig positiv, beschönigend noch einseitig negativ, abwertend.

Menschen mit positiven Einstellungs- und Denkmustern
- nehmen sich mit all ihren Stärken und Schwächen an;
- zeigen ein gesundes Selbstvertrauen und ein angemessenes Durchsetzungsvermögen;
- freuen sich über kleinere Erfolge und sind imstande, diese zu genießen;
- sehen einen Sinn in ihrem Leben;
- werden von angemessen vorgetragener Kritik nicht umgeworfen;
- versuchen aus einer verfahrenen Situation das Beste zu machen;
- freuen sich über Lob und Anerkennung und können diese annehmen;
- haben keine Angst vor der Zukunft, weil sie ein grundlegendes Vertrauen in die eigenen Fähigkeiten haben, und
- vertrauen anderen und akzeptieren deren Meinungen, auch wenn sie sich von ihrer unterscheiden.

Wie sich negative Denkgewohnheiten verändern lassen

Der Ayurveda bietet eine Reihe von Vorgehensweisen an, um sich geistig positiv zu programmieren. Alle dabei verwendeten Methoden verfolgen das Ziel, die Doshas ins Gleichgewicht zu bringen.

Denn wenn diese ausgewogen sind, überwiegen automatisch aufbauende Denkmuster und eine ausgeglichene Stimmung.

1. Der Ayurveda empfiehlt Ihnen, zunächst einmal *darauf zu achten, womit Sie sich in Ihrem Alltag beschäftigen.* Wenn Sie sich vorwiegend mit Problemen und Unerfreulichem auseinandersetzen, können Sie nicht erwarten, daß sich dies förderlich auf Ihr Denken auswirkt. Es geht also darum, „geistige Schlacken" soweit wie möglich zu verhindern (siehe dazu auch 3.3). Dies gelingt Ihnen am besten, wenn Sie Ihre Aufmerksamkeit vermehrt auf die positiven Seiten Ihres Lebens lenken und möglichst Dinge vermeiden, die Ihr Unterbewußtsein unnötigerweise noch weiter mit negativen Inhalten anfüllen, wie zum Beispiel Filme mit aufregenden, gewaltreichen Szenen.

Führen Sie ab und zu folgende Übung durch, die Ihre Wahrnehmung für Positives schärft:

Übung: Lernen Sie, eine positive Tagesbilanz zu ziehen!

Viele Menschen sind gewohnt, am Ende eines Tages eine eher negative Bilanz zu ziehen, indem sie sich vor Augen führen, was an dem jeweiligen Tag ungünstig verlaufen ist, welche Fehler sie begangen haben und was sie hätten besser machen können. Dies ist eine wirkungsvolle Strategie, um sich den Feierabend zu vermiesen!

Versuchen Sie doch einmal, den Spieß umzudrehen: Stellen Sie sich nach einem arbeitsreichen Tag Fragen, die Sie dazu zwingen, Ihre Aufmerksamkeit verstärkt auf positive Aspekte Ihres Alltags zu richten. Beispiele für solche Fragen sind:

1. Was hat mir an mir gefallen?
2. Was fand ich gut an meinem Partner, meinen Vorgesetzten, Kollegen und Mitarbeitern?
3. Welche (kleineren) Erfolge habe ich zu verzeichnen?
4. Welches Lob und welche Komplimente habe ich bekommen?
5. Was habe ich Gutes getan?
6. Worüber habe ich mich gefreut?
7. Welche Freude habe ich mir, welche anderen bereitet?
8. Was war das Wichtigste, was ich erledigt habe?
9. Welchen Wert hatte dieser Tag für mein Leben?
10. Wofür kann ich dankbar sein, daß ich das erlebt habe?
11. Was habe ich gelernt?

Am wirkungsvollsten ist es, wenn Sie die Fragen, die für Sie besonders wichtig sind, schriftlich beantworten. Dies bringt Sie dazu, sich intensiver mit den jeweiligen Fragen zu beschäftigen.

Durch diese Übung stellen Sie allmählich fest, daß Sie *eine andere „Brille" tragen,* durch die Sie sich selbst, Ihre Mitmenschen und Ihr Leben betrachten. Sie entwickeln mit anderen Worten schrittweise neue, positivere Denkgewohnheiten.

Aus ayurvedischer Sicht ist das Ankämpfen gegen Schwächen und Negatives zwecklos. Es fixiert nämlich die Aufmerksamkeit nur auf entsprechende Probleme. Die dafür verwendete Energie fehlt dann an anderer Stelle. Ändern Sie deshalb die Dinge, die Sie ändern können, und verhalten Sie sich neutral angesichts von Negativem, dessen Beseitigung nicht in Ihrer Macht steht.

2. Von der *körperlichen Seite* her lassen sich aus ayurvedischer Sicht Denkmuster durch eine typengerechte, die Doshas ausgleichende *Ernährung* positivieren. Auch Maßnahmen der *Entschlackung und Reinigung*, wie sie unter anderem im Rahmen der Panchakarma-Kuren Anwendung finden, sind hilfreich. Die körperliche Entgiftung hat nämlich auch eine seelisch-geistige „Entrümpelung" zur Folge. Seelischer Ballast in Form von negativen geistigen Konzepten und Programmen trübt und verzerrt Ihre Realitätswahrnehmung. Wenn Sie zum Beispiel eine „grüne Brille" tragen, sehen Sie vorwiegend „grün". Entschlacken Sie Ihren Organismus, so hat dies deshalb eine gesündere Wahrnehmung der Wirklichkeit zur Folge, weil Körper, Seele und Geist eine Einheit bilden. Körperliche Reinigung muß zwangsläufig auch zu einem Abbau von „seelischem Müll" führen. Sie fangen dann an, sich selbst und andere mit veränderten und positiveren Augen wahrzunehmen.

3. Auch die *ayurvedische Klangtherapie, Marmatherapie* und *Aromatherapie* beeinflussen Ihre Denkstrukturen von der körperlichen Ebene her konstruktiv. *Yoga- und Atemübungen* sind weitere Mittel im Ayurveda, um Sie innerlich ruhiger und ausgeglichener werden zu lassen, was sich auch positiv auf Ihr Denken auswirkt.

4. Im Ayurveda kommt die größte Bedeutung, um einen positiven und kohärenten Denkstil zu entwickeln, der *regelmäßigen Me-*

ditationspraxis zu. Sie erinnern sich daran, daß wir bereits darauf hingewiesen haben, daß der *Mangel an Selbstbezug* im Ayurveda die Hauptursache für Krankheiten ist. Um ein Bild zur Veranschaulichung zu gebrauchen:

Stellen Sie sich den Ozean mit seinen Wellen vor. Wenn die einzelne Welle sozusagen vergißt, daß sie Ozean ist, herrscht eine Situation vor, die vergleichbar ist mit der des Bewußtseins, das die Verbindung zu seinem Ursprung, zum Selbst, verloren hat.

Ihre negativen geistigen Programme hängen demnach auch mit einer Entfremdung von Ihrem eigenen Wesenskern zusammen, dem Grundzustand Ihres Bewußtseins, dem Zustand reinen Bewußtseins. *Meditation stellt diesen Selbstbezug wieder her*, indem sie Sie darin schult, sich selbst zu erfahren.

Meditation hilft Ihnen, negative Denkstrukturen abzubauen, indem sie Sie schrittweise von Verspannungen, Streßbelastungen, negativen Erfahrungen und Konditionierungen befreit.

In der Meditation erfahren Sie einen Zustand innerer Harmonie und Positivität, der es Ihnen ermöglicht, Belastendes und Negatives zu verarbeiten oder zu neutralisieren. Jede Meditation trägt dazu bei, die körperlichen und seelisch-geistigen „Spuren" negativer Lebenserfahrungen zu beseitigen. Negative Denkprogramme, die in Ihrem Unterbewußtsein verwurzelt sind, verwandeln sich Schritt für Schritt in positive. Ungünstige Denkgewohnheiten, die sich über Jahre eingeschliffen haben, verschwinden allmählich, und es gelingt Ihnen vermehrt, positive Denkmuster aufzubauen. Wenn Sie meditieren, entwickeln Sie zum Beispiel konstruktivere Selbstgespräche, Ihre Selbstakzeptanz und Autonomie nehmen zu, und Ihr Optimismus wächst.

Während der Meditationsausübung verringert sich bekanntlich die mentale Aktivität. Körperlich und geistig stellt sich ein Zustand der Tiefenentspannung ein, der Ihnen *direkten Zugang zum Unterbewußtsein* ermöglicht. Der Geist wird darin trainiert, Gedanken in einem Frühstadium wahrzunehmen, in einer wenig oder nicht bewußten Phase. Dies stärkt die Kraft der Gedanken, denn „subtilere" Ebenen eines Gedankens enthalten, ähnlich wie in der materiellen Welt, mehr „Energie". Je mehr Gedankenenergien freigesetzt werden, um so wirkungsvoller und erfolgreicher ist das Handeln.

Mit der Reduktion der Gedankenaktivität während der Meditation geht eine *zunehmende Geordnetheit Ihrer Gehirnfunktionen* einher. Mit Hilfe des Elektroenzephalogramms (EEG) sind die diesbezüglichen Wirkungen von Meditationstechniken eingehend untersucht worden (siehe zum Beispiel Banquet, 1973). Dabei zeigten sich infolge der Meditation auffallende Veränderungen in der Gehirnaktivität.

Während im normalen Wachzustand die Zusammensetzung der Gehirnwellen eher zufällig, gemischt und uneinheitlich ist, tritt im Meditationszustand eine ungewöhnliche *Gleichmäßigkeit jeglicher Wellenform* auf; es herrscht eine Hirnwellenaktivität vor, die an allen Ableitungspunkten des Schädels bemerkenswert einheitlich ist in bezug auf die Frequenz und die Amplitude. Die elektrische Aktivität des Gehirns wird während der Meditation synchroner und kohärenter. Das bedeutet: Große Teile des Gehirns werden harmonisiert und pulsieren gewissermaßen im Gleichtakt.

Meditationsforscher stießen auf ein besonderes EEG-Merkmal des Meditationszustands: die *EEG-Kohärenz* (Levine et al., 1977). Kohärenz gibt an, wie groß der Zusammenhang synchroner EEG-Ableitungen von zwei räumlich getrennten Ableitungspunkten ist.

Die folgende Abbildung zeigt Ihnen die EEG-Kohärenzmuster unmittelbar vor und nach Erlernen der Transzendentalen Meditation.

Der untere Teil bezieht sich auf die Phase vor Meditationsbeginn, in welcher die Augen lediglich geöffnet oder geschlossen waren.

Im oberen Teil der Abbildung 8 meditiert die Versuchsperson zum erstenmal. Wie Sie deutlich erkennen können, tritt eine größere Anzahl einander überlagernder Kurven mit Spitzen bei einer Frequenz von 10 Hertz auf, die wie Hügelketten aussehen und die darauf hinweisen, daß an den beiden Ableitungspunkten größtenteils synchrone Alpha-Wellen vorherrschen. Dies läßt sich als ein Hinweis auf wache Entspannung werten.

Die Kohärenzmuster sind im oberen Teil der Abbildung, also nach Erlernen der Meditation, stärker ausgeprägt. Das heißt: Bereits eine Meditation wirkt sich ordnend auf die Gehirnfunktionen aus.

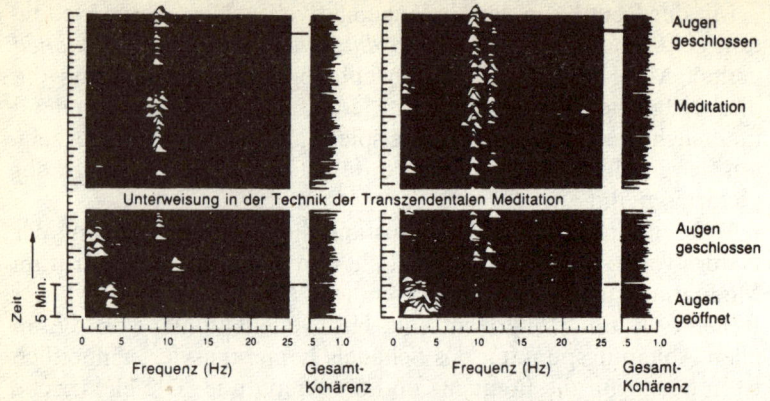

Abb. 8: Kohärenzmuster im EEG bei einem Meditationsanfänger
(Levine et al., 1977, S. 201)

Aufschlußreich ist nun der Vergleich der Kohärenzmuster eines in der Meditation Ungeübten (siehe Abbildung 8) mit denen einer Person, die seit fünfzehn Jahren ein Meditationstraining betreibt (siehe Abbildung 9):

Ein Blick zeigt Ihnen: Die EEG-Kohärenz bei dieser meditationserfahrenen Person ist deutlich ausgeprägter. Die Abbildung 9 verdeutlicht hirnphysiologisch eindrucksvoll, daß die Meditationspraxis langfristig zu Zuständen höherer Ganzheitlichkeit und Integration führt. Im übrigen halten die Kohärenzphänomene im EEG bei fortgeschrittenen Meditierenden über die eigentliche Zeit der Meditationsausübung hinaus an. Sie erkennen dies im oberen Teil der Abbildung (Phase, die der Meditationspraxis unmittelbar folgt) anhand der weißen Hügelketten.

Die Meditationseffekte beschränken sich allerdings nicht auf hirnphysiologische Ordnungs- und Integrationsvorgänge. Vielmehr sind enge Zusammenhänge zwischen der EEG-Kohärenz und dem Denken, Wahrnehmen und Verhalten festgestellt worden. So fanden Meditationsforscher heraus, daß hohe Kohärenzwerte im EEG mit ausgeprägter Kreativität und Intelligenz sowie einem ausgereiften moralischen Urteilsvermögen einhergingen (siehe Orme-Johnson et al., 1989). Ein hohes Maß an EEG-Kohärenz ist demnach eine wesentliche Voraussetzung für vergrößerte Leistungsfähigkeit und eine integrierte Persönlichkeit.

Die Hirnstromkurven lassen zwar keine Rückschlüsse auf Ge-

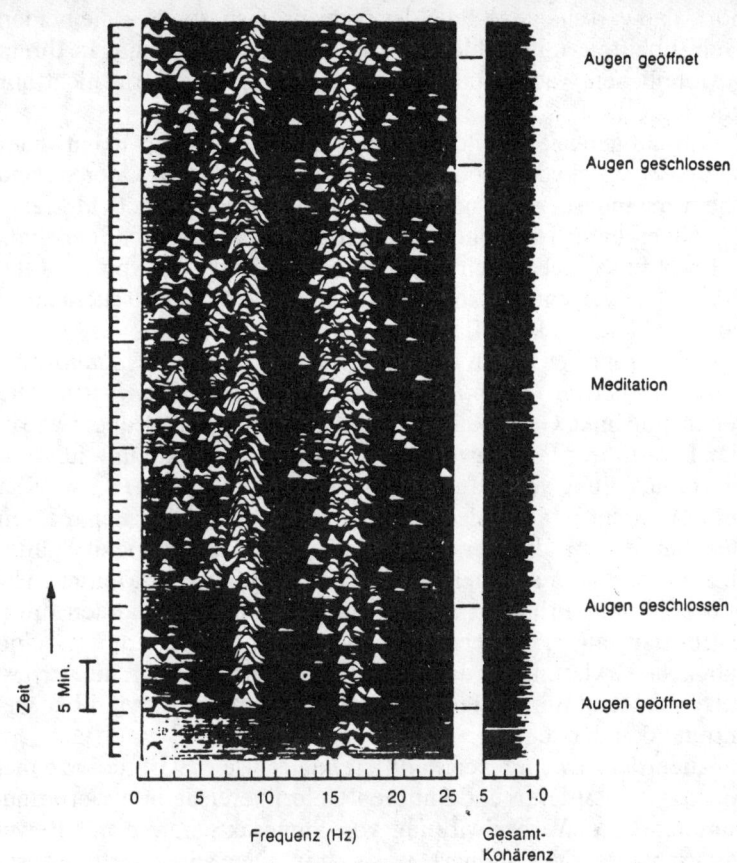

Abb. 9: Gehirnwellen-Kohärenz bei einer Person mit 15 Jahren
Meditationserfahrung (Levine et al., 1977, S. 202)

dankeninhalte und die Qualität des Denkens zu. Es können daraus
aber Folgerungen gezogen werden im Hinblick auf den Wachheits-
und allgemeinen Ordnungsgrad und die Synchronizität der biologischen Grundaktivität des Gehirns. Davon hängen unter anderem
die Beständigkeit, Flüssigkeit und Prägnanz geistiger Vorgänge ab,
die für effizientes und kreatives Arbeiten grundlegend sind.

Sie haben sicherlich in der Fachliteratur oder in Management-
zeitschriften schon einmal davon gelesen oder bei Seminaren ge-

hört, daß verschiedene Teile des Gehirns, insbesondere die beiden Gehirnhälften, unterschiedliche Aufgaben übernehmen: In Ihrem gewöhnlichen Wachzustand ist die Arbeit Ihres Gehirns nicht nur koordiniert.

Oftmals gehen Sie bei der Lösung von Alltagsaufgaben entweder analytisch-zergliedernd oder intuitiv-gefühlsmäßig vor. Oder Sie sind eher verstandesbezogen und nicht bildhaft-visionär ausgerichtet, zeitlich oder räumlich denkend, intellektuell oder künstlerisch handelnd.

Es ist für Sie sicherlich unmittelbar einsichtig, daß von der Integration der verschiedenen Funktionen des Gehirns Entscheidendes abhängt. Hierbei kann Ihnen die Meditation helfen.

Gehirnforscher haben nämlich ermittelt, *daß im Meditationszustand die beiden Gehirnhälften verstärkt zusammenarbeiten.* Die rechte und linke Gehirnhälfte werden sowohl in der Frequenz wie in der Phase ihrer Gehirnwellen synchronisiert. Es kommt zu einer Harmonisierung von Intuition, Vorstellungsvermögen, Kreativität und Gefühlen – also Eigenschaften und Fähigkeiten der rechten Hirnhälfte – mit den verstandesmäßigen der linken Gehirnhälfte. Sie werden dadurch zunehmend zu einem „Ganzhirn-Menschen".

Meditation verbessert auch die Kommunikation und den Informationsaustausch zwischen den beiden Hemisphären, was eine mögliche Erklärung für das gesteigerte Lernvermögen, die verbesserte Problemlösungsfähigkeit und die erhöhte Kreativität bei Meditierenden darstellt.

Außerdem arbeiten bei Meditierenden – wie EEG-Studien nahelegen – die vorderen und hinteren Gehirnbereiche integrierter zusammen. Die Wechselwirkung von Sinnesaktivitäten und Bewegungsabläufen ist optimiert, was sich in einer verbesserten sensomotorischen Koordination niederschlägt. Dies drückt sich zum Beispiel in einer verkürzten Reaktionszeit aus.

5.3 Gefühle annehmen und zeigen

Sie alle kennen Redensarten wie „sich etwas zu Herzen nehmen", „die Nase voll haben", „sich den Kopf zerbrechen" oder „das schlägt mir auf den Magen". Solche Redewendungen verdeutlichen den engen Zusammenhang zwischen Gefühlen und körperlichen Reaktionen.

Gefühle verändern Ihre Körperchemie und wirken sich auf alle Teile Ihres Organismus aus. Von daher ist es verständlich, warum zum Beispiel Menschen, die ständig Gefühle in sich „hineinfressen", körperlich aus dem Gleichgewicht geraten und krank werden.

Wie gehen Sie eigentlich mit Ihren Gefühlen um? Sind Sie in Gesprächen eher offen oder verschlossen? Teilen Sie nahen Bezugspersonen Ihre Gefühle meist mit oder behalten Sie sie für sich? Können Sie Ärger offen und relativ gelassen äußern oder fressen Sie ihn in sich hinein? „Explodieren" Sie manchmal? Nehmen Sie im Alltag überhaupt wahr, was Sie empfinden?

Die Antworten auf diese Fragen zeigen Ihnen, wo auf diesem Gebiet Ihre Lernaufgaben liegen: Für einige von Ihnen stellt sich vermutlich die Aufgabe, Ihre Gefühle zu identifizieren und zu erkennen, was Sie empfinden. Andere müssen vielleicht vermehrt daran arbeiten, ihre Gefühle auf gesunde und angemessene Weise auszudrücken. Je vertrauter Sie mit Ihren Gefühlen sind, um so einfacher ist es, mit ihnen fertig zu werden, wenn sie auftreten. Je mehr Sie Ihre Gefühle ignorieren, desto stärker bestimmen sie Ihr Denken und Handeln.

Mit Gefühlen angemessen umzugehen, ist eine wichtige Voraussetzung, um gesund zu bleiben oder zu werden. Dazu muß vor allem eine verschlossene Haltung den eigenen Gefühlen gegenüber abgebaut werden. Viele tun sich eher schwer darin, Gefühle wahrzunehmen und sie auch auszudrücken. Dies ist nicht zuletzt die Folge von Erziehungseinflüssen. Denken Sie nur an Aussagen, die Sie vielleicht in Ihrer Kindheit immer wieder gehört haben, wie: „Man soll sein Herz nicht auf den Lippen tragen" oder „Man darf sich nicht gehen lassen" oder „Ein Junge weint nicht". Solche Leitsätze wirken bei Erwachsenen oftmals unbewußt weiter. Sie erschweren es Ihnen, ein gesundes Verhältnis Ihren Gefühlen gegenüber zu entwickeln.

Am häufigsten zeigen sich vor allem folgende *drei Fehlverhaltensweisen im Umgang mit Gefühlen*:

– *Leugnung:*
Die Emotionen werden geleugnet oder abgelehnt. Wenn Sie einen solchen Menschen nach seinem Befinden fragen, antwortet er Ihnen, selbst wenn er sich unwohl fühlt, „Danke gut". Viele psychosomatische Krankheiten wie Kopfschmerzen oder Magen-

geschwüre werden auf die Unfähigkeit zurückgeführt, Gefühle auszudrücken. Auch wenn das Bewußtsein blind ist für die vorherrschenden Gefühle, spürt das Unterbewußtsein sie genau. Die mit den Gefühlen verbundene Anspannung sucht sich dann ein anderes Ventil, um die angestauten Energien abzureagieren: Es tritt irgendein körperliches Symptom auf.

– *Überbewertung:*
Bei dieser Fehlhaltung liegt das genaue Gegenteil der Leugnung von Emotionen vor. Menschen, die davon betroffen sind, identifizieren sich zu sehr mit einem bestimmten Gefühl. Sie sind dann förmlich Wut, ihr Verstand ist getrübt, und sie neigen dazu, die Kontrolle zu verlieren.

– *Unterdrückung oder Verdrängung:*
Hierbei spürt der einzelne Gefühle, möchte sie auch ausdrücken, erlaubt sich dies aber nicht, weil er meint, dies stünde ihm nicht zu.

Gefühle sind Lern- und Handlungsimpulse. An den Lern- und Handlungsergebnissen läßt sich ablesen, ob beispielsweise Ihre Aufregung nützlich war oder nur reine Zeit- und Energievergeudung.

Führen Sie sich nun einmal eine Situation der letzten Tage vor Augen, in der Sie sich berechtigter- oder unberechtigterweise aufgeregt haben. Versuchen Sie diese Situation gründlich zu analysieren. Die folgende Übung soll Ihnen dabei helfen:

Übung: Werten Sie eine Situation, in der Sie sich aufgeregt haben, systematisch aus!

Beschreiben Sie zunächst die Situation, die Sie erlebt haben.
  Verwenden Sie für die Auswertung dieser Situation folgende Leitfragen und formulieren Sie schriftlich Antworten darauf:

1. Was macht die Situation für mich so wichtig oder unerfreulich, daß ich mich aufregen muß?
2. Warum bin ich mit meinem inneren und äußeren Verhalten nicht zufrieden?
3. Welche Folgen waren mit meiner Art mich aufzuregen kurz- und langfristig für mich, meine Mitmenschen und die anstehenden Aufgaben bzw. Probleme verbunden?

---

4. Welche Lern- und Handlungskonsequenzen vermeide ich dadurch, daß ich mich aufrege?
5. Was kann ich daraus über mich, meine Mitmenschen und meine Aufgaben lernen?
6. Wie läßt sich die Aufregung künftig besser bewältigen?
7. Was erschwert mir die Umsetzung dieser Erkenntnis in Handlung?

Dieser Fragenkatalog vermittelt Ihnen die Einsicht, daß Sie Ihre Gefühle zu einem großen Teil selbst steuern und entscheidend dafür verantwortlich sind, wie Sie sich fühlen. Vielleicht vertreten Sie aber auch die Auffassung, daß Gefühle wie Angst, Ärger, Enttäuschung oder Schuld durch andere Menschen oder äußere Ereignisse verursacht seien. Diese Sichtweise spiegelt sich in Aussagen wider wie: „Herr XY hat mich genervt", „Diese Entscheidungssituation macht mir angst", „Der Mißerfolg, den ich erlebt habe, hat mich zur Verzweiflung gebracht". Diese Auffassung ist jedoch nicht zutreffend: *Sie bestimmen in erster Linie selbst, wie Sie sich fühlen.* Niemand hat Sie jemals verärgert, deprimiert, verängstigt oder nervös gemacht. Sie ganz alleine taten das. Es sind Ihre eigenen Gedanken, die Ihre Gefühle hervorrufen. Das heißt, es hängt ganz wesentlich von Ihnen ab, welche Gefühle Sie empfinden.

Jedes Mal, wenn Sie sich zum Beispiel ärgern,
– haben Sie zuerst etwas wahrgenommen. Sie haben etwas erlebt, gesehen oder gehört;
– dann haben Sie darüber nachgedacht. Sie haben das Erlebte, Gesehene oder Gehörte negativ bewertet und als Folge davon
– verspüren Sie Gefühle des Ärgers.

Diese Sichtweise mag Sie eher befremden. Sie werden sich fragen: Sind Gefühle nicht etwas, was spontan auftritt und was ich gar nicht steuern kann? Kann ich für das, was ich empfinde, überhaupt verantwortlich sein? Entscheidend ist, wie Sie bestimmte Ereignisse, Menschen oder sich selbst bewerten. Von Ihrer jeweiligen Bewertungs- oder Deutungsgewohnheit hängt es ab, ob Sie zum Beispiel bevorzugt mit Streß-, Ärger-, Angst- oder Schuldgefühlen zu tun haben. Es sind also nicht vorrangig äußere Ereignisse, die bestimmte Gefühle bei Ihnen auslösen, sondern es ist die Art, wie Sie die jeweilige Situation einschätzen.

Der Ayurveda sieht, ähnlich wie die Psychosomatik, *unterdrückte Gefühle als wesentliche Krankheitsursache* an, denn nicht zum Ausdruck gebrachte Gefühle stören das körperliche und seelisch-geistige Gleichgewicht. Dies kann auf körperlicher Ebene unter anderem Toxine hervorrufen und die Verschlackung begünstigen.

Die drei ayurvedischen Konstitutionstypen erleben jeweils unterschiedliche negative Emotionen verstärkt:

- *Vata-Typen* neigen zu Nervosität, Furcht, Angst und Sorgen.
- *Pitta-Typen* tendieren zu Zorn und Ärger.
- *Kapha-Typen* empfinden vermehrt Eifersucht und Habgier.

Gefühle wie Ärger, Sorgen, Angst, aber auch Freude bezeichnet der Ayurveda als *Krankheiten der Psyche*. Sie werden mit einer mangelnden Bewußtheit des Selbst in Verbindung gebracht. Wer solche Gefühle empfindet, dessen Bewußtsein ist „verdunkelt", und er hat seinen Selbstbezug verloren. Nicht das Selbst steuert dann das Verhalten, sondern die Gefühle. Das heißt, es besteht eine Abhängigkeit von den Emotionen. Ein freies, ungebundenes Erleben und Fühlen ist das Ziel des Ayurveda. Dies setzt Gelassenheit, innere Sammlung und Ruhe sowie emotionale Stabilität voraus – alles Kennzeichen von psychischer Gesundheit.

Der ayurvedische Weg dahin ist die *Selbsterfahrung durch Meditation*. Die Erfahrung von Zuständen, in denen die Begrenzungen, die durch das Alltagsbewußtsein auferlegt sind, überschritten werden, „lockert" starre geistige und gefühlsmäßige Strukturen. Die Automatik und Selektivität Ihres Bewußtseins wird abgebaut. Dadurch verbessert sich einerseits die Fähigkeit, Gefühle bewußt und intensiv wahrzunehmen, andererseits optimiert sich der Gefühlsausdruck.

Die Meditationspraxis erhöht Ihre Sensibilität für innere Impulse, Gefühle und Gedanken. In einem entspannten Zustand lernen Sie, diesen inneren Impulsen gegenüber eine akzeptierende und nicht-wertende Haltung einzunehmen. Sie sind mehr und mehr imstande, Kontrolle über Ihre Gefühle zu erlangen: Ihre Emotionen herrschen nicht länger über Sie, sondern Sie steuern Ihre Gefühle und bestimmen bewußter, wie Sie diese ausleben.

Während der Meditation werden seelisch-geistige Energien freigesetzt, die zuvor durch unverarbeitete Erlebnisse gebunden waren. Sie arbeiten in der Meditation Unerledigtes auf: Es kommt zu einer geistigen Bewältigung und zu einem Abreagieren von Emotionen. Verdrängte und nicht-verarbeitete Inhalte stören dann nicht länger Ihr seelisches Gleichgewicht.

5.4 Die Wurzeln Ihrer Kreativität freilegen

Kreativität gilt heute im Management als entscheidender Erfolgsfaktor, von dem der Profit eines Unternehmens genauso abhängt wie von der Qualität der Produkte. Der bekannte Kreativitätsforscher de Bono wirft der deutschen Wirtschaft vor, daß ihre Führungskräfte zu sehr darauf aus seien, die Dinge am Laufen zu halten und möglichst schnell Probleme zu beseitigen. Kreatives Denken und Handeln kämen dabei zu kurz. Es sei ein verhängnisvolles Mißverständnis zu glauben, alles ließe sich mit Logik erreichen.

„Im nachhinein ist eine gute Idee logisch, aber um dorthin zu kommen, muß man die Denkrichtung ändern." Oftmals führe erst eine provokative Idee zu neuen Konzepten. Ein weiterer entscheidender Fehler deutscher Manager liegt nach de Bono in der starken Ichbezogenheit und dem Denken in kurzfristigen finanziellen Zielgrößen:

„Die Selbstverteidigung des Ego ist für die meisten Denkfehler verantwortlich, und das Streben nach sofortigem Gewinn verhindert kreatives Denken. Denn neue Konzepte brauchen Zeit, bis sie sich bewähren." (Schwertfeger, 1991, S. 65)

Traditionelle Problemlösungen krönt heute oftmals nicht mehr der Erfolg. Deshalb sind Einfallsreichtum und Kreativität in zunehmendem Maße gefragt. Dieser Forderung kann im beruflichen Alltag aber häufig aufgrund von kreativitätshemmenden Rahmenbedingungen oder auch aus persönlichkeitsbedingten Gründen kaum entsprochen werden. Zu den *äußeren Hemmfaktoren* der Kreativität zählen zum Beispiel: eine gespannte Arbeitsatmosphäre, Rivalitäten zwischen Mitarbeitern und Vorgesetzten, ein autoritärer Führungsstil, übermäßiger Leistungsdruck, Widerstand gegen Veränderungen, Mißtrauen gegenüber Neuem, destruktive Kritik, zu enge Vorschriften, permanente Kontrolle der Arbeit. Kreativität kann sich dann angemessen entfalten, wenn sie weder durch äußere Einwirkungen noch durch *persönliche Einstellungen, Motivationen und Verhaltensweisen* behindert wird.

In der folgenden Übung haben Sie Gelegenheit, sich mit Ihren eigenen kreativitätshemmenden Faktoren auseinanderzusetzen:

Selbstanalyse **Untersuchen Sie Ihre persönlichen Kreativitätsbarrieren** (nach Linneweh, 1991, S. 254)		
Meine Kreativität leidet unter:	ja	nein
– meiner Angst vor Versagen, vor Fehlschlägen;		
– meinem Mangel an Selbstvertrauen;		
– meiner Furcht, mich zu blamieren;		
– meiner Angst vor Kritik;		
– meiner Angst vor Unvertrautem, Neuem und Ungewohntem;		
– meiner Angst vor Einsamkeit;		
– meiner Ungeduld;		
– meinem Bedürfnis nach Konformität;		
– meinem fehlenden Interesse;		
– dem mir fehlenden Wissen.		

Je größer die Anzahl der Ja-Antworten ist, die Sie gegeben haben, desto wahrscheinlicher ist es, daß Sie sich selbst bei der Entfaltung Ihrer Kreativität im Wege stehen. Welche Kreativitätsblockaden lassen sich am einfachsten für Sie beseitigen?

_____

_____

_____

Was ist Kreativität?

Kaum ein psychologischer Begriff ist so verwirrend und mehrdeutig wie der der Kreativität. Das Paradoxe daran ist: Jeder von uns hat eine recht gute intuitive Vorstellung davon, was damit gemeint ist.

Trotzdem weiß niemand genau, was dieser Begriff wirklich bedeutet. Psychologen und Pädagogen haben mittlerweile Dutzende von Definitionsvorschlägen gemacht, ohne daß man sich auf eine allgemeingültige Definition für Kreativität hätte einigen können.

Um sich Ihre eigene Vorstellung von Kreativität bewußt zu machen, bitten wir Sie, die nachfolgende Aufgabe zu lösen:

Übung: Lernen Sie die drei Hauptmerkmale von Kreativität kennen!

Zeichnen Sie zwanzig Kreise auf ein separates Blatt. Ihre Aufgabe besteht nun darin, innerhalb von drei Minuten so viele Gegenstände wie möglich zu zeichnen, die als wesentliches Formelement einen Kreis aufweisen. Am einfachsten ist es, wenn Sie den Kreisen nur wenige Striche hinzufügen, um anzudeuten, was Sie meinen.

Entscheidend ist hierbei nicht die Ästhetik, sondern daß Sie das von Ihnen Gedachte sichtbar machen. Der erste Kreis könnte beispielsweise einen Apfel darstellen, der zweite eine Orange usw. Widmen Sie sich jetzt für drei Minuten dieser Aufgabe.

Diese Aufgabe, die aus einem Kreativitätstest stammt, wird üblicherweise nach drei Kriterien ausgewertet, die die *Kernelemente kreativen Denkens* darstellen:

1. Flüssigkeit (Produktivität) im Problemlösen,
2. Flexibilität im Umgang mit Aufgaben und
3. Originalität der Lösungsvorschläge.

Unter *Flüssigkeit* wird die Menge der Ideen, Worte, Assoziationen und Bilder verstanden, die in einer bestimmten Zeit produziert wird. In der von Ihnen eben gelösten Testaufgabe diente die Anzahl der gefundenen Gegenstände als Kriterium für Flüssigkeit. Acht bis zwölf sind dabei normal. Wer mehr hat, der gilt im Sinne der Flüssigkeit bereits als sehr kreativ.

Mit *Flexibilität* bezeichnet man die Anzahl der Ideen, die sich deutlich voneinander unterscheiden, die also eigene Kategorien beinhalten. Dabei geht es um die Leichtigkeit im Wechseln von Ordnungen, um die Verwendung anderer Bezugssysteme und um die Veränderung von Informationen. Wenn Sie zum Beispiel einen Apfel und eine Orange gezeichnet haben, so sind dies Früchte, die zu einer Kategorie gehören. Eine Münze dazwischen wäre eine zweite Kategorie. Fünf bis sieben Kategorien liegen bei dieser Testaufgabe im Bereich des Durchschnitts.

Bei der *Originalität* des Denkens geht es um die Neuheit und die Seltenheit oder die Einzigartigkeit von Ideen und Assoziationen. Originalität kann sich immer nur auf eine definierte Gruppe beziehen, mit der Ihre Lösungsvorschläge verglichen werden.

Kreativität setzt sich also aus Flüssigkeit, Flexibilität und Originalität des Denkens zusammen. Sie haben vielleicht bei dieser Übung festgestellt, daß Sie nicht in allen drei Bereichen gleich gut waren. Sie hatten entweder besonders viele Ideen, oder unter Umständen nur eine, die aber sehr originell war, oder Sie erwiesen sich als flexibel in Ihrem Denken. Kreativität steckt demnach in jedem Menschen. Sie ist angeboren. Unterschiedlich ist jedoch, wie sich kreative Impulse im Einzelfall ausdrücken.

Kreative Leistungen haben ihre Wurzeln in Ideen und Gedanken. Wenn Sie daher Ihre Gedanken bis an Ihren „Ursprung" zurückverfolgen, die Gedanken immer „feiner" werden lassen, werden Sie feststellen, daß sie aus einem Reservoir an Ruhe entspringen. Stille ist die Quelle der Kreativität. Dieser Quellbereich läßt sich durch Meditation erfahren und beleben.

Kreativitätssteigernde Maßnahmen des Ayurveda

Der Ayurveda mißt der Entfaltung von Kreativität große Bedeutung im Hinblick auf die körperliche und psychische Gesundheit bei, weil sie die Basis für Erfolg und Zufriedenheit ist. Menschen, die ihr kreatives Potential verstärkt freisetzen, fühlen sich wohler. Sie reagieren dadurch zum Beispiel körperliche Spannungen ab, drücken Gefühle aus, befriedigen persönliche Bedürfnisse, setzen Gegengewichte zu den Alltagsbelastungen und harmonisieren die Persönlichkeit durch Erfolgserlebnisse.

Aus ayurvedischer Sicht ist die Erfahrung des Selbst, die Herstellung des Selbstbezugs, die entscheidende Voraussetzung für die Entwicklung von Kreativität. Da die meisten Verfahren des Ayurveda den Selbstbezug kultivieren, dienen sie gleichzeitig auch der Kreativitätssteigerung.

Besonders folgende Gesundheitsstrategien des Ayurveda fördern die Kreativität:

1. *Entschlackung und Entgiftung* bauen nicht nur körperliche Kreativitätsblockaden ab, sondern unterstützen Kreativität auch auf seelisch-geistiger Ebene, indem sie beispielsweise Wachheit und geistige Klarheit fördert, das Gefühlsleben bereichert und das Denken in positiver Richtung verändert. Die Panchakarma-Forschung belegt diese Wirkungen mittlerweile auch experimentell (siehe dazu Kapitel 2.4).

2. Mit Hilfe von *Atem- und Yogaübungen* lassen sich Spannungen abbauen, Körper und Geist beruhigen sowie die Leistungsfähigkeit steigern. Wenn solche Übungen regelmäßig ausgeführt werden, sind sie mit einer Art von Abstandnehmen verbunden. Kreativitätsforscher messen solchen Phasen des Loslassens und des temporären Rückzugs besondere Bedeutung für die Lösung von Problemen bei.

   Gerade in Perioden der Ruhe oder der Beschäftigung mit etwas völlig anderem als dem Problem, können besonders viele und gute Ideen auftreten. Es wird angenommen, daß das Problem dann unterhalb der Ebene des Bewußtseins aktiv bleibt und in unbewußten Prozessen der „Inkubation" einer Lösung zugeführt wird. Solchen Inkubationsphasen folgen häufig plötzliche Einsichten, wie die Zeugnisse zahlreicher großer Künstler und Wissenschaftler verdeutlichen.

3. Die bereits erläuterten ayurvedischen *Methoden des Streß-Managements*, an allererster Stelle *Meditation,* haben sich ebenfalls als hilfreiche Mittel zur Steigerung der Kreativität erwiesen.

Meditation beeinflußt – wie psychologische Untersuchungen deutlich machen – die drei Komponenten der Kreativität: Flüssigkeit, Flexibilität und Originalität:

– Indem die Meditationspraxis innere Blockaden auflöst, verbessert sie den Ideenfluß und erhöht damit die *Flüssigkeit* oder *Produktivität*.

– Wer als Folge der Meditationsausübung innerlich freier und gelöster wird, wer vermehrt Denkblockaden und Konditionierungen überwindet, kann leichter neue Kategorien entdecken: Er ist dann in seinem Denken und Handeln *flexibler*.

– Menschen, die durch die Meditation ausgeglichener, entspannter und gelassener werden, sind eher imstande, ungewöhnlich, neu, anders zu denken und verschiedene Perspektiven zu berücksichtigen: Sie sind *origineller.*

In einer amerikanischen Kreativitätsstudie, in welcher der bekannte „Torrance Test of Creative Thinking" (TTCT) Anwendung fand, konnte nachgewiesen werden, daß sich Ausübende der Transzendentalen Meditation nach fünf Monaten Meditationspraxis in allen drei Kernelementen der Kreativität signifikant von der Kontrollgruppe Nichtmeditierender unterschieden (Travis, 1979).

Die folgende Abbildung veranschaulicht diese Ergebnisse:

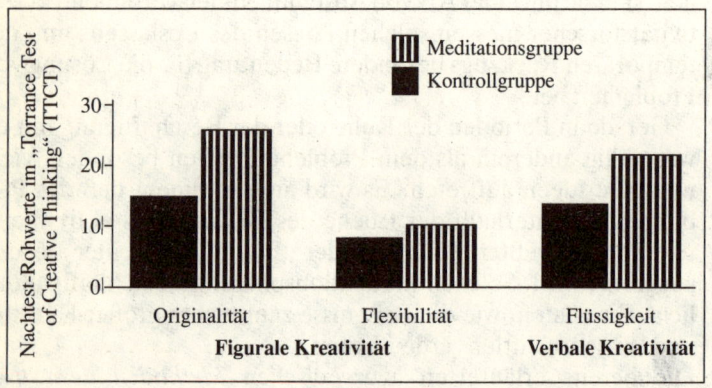

Abb. 10: Kreativitätssteigerung durch Meditation

Meditation unterstützt den kreativen Prozeß dadurch, daß sie aktive Denk- und Handlungsebenen mit der Quelle der Kreativität, dem vereinheitlichten Feld der Naturgesetze, verbindet. Diese Quelle wird im Zustand ruhevoller Wachheit während der Meditation erfahren. Die Erfahrung und bewußte Integration dieses wachen Ruhezustands in den alltäglichen Lebensvollzug ist eine mögliche Erklärung für die beobachtete Kreativitätszunahme bei Meditierenden.

Die regelmäßige Meditationspraxis beseitigt darüber hinaus innere Kreativitätsblockaden wie Streß, Angst und Gehemmtheit. Kreativität kann folglich besser in die einzelnen Handlungsbereiche einfließen.

Gleichzeitig ordnet Meditation die Arbeitsweise des Gehirns, was sich in einer erhöhten EEG-Kohärenz niederschlägt. Besonders interessant sind in diesem Zusammenhang Befunde der Meditationsforschung, die darauf hinweisen, daß die *interhemisphärische Kommunikation* optimiert wird, das heißt, das Zusammenspiel der linken und rechten Gehirnhälfte.

In der Kreativitätsforschung ist die Hypothese aufgestellt worden, daß Kreativität vom Ausmaß der Integration der beiden Hemisphären abhängt. Informationen von einer Gehirnhälfte zur anderen werden mit Hilfe des sogenannten Balkens (corpus callosum) übertragen, der die Hemisphären verbindet.

Dieser Balken enthält etwa zweihundert Millionen Nervenfasern! Jede Faser kann im Durchschnitt vierzig, bei großer Aktivität sogar fast eintausend Impulse pro Sekunde übertragen. In jeder Sekunde wandern damit etwa zwei Milliarden Informationen durch den Balken. Die beiden Gehirnhälften kommunizieren also in einem für uns kaum vorstellbaren Maße miteinander.

Aufschlußreich sind die kohärenten Gehirnwellenmuster, die bei Meditierenden gefunden wurden, auch deshalb, weil ein enger Zusammenhang zwischen der EEG-Kohärenz und Kreativität sowie geistiger Flexibilität festgestellt wurde: Je höher die EEG-Kohärenz lag, um so ausgeprägter war die Kreativität und Flexibilität. Die kreativitätssteigernden Effekte der Meditation scheinen demnach auch die Folge von Ordnungs- und Integrationsprozessen im Gehirn zu sein.

5.5 Ohne Lebenssinn kein Wohlbefinden

Die Frage nach dem Sinn des Lebens stellt sich von Zeit zu Zeit wohl jeder. Meist geschieht dies in Phasen der Veränderung zu einem neuen Lebensabschnitt oder in krisenhaften Situationen. Gerade angesichts des heutigen gesellschaftlichen Wandels, der durch eine Veränderung grundlegender Werte gekennzeichnet ist, beschäftigt viele Bundesbürger die Sinnfrage. Immerhin fünfundneunzig Prozent glauben – so das Ergebnis einer Umfrage –, daß das Leben einen Sinn habe. Siebzig Prozent davon vertreten die Auffassung, dieser sei auch erfahrbar.

Sinnerfahrung durch die Verwirklichung von Werten

Lebenssinn setzt Zielklarheit voraus, Sinnfindung heißt also Ziel-findung. Richtschnur für zielgerichtetes Handeln sind immer be-wußte oder nicht bewußte Werte. Werte drücken sich in der Bevor-zugung einer Sache, eines Ziels oder einer Denkhaltung aus.

Am einfachsten machen Sie sich Ihre Werte bewußt, wenn Sie sich die Frage stellen: Was ist für mich wichtig oder wertvoll? Eine Offenlegung des persönlichen Wertesystems ist ein wichtiger Schritt zu einer bewußten und sinnerfüllten Lebensgestaltung; denn Werte beeinflussen das Denken, Handeln und damit die Lebensführung.

Übung: Klären Sie Ihre eigenen Wertvorstellungen!

Bringen Sie die nachfolgend aufgeführten Grundwerte in eine Reihen-folge, indem Sie sie nach Ihren Prioritäten mit Ziffern von 1 bis 17 verse-hen. Der Grundwert mit der Ziffer 1 hat dabei oberste Priorität, und der Grundwert mit der Ziffer 17 bedeutet Ihnen am wenigsten.

Gesundheit ( )
Liebe ( )
Freundschaft ( )
Familie ( )
Beruflicher Erfolg ( )
Wohlstand ( )
Menschlichkeit ( )
Soziales Engagement ( )
Ausgeglichenheit ( )
Lebenszufriedenheit ( )
Persönlichkeitsentfaltung ( )
Selbstbestimmung ( )
Sicherheit ( )
Frieden ( )
Freizeit ( )
Kinder ( )
Natur ( )

Aus dieser Wertehierarchie ersehen Sie nun vermutlich auf einen Blick, was Ihnen im Leben wichtig ist und was eine eher unterge-ordnete Bedeutung hat.

Bei den meisten Teilnehmern unserer Seminare stimmen jedoch die persönlichen Wunschvorstellungen nicht mit der Verwirklichung der Werte im Alltag überein. Wenn ein Teilnehmer beispielsweise erklärt, daß Natur für ihn den obersten Wert darstelle, und er auf unsere Frage, wieviel Zeit er in der Natur verbringe, sagt, daß er nur im Urlaub wirklichen Naturkontakt habe, dann liegt hier ein Fall von Wertentfremdung vor.

Prüfen Sie sich selbst: Wenn Ihnen zum Beispiel Gesundheit das Wichtigste ist, klären Sie doch einmal ab, wieviel Sie tatsächlich dafür tun, um diesem Wert in Ihrem Leben das entsprechende Gewicht beizumessen. Sicherlich sind Ihnen Situationen bekannt, in denen Sie in einen Wertekonflikt geraten.

Gesundheitsbewußtsein und Erfolgsorientierung beispielsweise sind manchmal nicht leicht unter einen Hut zu bringen. Auch mag es Ihnen schwerfallen, die Mehrung von Wohlstand mit dem Wert der inneren Ausgeglichenheit zu vereinbaren, der eng mit der Gesundheit zusammenhängt.

Ihr Leben hat Sinn, wenn Sie diese Wertekonflikte lösen und die Ihnen gemäße Wertordnung in allen Lebensfeldern tatsächlich realisieren.

Eine Strategie zur Lösung von Wertekonflikten besteht darin, die für Sie wichtigsten Werte einzelnen Lebensphasen zuzuordnen. Es mag für ein oder zwei Jahrzehnte sinnvoll sein, Wohlstand als obersten Wert verwirklichen zu wollen. Dann müssen sich Familie, Gesundheit oder Freizeit diesem unterordnen. Bedeutsam für Sie ist vor allem, sich darüber klarzuwerden, welche Werte in Ihrer derzeitigen Lebensphase bestimmend sind und welche Sie in Ihrem weiteren Leben noch besonders beachten möchten. Dafür hilft es Ihnen, die ayurvedische Sicht eines sinnvollen Lebens kennenzulernen.

Lebensziele aus der Perspektive des Ayurveda

Das ganzheitliche Menschenbild des Ayurveda kennt *vier Lebensziele,* denen entsprechende Werte zugeordnet werden können:

1. Menschen können an *Nutzen, Erfolg* und *Reichtum* orientiert sein. Wenn Wohlstand, materielle Sicherheit und Gewinnmaximierung die wichtigsten Werte sind, dann ist *Artha* das oberste Lebensziel. Berufsgruppen wie die der Kaufleute, Händler,

Makler und Finanzdienstleister haben eine natürliche Nähe zu diesen Werten. Sie erleben ihr Leben entsprechend als sinnerfüllt, wenn ihr Verhalten der Verwirklichung dieses Lebensziels dient.

2. Anderen geht es vornehmlich um die Realisierung von *Freude, Lebensgenuß* und um die *Erfüllung persönlicher Bedürfnisse nach Schönheit, Behaglichkeit und Wohlergehen.* Für diese Gruppe ist *Kama* das oberste Lebensprinzip. Architekten, Künstler, bestimmte Handwerksberufe wie Friseure oder Schreiner sind besonders begabt, diese Werte umzusetzen.

3. Eine weitere Personengruppe beschäftigt sich in erster Linie gerne mit der Verwirklichung von *Rechtschaffenheit, Tugenden* und der *Umsetzung von naturgesetzlichen Zusammenhängen zum Wohle der Gesellschaft.* Diese Personen sind am Lebensziel des *Dharma* orientiert. Rechtsanwälte, Ärzte, Naturwissenschaftler und Ingenieure gehören beispielsweise hierzu.

4. Schließlich wird das vierte Feld von Lebenszielen, *Moksha* genannt, von denjenigen besonderes beachtet, die sich mit Fragen der Bildung und der *Entfaltung menschlicher Potentiale* befassen. Psychotherapeuten, Seelsorger, Philosophen und andere Berufsgruppen, denen es um geistig-spirituelle Ziele geht, messen dem Letztwert der Befreiung oder Selbstverwirklichung höchste Priorität bei.

Lebenssinn stellt sich aus ayurvedischer Sicht ein, wenn Sie an der Verwirklichung des Ihnen gemäßen Lebensziels arbeiten. Ein Leben im Gleichgewicht setzt voraus, daß alle vier Felder von Lebenszielen berücksichtigt werden. Je nach Lebensphase und spontanem Hingezogensein zu einem der Bereiche müssen sich die anderen Lebensziele diesem unterordnen. Ganzheitliches Wohlbefinden tritt ein, wenn sich die Lebensziele im Einklang mit der jeweiligen Lebensphase befinden. So ist es beispielsweise nicht sinnvoll, spirituelle Ziele zu verfolgen, wenn aufgrund der Lebensphase Wohlstandsziele im Mittelpunkt stehen müßten.

Wer mit sich im Einklang lebt, verwirklicht spontan seinen Lebenssinn. Die ayurvedischen Maßnahmen, um mit sich in besserem Einklang zu leben, sind Ihnen mittlerweile hinreichend bekannt. Erwähnt werden soll hier nur noch einmal die besondere Bedeutung von Meditation. *Meditation* schafft zum einen die körperlichen und geistig-seelischen Voraussetzungen zur Erfahrung von Sinn im Alltag. Zum anderen erleben Meditierende immer wieder, daß sich in Tiefenmeditationen Sinnfragen wie von selbst klären. Sie wissen dann auf einmal um das Warum und Wieso einer Situation oder Ihres Lebens als Ganzem.

6. Wirkungsvolle Kommunikation

Die Kraft der Worte ist Ihnen sicherlich vertraut. Sie loben eine Mitarbeiterin, die eine Aufgabe unerwartet schnell und gut erledigt hat. Diese reagiert auf Ihre Worte, indem sie ihre Arbeit um so bereitwilliger ausführt. Oder Sie hören von einem guten Restaurant und gehen dorthin. Alle Worte, die zu Handlungen führen, sind wirkungsvolle, in gewissem Sinne mächtige Worte.

In der heutigen Informationsgesellschaft erleben Worte jedoch auch eine Inflation. Noch nie zuvor ist soviel gesprochen und geschrieben worden wie in der Gegenwart. Wer von Ihnen hat noch Zeit, ein Buch wirklich von A bis Z zu lesen? Die Informationsflut ist zu einem großen Teil auf eine Überfütterung durch Worte zurückzuführen. Damit verringert sich die Qualität der sprachlichen Kommunikation drastisch.

Für die Unternehmen hochindustrialisierter Gesellschaften ist Kommunikation dennoch ein wesentlicher Erfolgsfaktor. Dies gilt nicht nur für Information über die hergestellten Produkte oder für irgendwelche Formen interaktiven Marketings. *Kommunikation spielt vor allem unternehmensintern eine Schlüsselrolle*. Durch das Miteinanderreden werden nicht allein Direktiven vermittelt, sondern auch Gefühle der Zusammengehörigkeit erzeugt, auf die jeder Mitarbeiter angewiesen ist. Sprachlich ausgedrückte Zuwendung und Anerkennung sind gewissermaßen das „Öl" im Getriebe aller Unternehmensabläufe.

Ein gutes Kommunikationsvermögen stellt eine Notwendigkeit und ein Ideal für jeden Manager dar. Der kommunikativ Kompetente hat zum Beispiel den Mut zur eigenen Meinung, sagt, was er denkt, bringt anderen Vertrauen entgegen, indem er Mitarbeiter in eigene Ziele und Vorhaben informativ einbezieht und sie mitsprechen läßt. Er verfügt rhetorisch wie dialektisch über hohe Überzeugungskraft.

Kommunikation beginnt und endet bei der Persönlichkeit. Die gesamte Persönlichkeit, also die Summe aller Eigenschaften und Fähigkeiten, offenbart sich in jedem verbalen Austausch. Mit jedem Wort, das Sie sprechen, teilen Sie sich als ganzer Mensch mit. Die alltägliche Erfahrung, daß es nicht so sehr darauf ankommt, was Sie sagen, sondern vielmehr darauf, wie Sie auf andere wirken, bestätigt diese Einsicht.

Im folgenden vermitteln wir Ihnen ein Verständnis von Kommunikation, das sich aus dem Ayurveda ableitet. Dabei steht die Persönlichkeit im Mittelpunkt. An dieser Stelle wollen wir Ihnen jedoch nicht die üblichen Inhalte eines Kommunikationstrainings präsentieren. Vielmehr beabsichtigen wir, Sie mit Prinzipien erfolgreichen und ausdrucksstarken Sprechens vertraut zu machen, die zu einem achtsamen Umgang mit Sprache führen und einen hohen Wirkungsgrad Ihres Sprechens ermöglichen.

6.1 Was Sie sprechen, das wird

Es ist Ihnen mittlerweile bewußt, daß der Ayurveda die Wirklichkeit geschichtet sieht. Entsprechend können auch Kommunikationsvorgänge auf verschiedenen Ebenen betrachtet werden.

Die fünf Ebenen der Kommunikation

1. Physikalische Ebene der Kommunikation
2. Sinnliche Ebene der Kommunikation
3. Mentale Ebene der Kommunikation
4. Emotionale Ebene der Kommunikation
5. Das Selbst als Basis aller Kommunikation

Kommunikation, der Austausch zwischen Menschen zum Zweck der Verständigung, findet mittels Sprache statt. Kommunikation durch Worte ist dabei nur ein Teil. Allerdings bestimmt dieser Teil das heutige Verständnis von Kommunikation weitestgehend.

Die physikalische Ebene der Kommunikation

Rein physikalisch gesehen ist jedes Ihrer Worte ein Schwingungsmuster, das sich durch das gesamte Universum ausbreitet. Dieser materiellen Ebene Ihrer Worte sind Sie sich wahrscheinlich selten bewußt. Sonst würden manche vorsichtiger und verantwortungsvoller sprechen.

Sprechen ist also zunächst ein Hervorbringen von Lauten oder Klängen, die sich ausbreiten und vielfach reflektiert auch wieder zu ihrer Quelle, dem Sender zurückkehren.

In jedem Gespräch beeinflussen sich die Beteiligten wechselseitig. Durch die Lautmuster des Senders wird auf der physikalischen Ebene der Körper des Empfängers verändert. Dies hat wiederum physikalische Rückwirkungen auf den Sender. *Jedes Sprechen hat also einen verändernden Einfluß auf die materielle Wirklichkeit.*

Auf der *physikalischen Ebene* beeinflussen sich Menschen vor allem durch lautes oder leises Sprechen und durch die Stimmlage. Eine „rauhe Stimme" wirkt anders als eine „Fistelstimme" und diese wieder anders als eine „sonore". Die physikalischen Effekte haben einen eigenen Bedeutungsgehalt: Wollen Sie zum Beispiel ernst erscheinen, so senken Sie Ihre Stimme ab, während Heiterkeit Ihre Stimme anhebt.

Allein physikalisch gesehen üben Sie mit jedem geäußerten Wort einen nicht zu unterschätzenden Einfluß auf die Doshas aus. Da das Vata-Dosha, wie im Kapitel über die fünf Sinne (Kapitel 5.1) dargestellt, mit dem Hören zusammenhängt, wird Kommunikation vor allem Veränderungen dieses Doshas auslösen. Je nach Klangart – der Ton macht bekanntlich die Musik – läßt es sich aus dem Gleichgewicht oder aber in eine harmonische Balance bringen. Sehr schnelles Sprechen, bei dem vielleicht sogar Silben verschluckt werden, stört das Vata-Gleichgewicht, langsames Sprechen beruhigt dagegen Vata und erhöht Kapha. Schneidendes, scharfes oder hartes Sprechen steigert bei Ihnen und Ihren Zuhörern Pitta.

Diese Phänomene bestätigen den Grundsatz, *daß Sprache Wirklichkeit schafft.* Sprache ist eine Art des Handelns, die im ayurvedischen Persönlichkeitsmodell zwischen dem Denken und körperlichen Vorgängen liegt. Sprache manifestiert Gedanken und läßt sie zu einer physischen Wirklichkeit werden.

Wenn Sie sich in der Kunst der klanglichen Beeinflussung der Wirklichkeit schulen wollen, empfehlen wir Ihnen eine Ausbildung in Gesang nach den Lehren des Gandharva-Veda (vergleiche hierzu Kapitel 5.1). Gesang ist als höchste Form von Sprache ein gutes Hilfsmittel zur Persönlichkeitsintegration.

In kommunikativer Hinsicht ist nicht nur das Hören von Bedeutung, sondern auch das Sehen. Aber auch Tasten und Riechen spielen eine Rolle. Ein feuchter oder schlaffer Händedruck teilt Ihnen viel über das Innenleben Ihres Gegenübers mit. Die Kommunikation ist in der Regel gestört, wenn Sie den Kommunikationspartner „nicht riechen" können. Und die Besonderheit des Blickkontakts ist Ihnen als „Brücke zum anderen" zweifelsohne bekannt.

Auf der *sinnlichen Ebene* der Kommunikation werden in den klassischen Trainings auch körpersprachliche Signale analysiert. Die ayurvedische Beurteilung der Körpersprache unterscheidet sich jedoch von den herkömmlichen Ansätzen dadurch, daß sie jede Haltung, Bewegung, Geste, ferner die Mimik und schließlich auch die Ausdünstung auf die unterschiedlichen Konstitutionstypen bezieht.

Sie führt damit Kriterien ein, die ein differenzierteres Interpretieren von körpersprachlichen Signalen erlaubt. So muß beispielsweise das rhythmische Trommeln von Fingern auf dem Tisch nicht unbedingt ein Ausdruck von Ungeduld sein. Beim Pitta-Typen kann es auch eine Möglichkeit darstellen, seinem Bewegungsdrang in längeren Sitzungen Luft zu verschaffen. Fängt jedoch ein Kapha-Typ mit dem Trommeln oder einem Baßtakt des Fußes an, so ist dies ein Zeichen für Langeweile oder Ungeduld.

Übung: Ordnen Sie den Konstitutionstypen Körpersignale zu!

Beobachten Sie in einem Ihrer nächsten Gespräche Ihren Partner. Nehmen Sie seine Körpersignale wahr. Interpretieren Sie sein Verhalten im Blick auf seinen Konstitutionstyp.

Beginnen Sie nach dem Gespräch eine Liste von Merkmalen aufzustellen, die Sie diesem Konstitutionstyp zuordnen.

Erweitern Sie im Laufe der Zeit diese Liste durch Beobachtungen zu allen Konstitutionstypen.

Diese Übung ermöglicht es Ihnen, nach einer Weile die körpersprachlichen Signale Ihrer Gesprächspartner besser zu verstehen und entsprechend angemessen mit ihnen umzugehen.

Auf der *mentalen Ebene* ordnen Sie Worten bestimmte Bedeutungen zu. Sie verbinden Sprache mit Absichten. Da jedoch das Erlernen von Sprache, zumindest in der Muttersprache, bei fast allen Menschen eine angeborene Fähigkeit ist, fällt dieser Vorgang der Bedeutungsgebung kaum auf.

Sie erfahren die mentale Ebene deutlich, wenn Sie mit sich selbst reden. Die gedankliche *Selbstkommunikation,* der innere Dialog ist ein Ausdruck Ihres Selbstwertgefühls. Ein Mensch, der sich selbst ablehnt, neigt verstärkt dazu, sich anzuklagen oder sich Vorwürfe zu machen. Ein negativer Umgang mit sich selbst hemmt darüber hinaus die Spontaneität und engt das Verhaltensrepertoire ein.

Eine positive Selbstkommunikation dagegen fördert das Befinden und das Vertrauen in die eigene Person. Probleme und Schwierigkeiten mit sich und anderen lassen sich durch eine verbesserte Selbstkommunikation angemessener lösen.

Angenommen, Sie sind häufig müde. Dann hat es nicht viel Sinn, wenn Sie sich einreden, Sie seien frisch und energievoll. Dies widerspricht nämlich Ihrer Selbsterfahrung. Wenn Sie nun zu sich sagen: „Ich bin immer müde", dann verstärken Sie diesen Zustand. Aus einem vorübergehenden Zustand wird dadurch ein dauerhafter. Hilfreich dagegen ist ein positiver innerer Dialog: „Ich kann mich vollkommen ausruhen!" Dieser erhöht die Wahrscheinlichkeit, daß Sie aus Phasen der Regeneration soviel Nutzen ziehen, daß der chronische Erschöpfungszustand überwunden wird.

In einem früheren Abschnitt haben wir Ihnen die Voraussetzungen für positives und kohärentes Denken nahegebracht. Positive, harmonische Kommunikation mit anderen hängt entscheidend von günstigen Selbstgesprächen ab, die sich aus aufbauenden Gedanken zusammensetzen. Positive Denkgewohnheiten sind also nicht nur für Sie selbst wichtig, sondern vor allem auch für den Umgang mit anderen Menschen.

Die *emotionale Schicht* Ihrer Persönlichkeit prüft alle inneren Dialoge auf Wahrhaftigkeit. Ein großer Druck baut sich auf, wenn Sie mit sich selbst nicht ehrlich umgehen. *Innere Wahrhaftigkeit* ist ein sogenanntes *Verhaltensrasayana,* also ein Mittel, das mehr noch als die pflanzlichen Präparate des Ayurveda die körperliche und geistig-seelische Gesundheit fördert.

Wahrhaftigkeit ist aber auch die Grundlage für eine aufrichtige Kommunikation mit anderen Menschen. Sie bestimmt die emotionale Kommunikation, die von der Erfahrung gekennzeichnet ist, „ein Herz und eine Seele" zu sein.

Partnerschaftliche Kommunikation ist in der Lage, dem anderen seine Wünsche aus der Seele abzulesen und ihn bei seiner Wunscherfüllung voll und ganz zu unterstützen. Die Sprache verliert auf dieser Ebene enger gefühlsmäßiger Verbundenheit ihren verbalen Charakter. Da diese Kommunikationsform zwar sehr bereichernd, jedoch nicht gerade typisch im Alltag eines Managers ist, wollen wir hier nicht weiter auf sie eingehen.

Festgehalten werden kann, daß der Ayurveda zur Klärung von mentalen und emotionalen Prozessen besonders *Meditation* empfiehlt. Auch die weiteren in diesem Buch aufgezeigten Techniken verfolgen das Ziel, körperliche Verspannungen zu lösen und die Psyche von negativen Gedanken und Gefühlen zu „reinigen". Sie schaffen dadurch Voraussetzungen für ein verbessertes Kommunikationsverhalten.

So haben Untersuchungen an Ausübenden der Transzendentalen Meditation gezeigt, daß aggressive und neurotische Tendenzen als Folge des Meditierens abnehmen (Kniffki, 1979). Gerade im Geschäftsleben leiden, wie Sie aus Erfahrung bestätigen werden, Gespräche unter Aggressionen. Meditation gestattet, mit Frustration und Ärger auch in schwierigen Situationen konstruktiv umzugehen.

Das Selbst als Basis aller Kommunikation

Wortlose Kommunikation, die tiefste emotionale Übereinstimmung kennzeichnet, geht nach ayurvedischen Vorstellungen über in die höchste Form der Kommunikation, nämlich die von *Selbst zu Selbst*. Unter dem Begriff „Selbst" wird auch hier, wie überall im Maharishi-Ayurveda, die Ebene des quantenmechanischen Körpers verstanden (siehe Kapitel 1.4).

Caraka schreibt über diese Kommunikationsform:

„Der sein Selbst in der Welt ausgebreitet sieht und die Welt im Selbst und das Höchste und das Niedrigste (in Einheit) sieht, dessen innere Ruhe, vergeht nicht."

Hier wird ein integrierter Bewußtseinszustand beschrieben. In ihm herrscht die Erfahrung von Einheit vor. Kommunikation in diesem Einheitszustand ist mit Worten nicht weiter zu beschreiben, da dieser Zustand die Sprache übersteigt. Die Kommunikation zwischen zwei Menschen im Zustand der Einheit läßt sich mit dem reibungslosen Informationsfluß in einem supraflüssigen Medium oder in einem Supraleiter vergleichen: Alles kommt rasch und ohne Verzerrung an sein Ziel.

Zur Verbesserung des Kommunikationsverhaltens rät der Ayurveda, das Selbst, die Ebene der Verbundheit von allem mit allem zu erfahren. *Das Selbst ist die Basis für die Optimierung von Kommunikation.* Stabile, andauernde Bewußtheit des Selbst wird in ayurvedischen Schriften mit einer reinen, festen und ruhigen Flamme verglichen, die weithin sichtbar ausstrahlt. Positive Kommunikation erhellt Handlungen mit dem „Licht des Selbst". Sie überwindet alle Schatten und jegliche Dunkelheit, die durch physische, sinnliche, mentale oder emotionale Störfaktoren der Kommunikation entstehen.

Aus ayurvedischer Sicht geht es zusammenfassend nicht um eine ausdrückliche Analyse der Strukturen von Kommunikation. Vielmehr widmet sich der Ayurveda der Beschreibung eines Spektrums von Maßnahmen, die die Gesundheit der Gesamtpersönlichkeit verbessern.

Die Kommunikationspsychologie hebt hervor, daß das Lernziel „Kommunikationsfähigkeit" davon abhängt, wie gesund jemand ist. Alle Einzelprobleme des Kommunizierens, wie Sachlichkeit und Verständlichkeit, der Grad der Selbstoffenbarung, die Art der Beziehung und die Intensität der Appelle lassen sich letztlich nur dann effektiv lösen, wenn die Persönlichkeit integriert ist (Schulz von Thun, 1981).

Um hierfür auch in Ihrem Arbeitsumfeld die Voraussetzungen zu schaffen, empfehlen wir Ihnen, Trainingsmaßnahmen zur Erhöhung kommunikativer Kompetenz mit den bislang vorgestellten ayurvedischen Verfahren zur Gesundung der Persönlichkeit zu verbinden.

6.2 Ayurvedische Regeln erfolgreichen Sprechens

Als Wissen vom Leben geht es dem Ayurveda um lebensförderndes Verhalten, das alle Dimensionen der Persönlichkeit umfaßt. *Lebensfördernde Kommunikation* ist jedes Sprechen, daß ganzheitliches Wohlbefinden schafft, erhält oder vertieft. Die Kunst zu sprechen besteht darin, Bewußtheit und Zufriedenheit zu fördern.

Ein Sprechen, daß alle Ebenen der Kommunikation pflegt, trägt nicht nur zur ganzheitlichen Entfaltung des Sprechenden bei, sondern automatisch auch zum Wohlergehen des sozialen Umfelds. Damit gibt der Ayurveda einen klaren Maßstab für kommunikatives Verhalten vor.

In Anlehnung an den Ayurveda wollen wir einen wichtigen Aspekt der Kunst des Sprechens herausstellen: *Sprechen sollte im Einklang mit der Umgebung und den Umständen sein.*

Eine Bar, in der laute Rock-Musik zu hören ist, scheint nicht die ideale Umgebung, um einen neuen Geschäftspartner kennenzulernen. Weder können Sie sich richtig verständlich machen, noch kann er sachlich begründen, was er Ihnen zu bieten hat – die Musik übertönt alles und verzerrt die gegenseitige Wahrnehmung.

Aus ayurvedischer Sicht sind auch Arbeitsessen eine Unsitte. Da sie meistens problematische oder konfliktgeladene Themen beinhalten, beeinträchtigen Arbeitsessen eine gesundheitsförderliche Nahrungsaufnahme. Die Aufmerksamkeit kann nicht ungeteilt bei den Speisen sein – dadurch werden Sie weder dem Essen noch dem Gespräch gerecht.

Der *Einfluß der Umgebung auf die Kommunikation* wird allzuselten thematisiert. Zwar mag man im Privatleben auf die Gestaltung einer Atmosphäre achten, die der familiären Kommunikation zuträglich ist, in Unternehmenszusammenhängen jedoch wird zu wenig auf das „setting" geachtet.

Der Ayurveda schlägt deshalb vor, in Besprechungsräumen alles so einzurichten, daß eine nicht nur sachliche und klare, sondern auch emotional anregende, ganzheitliches Wohlbefinden steigernde Situation für Gespräche entsteht. Einige Institute oder Unternehmen, in denen es vor allem auf Kreativität in Gesprächsrunden ankommt, verfügen deshalb zum Beispiel über einen japanischen Wasserfall, der auf Alpha-Frequenzen hin gestimmt ist, die kreativitätsfördernd wirken.

Wenn Sie also zielführend und effektiv kommunizieren wollen, müssen Sie die Umgebung so gestalten, daß diese Sie unterstützt. Die ayurvedische Klangtherapie sowie die Aromatherapie kann sich hier als hilfreich erweisen (siehe Kapitel 5.1).

Ähnliches gilt für die Umstände, die eine Kommunikationssituation begleiten. Wenn einer Ihrer Gesprächspartner abgehetzt und erschöpft nach einer fünfstündigen Autofahrt zu Ihnen kommt, sind die Bedingungen für ein Gespräch, aus dem beide Parteien Gewinn ziehen, nicht günstig. Es liegt dann nahe, zunächst einmal eine gemeinsame Erfrischungspause einzuschieben, bei der auf keinen Fall auf das eigentliche Gesprächsthema eingegangen werden sollte. Der Ayurveda rät, ruhig und entspannt zu kommunizieren. Eine entspannte und gleichzeitig auf das Gespräch hin zugeschnittene Atmosphäre ist die beste Ausgangsbasis für Gesprächserfolge.

Wenn Sie keine Gelegenheit haben, den Raum, in dem Sie ein Gespräch führen, selbst in Ihrem Sinne herzurichten, dann können Sie wenigstens ein weiteres Prinzip erfolgreichen Sprechens nutzen: *Sprechen Sie Ihren Umständen und dem Augenblick gemäß*.

Dies allein schafft die innere Aufrichtigkeit, die Überzeugungskraft verleiht. Die ausdrückliche Einbeziehung Ihrer Gefühle und Ihres Befindens in eine Gesprächssituation, stabilisiert Ihre inneren Dialoge und verhindert, daß Sie von Ihrem Gesprächspartner oder den Umständen überschattet werden. Sie fügen sich in Ihre jeweilige Umgebung ein, wenn Sie mit ihr sprachlich in Resonanz gehen, indem Sie ansprechen, wie Ihre Umgebung auf Sie wirkt. Dadurch entsteht ein harmonisches Gleichgewicht zwischen Ihnen und der Gesamtsituation.

Selbstverständlich bedeutet dies nicht, daß wir Ihnen nahelegen, negative Gefühle wie Wut, Zorn und Neid, die in einer Situation aufkommen mögen, im Gespräch abzureagieren. Das Wahrnehmen negativer Gefühle sollte vielmehr dazu führen, daß Sie sich solange aus der Kommunikationssituation zurückziehen, wie Sie an destruktive innere Dialoge gebunden sind.

Um optimale Voraussetzungen für Kommunikation, gleich welcher Art und unter welchen Umständen, zu schaffen, gilt die ayurvedische Regel: Entwickle die Persönlichkeitsmerkmale *Freundlichkeit, Mitgefühl* und *Wahrhaftigkeit*, so daß Du von Natur aus oder aus Gewohnheit ohne Härte und für alle Betroffenen angenehm sprichst.

Die Befreiung des Körpers von Verspannungen und die Harmonisierung von Geist und Psyche sind die Voraussetzungen, um natürlich und gelöst zu sprechen.

Dieser Zustand gelassener Offenheit und hoher Bereitschaft zum Engagement ist für Kommunikation ideal, wie Sie sicher aus Erfahrung bestätigen können. Er kostet Sie auch nicht viel Energie; im Gegenteil, natürliches, gelöstes Sprechen gibt Energie. Ein gutes Gespräch zeichnet sich dadurch aus, daß sich alle Teilnehmer im Anschluß energetisiert fühlen und bereit sind, das Besprochene umzusetzen. Aufgrund einer solchen Kommunikation wird das im Gespräch Beschlossene schnell und ohne viel Reibungen Wirklichkeit.

7. Erfolg und Erfüllung: Das Bewußtseinspotential freisetzen

Zehnder, einer der großen deutschen Unternehmensberater, antwortete einmal sinngemäß im „manager magazin" auf die Frage, welche drei Hinweise er jungen Menschen für ihren Erfolg geben würde:

Ich würde ihnen erstens den Ratschlag geben: Macht bei euch drinnen Ordnung. Werdet euch klar darüber, was ihr im Leben erreichen wollt. Zweitens: Macht eure Arbeit immer ein bißchen besser als die anderen. Und drittens: Seid immer ehrlich euch selbst gegenüber. Wer sich selbst etwas vormacht, der wird früher oder später im beruflichen wie im privaten Leben in ganz große Schwierigkeiten kommen.

In den vorangegangenen Kapiteln sind die körperlichen und geistig-seelischen Voraussetzungen für die Verwirklichung dieser drei Erfolgsfaktoren angesprochen worden. *Innere Ordnung*, *Leistungsbereitschaft* und *Leistungsfähigkeit* sowie *Wahrhaftigkeit* sich selbst und anderen gegenüber wurzeln in einem gesunden Körper-Geist. Die ayurvedischen Gesundheitsmaßnahmen tragen also dazu bei, Sie erfolgreich sein zu lassen.

Der Ayurveda geht davon aus, daß Erfolg aus Erfüllung stammt. Er sieht Erfüllung als Antrieb für Entwicklung und Erfolg an.

Aus der Humanistischen Psychologie ist bekannt, daß Handeln aus einer Defizitmotivation, aus einem Mangelerleben, nicht so wirkungsvoll und der Persönlichkeitsintegration dienend ist, wie Handeln, das einer positiven, gebenwollenden Motivation entspringt. *Erfülltsein ist also die ideale Voraussetzung für erfolgreiches Tun.*

Erfolg, vor allem beruflicher Erfolg, kann für Sie Verschiedenes bedeuten. Der *Pitta-Typ* wird mehr dazu neigen, Erfolg in Begriffen von Aufstieg zu definieren. Er hat Karrierevorstellungen, die auf schnellen Aufstieg ausgerichtet sind. Erfolg heißt für ihn jeder Zuwachs an Einfluß, Macht, Status und Gehalt.

Der *Kapha-Typ* deutet Erfolg eher in Kategorien der Sicherheit. Beruflicher Erfolg besteht für ihn in der Steigerung der Gewißheit, fest in seiner Firma verwurzelt zu sein. Der Weg zum Erfolg, also zur Erhöhung seiner persönlichen Sicherheit, gründet in stetigem Engagement, Treue und hoher Identifikation mit dem Unternehmen, für das er arbeitet.

Der *Vata-Typ* schließlich nimmt wachsende Autonomie als Maßstab für seinen beruflichen Erfolg. Wenn seine Arbeit beispielsweise zu mehr Gestaltungs- und Entscheidungsspielraum führt, fühlt er sich erfolgreich. Dagegen fühlt er sein Leistungsvermögen und seine Arbeitsbereitschaft durch ein ausgefeiltes Regelwerk eingeschränkt.

Aus ayurvedischer Sicht stellt sich für alle drei Typen die Aufgabe, zu einem *Leben und Arbeiten im Gleichgewicht* zu finden. Erfolg wird hier verstanden als das ausgewogene Zusammenspiel von beruflichen Interessen und Aufgaben, familiären Verpflichtungen und persönlichen Neigungen oder Vorhaben.

Wir haben uns bislang mit den körperlichen und geistig-seelischen Aspekten Ihrer Gesundheit oder eines Managements auseinandergesetzt, das zur Erfüllung Ihres Lebenssinns beiträgt. Es sind Ihnen eine Vielzahl von Verfahren vorgestellt worden, die Ihnen einen besseren Umgang mit sich selbst erlauben.

Bei genauerem Hinsehen bestehen Sie aber nicht nur aus Körper, Denken und Fühlen. Ihre Persönlichkeit umfaßt noch mehr Schichten: Ihre Intuition, Ihren Intellekt, also das Unterscheidungsvermögen, Ihr Ich und Ihr Selbst.

So vielschichtig sieht der Maharishi-Ayurveda den Menschen. Menschen sind in dieser Sichtweise Wesen, die acht Ebenen umfassen:

1. die natürliche und soziale Umwelt,
2. den Körper, bestehend aus Handlungsorganen (Hände, Füße, Fortpflanzungsorgane, Ausscheidungsorgane, Sprechorgane) und Sinnesorgane (fünf Sinne),
3. das Denken,
4. das Fühlen,
5. die Intuition,
6. den Intellekt,
7. das Ego und
8. das Selbst.

Wie eine Zwiebel besteht jeder Mensch aus verschiedenen, hierarchisch aufgebauten Schalen. Was heißt das für die Entwicklung des Bewußtseinspotentials? Bewußtheit ist vollkommen, das gesamte Potential ist freigesetzt, wenn alle Ebenen umfassend wahrgenommen, integriert und im Verhalten zum Ausdruck gebracht werden. Die Verwirklichung des ganzen Potentials heißt *Lebenserfolg*.

Ein bekanntes Sprichwort besagt: „Erfolg ist, was erfolgt, wenn man sich selbst folgt."

Sie folgen sich selbst, wenn Sie allen Potentialen Raum geben und dabei nicht nur den Körper, das Denken und Fühlen berücksichtigen. Die ayurvedische Erfolgslehre bleibt deshalb nicht bei der Schulung von Körper, Denken und Fühlen stehen, sondern erschließt auch die subtileren Schichten der Persönlichkeit wie die Intuition und das Unterscheidungsvermögen.

7.1 Der Intuition im Management vertrauen

Wenn Sie sich fragen, woher Ihre kreativen Gedanken kommen, dann lautet Ihre Antwort wahrscheinlich: Nach mehr oder weniger umfassender gedanklicher und visualisierender Vorarbeit in der Klärung einer Frage oder Aufgabe stellt sich plötzlich eine Lösung ein – eine *Intuition*.

Leistungsfähige Gedanken bauen sich aus einer Mischung von Intuition und Rationalität auf, wobei die Intuition den „Kern" darstellt, die Rationalität das „Fruchtfleisch" und die „Schale".

Ein erfolgreicher Erfinder und Unternehmer aus dem Münchener Raum erzählte einem der Autoren im Gespräch über Intuition:

„Morgens, beim Aufwachen, horche ich in mich hinein und frage mich, welches Geschenk mir die Intuition heute zukommen lassen will. Ich erinnere mich dankbar an die Intuitionen der letzten Tage und vertraue mich der Führung meiner Intuition an. Dann sammle ich mich für die wichtigste Aufgabe des neuen Tages. Meistens weiß ich plötzlich und klar, was zu tun ist. Falls nicht, bedanke ich mich nochmals und sage zu mir: ‚In der Situation weiß ich, was zu tun ist!' Danach erst stehe ich auf."

Natürlich hängt Ihr persönlicher Erfolg von der körperlichen Leistungsfähigkeit ab. Die Aufgaben, die Sie zu erledigen haben, um ein Ziel zu erreichen, setzen einen gut funktionierenden Körper voraus. Je gesünder Sie sind, um so größer ist Ihre Leistungsfähigkeit.

Selbstverständlich müssen Sie auch denken und fühlen. Sie müssen Störungen ausschalten, andere Menschen für Ihre Aufgaben begeistern, planen und organisieren. Je kohärenter und positiver Ihr Denken ist, um so schneller führen Ihre Gedanken zum Erfolg. Aber die Basis Ihres Erfolgs liegt in der intuitiven Schicht Ihres Wesens und, wie wir noch zeigen werden, in den darunter liegenden Schichten, die Ihr Denken, Fühlen und Handeln tragen.

Intuition ist jedes *Wissen und Erkennen von Möglichkeiten*. Intuition schafft aus einem Feld von Möglichkeiten heraus. Denken und Fühlen sind immer konkret und beziehen sich immer auf eine bestimmte Wirklichkeit, zum Beispiel das störende Klingeln Ihres Telefons, während Sie gerade dieses Buch lesen.

Dagegen ist Intuition gleichsam der Empfänger, mit dem sich das Denken und Fühlen auf den Raum aller Möglichkeiten richtet, um neue „Programme" aus diesem „Äther" hören zu können.

Der Psychologe Jung sah Intuition als die Funktion des menschlichen Geistes, die das „Unbekannte erforscht und Möglichkeiten und tiefere Zusammenhänge erfaßt, die nicht unmittelbar ersichtlich sind" (Agor, 1989, S. 14).

Grundfaktoren der Intuition

Die wesentlichen *Grundelemente der Intuition* sind:

1. Klarheit der Wahrnehmung,
2. ausreichende Speicherung entsprechender Informationen,
3. geschultes Denken und
4. nicht blockierte, wache Gefühle.

1. Die *Klarheit der Wahrnehmung,* das heißt die Fähigkeit, Signale eines Menschen oder Vorgangs unverzerrt aufzunehmen, hängt entscheidend davon ab, ob die emotionalen Bedürfnisse im Einklang oder Widerspruch mit der Realität stehen. Wenn Gefühle eine Situation überlagern, verhindert dies das Auftreten von Intuition.

Schulen läßt sich eine klare Wahrnehmung auf vielfältige Weise. Schulungsverfahren sind zum Beispiel eine Unterweisung in Körpersprache (Kinesik), ein Rhetoriktraining oder aber Einübung in ein Meditationsverfahren. Wer bei sich die körperlichen, sprachlichen und andere auftretende Verhaltensmuster und Abläufe erkennen kann, ist imstande, die für Intuition notwendigen Impulse zu registrieren und zu bewerten.

2. Darüber hinaus setzt Intuition eine *ausreichende Menge gespeicherter Informationen* voraus. Die Wahrnehmung wird vor intuitiven Einsichten unbewußt mit früheren Eindrücken, Ereignissen und ähnlichem verglichen. Ein gutes Gedächtnis und ein hohes Maß an wacher Aufmerksamkeit sind hilfreich. Beide Fähigkeiten lassen sich durch ein Konzentrations- und Gedächtnistraining sowie Methoden meditativer Aufmerksamkeitsschulung trainieren.

3. Unter *geschultem Denken,* einem weiteren Faktor der Intuition, ist nicht nur logisches Denken gemeint, das zur Bewertung einer intuitiven Leistung herangezogen werden sollte, um deren Realitätsbezug zu prüfen. Vielmehr hat sich auch das sogenannte laterale Denken als intuitionsfördernd erwiesen. Dies ist ein Denkstil, der als „Um-die-Ecke-Denken" bezeichnet und besonders in Denkschulungen nach de Bono (1986) vermittelt wird.

4. *Nicht blockierte, wache Gefühle* stellen einen zusätzlichen Baustein der Intuition dar. Wer empathisch sein kann, dessen Gefühle sind bereit, Intuition entstehen zu lassen. Empathie ist eine spontane Leistung, sich in die Gefühlswelt eines anderen Menschen hineinzuversetzen. Gefühle unverzerrt und bewußt wahrzunehmen und auszudrücken, ist erlernbar. Jedes Selbsterfahrungstraining kann hierzu dienen.

Um Ihr Bewußtsein gezielt auf die Freisetzung Ihres intuitiven Potentials auszurichten, empfiehlt der Ayurveda vor allem *Meditation*. Im vierten Kapitel wurde Ihnen Meditation als ein ganzheitlicher Weg zur Erfahrung und Entfaltung des Bewußtseins vorgestellt. Ganzheitlich ist dieser Weg, weil er zumindest während des Meditierens Ihren Geist so öffnet, daß er das Denken und Fühlen übersteigen kann und in den „intuitiven Raum" vordringt.

Nur wenn das Denken beruhigt ist und die Gefühle ausgewogen sind, kann sich eine Information oder Problemlösung intuitiv einstellen. Dann erst sind Sie empfangsfähig für die feinen Schwingungen Ihrer Intuition.

In Befragungen geben Führungskräfte an, daß Intuition ganz spontan auftritt. Immer wenn Denken und Fühlen im Gleichgewicht sind, ist eine gute Voraussetzung für das Intuitionieren gegeben. So erklärte zum Beispiel ein Vorstandsmitglied eines Meß- und Regeltechnikunternehmens:

„Mir passiert das häufig in Situationen, wo ich überhaupt nicht daran denke (das Problem zu lösen), beim Spaziergang oder nachts." (Hauser, 1991, S. 150)

Langweilige Sitzungen, Reisen oder wenn sich dem Tagesgeschehen gegenüber eine gewisse innere oder äußere Distanz einstellt, bilden Begebenheiten, die ebenfalls geeignet sind, den Intuitionskanal freizulegen. Im Management gibt es immer wieder Situationen, die einer Schlüsselentscheidung bedürfen.

Schlüsselentscheidungen erfordern Ihre Intuition,
- wenn ein hoher Grad von Ungewißheit besteht;
- wenn keine Erfahrung aus vergleichbaren Situationen vorliegt;
- wenn variable Größen gegeben sind, die analytisch nicht im einzelnen durchgerechnet werden können;
- wenn nur begrenzte Informationen über Fakten vorliegen;
- wenn sich aus den Informationen über Fakten nicht unmittelbar eine klare Vorgehensweise ergibt;
- wenn Zeitdruck und Erfolgszwang vorherrschen;
- wenn mehrere Lösungsmöglichkeiten denkbar sind und für jede dieser Möglichkeiten gute Gründe sprechen (Agor, 1989).

Führungskräfte entscheiden in allen Aufgabenbereichen immer auch intuitiv: bei der Einstellung neuer Mitarbeiter, hinsichtlich der Fertigung neuer Produkte beziehungsweise deren Anschaffung, bei der Veränderung von Organisationsstrukturen. Und natürlich treffen sie auch private Entscheidungen wie Immobilienkauf oder Börsenaktivitäten immer wieder intuitiv.

Erinnern Sie sich jetzt einmal bewußt an eine intuitive Erfahrung. Wie bei den meisten Menschen wird es sich wahrscheinlich auch bei Ihnen um ein Erlebnis von Intuition handeln, das Sie in einer kritischen Situation oder an einem wichtigen Wendepunkt Ihres Lebens hatten. Glauben Sie aber deshalb nicht, daß Intuition nur in lebenswichtigen Fragen zum Tragen kommt. Im Gegenteil, je wacher Ihr Bewußtsein ist, um so mehr werden Sie feststellen, daß intuitive Eingaben bei allen Entscheidungen eine Rolle spielen, also auch bei den banalsten des Alltags wie der Kleider- oder Essensauswahl.

Wenn Sie das Potential Ihrer Intuition aktivieren wollen, so empfehlen wir Ihnen aus ayurvedischer Sicht:

1. Lernen Sie, sich gezielt in einen entspannten, wachen Zustand des körperlich-geistigen Gleichgewichts zu bringen. Dies gelingt Ihnen zum Beispiel durch Meditation.
2. Nachdem Sie sich über ein Problem oder eine Aufgabe sachkundig gemacht haben, fragen Sie sich in diesem Zustand selbst: „Was muß ich hier tun?" oder: „Welche ist die richtige Lösung?"
3. Vertrauen Sie Ihrer Intuition. Sie gibt Ihnen die richtige Antwort. Setzen Sie diese Antwort um! Wenigstens insoweit, daß Sie mit Ihrem Geschäftspartner, einem guten Freund oder Ihrem Lebenspartner über die „Botschaft" sprechen. Andernfalls verstopfen Sie den Kanal der Intuition.
4. Je häufiger Sie Intuition anwenden, um so eher verläuft der Vorgang des Einsichtengewinnens leicht und reibungslos.
5. Manchmal hilft auch ein Intuitionstagebuch zur Steigerung der Akzeptanz und zur Vertiefung des Vertrauens in die eigene Intuition. Halten Sie genau fest, was Sie wann aufgrund von Intuitionen wie entschieden haben, und prüfen Sie in dreimonatigen Abständen, ob Sie mit den Ergebnissen wirklich zufrieden sein können.

7.2 Prüfen und fördern Sie Ihre Motivation

Erfolg ist Zielerreichung. Wichtige Voraussetzungen der Zielerreichung haben wir Ihnen bereits genannt: Wenn Ihr Körper gesund ist, das Denken klar und gerichtet, die Gefühle verfeinerter und die Intuition erwacht, dann ist fast alles so vorbereitet, daß Ihr Erfolgsstreben Erfüllung findet. Jedoch hängt alles daran, ob und wie Sie motiviert sind, das zu tun, was gerade ansteht.

Die *Motivation,* die innere Bewegung, etwas zu tun, und nicht etwa alles so zu lassen, wie es ist, kommt aus einer Bewußtseinsschicht, die der Ayurveda als *Ich* bezeichnet. Diese Schicht ist subtiler als alle bisher vorgestellen Schichten der Persönlichkeit, weniger greifbar und der Bewußtheit schwerer zugänglich. Es ist die Schicht der inneren Antriebe.

Das Ich, das, was Sie zum Handeln bewegt, ist Ihr „innerer Motor", der sich aus Ihren Motiven zusammensetzt. Wie sich in einer Sonate ein oder mehrere Motive durch alle Sätze durchziehen, so spielen Sie Ihre „Lebenssonate" um einige Hauptbeweggründe herum.

Motive sind nicht nur Bedürfnisse, die Sie haben und denen Sie folgen, um sie zu befriedigen. Es sind vielmehr tieferliegende Hauptbeweggründe, also alles, was Sie bewegt, so zu leben, wie Sie leben.

Die Hauptfrage, mit der Sie Ihre *Motive erkennen* können, lautet: „Was will ich?"

Was wollen Sie in einer bestimmten Situation am Arbeitsplatz, was wollen Sie zu Hause, was wollen Sie mit diesem Leben als Ganzem? Sie sind das, was Sie wollen! Zielformulierungen sind nichts anderes, als Willens- oder Ichimpulse, deren konkreter Umsetzung Sie sich in Ihrer jeweiligen Arbeits- oder Lebenssituation stellen.

Über *Zielformulierungen* setzen Sie Bewußtseinspotentiale frei, die Ihnen einen Einblick in Ihr Ich erlauben: Wer bin ich? Wo stehe ich jetzt, in dieser Phase meines Lebens? Wie viele meiner Möglichkeiten habe ich jetzt schon verwirklicht?

Motivation ist Selbst-Motivation

Ayurvedisch betrachtet *ist jede Motivation Selbst-Motivation*. Die Bedürfnisse Ihrer Umwelt fordern Sie nur dann zum Handeln auf, wenn Sie sie als Ihre eigenen erkennen und sie für Ihren persönlichen Fortschritt eine Herausforderung darstellen, wenn sie also für Sie zum Motiv, zum Beweggrund werden.

Dem bekannten amerikanischen Psychologen Maslow folgend, können die Beweggründe, die Ihr Ich ausmachen, in fünf Feldern liegen: Sie können materielle Motive, Sicherheitsmotive, Kontaktmotive, Anerkennungsmotive oder Selbstverwirklichungsmotive umsetzen. Meistens kommen mehrere Motive zusammen. Auch sind Veränderungen von Motivzusammenhängen im Laufe Ihres Lebens natürlich.

Stellen Sie sich einmal folgende Kontrollfragen:

– Bekomme ich ein Gehalt, das meinen Arbeitsumständen und meiner Leistung entspricht?
– Fühle ich mich an meinem Arbeitsplatz sicher? Erfahre ich Unterstützung durch Kollegen, Mitarbeiter, Vorgesetzte?
– Wie ist meine Beziehung zu meinem Chef, zu Kollegen, zu meinen Mitarbeitern?
– Wie ist die Resonanz auf meine Arbeit? Fühle ich mich bestätigt? Fragt man mich um Rat?
– Entwickle ich mich persönlich durch meine Arbeit?

Ihre Antworten zeigen Ihnen Ihre Motivstruktur. Der Schwerpunkt Ihres momentanen Entwicklungsstands läßt sich leicht erkennen. Dort, wo gefühlsmäßig bei der Beantwortung der Fragen am meisten innerlich mitschwang, liegen derzeit Ihre wichtigsten Motive.

Ihr Ich kennt eine Reihe von „Tricks", um sich voll auszudrücken und seine Motive zu leben. Der folgende Test gestattet Ihnen, diejenigen Tricks herauszufinden, die Ihrer Ichstruktur entsprechen.

Test: Wie gut motiviere ich mich selbst?

Ich motiviere mich: Bitte spontan ankreuzen:

	Ja	Nein
– indem ich die Vorfreude eines möglichen Erfolgs genieße;		
– indem ich mich frage: Worauf freue ich mich?		
– indem ich grundsätzlich positiv denke;		
– indem ich einfach anfange mit einer Tätigkeit und dabei genieße, was zu genießen ist;		
– indem ich eine Arbeit suche, die ich gerne mache;		
– indem ich dasitze, nichts tue und warte, bis ich auf etwas Lust habe;		
– indem ich mir eine Belohnung aussetze;		
– indem ich an etwas Schönes denke;		

– indem ich mich frage: Was ist das Schöne an dieser Sache?		
– indem ich meine Leitbilder überdenke und zu Neuem aufbreche;		
– indem ich mich frage: Warum habe ich keine Lust?		
– indem ich anderen mein Problem mitteile und mich dabei motivieren lasse;		
– indem ich mich an meine Erfolge erinnere;		
– indem ich mir nach Mißerfolgen sage: Lerne daraus!		
– indem ich an einen Sinn des Ganzen glaube.		

Je mehr Ja-Antworten Sie spontan angekreuzt haben, desto besser können Sie sich selbst motivieren (Test nach Becker, 1989, S. 35 f.).

Was aber geschieht, wenn mehrere Motive gleichzeitig bei Ihnen vorliegen und nicht in eine Tätigkeit umgesetzt werden können? Zum Beispiel konfligiert bei vielen Managern der Einsatz für ihr Unternehmen mit dem Ziel, für die eigene Familie präsent zu sein und mit ihr Entwicklungsprozesse zu durchlaufen. Die Verlagslektorin Pinta skizziert diesen Wertekonflikt treffend in einem Gespräch:

„Der Mensch ist viel zu vielseitig und voller komplizierter Beziehungen, als daß ihm nur die eine Seite genügen würde. Er gibt sich nicht damit zufrieden, nur auf einem Gebiet Erfolg zu haben. Er will erfolgreich im Beruf sein, er will auch eine harmonische Partnerschaftsbeziehung, wohlgeratene Kinder und und und. Darin besteht ja gerade das Kardinalproblem, das alles in Übereinstimmung zu bringen, beruflich erfolgreich zu sein, aber auch in einem guten Familienklima zu leben. Ich kann mir nicht vorstellen, daß man da so leicht eine Entscheidung treffen kann." (Innovatio, 1990, S. 37)

Motivation und Unterscheidungsvermögen

Gerade in diesem Spannungsfeld zwischen Familie und Beruf spüren die meisten Manager einen Dauerkonflikt. Geht es Ihnen auch so? Wann immer es zu einem Konflikt der Motive kommt, wird Ihr

Unterscheidungsvermögen gefordert, Ihr Intellekt, den der Ayurveda zwischen Ich und Intuition einordnet. Der Intellekt unterscheidet, welche Willensimpulse aus dem Ich in einer bestimmten Situation umgesetzt werden sollen und welche nicht. Er ist die Ja-Nein-Wertungsinstanz.

Ihr Unterscheidungsvermögen fokussiert immer nur auf ein Motiv. Es ist wie ein Filter, der zu einem bestimmten Zeitpunkt nur ein Motiv durchläßt. Für erfolgreiches Handeln ist diese Fokussierung ein Schlüsselfaktor. Der Intellekt ist die Entscheidungsinstanz. Sie können ihn sehr leicht schärfen.

Alle bisher vorgestellten ayurvedischen Maßnahmen schulen automatisch auch den Intellekt mit. Denken Sie beispielsweise an die wichtigste ayurvedische Ernährungsregel: „Folge bei der Auswahl Deiner Nahrung Deinem Konstitutionstyp." Jede Mahlzeit setzt die Arbeit Ihres Intellekts, Ihres Unterscheidungsvermögens voraus.

Erinnern Sie sich ferner an die oben beschriebene Yoga-Atemübung. Diese erlaubt Ihrem Intellekt, die Unterscheidung zwischen Ein- und Ausatmen mitzuvollziehen. Oder nehmen Sie die Meditation: Sie fordert Ihren Intellekt heraus, zwischen Stille und mentaler Aktivität zu differenzieren.

Die Schulung des Intellekts bringt Ihr Leben mehr und mehr in Einklang mit Ihren ureigensten Motiven. Ureigen heißt, daß nur Sie diese spezielle Kombination und Ausprägung besitzen. Er hilft Ihnen all das herauszufiltern, was fremdgeleitete Willensaktivität ist. Mehr und mehr werden Sie Ihre persönlichen Motive erkennen und gleichzeitig die Kraft entwickeln, nur diese umzusetzen und nicht diejenigen Motive, die aus Ihrem sozialen Umfeld auf Sie einwirken.

Was wir gerade über den Intellekt gesagt haben, gilt natürlich auch für die oben angesprochene Intuition. Intellekt und Intuition sind zwei Seiten ein und derselben Münze. Die Intuition ist die Seite der überbewußten, ganzheitlichen Informationen. Der Intellekt dagegen diejenige Seite, die über den Wert der Information für eine spezielle Situation entscheidet.

Intuition schöpft aus einem höheren, größeren Raum Einsichten, die der Intellekt hinsichtlich ihrer Brauchbarkeit für die Umsetzung eines Motivs prüft. Offenbar sind bei Entscheidungen oder Konfliktlösungen beide gleichermaßen gefordert.

Auf unseren Seminaren lassen wir die Teilnehmer immer wieder eine Liste von Eigenschaften erfolgreicher Menschen aufstellen. Eine Liste, die jüngst bei einem Seminar für Mitarbeiter einer Bank erarbeitet wurde, sah so aus:

Erfolgreiche Menschen

– sind kraftvoll;
– wissen, was sie wollen;
– tun vorwiegend, was sie wollen;
– haben Charisma, um andere zum Mittun zu bewegen;
– sind überzeugt von sich und ihrem eigenen Wert;
– haben Zeit für das Wichtigste;
– haben hohe Konzentrationskraft;
– lieben Ihre Aufgaben;
– können sich belohnen;
– brauchen wenig Lob;
– sind relativ unabhängig vom Urteil anderer.

Wie aus der medizinischen und psychologischen Ayurveda-Forschung hervorgeht, werden all diese Merkmale durch das ganzheitliche ayurvedische Gesundheits-Management gestärkt oder entwickelt. Damit schafft der Ayurveda auf allen Ebenen der Persönlichkeit die Voraussetzungen, die für ein erfolgreiches Leben nötig sind.

Sie sind vielleicht mit dem einen oder anderen Erfolgssystem vertraut wie zum Beispiel dem von Schellbach. Die ayurvedischen Maßnahmen machen diese teils ausgefeilten Schulungsprogramme nicht überflüssig. Sie schaffen vielmehr die bewußtseinsbezogenen Voraussetzungen, damit diese Programme auch für Sie besser greifen.

So berichtete uns ein Manager aus der Musikbranche, daß er ein Erfolgsseminar wesentlich besser wertschätzen konnte, als seine Kollegen, die nicht an unserem Bewußtseinsseminar teilgenommen hatten. Er verstand die innere Logik des Erfolgreichseins einfach schneller und tiefgreifender, da seine Bewußtheit ausgeprägter war. Sein Selbstbezug war durch das ayurvedische Gesundheitstraining so gewachsen, daß er die meisten Seminarinhalte des Erfolgsseminars auf seine Arbeits- und Lebenssituation beziehen konnte.

Neben der bislang vorgestellten Sicht von Motivation als Umsetzung von Ich-Motiven, also von Selbst-Motivation, gibt es das bekanntere Verständnis von *Motivation im Sinne von Aktionen, die andere bewegen sollen, etwas zu tun*, also zum Beispiel Maßnahmen der Mitarbeitermotivation. Betrieblicher Erfolg hängt sicherlich auch von einer professionellen Führung ab, der es gelingt, Kollegen und Mitarbeiter, manchmal auch Vorgesetzte zur gemeinsamen Aktion zu bewegen.

Als *Motivatoren* werden dann in einschlägigen Seminaren erarbeitet:

1. ein materielles Anreizsystem;
2. positive Arbeitshygiene;
3. wirksame Kommunikation;
4. Lob, Anerkennung und (falls nötig) konstruktive Kritik;
5. Verfahren der Mitbestimmung;
6. Techniken der Delegation von Verantwortung;
7. Teamentwicklung;
8. persönlichkeitsbildende Maßnahmen.

Eines ist jedoch klar: Nur derjenige wird andere bewegen, der sich selbst bewegen kann. Kein noch so ausgetüfteltes System der motivationalen Mitarbeiterführung funktioniert, wenn nicht die jeweilige Führungskraft durch ihr eigenes Handeln Vorbild ist oder die in ihrer Führungsphilosophie formulierten Richtlinien praktisch umsetzt. Und damit sind Sie doch wieder bei sich und Ihren persönlichen Motiven beziehungsweise bei Ihrer Bereitschaft und Fähigkeit, Sie selbst zu sein.

7.3 Erfolg als Selbst-Erfüllung

Erfolgreiche Menschen haben, wie gerade gesehen, Eigenschaften, die sie als „selbst-orientiert" ausweisen. Ihre Intuition und ihr Intellekt sind so geschärft, daß sie wissen, was für sie ganzheitlich gut ist, und sie handeln entsprechend spontan innengeleitet. Leider erzeugt das Wort „Selbstorientierung" häufig Mißverständnisse. Vielleicht verwechseln auch Sie es mit Egoismus, Selbstsucht, Überheblichkeit, Im-Mittelpunkt-stehen-wollen oder ähnlichen Eigenschaften. Wann immer Menschen die Motive, die sie ausmachen, nicht leben, also ihr Ich-Potential nicht zum Ausdruck bringen, neigen sie zu solcher Fehlorientierung.

Der Ayurveda geht davon aus, daß Fehlorientierungen, die aus einem nicht voll gelebten Ich-Bezug herrühren, nur überwunden werden können, wenn das Ich seine Wurzeln im Selbst wiederbelebt. Genau wie es einen Rückbezug der Körperzellen zum quantenmechanischen Körper gibt, der durch ayurvedische Verfahren hergestellt wird, so gibt es auch einen Rückbezug des Ich zum Selbst, der insbesondere durch Meditation gefördert wird.

Wirkliches Selbst-Bewußtsein ist also mehr als Ich-Bewußtsein. Während das Ich-Bewußtsein eine abgrenzende Aufgabe erfüllt, öffnet das Selbst-Bewußtsein sich dem Ganzen der Wirklichkeit. Es ist sicherlich auch Ihre Erfahrung, daß Menschen, die ein ausgeprägtes Ich-Bewußtsein ausstrahlen, für Sie keine leichten Gesprächspartner sind. Es bedarf dann oft vieler Abstimmungsbemühungen, um zu gemeinsamen Entscheidungen zu gelangen.

Aber Sie kennen wahrscheinlich auch Menschen, die ein starkes *Selbst-Bewußtsein* haben. Diese müssen sich nicht von Ihnen durch die Betonung Ihres Ich abgrenzen, sondern sind frei, sich auf Ihre Vorschläge einzulassen, Neues ohne Einschränkung auszuprobieren und strahlen Verbundenheit und Nähe aus.

Ein selbstorientierter Mensch handelt nicht egozentrisch, sondern begreift sich selbst als Teil eines größeren Lebenszusammenhangs oder Handlungskontextes. *Das Selbst* ist, wie die Transpersonale Psychologie vermittelt, diejenige Dimension im Menschen, die jenseits aller Identifikationen mit Gedanken, Gefühlen, Handlungen und materiellen Gegebenheiten liegt, also jenseits aller Ich-Bezüge.

Selbst-Orientierung heißt also die Verbindung zur Basis von Psyche und Körper herzustellen und bewußt zu leben. Im vierten Kapitel über Meditation haben wir Ihnen den ayurvedischen Weg zur Belebung Ihres Selbst-Potentials erläutert. Meditation erlaubt Ihnen, einen Bewußtseinszustand kennen und festigen zu lernen, der reines Selbst-Bewußtsein ist.

In einem Artikel über Persönlichkeitsintegration schreiben Walsh und Vaughan (1985, S. 65 f.):

„Die Erfahrung unbedingter reiner Bewußtheit wird offenbar als ein großes Glück empfunden, und die hinduistische Tradition beschreibt sie auch mit der Dreiheit von Sein, Bewußtsein und Glückseligkeit – Sat Chit Ananda. Ohne die Identifikation... gibt es die Erfahrung des Leidens nicht mehr. Jetzt ist der Mensch einer klaren und getreuen Wahrnehmung fähig... Und da jetzt keine ausschließenden Identifikationen mehr im Weg stehen, werden der Spiegel und sein Bild, Subjekt und Objekt, als eins erfahren... Ein Mensch, der sich so als reine Bewußtheit erfährt – eins mit allem und doch nicht identisch mit irgend etwas –, fühlt sich auch eins mit allen anderen Menschen... Wenn nichts mehr existiert als das eine Selbst, wird der Gedanke, anderen zu schaden, schlicht sinnlos und kann daher gar nicht mehr aufkommen. Die natürliche Ausdrucksform dieses Zustands ist Liebe und Mitgefühl für andere."

Erfolg setzt klare und treffende Wahrnehmung voraus. Nur wenn Sie sich selbst umfassend und ungeschönt wahrnehmen, sind Sie in der Lage, auch Ihre Mitmenschen und Ihre Umwelt genau und verzerrungsfrei zu sehen. Erst die angemessene Einschätzung von sich selbst und der Mit- sowie der Umwelt ermöglicht Ihnen, Ihre Ziele zu erreichen.

Äußerer Erfolg ist das Ergebnis, wenn Sie sich selbst folgen. Sich selbst zu folgen, schließt alle Ebenen der Persönlichkeit ein. Mehr noch, Erfolg setzt erst richtig ein, wenn Sie sich nicht nach Ihrem kleinen Ich richten, sondern in allem Handeln aus dem Bezug zu Ihrem großen Selbst heraus leben. Dies resultiert aus der reinen Selbsterfahrung. Da diese Erfahrung des Selbst „Sein, Bewußtsein und Glückseligkeit" beinhaltet, ist sie automatisch erfüllend. Erfolg ist, so gesehen, *Selbst-Erfüllung*.

Unseren Seminarteilnehmern wird insbesondere aufgrund der Erfahrung von Meditation deutlich, daß die Basis jeglichen Erfolgs letztlich inneres Erfülltsein ist. Erfolg folgt Erfahrungen des Erfülltseins. Diese können sich entweder als körperliche Kraft oder Gewandtheit ausdrücken oder als zielsicheres Denken oder als Kunst des Führens.

Wo immer ein Mensch ein bestimmtes Potential auslebt, verwirklicht er Fülle. Leider springt die Erfahrung des Erfülltseins nicht von einem auf den anderen über. Erfüllung zu erleben, erfordert Selbst-Erfüllung. Mit der Wahrnehmung und Wertschätzung von Erfüllung ist es wie mit allen Erfahrungen, die Wohlbefinden hervorrufen:

Nur wenn Sie aus sich heraus erfüllt sind, können Sie die Erfüllung, die Ihnen Menschen aus Ihrem Umfeld vermitteln, wirklich genießen. Physikalisch gesprochen geht Gleiches mit Gleichem in Resonanz.

Wenn Sie also die Wurzel Ihres Erfolgs nähren wollen, so legt Ihnen der Ayurveda nahe, sich selbst im Zustand reinen Bewußtseins zu erfahren.

7.4 Handeln aus dem Selbst und andere Erfolgsprinzipien

Die Erfahrung des Selbst ist ein Bewußtseinszustand. Wann immer Ihr Körper-Geist im Gleichgewicht ist, haben Sie diesen Zustand verwirklicht. In diesen Zustand der Ausgewogenheit gelangen Sie durch die beschriebenen Gesundheitsstrategien des Maharishi-Ayurveda.

Die wissenschaftlichen Untersuchungen über die Entfaltung aller Potentiale des Körper-Geists, die durch ayurvedische Maßnahmen eingeleitet wird, verdeutlichen, daß es jedem Menschen möglich ist, diesen Zustand des Gleichgewichts zu erreichen und aus ihm heraus zu handeln. Denn natürlich kommt es nicht nur darauf an, in der Meditation oder bei Anwendung anderer ayurvedischer Maßnahmen, entspannt und wach oder erfüllt zu sein.

Vielmehr zeichnet sich eine entwickelte Persönlichkeit dadurch aus, daß sie diesen Zustand in ihrem Tun zum Ausgangspunkt macht. *Handeln aus dem Gleichgewicht* lautet also die Devise. Dies ist insbesondere für den Manager unserer Tage wichtig, der durch seine Schulung, seine Erfahrungen und seine konkreten Aufgaben permanent mit Zuständen konfrontiert wird, die wir „Anti-Yoga" nennen.

Die herkömmliche Ausbildung vermittelt ihm eine Fülle von Detailkenntnissen und nicht zusammenhängendes Wissen, wie Situationen am besten zu handhaben sind. Seine Erfahrungen bestätigen, daß managen „Chaosbewältigung" heißt und die Gefahr groß ist, selbst von Komplexität und Chaos erdrückt zu werden. Die daraus resultierende Dauerüberforderung ist, wie Sie aus Ihrer Erfahrung sicher bestätigen werden, nicht förderlich für Ihre Balance.

Handeln aus dem Gleichgewicht

Handeln aus dem Gleichgewicht klingt wahrscheinlich fremd für Sie. Und doch ist es eine Herausforderung. Vielleicht die größte, der sich ein Manager stellen kann. Handeln aus dem Gleichgewicht bedeutet nämlich, alles Gewohnte hinter sich zu lassen und neu anzufangen. Jeden Tag neu anzufangen mit dem Herstellen eines ausgewogenen Zustands Ihres Körper-Geists. In jeder Managementsituation Ausgewogenheit zwischen eigenen Interessen und denen der Gesprächspartner herbeizuführen, das ist dann *Yoga im Handeln*. Dieser äußere Yoga setzt den klaren Selbstbezug voraus, wie wir im vorherigen Kapitel erläutert haben.

Handeln aus dem Gleichgewicht oder Yoga im Handeln beschreibt ein Verkaufstrainer, der an einem unserer ersten Seminare teilnahm, sehr anschaulich:

„Wenn ich heute ein Verkaufstraining durchführe, dann bin ich in einem völlig anderen Zustand als vor einigen Jahren. Mit der Morgenmeditation tanke ich auf und erreiche einen Zustand inneren Wohlbefindens, den ich kaum beschreiben kann. Die Zufriedenheit und der mit ihr einhergehende innere Friede ist fast grenzenlos. Und doch bin ich hellwach und will diesen Zustand der Fülle meinen Trainees weitergeben.

Natürlich gibt es in den Trainings immer mal Widerstand. Früher habe ich das als persönlichen Angriff gewertet. Heute gelingt es mir, jede Schärfe abzupuffern. Mein Gesamtzustand schließt aus, daß ich irgend etwas als behindernd empfinde. Ich kann mich ganz auf das vorgebrachte Problem oder die Kritik einlassen. Gleichmut herrscht vor. Das ist aber keine Langeweile oder Gleichmacherei, sondern Mut und Lust, gleich, was auf mich zukommt. Meine Trainings strengen mich nicht mehr an, im Gegenteil, sie setzen noch mehr Energie und Lebensfreude bei mir frei. Sie sind zutiefst befriedigend."

Handeln aus dem Gleichgewicht ist das oberste Prinzip erfolgreichen Managements, wenn Sie Erfolg nicht nur als kurzfristige Zielverwirklichung verstehen, sondern als Zielerreichung, die sich langfristig als gut und für alle Betroffenen förderlich erweist, also ganzheitlich nützlich ist.

Bezugnehmend auf das letzte Kapitel wollen wir Handeln aus dem Gleichgewicht *Handeln aus dem Selbst* nennen. Im Gleichgewicht zu sein heißt dann: „im Selbst gegründet sein". Der ausgewogene Körper-Geist ist nichts anderes als das Selbst. Der Ayurveda bezeichnet Gesundheit als *„swasthya"*. Dies heißt: *„im Selbst stehend"*. Der gesunde Mensch verliert niemals seinen Selbstbezug, gleich was er auch tut. Mehr noch, er handelt immer so, daß sein

Selbst, also sein gesamtes Potential in allem, was er tut, zum Ausdruck kommt. Handeln aus dem Selbst ist also das zentrale Prinzip der ayurvedischen Erfolgslehre.

In „Karriere", der Beilage zum „Handelsblatt" schrieb Henes-Karnahl, daß *Selbstbehauptung* der entscheidende Prädikator für das Vermögen eines Nachwuchsmanagers sei, erfolgreich ins Top-Management aufzusteigen. Eine Langzeituntersuchung von Führungskräften deckte typische Aufsteiger-Merkmale auf. Der Hauptfaktor „Selbstbehauptung" meint nun nicht etwa das Vermögen, sich mit Ellenbogen durchzusetzen. Die Dominanz dieses Persönlichkeitszugs kennzeichnet nicht einen Manager, der über Leichen geht. Vielmehr verstehen Psychologen hierunter Eigenschaften wie Selbständigkeit, Unabhängigkeit, Selbstbewußtsein, Standfestigkeit, Durchsetzungsvermögen und Entschlußkraft sowie Überzeugungsfähigkeit. Gerade die erstgenannten Eigenschaften sind auch typisch für Menschen, die „im Selbst gegründet" handeln.

Nur wer sein Selbst kennt, ist wirklich in einer harmonischen, für die anderen akzeptablen Weise selbstbewußt und standhaft. Er verfügt über eine natürliche Autorität, die ihn relativ unabhängig von der Meinung und den Erwartungen anderer sein läßt und strahlt Selbstsicherheit überzeugend aus.

Die fünf wichtigsten Erfolgsprinzipien des Ayurveda

An dieses erste Erfolgsprinzip schließt eine Vielzahl weiterer an. Wie viele Erfolgsprinzipien es gibt, hängt letztlich von Ihrer Kreativität ab. Auf unseren Erfolgsseminaren kommen wir je nach Gruppenzusammensetzung auf eine unterschiedliche Anzahl von Lebensgesetzen oder Erfolgsprinzipien. Wir laden unsere Teilnehmer gerne dazu ein, jede Situation des Seminars zu nutzen, um „Spielregeln der Selbstverwirklichung" zu entdecken und zu formulieren, wie ein mit uns befreundeter Unternehmensberater die Erfolgsprinzipien auch nennt.

Wir stellen Ihnen neben dem genannten Erfolgsprinzip noch vier weitere vor, die sich aus den verschiedenen Gesundheitsstrategien des Maharishi-Ayurveda ableiten lassen. Diese Prinzipien sind keine moralischen Vorgaben. Vielmehr stellen sie ein Raster dar, das Ihnen zur Prüfung dient, wieweit Sie schon ein Leben im Einklang mit der Natur verwirklicht haben. Deshalb ist es sinnvoll, spielerisch mit diesen „Richtungsweisern eines erfüllten Lebens" umzugehen. Wenn Sie „Management im Gleichgewicht" praktizieren, werden Sie schnell erfahren, daß die Erfolgsprinzipien von Ihnen spontan mehr und mehr befolgt werden.

Ein integrierter Manager, der seine geistig-kreativen Potentiale nutzt, wird sich von selbst an diese „Spielregeln" halten, also ohne ihnen besondere Aufmerksamkeit schenken zu müssen. Natürlich können Sie sich auch bewußt auf die „Wegweiser zur Erfüllung" einlassen: Dann widmen Sie Ihnen täglich ein paar Minuten Aufmerksamkeit.

Greifen Sie sich diejenigen Prinzipien heraus, die für Sie am schwierigsten umzusetzen sind, und überlegen Sie täglich am Morgen, welches Sie an diesem Tag verstärkt berücksichtigen wollen. Stellen Sie sich Situationen am Arbeitsplatz vor und visualisieren Sie, wie Sie das jeweilige Prinzip umsetzen. Am Abend überprüfen Sie dann noch einmal, was daraus geworden ist, am besten in schriftlicher, tagebuchartiger Form.

Die fünf wichtigsten Erfolgsprinzipien des Ayurveda

1. Handle aus dem Gleichgewicht oder aus dem Selbst.
2. Tue das Höchste zuerst.
3. Halte Rhythmen von Ruhe und Aktivität bei allen Tätigkeiten ein.
4. Laß los und transzendiere, aber gib nie auf.
5. Dein Handeln sei ein Geben.

---

1. Das erste Prinzip: *Handle aus dem Gleichgewicht oder aus dem Selbst!* haben wir gerade vorgestellt.

2. Das zweite Prinzip: *Tue das Höchste zuerst!* ist Ihnen vielleicht schon aus Seminaren über Zeit-Management vertraut. Dort wird der Wert von Prioritätensetzung betont. Immer wird vermittelt, daß es gut ist, das Wichtigste gleich zu Beginn eines Arbeitstages zu erledigen. Aus ayurvedischer Sicht ist das Wichtigste die Kontaktaufnahme mit sich selbst.

Körper- und Atemübungen sowie Meditation sind Verfahren, um dieses Prinzip gleich am Morgen bei Tagesbeginn umzusetzen. Wenn Sie dann an Ihren Arbeitsplatz kommen, fällt es Ihnen wahrscheinlich leichter, das Wichtigste auch dort zuerst zu erledigen.

Es gibt sicher auch für Sie Situationen, in denen das Wichtigste zugleich auch das Schwierigste ist oder sogar etwas, was Sie fürchten. Gerade dann sollten Sie die entsprechende Angelegenheit zuerst bewältigen. Andernfalls fühlen Sie sich so lange belastet, bis Sie die Sache schließlich notgedrungen doch erledigt haben.

3. Das dritte Erfolgsprinzip lautet: *Halte Rhythmen von Ruhe und Aktivität bei allen Tätigkeiten ein!* Mit jedem Atemzug verwirklichen Sie automatisch dieses Prinzip. Der Atem ist das beste Vorbild für ein Wechselspiel von Ruhe und Aktivität, von Nehmen und Geben.

Dieser Rhythmus läßt sich auch in anderen Tätigkeiten einhalten, wenn Sie immer wieder bewußt auf Ihren Atem achten. Nicht nur in Ihrem eigenen Organismus verlaufen alle Prozesse nach dieser Grundstruktur, sondern auch in der Sie umgebenden Natur. Tag und Nacht, die Jahreszeiten, das Leben der Pflanzen und der Tiere folgt diesem Grundrhythmus.

Nach der benediktinischen Regel, die das Leben der Mönche ordnet, strukturiert sich der Tag abwechselnd durch „ora et labora", also durch die Abfolge von Gebets- und Arbeitsphasen. Stille zu erfahren oder eine Phase der Selbstbesinnung muß mit Arbeit abwechseln, um ein integriertes Leben zu führen.

Nicht nur im Kloster gilt dies, sondern vor allem in einer Geschäftswelt, die der trügerischen Annahme folgt, daß Erfolg von Die moderne Arbeitswissenschaft hat die Wichtigkeit eines gesunden Wechsels von Arbeitszeiten und Pausen für viele Branchen ermittelt. Eine rechtzeitig eingelegte Pause trägt dazu bei, daß die Leistungsfähigkeit länger auf einem hohen Niveau gehalten wird.

Leider werden diese Erkenntnisse vor allem im Dienstleistungsbereich und in kleineren und mittleren Produktionsbetrieben zu selten befolgt. Hier verzichten Mitarbeiter häufig selbst auf die Mittagspause, weil vielleicht Kunden anrufen und gerade zu dieser Zeit die Dinge erledigt werden können, für die zu anderen Zeiten wegen Besprechungen oder anderen Aufgaben scheinbar keine Gelegenheiten bestehen.

Die Konsequenz ist entsprechend: Durch krankheitsbedingte Fehlzeiten wird die mangelnde Ruhe während der Arbeit dann ausgeglichen. Ganz zu schweigen davon, daß die Qualität der Arbeit abnimmt, wenn Ruhe und Aktivität in einem ungünstigen Verhältnis zueinander stehen.

Der Ayurveda empfiehlt, nicht aufgrund von fremdbestimmten Zeitvorgaben zu einem leistungsfördernden Rhythmus zu finden, sondern immer dann eine Pause einzulegen, wenn Anzeichen von Ermüdung oder einer Überbelastung zum Beispiel durch Hektik auftreten. Sammlung auf die Atmung, einzelne Yoga-Körperübungen oder eine vitalitätssteigernde Essenspause sind einfache natürliche Maßnahmen, um dem Ruhe- und Regenerationsbedürfnis des Körpers zu folgen und dem Verschleiß entgegenzuwirken.

Zweimal täglich zu meditieren gibt im übrigen einen Grundrhythmus vor, der nach einigen Wochen der Praxis schon so stabil ist, daß er Ihnen ein spontanes Befolgen dieses Erfolgsprinzips erlaubt.

4. *Laß los und transzendiere, aber gib nie auf!* ist das vierte Prinzip. Loslassen ist in der abendländischen Kultur fast eine Unmöglichkeit. Diese Kultur versteht sich, wie Fromm gezeigt hat, als eine Kultur des Habens. Fragen Sie sich selbst: Wovon können Sie sich leicht trennen? Wahrscheinlich nicht von Dingen, die Sie wertschätzen und deshalb behalten möchten, ganz zu schweigen von schlechten Gewohnheiten. Genauso wie die meisten Menschen den Atem anhalten, so wird an allem festgehalten, was auch nur den geringsten Vorteil verspricht.

Aus unseren Seminaren wissen wir, daß die meisten Teilnehmer zunächst einmal an Schmerz, Verlust und Angst denken. Die wenigsten erfahren das Loslassen als Befreiung. Der Ayurveda empfiehlt, Gefühle, Gedanken, Wünsche immer dann loszulassen, wenn Sie den Eindruck haben, von ihnen in Besitz genommen zu werden. Wann immer zum Beispiel ein Gedanke oder ein Gegenstand Sie so beschäftigt, daß Ihre Wahrnehmung „des Rests der Welt" überschattet ist, dann ist es höchste Zeit, daß Sie sich im Loslassen üben.

Loslassen ist im alltäglichen Wachbewußtsein nicht einfach. Der Ayurveda kennt jedoch einen Bewußtseinszustand, der Ihnen auf natürliche und mühelose Weise gestattet, alles zu transzendieren, was Sie übermäßig beschäftigt, alles, was Sie in Besitz nimmt, statt umgekehrt von Ihnen gemeistert zu werden.

Dies ist der im vierten Kapitel vorgestellte Zustand reinen Bewußtseins, den Sie durch Meditation erreichen. Transzendieren bedeutet überschreiten und Kontakt aufzunehmen mit den Bereichen Ihrer Persönlichkeit, die Sie auf neue Tätigkeiten ausrichten und Sie dazu bewegen, nicht am bisher Erreichten oder Erworbenen festzuhalten. Jeder Fortschritt setzt Loslassen voraus, ist ein Transzendieren gegebener Situationen.

Meditation erleichtert es Ihnen, sich aus dem automatischen Befolgen gewohnter Problemlösungs- und Verhaltensmuster zu befreien. Sie bereitet darauf vor, neue körperliche und geistig-seelische Potentiale zu entfalten, indem sie „Erstarrungen" auflöst.

Um einem Mißverständnis vorzubeugen: Loslassen und Transzendieren heißt nicht, Ziele plötzlich aufzugeben, die Sie sich gesetzt haben. Im Gegenteil, gerade das Loslassen gibt Ihnen die Kraft wieder, die Sie benötigen, um beharrlich Ziele zu verfolgen. Dies scheint ein Widerspruch zu sein, ist es jedoch bei näherem Hinsehen nicht. Wenn Sie sich in einen Gedanken oder ein Vorhaben verbeißen, verlieren Sie sehr schnell Energie und Kreativität. Loszulassen ist dann die einzige Chance, die Sie haben, um in einem weiteren Anlauf Ihrem Ziel näher zu kommen.

Sie müssen immer wieder Abstand nehmen, gleichsam aus der Adlerperspektive sich einer Aufgabe nähern, um diese dann wirklich mit Bezug auf das ganze Umfeld erfolgreich zu bewältigen. Der Frosch sieht nur wenig. Der Adler überblickt alles und kann entsprechend brachliegende Ressourcen im Umfeld eines Problembergs erkennen und nutzen.

Eine gefühlsmäßige Form des Loslassens ist das *Verzeihen*. Verzeihen heißt: Die Folgen der Fehler anderer nicht mehr zum Ausgangspunkt von Gefühlen diesen Menschen gegenüber zu machen. Verzeihen ist eine große Reinigung für Ihre Gefühlswelt.

Überlegen Sie einmal für einen Augenblick, wer Ihrer Meinung nach, Ihnen gegenüber in der größten Schuld ist. Sind es Ihre Eltern? Ist es Ihr Lebenspartner? Ihr Vorgesetzter? Oder sind Sie es selber? Um mit Fehlern, den eigenen oder denen anderer, besser leben zu können, muß man sie verzeihen. Personen, die verzeihen können, sind wesentlich weniger krankheitsanfällig, als diejenigen, die ihre negativen Gefühle anderen gegenüber nicht loslassen können. Bei letzteren wird gleichsam der ganze Körper „sauer". Alle ayurvedischen Maßnahmen zielen auf einen ausgewogenen Körper-Geist. Sie stärken Sie auch darin, mit Ihren Gefühlen so umzugehen, daß Sie nicht an sie gebunden sind.

5. Das letzte, fünfte Prinzip, das wir Ihnen beschreiben möchten, heißt: *Dein Handeln sei Geben!* Daß Geben seliger ist als Nehmen, ist eine allgemein bekannte Weisheit. Für den Manager heißt Geben zunächst einmal, jedem alles zu geben, wozu er im jeweiligen Moment imstande ist.

Die Erwartung des gesamten Umfelds eines Managers lautet, mehr oder weniger deutlich ausgesprochen: „Wir wollen alles von Dir, und zwar sofort!" Das ist nicht einfach Leistungsdruck, sondern Einsicht in ein wesentliches Erfolgsprinzip: Wer alles gibt, ist erfolgreich. Das Verständnis dieses Prinzips sollte dazu führen, daß von seiten der Ausbildung oder der innerbetrieblichen Fortbildung alles dafür getan wird, die Fähigkeit des Gebens von Managern zu erhöhen.

Ein großes Hindernis für die Umsetzung dieses Erfolgsprinzips besteht darin, gleichsam auf Sparflamme zu kochen. Wann immer Sie anfangen, Ihre Energien zurückzuhalten, weil Sie meinen, daß Sie sie für andere Aufgaben im Laufe des Tages benötigen, erschöpfen Sie sehr schnell und können immer weniger geben. *Ihre Energie will fließen.* Wohlbefinden tritt ein, wenn sie frei fließen kann und nicht zurückgehalten wird. Kommt erst einmal der Energiefluß zum Stillstand, ist das Gefühl eines Mangels die natürliche Folge. Mangel aber blockiert Ihre Fähigkeit zu geben erst recht.

Ein bayerischer Unternehmer erzählte uns einmal, wie beeindruckt er von seinem japanischen Geschäftsfreund war, als dieser ihm eines seiner Erfolgsgeheimnisse erklärte, nämlich: „Loosing is the way of gaining!", also „Etwas zu verlieren ist der Weg, etwas zu gewinnen".

In der Tat ist dies eine andere Formulierung des Prinzips des Gebens. Wirkliches Geben bedeutet immer das Loslassen von etwas, das einem wichtig ist. Es ist ein Sich-Trennen von etwas, das man selbst für wertvoll erachtet. Wer Wert gibt, schafft Wert, so etwa könnte die Aussage des japanischen Unternehmers positiv ausgedrückt werden.

Das Wertvollste, was Sie anderen Menschen geben können, ist *Ihre Aufmerksamkeit.* Nicht nur das gesunde Wachstum von Kindern hängt davon ab, wieviel Aufmerksamkeit sie von Erwachsenen, am besten von ihren Eltern, bekommen. Experimente haben sogar gezeigt, daß auch das Pflanzenwachstum und selbst die Milchleistung von Kühen von der menschlichen Aufmerksamkeit abhängen.

Aufgaben werden um so besser erledigt, je mehr gesammelte Aufmerksamkeit Sie ihnen widmen. Sicherlich ist es auch Ihre Erfahrung, daß Sie mehr Erfolg zum Beispiel in Verhandlungen haben, wenn Sie mehr zuhören als selbst sprechen. Beim Zuhören schenken Sie dem Sprecher Ihre Aufmerksamkeit. Das wird als wertvoll empfunden und nahezu automatisch von Ihrem Gesprächspartner belohnt. *Aufmerksamkeit ist der Schlüssel zu erfolgreichem Geben.*

Sie können alle ayurvedischen Gesundheitsstrategien als direkte Kultivierung Ihrer Aufmerksamkeit verstehen. Denken Sie beispielsweise an die Yogaübungen. Erinnern Sie sich daran, wie sich Ihr Körper flexibilisiert, nicht durch gewaltsames Strecken und Dehnen, sondern durch sanftes Lenken der Aufmerksamkeit auf die Grenzen Ihrer Beweglichkeit.

Oder bringen Sie sich die Klangtherapie noch einmal ins Gedächtnis. Diese dient der Verfeinerung Ihrer Fähigkeit, auf Details zu achten und diese genau wahrzunehmen.

Schließlich sei einmal mehr die Meditation erwähnt, also diejenige ganzheitliche Strategie, die Ihre Aufmerksamkeit als solche schult. Je mehr Sie in die *Kultur der Aufmerksamkeit* investieren, um so mehr erhöhen Sie Ihre Fähigkeit zu geben.

Hirt (1988, S. 2), der bekannte Begründer der nach ihm benannten Managementmethode, wurde im „schweizer manager", einem Wirtschaftsmagazin für Führungskräfte, einmal gefragt, was das Geheimnis seines Erfolgs sei. Er antwortete:

„Ich habe versucht, dem Suchenden dienlich zu sein."

Die Zahl der Erfolgsprinzipien hängt letztlich nur davon ab, wie erweitert das Bewußtsein ist, mit dem Sie diese wahrnehmen. Die vorgestellten fünf „Spielregeln des Erfolgs" sind jedoch so zentral, daß Sie das Spektrum Ihres Erfolgs deutlich erweitern, wenn Sie sie mehr und mehr befolgen. Die ayurvedischen Wege zur Freisetzung Ihres Bewußtseinspotentials haben sich als brauchbar für erfolgreiches und erfüllendes Handeln erwiesen.

Die folgende Abbildung stellt Ihnen zusammenfassend den *„Kreislauf der Erfüllung"* vor, den wir in diesem und dem vorangegangenen Abschnitt erläutert haben.

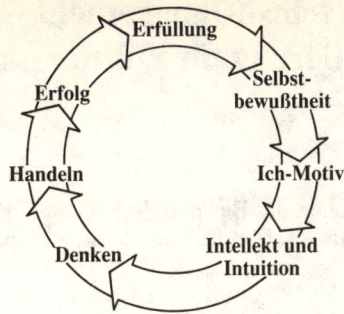

Abb. 11: Der Kreislauf der Erfüllung

Dieses Schema macht deutlich, daß Erfolg eingebettet ist in eine Kette von Aktivitäten. Er steht nie für sich da, ist nie als solcher erstrebenswert. Vielmehr dient er der Erfüllung, und diese wiederum ist der Nährboden für weitere Handlungen, die der Selbstverwirklichung dienen. Die ayurvedische Sicht des Erfolges verhindert es, jemals an einen Punkt zu gelangen, an dem Sie sagen: „Ich habe keine Ziele mehr, da ich nun ganz oben angekommen bin."

Erfolg bemißt sich an seinem Beitrag zur Erfüllung, also daran, ob er für das ganze Leben eine Bereicherung oder Vertiefung darstellt. Aus Erfüllung kommen neue Wachstumsimpulse, die nicht unbedingt arbeitsbezogen sein müssen, sondern sich vielleicht auch auf emotionale Reifung oder die Entwicklung anderer Bewußtseinspotentiale beziehen. Ihre Förderung bedeutet ebenfalls Erfolg.

8. Bewußtseins-Management – Die neue Orientierung für Führungskräfte

„Es gibt einen Herrscher, das Bewußtsein in allen Dingen, das seine eine Gestalt in viele verwandelt. Nur die Weisen, die es in ihrem Selbst schauen, erlangen ewige Freude."
                                                                    Katha-Upanishad

Die Macht des Bewußtseins können Sie täglich erfahren. Denken Sie einmal über folgende Fragen nach: Wodurch erlangen Sie Ihre Identität, so daß Sie in allen Lebensphasen „ich" sagen können? Wodurch wissen Sie nach dem Tiefschlaf und vollkommenem Verlust der Erinnerung eigentlich, daß Sie noch Sie selbst sind, der Mensch, der sich einige Zeit zuvor hingelegt hat und einschlief? Was schafft Einheit, einen inneren Zusammenhang in Ihrem Leben, so daß Ihre Geschichte nicht nur eine Vielzahl aufeinanderfolgender Ereignisse ist?

Die alten Weisen Indiens und aus anderen Teilen der Welt geben auf diese Fragen immer eine ähnliche Antwort: *Bewußtsein ist die einzige Wirklichkeit, die es gibt.* Alles, was Menschen fühlen, denken, hören, tasten, sehen, schmecken und riechen, stammt aus Bewußtsein und ist nichts als eine bestimmte Ausdrucksform des Bewußtseins.

In dieser Anschauung werden die Weisen bestätigt durch modernste, quantenphysikalische, hirnphysiologische und erkenntnisbiologische Einsichten. Der Physiker Schrödinger erklärte sinngemäß: *Die äußere Welt und das Bewußtsein sind ein und dasselbe.* Die Vielfältigkeit ist bloßer Schein; in Wahrheit gibt es nur ein Bewußtsein. Und der Psychologe Ornstein (1989, S. 188 f.) entwickelte ein neues Modell des menschlichen Geistes, in dem Bewußtsein die Schlüsselrolle spielt. Er kennzeichnet Bewußtsein wie folgt:

„Das Bewußtsein ist die Bewußtheit der Bewußtheit ... Es ist der ‚oberste Teil' unseres mentalen Betriebssystems, und als Bestandteil davon ist es für jede Veränderung in unseren Umgebungsbedingungen oder in unseren internen Bedingungen verantwortlich." Unserer Bewußtheit bewußt zu sein, „erfordert die Fähigkeit oder das ‚Talent des Selbst'. Zu spüren und zu wissen, daß wir uns einer

Sache bewußt sind, daß wir Bewußtheit über etwas haben, setzt voraus, daß wir eine Vorstellung über uns selbst haben." Das Bewußtsein „ist das Zentrum des herumrollenden Geistes, die kontrollierende und steuernde Kraft."

Die ayurvedische Sicht der Wirklichkeit teilt diese Grundannahmen. Sie geht von *Bewußtsein als „Grundstoff des Universums"* aus. Sie erkennt – das haben wir Ihnen besonders im zweiten und vierten Kapitel gezeigt – Bewußtsein auch im Leben des einzelnen Menschen als absolute Priorität. Bewußtsein oder Geist sind primär, und Materie und Energie entstehen aus Bewußtsein.

Bewußtsein steht am Anfang jedes evolutionären Prozesses, sei dieser nun ein materieller, natürlicher Prozeß oder ein persönlichkeitsbezogener oder gar ein sozialer oder gesellschaftlicher Prozeß wie zum Beispiel eine Produktinnovation oder die Durchsetzung einer Erfindung.

8.1 Bewußtsein als Schlüsselkonzept neuen Managements

Aus Ihrer beruflichen Erfahrung können Sie uns sicher zustimmen, wenn wir behaupten, daß Manager heute mehr denn je den Gesetzen der Evolution folgen müssen, wollen sie erfolgreich sein. Der Selektionsdruck ist hoch und nimmt laufend zu. Die Konkurrenz wird Tag für Tag stärker, inner- wie außerbetrieblich. Es wächst zusehends die Notwendigkeit mit Innovationen zu experimentieren und durch eine immer kürzere Folge von Versuch und Irrtum für die Bewältigung von Neuerungen bereit zu sein und möglichst schnell zu lernen.

Der Psychologe Walsh (1988, S. 15) sieht die Menschheit insgesamt in einem Prozeß der Bewußtseinsreifung, der durch den hohen Veränderungsdruck aus Umwelt und Mitwelt heraus beschleunigt wird, ja geradezu in eine kritische Phase gekommen ist. Er formuliert:

„Es ist sicher kein Geheimnis, daß die Menschheit heute an einem Scheidepunkt ihrer Entwicklung steht. Jenes große Experiment Bewußtsein, die Evolution des Menschen, droht zu scheitern, in einer Katastrophe, die wir selbst verschuldet haben. Dasselbe Bewußtsein, das Millionen von Jahren für die Sicherung des menschlichen Überlebens gekämpft hat, besitzt nun genügend

Macht, um die Ressourcen unseres Planeten zu erschöpfen, unsere Umwelt unbewohnbar zu machen und die Instrumente zu unserer Selbstvernichtung herzustellen. Ob und wie es (d.h. wir) die Weisheit entwickeln kann, diese Dinge nicht zu tun, ob wir genügend Selbsterkenntnis erlangen, um unsere Destruktivität zu zähmen, ob wir schnell genug reifen können, um diese Entwicklungskrise zu meistern – all dies sind sicherlich die wichtigsten Fragen unserer heutigen Zeit ..."

Wenn Bewußtsein nun als Schlüsselkonzept zum Verständnis unseres modernen Lebens angesehen werden muß, ist es klar, daß wir Ihnen vorschlagen, *Bewußtseins-Management* als Ihre neue, zentrale Aufgabe zu begreifen.

Bewußtseins-Management kann dabei zwei Formen annehmen: Zum einen kann Bewußtsein als *persönliches Managementinstrument* verstanden werden. Dann benutzen Sie es für die Überwindung von inneren Blockaden und um gezielt körperliche, sprachliche, denkerische und verhaltensmäßige Fähigkeiten und Fertigkeiten zu entfalten. Sie setzen es für Ihr Selbst-Management ein.

Die ayurvedischen Strategien, die wir Ihnen bislang vorgestellt haben und in diesem Kapitel noch ergänzend nahebringen werden, dienen alle der Schulung Ihres persönlichen Bewußtseins. Mit Ayurveda können Sie aus sich selbst ein hervorragendes Instrument fertigen, das im „Orchester" Ihres Unternehmens sehr gut mitzuspielen vermag.

Bewußtseins-Management heißt aber auch jedes *Führen von sozialen Kontexten*, also von Gruppen, Betrieben, Unternehmen, Verbänden, Parteien, Kommunen, Ländern oder Nationen. Wie wir Ihnen im dritten Teil des Buches unter dem Stichwort ayurvedische Unternehmenskultur erläutern werden, geht es bei dieser Art von Bewußtseins-Management um Vorgehensweisen, die Sie befähigen, kollektives Bewußtsein evolutionsgemäß zu steuern.

Vielleicht sind Ihnen unsere Ausführungen über Bewußtsein als Schlüsselfaktor eines zukunftsfähigen Managements zu abstrakt. Dann bitten wir Sie darum, sich einmal folgende Frage zu beantworten:

Sie haben wahrscheinlich Gedanken gehabt, die sich um Erfahrungen von Wachheit, Aufmerksamkeit, Qualität, unter Umständen auch von Zeit oder Schuld rankten. In der Tat hängt Bewußtsein mit diesen Erfahrungen zusammen. Tart (1975), ein amerikanischer Bewußtseinsforscher, hat *Aufmerksamkeit, Energie* und *psychische Strukturen* als die drei Hauptbausteine des Bewußtseins bezeichnet.

Die *energetischen Bestandteile des Bewußtseins* hängen mit Ihrem körperlichen Befinden und dem geordneten Funktionieren Ihres Nervensystems zusammen sowie mit den Gefühlen, die beispielsweise denkerische Leistungen begleiten. Die *psychischen Strukturen* umfassen alle erlernten Verhaltensmuster, Denk- und Bewertungsschemata, die Aufmerksamkeit und Energie auf konkrete Aufgaben ausrichten.

Für die Gesundheit der Persönlichkeit ist *Aufmerksamkeit* der interessanteste Aspekt des Bewußtseins. Bewußtheit von Bewußtheit, also Bewußtsein, entsteht durch das Ausrichten Ihrer Aufmerksamkeit auf irgendeine bewußte Leistung wie das Wählen einer neuen Telefonnummer, die ein Geschäftsfreund Ihnen bei seinem letzten Anruf mitgeteilt hat. Wenn Sie eine Sache das erste Mal erledigen, sind Sie sich in der Regel sehr bewußt, was Sie wie tun. Wir wollen Ihnen mit der folgenden Übung eine Erfahrung von Bewußtsein vermitteln, die sich auf Aufmerksamkeit bezieht.

Übung: Nehmen Sie Aufmerksamkeit wahr!

1. Sie setzen sich bequem hin.
2. Nun nehmen Sie den Raum um sich herum wahr.
3. Lassen Sie Ihre Aufmerksamkeit durch den Raum schweifen, und achten Sie auf Ihre Wahrnehmungen.
4. Wenn Ihre Aufmerksamkeit von etwas Bestimmtem angezogen wird, bei dem Sie gerne verweilen wollen, sammeln Sie sie darauf.
5. Beobachten Sie Ihre Aufmerksamkeit dabei: Sie verbindet Sie mit dem Wahrnehmungsgegenstand.
6. Wenn Ihre Aufmerksamkeit spontan von etwas anderem angezogen wird, lassen Sie sie dorthin gehen.
7. Beobachten Sie, was Ihre Aufmerksamkeit bewegt.
8. Nach einer Weile freien Schweifens richten Sie Ihre Aufmerksamkeit auf einen Gegenstand Ihrer bewußten Wahl, so wie ein Scheinwerfer zielgerichtet Licht wirft.
9. Verweilen Sie so lange bei diesem Gegenstand, bis Sie spüren, wie Sie auch mit ihm über Ihre Aufmerksamkeit verbunden sind.
10. Schließen Sie die Augen, und nehmen Sie den ganzen Raum um sich herum wahr, ohne daß sich Ihre Aufmerksamkeit durch eine Wahrnehmung binden läßt.
11. Nach etwa zwei Minuten öffnen Sie langsam wieder die Augen.

Dieses „Spiel mit der Aufmerksamkeit" erlaubt Ihnen wahrzunehmen, was es mit dem wichtigsten Faktor des Bewußtseins auf sich hat. Aufmerksamkeit wird bewußt, wenn sie sich selbst erfaßt. Sie ist nicht greifbar, aber für alles Begreifen nötig. Sie ist schnell und erzeugt Nähe. Sie vermittelt zwischen allen sinnlichen und geistigen Aktivitäten.

Wenn Sie einem Menschen Ihre Aufmerksamkeit schenken, sind Sie ganz für ihn da. Aufmerksamkeit ist immer ganz. Sie stellt Ganzheit her, indem sie verbindet.

Für die Entwicklung Ihrer Persönlichkeit spielt Aufmerksamkeit die zentrale Rolle. Ihr Wirkungsgrad bei der Arbeit und in der Freizeit hängt von der Reichweite und Intensität Ihrer Aufmerksamkeit ab. Natürlich wird er auch von Ihrer Energie bestimmt sowie vom Potential Ihrer Psyche. Aber für die Entwicklung Ihres Bewußtseins insgesamt ist Aufmerksamkeit der Schlüssel.

In den folgenden Abschnitten dieses Kapitels stellen wir Ihnen Strukturen und Entfaltungsinstrumente aus ayurvedischer Sicht vor, deren Anwendung Sie zum Bewußtseins-Manager macht.

8.2 Nicht Job, sondern Berufung – Der neue Manager folgt dem Ruf seines Bewußtseins

Bewußtseins-Management setzt zunächst einmal voraus, daß Sie Bewußtsein als Schlüsselfaktor anerkennen. Wenn Sie dies tun, sind damit enorme Konsequenzen verbunden. Es stellt Ihr Leben unter Umständen gleichsam vom Kopf auf die Füße. Vielleicht zwingt es Sie auch, eine grundlegende Neuorientierung vorzunehmen, was Ihre Art zu arbeiten angeht, oder gar den Arbeitsplatz zu wechseln. Wenn Sie die ayurvedische Sicht vom *Leben als Evolutionsprozeß zu immer größerer Bewußtheit* teilen und für brauchbar halten, stellt Ihre Arbeit gleichsam das Nadelöhr dar, durch das Sie als Manager zur Entwicklung einer integralen Persönlichkeit hindurch müssen.

Angesichts des Zeitumfangs, den Sie Ihrer Arbeit widmen, wird sich Ihre Persönlichkeitsentfaltung vor allem in Ihrer Arbeit ausdrücken. Ihre berufliche Tätigkeit und Ihr Arbeitsbewußtsein sind gleichsam der Test, dem Sie sich selbst stellen, um zu klären, wie weit Sie auf dem Weg zum Bewußtseins-Manager gekommen sind.

Das Verständnis vieler deutscher Arbeitnehmer von ihrer Tätigkeit läßt sich durch das Wort „Jobhaltung" zusammenfassen. Darin schwingt mangelnde Identifikation, geringe Lust, Abgrenzung von anderen Teilen des Lebens und eine gewisse Resignation mit. Jeder will zwar einen Job haben, da er Geld benötigt. Jedoch begreift nach einer Weile Berufstätigkeit kaum einer seine Arbeit als etwas, das mehr ist als Brotverdienst.

Da hilft auch die Karriereorientierung von Jungmanagern nichts. Jedenfalls nicht, wenn Karriere als Voraussetzung begriffen wird, um soviel Geld zu verdienen, wie man glaubt, zur Erfüllung von Sicherheits-, Status- oder Anerkennungsbedürfnissen zu brauchen. Sobald eine Aufstiegsgrenze erreicht ist, kippt das karrieregeleitete Arbeitsbewußtsein schnell in ein Jobbewußtsein um.

Eine Befragung des Bundesinstituts für Berufsbildung zeigt, daß 90% der Jugendlichen vor allem eines von ihrer Arbeit erwarten: Spaß. 75% wollen dazu einen Beruf, in dem sie ihre Talente, Eignungen und Potentiale ausdrücken können. 16% wollen hauptsächlich einen guten Verdienst und 14% arbeiten um des Ansehens willen.

Die überwältigende Mehrheit der Nachwuchskräfte kommt also durchaus mit einer positiven Einstellung der Arbeit gegenüber in die Unternehmen. Nur werden ihre Erwartungen mehr oder weniger schnell enttäuscht. Neue Arbeitskonzeptionen sind also gefordert, um die Arbeitsbereitschaft der kommenden Mitarbeiter nicht Generation für Generation weiter zu zerstören. Gerade wenn aus Gründen der wachsenden Technisierung die Menge an herkömmlichen Arbeitsmöglichkeiten geringer wird, erhöht sich das subjektive Gefühl für die Wichtigkeit von Arbeit im Gesamtzusammenhang des Lebens.

Im ayurvedischen Denken gibt es ein Verständnis von Arbeit, das helfen kann, *Jobbewußtsein in Arbeitsbewußtsein zu transformieren*. Seine Umsetzung bei Stellenbesetzungen, Beförderungen oder Maßnahmen der Arbeitsplatzentwicklung wird darüber hinaus dem Grundanliegen der meisten nachwachsenden Arbeitnehmer gerecht, dauerhaften Spaß und Erfüllung am Arbeitsplatz zu erfahren. Dieses Verständnis beruht auf dem sogenannten *Dharma-Konzept*.

Schon im fünften Kapitel wurde Dharma als Kategorie des Lebenssinns erwähnt. Im ayurvedischen Denken hat Dharma zunächst einmal eine *kosmische Dimension*: Es ist die Kraft, die alles Dasein erhält, alle Entwicklungsprozesse auf dynamische Gleichgewichtszustände hinlenkt. Dharma beinhaltet aber zusätzlich soziale und individuelle Dimensionen.

Im *sozialen Zusammenhang* umfaßt es die Aufgabe, die eine soziale Institution wie zum Beispiel ein Unternehmen für die Gesellschaft als Ganze hat. Alle gesellschaftsdienlichen Funktionen eines sozialen Organismus können zusammengefaßt werden als das Dharma dieses Organismus.

Wenn heutige Unternehmensphilosophien versuchen, in einem Satz oder gar in einem Wort oder Logo ihre Botschaft auszudrükken, dann zielt dieses Bemühen auf die Darstellung ihres Dharmas oder Auftrags.

Im *individuellen Leben* schließlich bedeutet Dharma *Berufung*. Die Berufung umfaßt alle Aufgaben, die ein Mensch durch seine

Beziehungen zur Natur und zu den ihm auf seinem Lebensweg begegnenden Menschen zu bewältigen hat. Dharma ist gleichsam der *Lebensauftrag*.

Lebensauftrag und die in Kapitel 7.2 angesprochenen Lebensmotive ergänzen sich. Die Lebensmotive machen Ihr Ich aus. Zu Ihrem Dharma gehört alles, was Ihnen als charakterliche, natürliche und soziale Ordnung vorgegeben ist, um Ihre Ich-Motive evolutionskonform zu leben. Diese Vorgaben sind nicht nur äußerlich zu verstehen, als naturgesetzliche oder sittengesetzliche Rahmenbedingungen für rechtes Handeln. Vielmehr ist Ihr Dharma ein Muster aus psychischen Strukturen, Energie und Aufmerksamkeit, also eine Struktur Ihres eigenen Bewußtseins.

Dharma ist der „Ruf des Bewußtseins", Ihre Potentiale so zu entwickeln, daß Sie als Person zur Entwicklung Ihrer Gesellschaft und der Sie umgebenden Natur beitragen. Zu Ihrem Dharma gehört auch der Konstitutionstyp, den Sie nach ayurvedischer Diagnose darstellen. Er gibt die physiologischen und psychologischen Randbedingungen vor, unter denen Sie sich Ihrer Natur nach evolutionsgemäß verhalten.

Ihr Dharma ist Ihre Berufung, die wie jede Berufung – denken Sie an die Berufung eines Hochschulprofessors – nicht selbst gewählt werden kann, sondern einem widerfährt, Schicksal ist. Wobei Schicksal vom Wortursprung her „geschicktes Heil" bedeutet! Somit haben Sie, wie jeder Mensch, eine spezielle Berufung, die Ihnen zum Heil gereichen kann. Es ist Ihnen ein spezieller Auftrag gegeben. Die Einzelheiten dieses Auftrags können Sie unter anderem erkennen, indem Sie analysieren, welchem Konstitutionstyp Sie entsprechen.

Ein Pitta-Typ ist für andere Arbeiten berufen als ein Kapha-Typ. Ferner hat es Bedeutung, in welche Familie Sie hineingeboren wurden und welche Entwicklungsaufgaben und berufliche Tätigkeiten dort vornehmlich verfolgt wurden. Außerdem ist für Ihre Berufung aufschlußreich, welche Art von Ausbildung Sie durchlaufen haben und natürlich auch über welche besonderen Begabungen gerade Sie verfügen.

Leider werden in Assessment-Centern bislang nur die beiden letzten Faktoren für die Ermittlung eines Ihnen gemäßen Arbeitsplatzes oder zur Überprüfung Ihrer Eignung für eine Stelle und

Ihres Wachstums in eine bestimmte Position berücksichtigt. Zur Selbstklärung Ihrer persönlichen Begabungsstruktur schlagen wir Ihnen deshalb folgende Vorgehensweise vor:

Übung: Erkennen Sie Ihre persönliche Begabung!

1. Schreiben Sie einen ausführlichen Lebenslauf. Dieser sollte Ihre Selbsteinschätzung hinsichtlich des Konstitutionstyps enthalten sowie alle Stärken und Schwächen. Ferner muß er Ihnen Auskunft darüber geben, welche Chancen der Entwicklung spezieller Fähigkeiten Sie für sich sehen. Auch die Familiengeschichte, am besten bis zur Generation Ihrer Urgroßeltern zurückverfolgt, sollte berücksichtigt werden.

2. Heben Sie Ihre Erfolge hervor und alles, was Ihnen immer wieder gut gelingt oder gelungen ist.

3. Klären Sie, welche Leistungen Ihnen während Ihrer Kindheit und Jugend Anerkennung gebracht haben.

4. Halten Sie fest, was Sie gerne tun, was Ihnen Spaß macht oder Freude bereitet.

5. Schreiben Sie auf, was dazu beiträgt, daß Sie positiv gestimmt sind, was Sie begeistert oder gar gefühlsmäßig berührt und ergreift.

6. Welche Tätigkeiten fallen Ihnen leicht? Zu welchen Leistungen in Schule, Ausbildung, bei Ihren verschiedenen Tätigkeiten und Hobbys kommen Sie, ohne sich anzustrengen?

7. Überlegen Sie einmal, mit welchen wirklichen Herausforderungen zu persönlichem Wachstum oder zur Reifung Sie konfrontiert wurden, die sich positiv ausgewirkt haben.

8. Schließlich analysieren Sie alle positiven Persönlichkeitsmerkmale sowie alle speziellen Kenntnisse, Vorzüge und Besonderheiten, die Sie an sich erkennen.

9. Stellen Sie sich eine berufliche Tätigkeit oder eine wichtige Aufgabe vor, die Sie in zehn Jahren bewältigen wollen. Schreiben Sie auf, wie Sie die Situation unter Berücksichtigung der wesentlichen, unter den Punkten 1 bis 8 gewonnenen Einsichten über Ihre Berufung meistern.

10. Prüfen Sie, ob Ihr jetziger Arbeitszusammenhang geeignet ist, daß Sie sich in jeder Hinsicht dort einbringen können.

11. Führen Sie Gespräche mit Ihrem Vorgesetzten, um diesem Ihre gewonnenen Erkenntnisse nahezubringen.

Diese Übung vermittelt Ihnen wesentliche Kriterien, anhand derer Sie überprüfen können, ob Ihre derzeitige Tätigkeit Ihrer Berufung entspricht oder nicht. Ihre Antworten zu den oben genannten Fragen zeigen Ihnen die Rahmenbedingungen Ihres persönlichen Weges der Bewußtseinsentfaltung am Arbeitsplatz.

Einige Antworten sind vielleicht auch Hinweisschilder, an einer Kreuzung eine neue Richtung einzuschlagen. Dies empfiehlt sich, wenn Sie zwar eine Begabung spüren, aber sie in der derzeitigen beruflichen Situation nicht leben können. Andere Antworten sind wie ein Geländer, das Sie vor dem Absturz in fremde Berufungen bewahrt.

Das Dharma eines anderen Menschen zu leben, statt das eigene, ist für den Ayurveda mit das Schlimmste, was Ihnen passieren kann. Sie verpassen damit praktisch Ihre Chance, Ihr Bewußtsein maximal zu entfalten. Wer sieht schon gut mit der Brille eines anderen Menschen auf der Nase?

Eine gute Personalpolitik, die die Entwicklungsoptionen der Mitarbeiter einer Firma bis hin zum Vorstand oder der Geschäftsleitung zum Ausgangspunkt aller Maßnahmen nimmt, berücksichtigt den Vorrang des individuellen Dharmas vor allen anderen Aufgaben oder Berufungen beispielsweise denen einer Abteilung oder eines ganzen Betriebs. Ohne individuelles Wohlergehen, das sich nur einstellt, wenn das eigene Dharma gelebt wird, gibt es nur ein eingeschränktes kollektives Wohlergehen.

Mit Beruf und Berufung verhält es sich wie mit dem Wachstum einer Pflanze. Zunächst ist da vielleicht ein Sonnenblumenkern. Ein kleines Stück Materie, das sehr viel Information enthält. Es ist gleichsam dazu berufen, von seinem Bauplan oder Dharma her, zu einer schönen, voll entfalteten Sonnenblume zu werden. Nun fällt es, transportiert von irgendeinem anderen Lebewesen, auf einen bestimmten Boden. Dieser und die anderen Randbedingungen wie Regen, Wind und Sonne bestimmen, wie stark sich die neue Pflanze entfaltet. Vielleicht entsteht nur eine kleine Sonnenblume, oder sie ist schief gewachsen oder hat nur halbausgeschlagene Blätter. Unter Umständen kann sie sich aber auch bauplangemäß auswachsen und viele neue Sonnenblumensamen erzeugen.

Wie bei der Sonnenblume hängt auch der menschliche Entfaltungsprozeß an Randbedingungen. Es sind nicht zuletzt die beruflichen Rahmenbedingungen Ihres Arbeitsplatzes, die die Ausdrucksmöglichkeiten Ihres Berufungspotentials bestimmen.

In diesem Zusammenhang ist es auch wichtig, daß Sie an all den Verhaltensweisen arbeiten, die während Ihrer Kindheit, Jugendzeit und im Verlauf Ihres weiteren Lebens entstanden sind und zu „Versteifungen" geführt haben. Zacharias (1985) beschreibt die fatalen Folgen bis zur Berufswahl, die „Versteifungen" im Kindesalter haben können. Wenn Kinder in der inneren Haltung starr werden „Ihr werdet euch noch einmal wundern!", neigen sie zu Berufen wie Schauspieler, Zauberer aber auch Unternehmer. Vielleicht aber haben sie ein ganz anderes Berufungspotential, das dann ein Leben lang brachliegt. Die ayurvedischen Gesundheitsstrategien sind geeignet, hier starre Strukturen aufzulösen. Sollten Sie selber grundlegende Zweifel an Ihrer Berufung haben, die Sie nicht im Gespräch mit Menschen klären können, die Sie gut kennen, empfehlen wir Ihnen allerdings ein einschlägiges Berufungsseminar zu besuchen oder aber mit einem Therapeuten Kontakt aufzunehmen, um kindheitsbedingte „Versteifungen" gezielt anzugehen und aufzuarbeiten.

Auf unseren Seminaren, die sich mit dem Thema „Beruf und Berufung" auseinanderzusetzen, erarbeiten wir mit den Teilnehmern anhand von Übungen wie der oben vorgestellten folgende allgemeine Kriterien, anhand derer auch Sie schnell feststellen können, ob

---

Die sieben Kriterien der Berufung

1. Habe ich mit dem, was ich tue, Erfolg?
   Erstes Kriterium: *Erfolg*.
2. Erhalte ich mühelos Anerkennung für meine Arbeit?
   Zweites Kriterium: *mühelose Anerkennung*.
3. Macht mir meine Tätigkeit Freude?
   Drittes Kriterium: *Spaß* oder *Freude*.
4. Fesselt mich meine Arbeit immer wieder?
   Viertes Kriterium: *Begeisterung*.
5. Erschöpft mich meine Tätigkeit häufig?
   Fünftes Kriterium: *Energiezuwachs* oder *Energieverlust*.
6. Erlaubt mir meine Aufgabe, alles Gelernte einzusetzen und Neues zu lernen?
   Sechstes Kriterium: *Lernmöglichkeiten*.
7. Fordert meine Arbeit mich immer wieder heraus, mein Bestes zu geben?
   Siebtes Kriterium: *Wachstumschancen* oder *Herausforderung*.

Sie in Ihrem derzeitigen Arbeitsumfeld Ihre Berufung bewußt leben können oder nicht.

Wenn Sie zu diesen sieben Fragen positive Antworten gefunden haben, ist Ihre berufliche Aufgabe richtig und Ihr Arbeitsplatz ein Entwicklungszusammenhang. Andernfalls sollten Sie abwägen, ob es nicht an der Zeit ist, etwas Neues zu unternehmen, das Sie als Bewußtseins-Manager stärker herausfordert.

Der gesellschaftliche Trend jedenfalls geht dahin, *Arbeit als Entfaltungskontext* zu begreifen. So schreiben Hormann & Harman (1990, S. 35ff.):

„Es ist also an der Zeit, die Rolle der Arbeit in der Leistungsgesellschaft neu zu überdenken. ...Wenn es für eine wirtschaftlich und technisch erfolgreiche Gesellschaft nicht mehr sinnvoll ist, den Produktions- und Konsumaspekt in den Mittelpunkt des Interesses zu rücken, was sollte dann ihr zentrales Anliegen sein?

Es scheint nur eine plausible Antwort auf diese Frage zu geben: Lernen und Persönlichkeitsentwicklung im weitesten Sinn, als Mittel wie auch als Zweck. So gesehen könnte Arbeit mehr sein als das Erzielen von Kaufkraft, nämlich ein Lernprozeß, in dem man etwas über sich selbst erfährt, über Ernährung und Gesundheit, über die Bedeutung des Lebens: ein Prozeß, in dem man die eigenen Fähigkeiten entfaltet und erfährt, daß Lernen nie ein Ende findet."

8.3 Der „erleuchtete Manager" – Ein Leitbild für Ihre Bewußtseinsevolution

Leitbilder bündeln Gefühle und Gedanken auf zu erreichende Ziele hin. Wenn Sie ein klares Bild vor Augen haben, sich selbst in einer Situation zum Beispiel als „Sieger" sehen, auf einem Treppchen stehend und in der Hand dasjenige, was Sie gewinnen wollten, dann lenkt diese Visualisierung all Ihre Energien und Ihre Aufmerksamkeit auf sanfte aber bestimmte Weise auf diesen Erfolg hin.

Menschen leben bewußt oder unbewußt immer nach Leitbildern: die funktionale Küche, die autogerechte Stadt, der benzinsparende Motor, das studierte Kind, die delegationsfähige Führungskraft, all dies sind Leitbilder, die vielleicht auch für Ihr Leben eine Rolle spielen oder gespielt haben. Leitbilder neigen dazu, immer weniger bewußt zu sein, je länger man nach ihnen lebt. Man gewöhnt sich so an sie, daß sie nach einer Weile selbstverständlich geworden sind.

Bitte nehmen Sie sich ein paar Minuten Zeit und klären Sie für sich die Leitbilder, die Ihren Managementstil prägen. Am besten Sie notieren sich Ihre Gedanken. Gehört zu Ihrem Set von Leitbildern vielleicht „der Gärtner für aufblühende Mitarbeiter" oder der „Diplomat" oder „das Mädchen für alles"?

Wir wollen den Leitbildern, die für Sie bedeutsam sind, nicht noch ein weiteres hinzufügen. Im Gegenteil, wir schlagen vor, daß Sie sich von der Bewußtseinsebene lösen, auf der Sie all Ihre Leitbilder gesammelt haben.

Der *erleuchtete Manager* ist nicht ein neues Leitbild unter vielen anderen. Vielmehr ist er, wie wir noch sehen werden, befreit von allen zwanghaften oder dressurartigen Verhaltensmustern. Er kann mit Leitbildern bewußt spielen, indem er sie situationsgerecht einsetzt und gegebenenfalls auch nach freier Wahl verändert.

Der „erleuchtete Manager" funktioniert nur so lange als ein Leitbild für Sie, als Sie noch nicht erleuchtet sind. Solange Sie Bewußtseins-Management instrumentell einsetzen, um durch Ihr Wirken zur Persönlichkeitsintegration und zum Bewußtseinswachstum beizutragen, solange brauchen Sie eine Perspektive für das höchstmögliche Ziel des Persönlichkeitswachstums: *Erleuchtung*.

Diese Perspektive fassen wir für Sie unter dem Leitbild des „erleuchteten Managers" zusammen. Wenn Sie sich dem Bewußtseins-Management widmen, erlaubt das Leitbild des erleuchteten Managers, alle anderen Leitbilder in einen ganzheitlichen Zusammenhang zu stellen, nämlich den der Bewußtseinsevolution. Ihnen steht damit ein weiteres Kriterium für die Effektivität einzelner anderer Leitbilder zur Verfügung, die Sie nutzen. Neben der *Brauchbarkeit* für Ihren derzeitigen Managementalltag sollte zum Beispiel auch das Leitbild des „Minuten-Managers" zu Ihrer *persönlichen Reifung* beitragen.

Sobald Ihre Persönlichkeitsintegration für Sie und Ihre Mitmenschen eine greifbare Wirklichkeit geworden ist, nimmt das Leitbild der Erleuchtung die Gestalt eines Steuerungsinstruments an, das den Gebrauch aller für die Erfüllung Ihrer täglichen Aufgaben nötigen Leitbilder regelt.

Erleuchtung als Perspektive für Manager hinzustellen kann in Ihren Ohren vielleicht völlig überzogen klingen. Erleuchtung – hat das nicht etwas mit asiatischer Religion zu tun?

Richtig ist, daß Erleuchtung eine Zielvorstellung für die Entwicklung des Menschen darstellt. Sie ist abgeleitet von der besonderen Rolle des Lichts, in dem Menschen während des Tages leben. Der Biophysiker Popp (1984) geht sogar davon aus, daß Menschen sich wesentlich von Licht ernähren, welches sie in Form von Biophotonen aus ihrer Nahrung ziehen.

Allein aus diesen naturbezogenen Gründen spielt das Bild des Lichts eine so wichtige Rolle für die meisten Kulturen dieser Welt. Ein erleuchteter Raum ist ein heller Raum, in dem Sie alles erkennen können. Erleuchtung hat mit Licht zu tun. Die Lichtmetapher hat in allen großen Kulturen der Welt einen besonderen Stellenwert.

„Da ging mir ein Licht auf", so lautet eine bekannte Redewendung. Damit ist gemeint, daß etwas verstanden wurde. Erleuchtung heißt also nichts anderes, als ein endgültiges Verstehen der Gesetze oder der Spielregeln des Lebens. Ein Verstehen, das allerdings nicht allein im Kopf vollzogen wird, sondern zu einem ganzheitlichen Verhalten geworden ist.

Erleuchtung wird als Zielzustand der Bewußtseinsevolution heute eher wissenschaftlich als religiös begriffen. Zwar stammen die ausgefeiltesten Theorien über Erleuchtung und entsprechende praktische Verfahren zur Erlangung eines erleuchteten Bewußtseins aus asiatischen, vornehmlich aus dem altindisch-vedischen und dem buddhistischen Kontext. Doch erst die moderne Bewußtseinsforschung hat gezeigt, daß Erleuchtungserfahrungen mit handfesten physiologischen, psychologischen und verhaltensmäßigen Änderungen einhergehen (siehe dazu Gottwald & Howald, 1990). Damit ist es ihr gelungen, das Konzept der Erleuchtung aus dem religiösen und sektiererischen Bereich herauszulösen. Es kann deshalb auch von uns in Verbindung mit Managementkonzepten benutzt werden, um Ihnen ein transkulturelles Leitbild der Bewußtseinsentfaltung vor Augen zu führen.

Der Ayurveda erklärt Erleuchtung sehr einfach: *Ein Leben im Gleichgewicht ist ein erleuchtetes Leben.* Diese Deutung von kör-

perlicher und geistig-seelischer Gesundheit ist alles andere als eso-
terisch oder religiös. Die ayurvedische Sichtweise von Erleuchtung
wird, auch das haben wir immer wieder belegt, wissenschaftlicher
Forschung unterzogen. Sie paßt damit ohne Probleme in eine wis-
senschaftlich-technisch orientierte Welt.

Leben im Gleichgewicht, Erleuchtung, heißt, *daß ein Mensch
vollkommen gesund ist und sein gesamtes Bewußtseinspotential
nutzt.* Die Wege dahin haben wir Ihnen im ersten und in diesem
zweiten Teil des Buches detailliert vorgestellt. Sie wissen also schon
das Wichtigste, zumindest was die praktische Umsetzung dieses
Leitbilds angeht.

Allerdings ist Ihre Frage berechtigt, wie denn nun ein Leben in Erleuchtung aussieht und wie ein erleuchteter Manager handelt. Im
vierten Kapitel haben wir Ihnen einen ersten Erleuchtungszustand
erklärt, den Zustand reinen oder transzendentalen Bewußtseins. In
diesem ersten Erleuchtungszustand erkennen Sie die Wirklichkeit
Ihres Körper-Geists als ruhevolle Wachheit. Erleuchtet kann dieser
Zustand genannt werden, da Sie in ihm einen vollen Selbstbezug leben, also vollständig ungebunden von allen äußeren Einflüssen sind.

Ihr Ich, alle Gegenstände der Wahrnehmung sowie der Prozeß
des Wahrnehmens sind in diesem Zustand des Bewußtseins in einer
Erfahrung integriert, die als unbegrenztes Selbstbewußtsein bezeichnet wird.

Heute wird in der Managementliteratur viel darüber geschrieben, daß Manager mit nicht mehr planbaren, komplexen Zusammenhängen, die sich selbst organisieren, fertigwerden müssen.
Zum spontan richtigen Umgang mit sich-selbst-organisierenden Systemen befähigt Sie gerade die regelmäßige Erfahrung des vollkommen selbstbezogenen, reinen Zustands Ihres Bewußtseins.

Sie sind selbst das beste Beispiel für ein sich auf einen Optimalzu-
stand hin organisierendes System, wenn Sie zu einer ayurvedisch
orientierten Lebensweise finden.

Reines Bewußtsein ist der Basiszustand für die Auslösung von
Selbstorganisationsprozessen in Ihrem Körper, Ihrer Psyche und in
Ihrem Geist. Aus dem Erleben dieses erleuchteten Bewußtseins
bringen Sie für das Management komplexer Situationen alle nötigen Voraussetzungen mit wie Flexibilität, Originalität, Klarheit,
Loslassen-Können, um mit den Bedingungen einer Situation koevolutionär umgehen zu können und ähnliches mehr.

Auf der Grundlage eines erleuchteten Bewußtseins können Sie allerdings aufbauend noch mehr für Ihre Bewußtseinsentfaltung tun. Der Maharishi-Ayurveda hat aus der Yoga-Philosophie und -Praxis das sogenannte *TM-Sidhi-Programm* herauskristallisiert.

Dieses Bewußtseinstraining setzt das Geübtsein im Transzendieren voraus, das Ihnen Meditation vermittelt. Es umfaßt ein jeweils etwa halbstündiges Sammeln des Bewußtseins auf bestimmte Formeln, die aus einem klassischen Yoga-Text abgeleitet worden sind (siehe Yoga-Sutras des Patanjali; Aranya, 1977). Diese Formeln richten sich auf verschiedene Fähigkeiten des Menschen, die normalerweise nur schwach oder gar nicht entwickelt sind.

Dazu gehören unter anderem:

1. das Wissen um vergangene und zukünftige Ereignisse;
2. das Wissen um die Gedanken anderer Menschen;
3. das Wissen vom Kosmos;
4. die Erkenntnis der Funktionsweise des Körpers;
5. die Beherrschung von Hunger und Durst;
6. weitreichende Hör- und Sehfähigkeit, uneingeschränktes Tastvermögen, erweitertes Riech- und Schmeckvermögen;
7. außergewöhnliche körperliche Stärke;
8. die Fähigkeit zu levitieren;
9. allumfassendes Mitgefühl;
10. das Gefühl intensiven Glücklichseins.

Das Sidhi-Programm spricht zunächst einmal den kognitiven Bereich der Entwicklung geistiger Fähigkeiten an: Es will Wissensstrukturen und Informationen freisetzen, die gleichsam im Bewußtsein eingefroren sind. Ferner belebt es körperlich brachliegende Potentiale, deren Aktivierung zu ungewöhnlichen körperlichen Leistungen befähigt. Und schließlich schult es die „Fähigkeiten des Herzens", um den emotionalen Bereich in besseren Einklang mit allen anderen Menschen zu bringen.

Es ist so aufgebaut, daß Sie lernen die „Kräfte aus der Stille" bewußt zu aktivieren. Dadurch bauen Sie einen Bewußtseinszustand auf, der sich durch die *Verbindung von meditativer Stille und gefühlsmäßiger, geistiger oder körperlicher Aktivität* auszeichnet. Dies stellt einen vertieften Erleuchtungszustand dar.

Wenn Sie das meditative ruhevolle Wachbewußtsein mit bestimmten Aktivitäten verbinden, Handlung und Kontemplation zusammen erleben, ist das offenbar ein höherer Zustand von Integration. Wir gehen auf diesen Zustand später noch näher ein.

Das Wort „siddhi" stammt von der Sprachwurzel „sid", die „einfach", „natürlich gut" aber auch „vollkommen" bedeutet. Siddhi wird auch übersetzt mit „Sicherfüllen", „Gelingen", „Vermögen", „Erlangen". Schon diese sprachlichen Bedeutungen zeigen, daß es sich um etwas handeln muß, das nichts mit Magie zu tun hat.

Im Rahmen des TM-Sidhi-Programms geht es vielmehr darum,

– Werkzeuge zum vollständigen Erfassen aller natürlichen Phänomene an die Hand zu bekommen;
– sich in die Lage zu versetzen, alle Aspekte der Welt, also Vergänglichkeit, Werdeprozesse, Bindungen, Leid und Glück meditativ zu durchdringen;
– alle durch mangelhaft genutzte Fähigkeiten entstandenen körperlichen Verspannungen und geistig-seelischen Versteifungen und andere Streßfolgen zu überwinden;
– vollkommene Meisterschaft über die eigene Natur zu erlangen, um ein erfülltes Leben zu führen.

Die Meditationsforschung hat innerhalb der letzten zehn Jahre die Wirkungen des TM-Sidhi-Programms untersucht. Dabei ergaben sich unter anderem folgende Veränderungen:

**Ergebnisse wissenschaftlicher Forschung:
Das Wirkungsspektrum des TM-Sidhi-Programms**

Körperbezogene Effekte:
– hohe hirnphysiologische Integration (EEG-Kohärenz);
– gesteigerte neurologische Effizienz (Hoffman-Reflex);
– hormonelle Umstellungen, die auf ein reduziertes Streßniveau und eine optimierte Stoffwechselaktivität hinweisen;
– verfeinerte akustische Wahrnehmung (Hörschwellensenkung);
– um bis zu zwölf Jahre verringertes biologisches Alter;
– verbesserte Körper-Geist-Koordination (größere wahrnehmungsmäßige und psychomotorische Geschwindigkeit, beschleunigtes Reaktionsvermögen)

Psychologische Effekte:

- gesteigerte nicht-verbale Intelligenzleistungen;
- Kreativitätszuwachs;
- erhöhte Feldunabhängigkeit;
- hohe Persönlichkeitsintegration: Angst- und Neurotizismusabnahme, ausgeprägtes Wohlbefinden;
- verbesserte Flexibilität im Verhalten;
- gereiftes moralisches Urteilsvermögen;
- bewußte Wahrnehmung von Tiefschlafphasen („Wachschlaf").

(zur TM-Sidhi-Forschung siehe Chalmers et al., 1989; Howald, 1985)

Dem Gesagten entnehmen Sie sicher, daß dieses bewußtseinsbildende Trainingsprogramm insgesamt der Integration der Persönlichkeit und der Gesundheit dient. Damit gehört es zu den ayurvedischen Maßnahmen, um deren Vorstellung es in diesem Buch geht. Die Entwicklung zu einer ganzheitlich lebendigen Persönlichkeit wird durch das TM-Sidhi-Programm gefördert. Dazu zählt auch, daß es der moralischen Qualifizierung dient.

Der Manager der Zukunft bekommt mit dem TM-Sidhi-Programm ein Instrument an die Hand, mit dem er zum *mentalen Manager* wird. Wenn die erweiterten Fähigkeiten spontan im beruflichen Alltag genutzt werden, liegt mentales Managen vor: ein Bewegen von Geld, Menschen, Informationen und Dingen aus einem Geist heraus, der an den Prinzipien lebensfördernden, bewußtseinsentfaltenden Handelns orientiert ist.

Kosmisches Bewußtsein

Ein derartig ganzheitliches ausgerichtetes Handeln auf der Basis von ruhevoller Wachheit erlaubt dem Manager in seinem beruflichen Alltag einen weiteren Entwicklungsschritt in Richtung Integration zu gehen. Durch das ayurvedische Gesundheitsprogramm und die in ihm eingesetzten Bewußtseinstechnologien wie Meditation und Sidhi-Techniken sowie die ayurvedische Lebensführung sind Voraussetzungen geschaffen, um mehr und mehr zu einer Einheit von Ruhe und Aktivität, innen und außen, Selbst und anderen Menschen oder zu einer Einheit mit der natürlichen Umwelt zu gelangen.

Wenn diese Einheit zu Ihrer Erfahrung wird, dann sind Sie kosmisch bewußt. Kosmisch heißt allumfassend oder geordnet. *Kosmisches Bewußtsein* ist ein Leben in Freiheit, in dem Sie sich spontan im Einklang mit allen natürlichen Ordnungsmustern befinden. Ihr eigenes Leben ist in diesem Zustand harmonisch in die Gesamtordnung persönlicher, sozialer und umweltmäßiger Entfaltungsprozesse eingefügt.

Die wiederholte Erfahrung reinen Bewußtseins regt die Bewußtseinsentfaltung an und beschleunigt sie. Wenn Sie weitestgehend mit dem Grundzustand des Bewußtseins vertraut sind und körperlich wie seelisch-geistig ins Gleichgewicht gelangt sind, dann tritt der Zustand Kosmischen Bewußtseins von selbst ein.

Sie finden in diesem Zustand Ihr bewußtes Zentrum nicht mehr auf der Ebene des Ich, sondern identifizieren sich mit der Ganzheit reinen Bewußtseins. Sie fühlen sich fest verankert im Selbst. Ausgeprägte Gelassenheit und ausstrahlende Zufriedenheit sind die Folge.

Die empirische Forschung an Langzeitmeditierenden hat ermittelt, daß Kosmisches Bewußtsein leicht zu überprüfen ist: Sie hat als entscheidendes Kriterium den sogenannten *Wachschlaf* festgelegt (siehe Alexander, 1988). Im Wachschlaf bleibt die Erfahrung reinen Bewußtseins auch während der Tiefschlafphasen aufrechterhalten.

Kosmisch Bewußte verlieren ihre Selbst-Bewußtheit also nicht mehr. Sie erleben eine dauerhafte Kontinuität ihres Bewußtseins. Sie sind gleichsam unerschöpflich wach – ganz gleich, was der Tag an Aufgaben mit sich brachte und wie ermüdet der Körper davon sein mag, die Bewußtheit des kosmisch Bewußten ist immer klar und wach. Eine überaus große Leistungsfähigkeit ist das natürliche Ergebnis dieses Zustands.

Von Kohlbergs Stufenmodell der moralischen Entwicklung her gesehen treffen Personen mit Erfahrungen Kosmischen Bewußtseins ferner moralische Entscheidungen aufgrund universeller ethischer Prinzipien und mit einer „kosmischen Orientierung" (Nidich et al., 1983).

Für den ayurvedisch geschulten Manager ist diese Entwicklung ein attraktives Leitbild. Ohne Reisen nach Indien, ohne Tempelbesuche oder Aufenthalte an Einweihungsstätten kann er zum erleuchteten Manager werden, der sich durch situationsgerechtes, spontan erfüllendes, wirkungsvolles Handeln im Einklang mit der Natur auszeichnet.

Er kann höhere Bewußtseinsstufen erreichen, indem er die Arbeit in seiner Firma nach ayurvedischen Gesichtspunkten gestaltet und sie als Gelegenheit nutzt, um seine wachsenden Fähigkeiten auszudrücken und sie zu stabilisieren.

8.4 Die Mitte ist Hochform – Woran Sie den erleuchteten Manager erkennen können

Schon der Philosoph Aristoteles erklärte, daß die Mitte Hochform sei. Damit meinte er sicher nicht irgendeine parteipolitische Richtung. Er begriff mit diesem Logiksatz eine Bewußtseinsstruktur, in der Gegensätze, die sich logisch gesehen eigentlich ausschließen, zusammenfinden.

Etwas, das von Ihnen als positiv angesehen wird, wie eine liebevolle Umarmung zum Beispiel, schließt etwas Negatives wie ein hartes Wort eigentlich aus. Führungskräfte müssen ähnlich wie Mütter jedoch manchmal aus Liebe heraus bestimmt, vielleicht sogar hart sein. Diese geistig-seelische Leistung gelingt nur, da Bewußtsein Integrationskraft besitzt. Es ist darauf angelegt, in der Mitte zu bleiben.

Bewußtsein ist nicht parteiisch. Es ist verbindend. Damit ist ein erstes Merkmal umrissen, an dem Sie erleuchtete Manager erkennen können. Sie haben ein *hohes Integrationspotential*. Es gelingt ihnen beispielsweise, die widersprüchlichsten Gruppen eines Betriebs auf ein neues gemeinsames Ziel hin auszurichten.

Bewußtsein im Gleichgewicht, erleuchtetes Bewußtsein ist ferner in der Lage, in bestimmten Situationen katalytisch zu wirken. Wo immer ein erleuchteter Manager auftaucht, *löst er Entfaltungsprozesse aus*. Er bringt Menschen und Ideen in einer Weise zusammen, daß Neues entsteht, selbst wenn er nicht unmittelbar an der Ausführung oder dem Nutzen des Neuen beteiligt ist, also selbst keinen Vorteil aus den Vorgängen zieht, die er auslöst.

Und schließlich wollen wir Sie noch auf ein drittes Kriterium des erleuchteten Managers hinweisen: er ordnet. Erleuchtung ist ein Zustand hoher hirnphysiologischer Kohärenz. Diese *innere Ordnung* strahlt der erleuchtete Manager aus. Er arbeitet gezielt mit ihr. Das sogenannte „Ein-Minuten-Management" lebt zum Beispiel stark von dieser inneren Ordnung genauso wie der Manage-mentstil des „walking around". Beide haben nur dann Erfolg, wenn die größere Ordnung des Managers auf den Kreis seiner Mitarbei-ter überspringt. Die Übertragung hängt allerdings vom Grad der Ordnung ab. Je größer die innere Ordnung des Managers, um so weiter strahlt sie aus. Das wichtigste Ergebnis neben einer harmo-nischen Atmosphäre ist eine Verringerung von Fehlern.

Der erleuchtete Manager tut weniger – er wirkt durch Ausstrah-lung. Im letzten Kapitel dieses Buches machen wir Sie mit diesem „Feldeffekt des Bewußtseins" oder mit Bewußtseins-Management als einer sozialen Strategie genauer vertraut.

Bei aller Neugier, die nun vielleicht bei Ihnen aufgekommen ist, ob nicht ein erleuchtete Manager in Ihrem Umfeld wirkt, möch-ten wir Sie auf einen alten Satz der Weisheitstraditionen hinwei-sen:

„Wer es ist, der sagt es nicht. Und wer es sagt, der ist es nicht!"

Da Erkennen immer vom Bewußtseinszustand des Erkennenden abhängt, kann letztlich nur ein Erleuchteter selbst einen Erleuchte-ten erkennen. Versuchen Sie also nicht zu intensiv, Erleuchtete auf-zufinden. Es könnte sich um Sucher handeln… Investieren Sie Ihre Aufmerksamkeit lieber in die eigene Bewußtseinsentfaltung!

8.5 Selbstvertrag zur Entwicklung meines Bewußtseinspotentials

Der zweite Teil des Buches hat Ihnen vielfältige Möglichkeiten zur Gesundung Ihrer Persönlichkeit aufgezeigt. Selbstverständlich ge-hen wir nicht davon aus, daß Sie allein durch das Lesen dieses Teils über Bewußtseins-Management Ihr Selbst-Management und Ihren Führungsstil grundlegend verändern können.

Um Ihnen Schritte zur praktischen Umsetzung des Gelesenen zu erleichtern, schlagen wir vor, daß Sie einen Vertrag mit sich selbst abschließen. Dieser Selbstvertrag sollte diejenigen Punkte enthal-ten, die Ihnen für die Arbeit an Ihrem Bewußtsein in den nächsten sechs Monaten besonders wichtig sind.

Ayurvedisches Bewußtseins-Management umfaßt, um Ihnen noch einmal die entscheidenden Punkte zu vergegenwärtigen:

- drei Arten von Streß-Management
- die Ausübung von Meditation
- Wahrnehmungsschulung zum Beispiel durch Klang- und Aroma-
  therapie
- die Ausbildung eines positiven und kohärenten Denkstils
- einen gesunden Umgang mit Gefühlen
- Kreativitäts- und Intuitionsförderung
- Grundsätze einer wirkungsvollen Kommunikation
- Life-Styling
- Maßnahmen zur Motivationssteigerung und
- Erfolgsprinzipien.

Füllen Sie jetzt bitte den Vertrag auf der folgenden Seite aus.

Selbstvertrag

Ich vereinbare vertraglich mit mir selbst:

1. daß ich bis zum _____
   (Erfüllungszeitraum: sechs Monate) folgendes Ziel erreichen
   werde:

   _____

   _____

2. Dafür bin ich bereit, folgende Maßnahmen zu ergreifen:

   _____

   _____

   _____

3. Meine Schritte, die ich im einzelnen unternehmen werde, sind:

   _____

   _____

   _____

   _____

   _____

4. Folgende Person meines Vertrauens suche ich mir zur
   Kontrolle:

   _____

5. Ich verpflichte mich, dieser Bezugsperson wöchentlich zu berichten, was ich bislang im Hinblick auf die Zielerreichung
   getan habe.

6. Die Erfüllung des Vertrages feiere ich auf folgende Weise:

   _____

   _____

   _____

Datum des Vertragsabschlusses:

_____

(Meine Unterschrift)   (Unterschrift meines „Kontrolleurs")

Teil 3:
Kohärenz-Management –
Der Kern ayurvedischer
Unternehmenskultur

Bislang haben wir Ihnen den Ayurveda als ein System von Gesundheitsstrategien nahegebracht, die alle das Ziel verfolgen, Ihr persönliches Wohlbefinden zu erhöhen. Diese individuelle Perspektive deckt sich mit dem allgemeinen Verständnis von Gesundheit: Gesund zu sein ist vorwiegend Sache des einzelnen. Häufiger ist heute allerdings auch die Rede von einer „kranken Gesellschaft", also von der sozialen Dimension der Gesundheit. Dabei wird dann die Gesellschaft als Ganze auf Krankheitssymptome hin untersucht.

Positive Vorstellungen einer „gesunden Gesellschaft" sind bislang kaum entwickelt worden. Einerseits wurde dieser Begriff zu Zeiten des Nationalsozialismus in Mißkredit gebracht, andererseits ist ein konstruktives Leitbild, das zur Orientierung dienen könnte, wie zum Beispiel das ayurvedische, nur wenigen bekannt.

Der Ayurveda behandelt ausdrücklich die gesellschaftliche Dimension der Gesundheit. Er formuliert beispielsweise Regeln der „guten Lebensführung", die zur Gesundheit einer sozialen Gemeinschaft sowie dem gesunden Miteinander von Mensch und Natur beiträgt.

„Wie sich selber soll man stets sogar Insekten und Ameisen ansehen ... Hilfsbereit sei man selbst bei einem Feinde, der auf Schädigung bedacht ist ... Man soll weder jemanden als seinen Feind noch sich selbst als den Feind irgendjemandes kundtun."   Vagbhata

Diese und ähnliche Regeln zeigen, daß der Ayurveda die Wechselbeziehungen zwischen einer gesunden und einer sozial wertvollen Lebensführung kennt. Auch die in ayurvedischen Schriften auffindbaren zahlreichen Bemerkungen zur Tugend, die in der Erfüllung sozialer Gesetze besteht, bestätigen daß die persönliche Gesundheit immer im Kontext gesellschaftlicher Ordnung betrachtet wird.

Wenn die Gesellschaft so funktioniert, daß sie zur Gesundheit des einzelnen beiträgt, dann kann man von einer *gesunden Gesellschaft* sprechen.

Damit verfügt der Ayurveda über eine Kulturperspektive, deren Hauptbestandteil das *Leitbild kollektiver Gesundheit*, also eines gesellschaftlichen Lebens im Gleichgewicht ist.

Wie Sie in den vorangegangenen Kapiteln erkannt haben, vermittelt der Ayurveda eine derart große Anzahl von Gesundheitsgrundsätzen und Wertvorstellungen, daß wir von einem *ayurvedischen Kulturansatz* sprechen können. Dieser kann neben anderen materialistischen, sozialistischen, animistischen oder religiös begründeten Kulturansätzen bestehen. Der Ayurveda unterscheidet sich von anderen Kulturansätzen dadurch, daß er ausschließlich auf Gesundheit ausgerichtet ist. Dieses „wichtigste Gut des Menschen" bildet sein Hauptanliegen.

Da Gesundheit alle Menschen angeht, kann der Ayurveda auch problemlos in alle anderen Kulturansätze integriert werden. Seine Wertvorstellungen geraten zum Beispiel nicht mit denen einer christlich geprägten Kultur in Konflikt. Auf diesem Hintergrund wollen wir Sie nun in die kulturellen oder sozialen Aspekte des Ayurveda einführen, insoweit sie für die Wirtschaft von Bedeutung sind.

Nicht nur Gesellschaften als Ganze werden durch ihre Kultur zusammengehalten, sondern auch alle Einheiten wirtschaftlichen Lebens, also Betriebe, Unternehmen und Verbände. Auch Sie sind als Mitarbeiter einer Organisation der Wirtschaft in eine ganz spezielle Kultur eingewoben.

Statt Sie mit einer Vielzahl unterschiedlichster Definitionen von Unternehmenskultur zu langweilen, schlagen wir vor, daß Sie sich mit Hilfe des folgenden Fragebogens derjenigen Faktoren bewußt werden, die die Unternehmenskultur Ihres Arbeitsplatzes kennzeichnen.

Fragebogen: Die Faktoren meiner Unternehmenskultur analysieren

1. Benennen Sie wenigstens fünf Werte, die von allen Mitarbeitern Ihres Unternehmens geteilt werden.

_____

_____

_____

_____

_____

2. Halten Sie in Stichworten eine Geschichte fest, die in Ihrem Betrieb immer wieder erzählt wird.

_____

_____

_____

_____

3. Welche Feiern bieten möglichst vielen Mitarbeitern Gelegenheit zusammenzufinden und sich gemeinsam zu freuen?

_____

_____

_____

_____

4. Welche Grundsätze der Unternehmensphilosophie Ihres Arbeitgebers kennen Sie?

_____

_____

_____

_____

5. Beschreiben Sie drei Wege oder „Rituale" der Information oder Kommunikation in Ihrem Hause.

_____

_____

_____

_____

6. Welche Rolle spielt Gesundheit in Ihrem Unternehmen?

_____

_____

_____

_____

7. Zählen Sie die wichtigsten fünf Verhaltensweisen auf, denen sich alle Mitarbeiter Ihrer Firma verpflichtet fühlen.

_____

_____

_____

_____

_____

8. Überprüfen Sie, wo die Sie umgebende Unternehmenskultur nicht gesundheitsförderlich ist.

_____

_____

_____

_____

_____

Bilden Sie sich im Anschluß an die Beantwortung dieser Fragen ein Urteil, ob die Sie umgebende Unternehmenskultur im großen und ganzen Ihrer Gesunderhaltung dient. Nur dann nämlich bietet sie die Gewähr, daß Sie als einzelne Führungskraft eine optimale Unterstützung Ihrer Bemühungen erfahren, auch am Arbeitsplatz gesund zu bleiben oder etwas zur Verbesserung der eigenen Gesundheit tun zu können.

9. Auf dem Weg zu einer gesunden Unternehmenskultur

Denken Sie einmal darüber nach, ob sich Ihre Organisationskultur in Übereinstimmung mit Ihrem persönlichen Gesundheitsverhalten befindet. Wenn eine Wertekohärenz zwischen Ihnen und Ihrem Unternehmen hinsichtlich der Gesundheitsförderung besteht, leben Sie in einer gesunden Unternehmenskultur.

Unsere Erfahrung ist, daß sich heute mehr und mehr Organisationen auf dem Weg zu einer gesunden Unternehmenskultur befinden. So gibt es beispielsweise in einigen Firmen eine Jahresprämie für Nichtraucher oder regelmäßige Gesundheitstrainings auch für den Ehepartner. Aus ayurvedischer Sicht kann diese Entwicklung beschleunigt werden, wenn ein Managementstil Anwendung findet, den wir *Kohärenz-Management* nennen.

Vielleicht erschrecken Sie jetzt: Noch ein neuer Managementstil … Kohärenz-Management ist jedoch kein weiteres „Management by …". Bei genauerem Hinsehen entpuppt sich Kohärenz-Management vielmehr als die Erfüllung der Absichten aller unterschiedlichen Managementstile.

Management soll Geldmittel, Menschen und Angelegenheiten so ordnen, daß ihr Zusammenwirken einen finanziellen, sachlichen und ideellen Mehrwert produziert. Jedes Management zielt also auf das Schaffen von effizienten und produktiven Ordnungszusammenhängen ab. Ordnung ist ihrerseits jedoch nichts anderes als der Ausdruck von Kohärenz. *Manager werden für das Herstellen von Kohärenz oder Ordnung bezahlt.*

Im fünften Kapitel haben wir Ihnen die Zusammenhänge zwischen gedanklicher Kohärenz und einer geordneten Funktionsweise Ihres Gehirns dargelegt. Gedankliche und verhaltensbezogene Kohärenz hängen vom Ordnungsgrad des Körper-Geists ab – das war eine Schlußfolgerung, zu der wir gelangten. Meditation wurde als ayurvedische Gesundheitsstrategie vorgestellt, die Kohärenz schafft. Eine Unternehmenskultur, in der Meditation in der Personalentwicklung eingesetzt wird, verfügt mithin über die Voraussetzungen für Kohärenz-Management.

Aber Kohärenz-Management ist mehr als bloßes Meditieren im Unternehmen. Es ist ein bewußter Managementstil, der das geordnete Zusammenwirken aller Bereiche bezweckt, die für eine Organisation bedeutsam sind. Dabei spielt bei keinem anderen Managementstil der persönliche Bewußtseinszustand oder Ordnungsgrad eine derart bedeutende Rolle wie beim Kohärenz-Management.

Nur ein „Manager im Gleichgewicht" verfügt über die ordnende Kraft, die im Sinne natürlicher Autorität spontan dort Ordnung entstehen läßt, wo sie notwendig ist. Einer unserer Seminarteilnehmer faßte Kohärenz-Management in einem Satz zusammen: „Less doing, more being!" („Weniger tun, mehr sein!")

Im folgenden Kasten geben wir Ihnen einen Überblick, wie wir die nun schon mehrfach benutzten Grundbegriffe „Ordnung" und „Kohärenz" definieren:

Ordnung und Kohärenz – die Grundbegriffe des Kohärenz-Managements

- Ordnung wahrzunehmen beinhaltet ein Erkennen von Mustern.
- Ordnung herzustellen heißt Muster schaffen.
- Ordnung wahrzunehmen und herstellen zu können hängt von der Kohärenz des Ordners ab, vom Kohärenzgrad seines Körper-Geists.
- Kohärenz ist ein Maß für die Vernetztheit, Klarheit und Integrationskraft des Bewußtseinszustands eines Menschen oder einer sozialen Organisation.
- Ordnung entsteht aus dem Zusammenspiel von Ordnern und zu Ordnendem oder dem, was ordnet, und dem, was geordnet werden soll.
- Das Zusammenspiel von Verhaltensregeln, Sitten oder Gebräuchen baut Ordnungsmuster auf.
- Ordnungsmuster strukturieren Gegebenes zu einem Ganzen, prägen zulässige Spielräume und Handlungsfelder, erlauben des weiteren ein Sich-Zurechtfinden und ermöglichen schließlich Vorhersagen, wie sich Muster entwickeln können (vergleiche Haken, 1981).

9.1 Management by Natural Law – Eine Formel für kohärente Unternehmensführung

Ein Leben im Gleichgewicht ist nach ayurvedischen Vorstellungen ein Leben in Kohärenz: Ihr Körper-Geist ist dann ein Ganzes, das aus gut aufeinander abgestimmten Teilen besteht. Er verhält sich, um ausgewogen zu bleiben, koevolutionär zum Ganzen der ihn umgebenden Gesellschaft und Natur, so daß dynamische Fließgleichgewichte wie Unternehmen, Gesellschaften und die natürliche Umwelt kohärent zum Wohle allen Lebens zusammenwirken. Das kohärente Zusammenspiel schafft individuelle und soziale Gesundheit. Dies ist der Kern einer ayurvedischen Kultur, sei diese nun gesamtgesellschaftlicher Art oder unternehmensbezogen.

Unternehmen gleich welcher Art, die sich dem Leitwert „Gesundheit" verschreiben, können diesen dann besonders leicht verwirklichen, wenn sie sich des Kohärenz-Managements als Führungsstil bedienen. *Ayurvedisches Kohärenz-Management* orientiert sich an Ordnungsvorgängen in der Natur und im Körper-Geist. Natürliche Abläufe der Entfaltung von menschlichem und anderem organischen Leben geben richtungsweisende Muster für Kohärenz-Management vor. *Management by Natural Law* ist der konzeptionelle Rahmen, als dessen Praxis sich das Kohärenz-Management versteht.

Was die Natur die Führungskraft lehrt

Das Managementkonzept, das wir Management by Natural Law nennen, orientiert sich an physikalischen, chemischen und biologischen Strukturen und Prozessen, die natürliche Systeme ausmachen. Deshalb ist es vom Ansatz her im Kern ayurvedisch, selbst wenn in den klassischen Texten des Ayurveda kein Wort über Managementstrategien zu finden ist.

Im vorliegenden Kapitel übertragen wir ayurvedisches Gesundheitsdenken auf Möglichkeiten der Entwicklung einer gesunden Unternehmenskultur. Da Unternehmenskulturen von Menschen gestaltet werden, die selbst Teil der Natur sind, können strukturelle Ähnlichkeiten zwischen Naturvorgängen und Kulturprozessen gefunden werden. Von der Natur läßt sich demnach viel für die Managementpraxis lernen.

In den bisherigen Kapiteln haben wir Ihnen erläutert, daß Sie in die Natur eingebettet sind und nicht von ihr getrennt leben. Wann immer Sie kreativ sind, wirken Sie, bewußt oder unbewußt, als Teil der Natur selbst. Kreative und produktive Abläufe in Unternehmen nutzen spontan evolutionäre Selbstorganisationsprozesse, die in der natürlichen Umwelt ablaufen.

Wenn Sie Ihre Ziele nun bewußt mit Methoden erreichen, die Sie der Natur abgeschaut haben, dann ist dies Management by Natural Law. Bauen Sie beispielsweise gezielt in Verhandlungen Phasen des gemeinsamen Stilleseins ein, so verwenden Sie das natürliche Prinzip des Wechsels zwischen Ruhe und Aktivität, das allen Lebensprozessen zugrundeliegt.

Mit der Erarbeitung dieses Managementkonzepts vermitteln wir Ihnen eine Sichtweise, in der Ihre täglichen Entscheidungen und Handlungen in einem naturgemäßen Licht erscheinen. Mit den Mitteln des ayurvedischen Kulturansatzes machen wir Ihnen die Wurzeln Ihrer Führungsarbeit deutlich. Damit helfen wir Ihnen, eine Unternehmenskultur aufzubauen, die nach natürlichen Grundsätzen funktioniert und sich bewußt gestalten läßt.

Aus der Beobachtung natürlicher Vorgänge lassen sich vier Folgerungen ableiten, deren Berücksichtigung Voraussetzung für eine naturgemäße Unternehmensführung ist:

Vier natürliche Voraussetzungen für ein Management by Natural Law

1. Leben ist Evolution.
2. Ordnung und Chaos sind die zwei Pole, zwischen denen sich natürliche Entwicklungsprozesse abspielen.
3. Selbstbezug ist ein spontaner Prozeß in natürlichen Systemen, der Ordnung schafft.
4. In selbstbezogenen Systemen stiften wenige Ordner Kohärenz.

Management by Natural Law stellt in Unternehmen die Rahmenbedingungen her, die eine bewußte *evolutionskonforme Unternehmensführung* ermöglichen. Die folgenden vier Abschnitte vermitteln Ihnen hierzu das nötige theoretische Verständnis.

1. Leben ist Evolution

Wenn Sie Gelegenheit gehabt haben, die Entwicklung eines Kindes über einen längeren Zeitraum zu verfolgen, so wissen Sie aus eigener Anschauung: *Leben ist Evolution.* Entfaltungsprozesse sind die Grundlage allen Lebens. Entfaltungsprozesse lassen sich überall wiederfinden, in physikalischen und biologischen aber auch in sozialen und kulturellen Systemen. Überall scheint ein Gesetz zu herrschen, daß Entwicklung vom Kleinen zum Großen leitet, vom Chaos zur Ordnung, vom Einfachen zum Komplexen, von wenig zu viel, von nichts zu allem.

Ihr Unternehmen arbeitet ebenfalls nach dem Gesetz der Evolution. Gleich ob Sie von der Produktseite, von der Rentabilität oder von der Personalentwicklung her auf Ihr Unternehmen blicken, Sie werden als Leitregel immer wieder das Lebensprinzip des Wachstums erkennen. Evolution heißt Wachstum, ein ständiges Sich-weiter-entfalten.

Allerdings gibt es zwei Formen des Wachstums, eine quantitative und eine qualitative. Nehmen Sie beispielsweise den Personalbestand Ihres Unternehmens. Die Zahl der Mitarbeiter kann bei gut gehenden Geschäften wachsen. Das *quantitative Wachstum* jedoch ist nicht unbegrenzt. Es gibt Grenzen des Wachstums, die entweder durch einen Einbruch am Markt hervorgerufen werden, durch die Unmöglichkeit noch mehr derjenigen natürlichen Ressourcen zur Verfügung zu haben, die für ein bestimmtes Produkt nötig wären, oder durch soziale, zum Beispiel gesetzgeberische Maßnahmen.

Die *qualitative Form des Wachstums* der Mitarbeiter Ihres Unternehmens ist hingegen kaum begrenzt: Es liegt nämlich ein enormes Potential an körperlichen, geistig-seelischen und kommunikativen Ressourcen brach, die darauf warten, erschlossen zu werden, um das qualitative Wachstum Ihrer Firma zu fördern.

Entfaltungsprozesse haben eine innere Logik, die Sie im Hinblick auf Ihre Gesundheit in den vorangegangenen Kapiteln kennengelernt haben: Ihre Gesundheit baut sich auf, wenn Sie krankmachende Einflüsse aus Ihrem beruflichen und privaten Umfeld herausfiltern und sich Nischen oder Handlungsräume schaffen, in denen Sie gesünder als zuvor leben können.

Darüber hinaus entwickelt Gesundheit sich auch, wenn Sie sich der Herausforderung zum Wandel, wenn Sie sich Neuem so stellen, daß daraus ein optimiertes Verhalten folgt. Von der Natur lernt der Mensch, daß sein Wachstum durch Selektion vorangetrieben wird.

Für die bewußte Gestaltung Ihres Lebens ist es deshalb nötig, Ihr Unterscheidungsvermögen und Ihre Kreativität so zu stärken, daß Sie fähig bleiben, ständig an Ihrer Persönlichkeitsentfaltung zu arbeiten. Das ayurvedische Life-Styling bietet individuell praktikable Verfahren, um die persönliche Entwicklungsbereitschaft bis ins hohe Alter aufrechtzuerhalten. Diese Basisqualifikation ist die Voraussetzung, damit Sie durch Ihr Verhalten am Arbeitsplatz Anstöße für die Evolution Ihrer Unternehmenskultur geben können.

Das Gesetz der Evolution bedeutet für Ihr persönliches Leben:

– einen gesunden Körper-Geist aufzubauen und zu erhalten;
– die Persönlichkeit zu immer ausgereifteren Stufen der Integration zu vervollkommnen;
– in allen Lebensphasen zum Fortschritt der Kultur beizutragen, die Sie umgibt.

Management by Natural Law leben nur diejenigen Führungskräfte spontan vor, die sich selbst auf einen Weg der Bewußtseinsentfaltung begeben haben, auf dem sie Erfahrungen erweiterten Bewußtseins sammeln. Die neuerdings verstärkt diskutierten *Ansätze evolutionären oder systemischen Managements* (siehe dazu zum Beispiel Königswieser & Lutz, 1990) haben letztlich nur dann wirklich eine Durchsetzungschance, wenn sie Methoden der Persönlichkeitsentwicklung und Bewußtseinsreifung beinhalten, die die Voraussetzungen beim einzelnen Manager schaffen, um im besseren Einklang mit der Evolution zu leben.

Evolution muß ein bewußtes Erlebnis sein – andernfalls ist jeder Managementansatz evolutionär-systemischer Art nur ein weiteres Konzept, das auf den Schreibtischen kluger Wissenschaftler geboren wurde und besser schnell in deren Schubladen verschwindet. Ohne Erfahrung davon, daß das eigene *Bewußtsein der Schlüsselfaktor aller persönlichen und kulturellen Evolution* ist, bleiben entsprechende Ansätze nur Worthülsen.

Wir wollen Sie also ermuntern, Evolution in Ihrem Leben viel Raum zu geben. Nehmen Sie sich Zeit, um sich bewußt mit der Entfaltung der in Ihnen schlummernden Potentiale zu befassen. Der in diesem Buch vorgestellte Maharishi-Ayurveda bietet hierfür eine Reihe brauchbarer Strategien an. Der ayurvedisch geschulte Manager hat in seinem Bewußtsein die Grundlage geschaffen, um zu evolutionären Entscheidungen für seinen beruflichen Aufgabenbereich oder sein Unternehmen als Ganzes zu finden.

Evolutionäres Denken, Entscheiden und Verhalten hängen von dem Bewußtseinszustand ab, in dem sich der Manager befindet. Ist dieser Zustand durch Trägheit, Überreiztheit, Sprunghaftigkeit und andere Kennzeichen eines gestörten Gleichgewichts der Doshas bestimmt, kann nicht evolutionsgemäß gemanagt werden.

Die evolutionär-systemische Sicht wirtschaftlicher Zusammenhänge ist zunächst einmal nur ein Theoriegebäude. Erst wenn eine Bewußtseinsbildung hinzukommt, die Führungskräfte praktisch „auf Evolution pulst", macht dieser Managementansatz umfassenden Sinn. Management by Natural Law beinhaltet das Bemühen, die ayurvedischen Gesundheits- und Bewußtseinsstrategien in Unternehmen so zu vermitteln, daß die Unternehmensaufgaben evolutionskonform bewältigt werden können. Als Trainingsansatz schult Management by Natural Law Leitung und Mitarbeiter eines Unternehmens darin, alle Tätigkeiten als Chance zur Persönlichkeitsentfaltung zu erkennen. Im Zentrum dieses Ansatzes steht die Vermittlung von Erfahrungen, die Entwicklungen in dieser Richtung auslösen. Der eigene Arbeitsplatz wird in diesem Training erlebbar als ein Entfaltungszusammenhang, der die eigene Persönlichkeitsintegration mit der Verwirklichung der Unternehmensziele verbindet.

2. Ordnung und Chaos sind die beiden Pole natürlicher Entwicklung

Bei dieser evolutionär ausgerichteten Bewußtseinsarbeit wird ein zweites Prinzip zu einer lebendigen Realität: Prozesse der Entfaltung laufen zwischen zwei Polen ab, zwischen Chaos und Ordnung.

Vor allem Ereignisse, die eine deutliche Veränderung auslösen, gehen meist mit Erlebnissen von *Chaos* einher. Wenn beispielsweise eine Familie Nachwuchs bekommt, muß sich die ganze Struktur der familiären Beziehungen ändern. Bis ein neues Gleichgewicht von Erwartungen und konkretem Verhalten gefunden wurde, erleben vornehmlich die Väter das Zuhause als „chaotisch". Im Unternehmen bringt jede Neueinstellung genauso wie jede Umbesetzung einer Position Turbulenzen mit sich. Aus der „alten Ordnung" muß eine neue werden: Dazwischen, also dort, wo die alten Muster zum Beispiel der Entscheidungsfindung nicht mehr funktionieren und die neuen noch nicht eingespielt sind, entsteht unvermeidlich mehr oder weniger Chaos.

Übung: Mein Umgang mit Chaos

1. Schreiben Sie auf einem gesonderten Blatt stichwortartig Ihre letzte Erfahrung mit einer auf Sie chaotisch wirkenden Situation auf. Seien Sie insbesondere genau in der Skizzierung Ihrer Gefühle und der geistigen Einstellung, die Sie hatten. Halten Sie auch fest, wie Sie sich verhalten haben, und zwar vor Auftreten der entsprechenden Chaossituation, in ihr und kurz danach.
2. Erinnern Sie sich anschließend daran, wie Sie die Situation überwunden haben. Was hat Ihnen geholfen? Was haben Sie gedacht? Wie hat sich die Qualität Ihrer Gefühle geändert?
3. Können Sie ein Gefühls-, Gedanken- und Verhaltensmuster erkennen, das nicht nur in dieser Situation für Sie das Chaos verstärkt? Beschreiben Sie es, so gut Sie können.
4. Erkennen Sie ein Lösungsmuster, mit dem Sie persönlich von Chaos zu Ordnung wechseln? Skizzieren Sie dieses Muster.

Um von einem Ordnungszustand zu einem neuen, vielleicht größerer Komplexität oder höherer Ordnung zu gelangen, muß eine Auflösung der bisherigen Ordnung erfolgen. In Organisationsentwicklungsprozessen gehört diese Auflösungsphase alter Ordnungen zum schwierigsten Teil.

Mitarbeiter gleich welcher Ebene geben nur ungern alte, lieb gewonnene Einstellungen, Verhaltensweisen und Positionen auf. Ein *Phasenübergang* zu einem neuen Ordnungszustand kann sprunghaft verlaufen. Wenn zum Beispiel eine Abteilung von einem auf den anderen Tag auf eine neue Fertigungstechnologie umsteigen muß, dann wird dies als chaotisch erlebt. Findet der Übergang aber kontinuierlich statt, also derart, daß die alte Fertigungstechnologie in derselben Geschwindigkeit abgebaut wird, mit der die neue eingeführt wird, so wird dies als harmonischer Wechsel zu einer neuen Ordnung erfahren.

Entwicklungsvorgänge bewegen sich überall im Leben im Spannungsfeld zwischen Chaos und Ordnung. *Aus Chaos entsteht Ord-*

nung, und diese zerfällt wieder, damit neue Ordnung wachsen kann. In der natürlichen Umwelt, zum Beispiel bei Pflanzen, kann dieser Stirb- und Werde-Vorgang genau beobachtet werden. Es gibt eine ayurvedische Strategie zur Kultivierung eines konstruktiven Umgangs mit chaotisierenden, Strukturen auflösenden Vorgängen: *Meditation.*

Immer wenn die Aufmerksamkeit von den Gegenständen der Umgebung abgezogen wird und sich nach innen richtet, findet eine sanfte, aber konsequente Ablösung von Gewohnheiten statt, eine Art von „Entkonditionierung". Das eingeschliffene Wahrnehmungs- und Verhaltensmuster, sich ständig mit sinnlich Vorfindbarem zu befassen, wird im meditativen Prozeß transzendiert. Der Meditierende läßt es einfach hinter sich. Der Geist und die Gefühle kommen zur Ruhe, und nach jeder Meditation kann aus der inneren Klarheit neues, geordneteres Verhalten folgen. Die Steigerung von Ordnung im hirnphysiologischen und psychologischen Sinn haben zahlreiche Meditationsuntersuchungen bestätigt. Wir haben Ihnen entsprechende Ergebnisse früher bereits vorgestellt.

Wenn ayurvedische Reinigungsmaßnahmen auf den Körper einwirken, laufen Umstrukturierungsprozesse ab. Mit diesen geht ein Abbau von körperlichen und seelisch-geistigen Funktionshemmungen einher. Jedes Management by Natural Law muß bei den Engpässen, das heißt, den persönlichen Unzulänglichkeiten des Menschen, anfangen. Chaos und der Aufbau neuer Ordnungsmuster müssen als zwei Formen der persönlichen Wirklichkeit erlebt werden, um sie dann als Steuerelemente für unternehmerische Prozesse gezielt einzusetzen.

Chaos, meist ausgelöst durch wirtschaftlichen Selektionsdruck, wird in dieser Managementperspektive als notwendiger Teil von Entwicklungsprozessen in Unternehmen erkannt (Müri, 1989). Jede Führungskraft hat mit Hilfe ayurvedischer Methoden die Möglichkeit, *durch das eigene Bewußtseinswachstum mit Chaos vertraut zu werden.* Dies ermöglicht einen entspannteren Umgang mit chaotischen Phasen der Unternehmensentwicklung.

Einige der ayurvedischen Gesundheits- und Bewußtseinsbildungsstrategien lassen sich gezielt in Unternehmen gerade dann einsetzen, wenn Phasenübergänge anstehen, die chaotisch verlaufen könnten. Die durch diese Verfahren vermittelten Basisqualifikationen der Flexibilität, Gelassenheit und des Loslassen-Könnens versetzen die Akteure des Unternehmens in die Lage, mit Chaos natürlich umzugehen: also „im Fluß zu bleiben".

Jeder Kampf mit dem Chaos verstärkt es und hält die Evolution an. Statt dessen empfiehlt der Ayurveda, das Bewußtsein auf das Selbst zu richten, also auf den Bereich reiner Bewußtheit, jenseits allen gedanklichen und gefühlsmäßigen „Rauschens". Dieser Selbstbezug stellt einen Bewußtseinszustand her, der sich durch innere Freiheit und Kohärenz auszeichnet. Aus ihm kann zum Beispiel neue Ordnung in Form einer problemlösenden Intuition spontan und situationsangemessen entstehen, die sich in zielführendes Handeln umsetzen läßt.

3. Selbstbezug ist ein spontaner Prozeß in natürlichen Systemen, der Ordnung schafft

Chaos kann Entwicklungsprozesse dann aufhalten, wenn der „Fehler des Intellekts" das Bewußtsein beherrscht, wenn also Bewußtsein sich ausschließlich mit der Analyse von Verfallsprozessen oder mit dem Kampf gegen natürliche Abbauprozesse beschäftigt. Jedes Festhalten am Chaos stoppt die Evolution. *Als Technik der Überwindung von Phasen der Stagnation ist der Selbstbezug bekannt.* Ein Selbstbezug des Bewußtseins findet statt, wenn Bewußtsein in Form von Gedanken oder Gefühlen so zur Ruhe gekommen ist, daß reines Bewußtsein erfahren wird.

Wir haben Ihnen im vierten Kapitel die Erfahrung dieses Grundzustands des Bewußtseins beschrieben. Reines Bewußtsein tritt ein, wenn Bewußtheit sich selbst erfaßt und dabei keinen anderen Wahrnehmungsgegenstand mehr hat, wenn also eine Art „Selbst-Begegnung" erlebt wird.

In natürlichen Systemen gibt es einen Zustand, der sich mit dem Zustand reinen Bewußtseins vergleichen läßt (Hagelin, 1987). *Quantenfeldtheorien* über physikalische Prozesse auf der Ebene der Teilchen vermitteln ein Verständnis des Selbstbezugs in der Natur. Teilchen werden dort als diskrete Anregungszustände eines teilchenfreien Vakuumgrundzustands aufgefaßt, der jeder Teilchenart zugrundeliegt. Bei Interaktionen mit anderen Teilchen verschmelzen sie fortwährend und kurzzeitig mit ihren jeweiligen Vakuumgrundzustanden. Durch diesen Selbstbezug nimmt das jeweilige Teilchen Kontakt mit seinem Ursprungsfeld auf. Es verschwindet gleichsam in ihm, und ein neues Teilchen der gleichen Art (bei Teilchenzerfall einer anderen Art) tritt aus diesem Grundzustand hervor, das zur veränderten Situation paßt.

Wenn man bedenkt, daß dieser Vorgang ständig auch im menschlichen Körper abläuft, so heißt dies, daß die übliche Materie zu fünfzig Prozent der Zeit überhaupt nicht existiert, sondern in Vakuumgrundzuständen verschwunden ist.

Die *Vakuumgrundzustände* sind perfekt geordnet. Somit stellen sie die Basis aller physikalischen Ordnungsvorgänge dar. Reines Bewußtsein wird im Sinne des Ayurveda als Grundzustand des Bewußtseins betrachtet. Der Selbstbezug bringt entsprechend angeregte Formen von Bewußtsein wie Gedanken oder Gefühle in Einklang mit dem natürlichen Grundzustand des Bewußtseins. Dadurch wird Kohärenz oder Ordnung auf der Ebene des individuellen Bewußtseins geschaffen.

Auf der Ebene eines Unternehmens läßt sich der Selbstbezug nicht in einem Ritus oder einem Managementkonzept institutionalisieren. Ein Unternehmen hat in dem oben erwähnten Sinn keinen Vakuumgrundzustand. Jedoch haben die einzelnen Mitarbeiter die Möglichkeit, ihr Bewußtsein durch Meditation mit dessen Grundzustand in Verbindung zu bringen. Damit überwinden sie, jeder für sich, diejenigen Störpotentiale, die chaotische Phasen automatisch mit sich bringen.

Im Einklang mit der Natur zu handeln – und darauf zielt Management by Natural Law – bedeutet also, daß jedes Verhalten auf einem bewußten Selbstbezug beruht. Die ganzheitliche Basis allen Denkens, Fühlens und Verhaltens, reines Bewußtsein, ist dadurch in allen Handlungen präsent. Im achten Kapitel wurde der Zustand Kosmischen Bewußtseins beschrieben, in dem diese Integration von Stille und Tätigkeit verwirklicht ist.

Chaoszeiten sind Krisenzeiten. In Krisenzeiten wollen Manager traditionellerweise auf geprüfte und bewährte Methoden der Problemlösung zurückgreifen. Aber diese Haltung hilft in der Regel bei evolutionären Prozessen wenig, da sich diese durch Unumkehrbarkeit auszeichnen.

Unumkehrbarkeit bedeutet aber auch, daß Methoden und Strategien, die sich für einen bestimmten Zeitraum gut bewährten, im nächsten Augenblick nicht mehr funktionieren. Neue Randbedingungen für unternehmerisches Handeln zwingen heute vielfach dazu, alte Muster aufzugeben. Mit anderen Worten: Das Vergessen oder Entlernen ist von entscheidender Bedeutung für die Organisationsentwicklung.

Der durch Meditation gepflegte Selbstbezug ist ein effektives Mittel, um alte Muster im wahrsten Sinn des Wortes zu vergessen. Gedankliche Aktivität, also die Voraussetzung für Erinnern, wird transzendiert und Bewußtsein frei von Bindungen an gedankliche oder gefühlsmäßige Fixierungen und frei für den situationsgerechten Aufbau neuer Verhaltensweisen. Diese Freiheit wirkt sich zum Beispiel bei Sitzungen sehr günstig aus: Meditierende Mitarbeiter beharren nicht darauf, die beste Lösung für ein Problem zu besitzen. Sie bringen ihr Fachwissen gezielt, aber ohne egoistische Absichten ein und lassen sich gerne auf die Entwicklung verschiedener Varianten oder Szenarien ein, um eine für alle Beteiligten passende Lösung gemeinsam zu erarbeiten.

4. In selbstbezogenen Systemen stiften wenige Ordner Kohärenz

Management by Natural Law versteht Unternehmen als selbstbezogene Systeme. Unternehmen stehen in einem Austauschverhältnis von Materie, Energie und Information mit ihrer Umwelt. Sie besitzen aber eine Identität, die durch verschiedene Formen ausgedrückt wird.

In den unternehmenseigenen Riten beispielsweise der Beförderung, in den Kommunikationsstrukturen, in den Führungssystemen und Strategien baut sich eine Identität auf, die kollektives Bewußtsein schafft. Aufrechterhalten wird sie allerdings bei genauerem Hinsehen nur im Bewußtsein der Mitarbeiter. Deren Gedanken, Gefühle und Verhaltensweisen sind der „Treibstoff", der alle „Motoren des Selbstbezugs" am Laufen hält. Der Treibstoff ist um so hochwertiger, je lebendiger der Selbstbezug der Mitarbeiter ist.

Sobald sich die Mitarbeiter eines Unternehmens durch Bewußtseinstechnologien in einen Zustand des lebendigen Selbstbezugs begeben, sind sie innovations- und evolutionsbereit sowie fähig, ihr Optimum zum Unternehmenswachstum beizutragen. Sie bringen ihren Ordnungszustand in das Unternehmen ein und verhelfen ihrer Firma damit immer wieder zu neuer Stabilität. In Phasen stabiler Unternehmensleistung sind die Produkt- und Preispolitik, die

Erforschung und Entwicklung neuer Produkte, das Entlohnungssystem, die Führungspraxis und alle anderen Faktoren erfolgreichen Wirtschaftens stimmig oder kohärent.

In stabilen Phasen oder sogenannten „stationären Zuständen" sind selbstbezogene Systeme durch eine *minimale Erzeugung von Unordnung* gekennzeichnet. Gesundheitlich stabile und bewußtseinsmäßig ausgeglichene Mitarbeiter rufen nur geringe Reibungsverluste hervor. Sie „stören" den Ablauf des Betriebsgeschehens nicht. Dabei achten sie wachsam auf ein kooperatives Miteinander auf allen Ebenen.

Ein Unternehmen, das sich als Ganzes in einem stationären Zustand befindet, gibt, im übertragenen Sinn, auch an seine Umgebung nur minimale „Nebenprodukte" ab, die die Unordnung beispielsweise in der natürlichen Umwelt verstärken, und arbeitet für sich selbst am effizientesten.

Innere Fluktuationen, zum Beispiel durch die Erkrankung eines Vorstandsmitglieds ausgelöste Neuaufteilungen von Kompetenzen, oder äußere Fluktuationen, wie beispielsweise das Auftreten eines Billiganbieters aus Korea auf dem angestammten Markt, sind für selbstbezogene Systeme Störungen. Wie Sie aus Ihrer Managementerfahrung wissen, gibt es zwei Reaktionsweisen auf Störungen, die das Unternehmen aus dem Gleichgewicht bringen:

– Entweder schafft die Störung eine schnelle Zunahme interner und nach außen ausstrahlender Unordnung. Erst wenn ein Weg gefunden wurde, der Störung marktgerecht oder mit Mitteln der Verwaltung zu begegnen, stabilisiert sich das Unternehmen in einem neuen Zustand.
– Oder eine zweite, positive Form der Reaktion auf die Störung tritt ein, die zu einer unmittelbaren Erhöhung der Ordnung des Unternehmens beiträgt. Vielleicht kommt einer Ihrer Mitarbeiter in einer Brainstorming-Sitzung auf einen Verbesserungsvorschlag für das Herstellungsverfahren eines Produktes, das Ihrem Verantwortungsbereich unterliegt.

Nehmen Sie diesen Vorschlag ernst, dann prüfen Sie planerisch oder praktisch alle möglichen Konsequenzen dieses Vorschlags und führen ihn genau dann durch, wenn er sich als Beitrag zur Verringerung der Unordnung beziehungsweise als Maßnahme zur Steigerung des inneren Ordnungszustands in Ihrer Abteilung umsetzen läßt. Ordnung wird dabei von Ihnen, wie meistens in ökonomischen Zusammenhängen, über den Faktor Kosten quantifiziert. Sinken die Kosten bei gleichbleibender Produktqualität und konstanter Arbeitsplatzqualität, dann heißt dies Ordnungserhöhung.

In natürlichen Systemen können positive Fluktuationen durch wenige Ordner ausgelöst werden. Als Ordner wirken zum Beispiel bei Magneten ein Prozent der Weisschen Bereiche, deren Ausrichtung ausreicht, um die magnetische Kraft des ganzen Magneten aufrechtzuerhalten. Beim Herzen soll ein Prozent der Zellen, als sogenannte Schrittmacherzellen genügen, um das Herz geordnet pulsieren zu lassen. In einer übersättigten Lösung bedarf es nur eines Kristalls, um unter geeigneten Bedingungen die gesamte Substanz auszukristallisieren.

Vielleicht genügen in Ihrem Unternehmen Sie allein, um einen neuen Ordnungszustand für das Ganze herzustellen, nachdem Sie sich durch ayurvedische Maßnahmen in einen entsprechenden Bewußtseins- und Gesundheitszustand gebracht haben! Auf die *Macht der kleinen Zahl*, die in diesem Zusammenhang als Naturgesetz angesprochen wird, kommen wir im letzten Teil dieses Kapitels noch einmal ausführlich zu sprechen.

Für Management by Natural Law ist diese Einsicht in das Ordnungsvermögen weniger Teile eines selbstbezogenen Systems von Bedeutung. Da wir nicht davon ausgehen können, daß alle Mitarbeiter eines Betriebs bereit sind, bewußt an ihrer persönlichen Evolution zu arbeiten, ist es gut zu wissen, daß nur wenige Ordner nötig sind, um eine neue Entwicklungsphase für das gesamte Unternehmen einzuleiten.

Die Natur fordert Sie als Führungskraft gewissermaßen dazu auf, Impulse zu setzen, um sich selbst und einige wenige Ihrer Mitarbeiter gezielt persönlichkeitsmäßig zu entfalten. Die durch Sie dadurch ausgelösten Fluktuationen oder Störungen haben automatisch einen Effekt auf Ihren gesamten Verantwortungsbereich und sogar noch darüber hinaus auf Ihr Unternehmen als Ganzes.

Auf unseren Seminaren betonen wir diesen Aspekt besonders, da doch immer wieder Führungskräfte behaupten, sie könnten nichts in ihrem Unternehmen bewegen, weil die Strukturen oder einzelne Personen in der Firma dies nicht zuließen. Die Spielregeln der Evolution in selbstbezogenen Systemen sind aber offenbar so, daß jeder einzelne ein entscheidendes Einflußvermögen hat.

Mathematisch gesehen reicht der Flügelschlag eines Schmetterlings aus, um in dem selbstbezogenen Klimasystem einer Region Randbedingungen einzuführen, die das Wetter dieser Region langfristig verändern. Der *Schmetterlingseffekt* ist ein bekanntes Beispiel für die gewaltigen Einflüsse, die ein einzelnes, scheinbar kleines Wesen haben kann.

Entsprechend machen wir auf unseren Seminaren den Teilnehmern deutlich, welche nachhaltigen Wirkungen auftreten können, wenn sie, jeder für sich, Verhaltensweisen ändern, das heißt, gesünder und bewußter leben.

Ayurvedische Unternehmenskultur: Mit Gesundheit einen Kulturwandel auslösen

Wandlungsprozesse werden in der Natur durch Systeme eingeleitet, die ihre äußere Gestalt, ihren Stoffwechsel oder ihre Interaktionsmuster ändern. In der Wirtschaft heißt dies *Veränderung der Unternehmenskultur.*

Wir haben Ihnen die Möglichkeiten und die zu erwartenden Wirkungen ayurvedischer Maßnahmen auf Sie und andere Führungskräfte oder einzelne Ihrer Mitarbeiter im Detail vorgestellt. Sollten Sie in einem Unternehmen arbeiten, das noch nicht oder kaum eine Gesundheitskultur besitzt, so ist es denkbar, daß Sie selbst ein neues Leitbild verkörpern. Sie alleine sind durch eine Optimierung Ihrer körperlichen und geistig-seelischen Gesundheit imstande, Wesentliches zur Veränderung Ihrer Unternehmenskultur beizutragen.

Unternehmenskulturen können erfolgreich verändert werden, wenn diejenigen Führungskräfte, die ein Veränderungsanliegen haben und entsprechende Verantwortung übernehmen, die *Grundelemente der Prägung von Kultur* beachten:

1. Kulturen werden von „Helden" vorgelebt und aktiv vermittelt;
2. Kulturen bauen sich auf ein Wertgefüge auf;
3. Kulturen leben in verschiedenen Formen der Teilhabe.
   (Deal & Kennedy, 1983)

Im folgenden beschreiben wir Ihnen diese drei Faktoren der Entwicklung und des Erhalts von Kultur unter ayurvedischen Gesichtspunkten. Damit geben wir Ihnen einige Anregungen strategischer Art. Diese tragen dazu bei, daß Sie Ihr Vorhaben, Bewußtheit und Gesundheit durch Ihre Arbeit zu erhöhen, in Ihre Unternehmenskultur ausstrahlen können. Die Berücksichtigung der Grundelemente von Kultur versetzt Sie in die Lage, andere für einen ähnlichen Weg zu begeistern, an dessen Ende vielleicht eine gesundheitsfördernde Unternehmenskultur steht.

1. Kulturen werden von „Helden" vorgelebt und aktiv vermittelt

Nach einem Seminar über ayurvedische Ernährung fing ein leitender Angestellter an, regelmäßig heißes Wasser, statt wie bislang Tee, zu trinken. Selbstverständlich erregte das Verwunderung bei den Mitarbeitern seiner Abteilung. Einige dachten, er sei dabei, den Boden der Wirklichkeit zu verlassen und „abzuheben". Andere lächelten einfach über diese „Schrulle". Denjenigen, die ihn nach seinen Gründen fragten, erklärte er immer wieder geduldig, wieso er nun heißes Wasser bevorzuge.

Nach ungefähr zwei Monaten fing seine Sekretärin an, heißes Wasser, das sie vorher schrecklich fand, zumindest bei der Mittagsmahlzeit anstelle der sonst getrunkenen Säfte zu sich zu nehmen. Nach einem weiteren Monat erkundigten sich mehrere Mitarbeiter fast gleichzeitig nach Möglichkeiten, ein ayurvedisches Ernährungsseminar zu besuchen. Dies wurde dann auf Firmenkosten angesetzt, von uns durchgeführt und von der Hälfte aller Mitarbeiter der Abteilung besucht.

Auch wenn wir nicht kontrollieren konnten, wie viele Mitarbeiter ihr Trinkverhalten tatsächlich verändert haben, so war dies doch für uns ein eindrucksvolles Beispiel für die *Vorbildfunktion eines „Helden"*. Denn zweifelsohne fiel dem leitenden Angestellten die konsequente Umstellung auf heißes Wasser nicht leicht, angesichts eines Umfeldes, dessen Trinkkultur eine ganz andere war. Daß er es durchhielt, machte ihn zum „Helden".

Als „Held" wirkte er auf seine Mitarbeiter, die ihn nun genauer beobachteten, Verbesserungen seines Gesundheitszustands erlebten und selbst zunehmendes Interesse an ihrer eigenen Gesundheit entwickelten. Mittlerweile haben wir eine ganze Gruppe von Abteilungsleitern dieser Firma in ayurvedischen Gesundheitsmaßnahmen geschult. Wir gehen davon aus, daß hier allmählich eine ayurvedische Unternehmenskultur entsteht.

2. *Kulturen bauen sich auf ein Wertgefüge auf*

Um einen Betrieb oder ein Unternehmen auf eine gesundheitsorientierte Kultur umzustellen, bedarf es einiger „Helden", die vorleben, daß Gesundheit für sie zu einem herausragenden Wert geworden ist. Der Wandel einer Unternehmenskultur setzt einen Wertewandel einzelner voraus.

Eine gesunde Unternehmenskultur liegt in Unternehmen vor, in denen Gesundheit einen besonderen Stellenwert besitzt. Nun ist Gesundheit sicherlich ein Grundbedürfnis, von dessen Befriedigung nicht zuletzt der ökonomische Erfolg eines Unternehmens abhängt. Gibt es zu hohe krankheitsbedingte Fehlzeiten, so verringert sich die Rentabilität deutlich.

Wird nur allein aus Rentabilitätsgründen für die Gesunderhaltung der Mitarbeiter gesorgt, so ist dies unserer Einschätzung nach nicht genug, um von einer gesunden Unternehmenskultur im ayurvedischen Sinn zu sprechen. Eine solche liegt erst dann vor, wenn Gesundheit das Wertgefüge des Unternehmens leitet, wenn also alles darauf abgestellt ist, daß die Firmenmitarbeiter einen gesunden Körper-Geist und ein entsprechendes Gesundheitsverhalten verwirklichen können.

In einer ayurvedischen Unternehmenskultur stellt Gesundheit nicht nur ein Grundbedürfnis oder einen Interessenswert dar, sondern vielmehr auch einen *Kommunikationswert.*

Eine *gesundheitsbewußte, ayurvedische Unternehmenskultur* besteht dort,
– wo Unternehmenskommunikation über Gesundheit einen wesentlichen Teil der Kommunikation ausmacht;
– wo ferner die Gesundheit der Mitarbeiter als Unternehmensziel in der Philosophie und in den Führungsrichtlinien ausdrücklich festgehalten wird;
– wo schließlich Gesundheit in der Weiterbildung finanziell und vom Umfang des Bildungsangebots her einen ebenso großen Raum wie fachqualifizierende Maßnahmen einnimmt.

Einen Wertewandel in diese Richtung können Sie auslösen, wenn Sie in das Informationssystem Ihrer Firma gesundheitsrelevante Informationen eingeben. Neben gezielten Maßnahmen, um die Wertschätzung von Bewußtseinsentwicklung und Gesundheitsförderung zu erhöhen, wird viel Veränderung auf Wegen informeller Kommunikation ausgelöst. Wenn Sie aktiv über Ihre veränderten Einstellungen und Verhaltensweisen sprechen, dann baut sich unserer Erfahrung nach schnell ein Informationsfluß auf, der zu einem Wandel in Richtung größeren Gesundheitsbewußtseins führt.

3. Kultur lebt in verschiedenen Formen der Teilhabe

Wie jede andere Kultur lebt auch die ayurvedische Unternehmenskultur von verschiedenen Formen der Teilhabe. *Information* und *Kommunikation* auf direktem oder informellem Weg ist nur eine mögliche Form, Kultur aufzubauen, zu wandeln oder zu erhalten.

Wir führen bewährterweise vor Schulungsmaßnahmen, die Gesundheitsbildung beinhalten, Gespräche mit den betroffenen Mitarbeitern, um einen genauen Bedarf zu ermitteln. Dadurch werden die Mitarbeiter in die Entwicklung eines Bildungsangebots einbezogen, das zu ihnen paßt.

Auf den Seminaren lassen wir *Geschichten* festhalten, die Erlebnisse erzählen, die die geschulten Mitarbeiter auf ihrem Weg zu größerem Gesundheitsbewußtsein hatten. Wenn diese Geschichten im Unternehmen kursieren, festigen sie ein Einstellungs- und Verhaltensmuster, das auf Gesundheit bezogen ist.

Ferner empfehlen wir die Einführung von *Zeremonien*, die das Gesundheitsbewußtsein stabilisieren. In einer von uns top-down geschulten Firma übergibt der Abteilungsleiter neuen Mitarbeitern, die nachgeschult wurden, nach Rückkehr von einem Seminar in ayurvedischer Gesundheitsbildung ein Set mit Gewürzmischungen, die die Doshas ausbalancieren. In einer anderen Firma werden Mitarbeiter, die ein besonderes Gesundheitsbewußtsein vorleben, am Ende eines Geschäftsjahres auf einer Betriebsversammlung mit einer Urkunde ausgezeichnet, die sie als „Gesundheitspionier" herausstellt. Sie erhalten zusätzlich einen Zuschuß für eine ayurvedische Reinigungskur in Höhe von dreißig Prozent der Behandlungskosten, den sie im kommenden Geschäftsjahr abrufen können.

Die Einführung von Management by Natural Law und der Aufbau einer ayurvedischen Gesundheitskultur sind ein Beitrag, mit den vielfältigen Herausforderungen fertig zu werden, die sich Unternehmen heute stellen. Komplexität, Unberechenbarkeit zukünftiger Entwicklungen, die immer kürzeren Abstände, in denen technische Innovationen in verschiedenen Branchen Einzug halten, plötzliche gesetzgeberische Maßnahmen, die unvorhersehbare Kostensteigerungen mit sich bringen, die gesamtgesellschaftliche Werteverschiebung auf mehr Genuß und weniger Anstrengung hin, all dies und je nach Branche manches mehr, konfrontieren heute Führungskräfte mit einem Berg von Problemen, der nicht leicht zu überwinden ist.

Unserer Erfahrung nach gibt Management by Natural Law einen konzeptionellen Rahmen und ein Bündel von Maßnahmen vor, die ein *Wirtschaften im besseren Einklang mit der Natur* erlauben. Wir sind der Überzeugung, daß nicht die weitere Entwicklung von noch komplexeren Informationssystemen, auch nicht ein Innovationsschub im Bereich der Instrumente für strategische Planung zur wirklichen Meisterung der Krisenanfälligkeit und des Problemdrucks beiträgt. Vielmehr gehen wir davon aus, daß hierfür vor allem eine radikale Rückbesinnung auf das menschliche Maß und die Grundgesetze der Natur befähigt.

Evolutionskonformes Verhalten tritt dann spontan ein, wenn Führungskräfte ihre eigene Natur und ihre *Arbeit als Entwicklungskontext* begreifen lernen, den sie durch Maßnahmen der Bewußtseins- und Gesundheitsbildung neu gestalten. Der naturbewußte Manager baut um sich herum eine Kultur auf, die auch für andere entwicklungsfördernd ist. Dazu nutzt er vor allem die Kenntnisse über Kohärenzphänomene in natürlichen Systemen.

Management by Natural Law wandelt ineffektive kollektive Programmierungen durch die Einführung von ayurvedischen Gesundheitsstrategien behutsam um. Ein Kontext der Stimmigkeit oder des kohärenten Miteinanders wird dadurch aufgebaut.

Speziell die LASER-Technologie weiß um die *Gesetze der Kohärenz*. Dort wird Kohärenz als Übereinstimmung von Wellenlänge und Phase bei Wellenphänomenen definiert. In einem Unternehmen entspricht dies der gemeinsamen Ausrichtung der Aufmerksamkeit und Bewußtheit und der räumlichen und zeitlichen Koordination der Aktivität von allen oder von speziellen Gruppen der Betriebsangehörigen auf ein Ziel. Gleich welches größere Ziel eine Firma anstrebt, sie erreicht es nur, wenn „alle an einem Strick ziehen", sich also kohärent verhalten.

Bei der sogenannten „stimulierten Emission" beim LASER wird ein elektronisch angeregtes Atom oder Molekül durch ein sich in seiner Nähe vorbeibewegendes Lichtquant geeigneter Frequenz zur Abstrahlung seiner potentiellen Energie angeregt. Die Emission dieser potentiellen Energie in Form von Licht mit gleicher Wellenlänge wie die des sich vorbeibewegenden Lichtquants erfolgt dabei sozusagen im gleichen Takt, das heißt phasengleich oder kohärent zu diesem. Für das makroskopische Aufschaukeln der LASER-Wirkung ist eine genaue Justierung der für ein LASER-System benötigten beiden äußeren Spiegel nötig, die damit ganz bestimmte Rahmen- oder Randbedingungen in das System einführen. Dadurch verstärkt sich rückkoppelnd die stimulierte, kohärente Emission in der bevorzugten Richtung.

Die einzelnen, potentiell angeregten Atome oder Moleküle des LASERs können mit den individuellen Fähigkeiten und Absichten der Mitarbeiter verglichen werden. Genauso wie beim LASER müssen auch die zur „Anregung" ausgewählten Mitarbeiter vom Management speziell gesucht, geschult und unter genau fixierten „Randbedingungen", die in der Arbeitsplatzbeschreibung formuliert sind, eingesetzt werden.

Der stimulierten Emission entspricht die Einstellung der Mitarbeiter gegenüber den Firmenzielen sowie ihre Bereitschaft zu einer reibungslosen Zusammenarbeit unter den gegebenen Arbeitsbedingungen.

Die Justierung der Spiegel schließlich kann, wie angedeutet, mit den vom Management gesetzten betrieblichen Ziel- und Rahmenbedingungen verglichen werden. Die Rahmenbedingungen müssen derart sein, daß eine möglichst geordnete, räumlich und zeitlich aufeinander abgestimmte Produktionsgemeinschaft entsteht. Management by Natural Law entwickelt durch Theorie und Praxis neue Muster kohärenter Interaktion, die möglichst reibungsarm zu einem festgelegten Ziel führen (siehe hierzu Volkamer, 1989).

9.2 Die Beziehungen zwischen Unternehmen und natürlicher Umwelt durch Kohärenz-Management gestalten – ein „Jeder-gewinnt-Spiel"

Einige neuere Managementansätze beabsichtigen, Unternehmen mit den Mitteln ganzheitlichen Denkens zu führen (siehe Ulrich & Probst, 1988, oder Mann, 1988). Um ganzheitliches Denken zu erläutern, wird dann auf Erkenntnisse aus der Kybernetik und Systemtheorie zurückgegriffen beziehungsweise auf Humanistische Psychologie.

Ganzheitlich arbeitende Manager zeichnen sich aus dieser Sicht durch folgende Merkmale aus:
– sie denken zielorientiert und weitsichtig;
– sie problematisieren ihre Umwelt;
– sie denken vernetzt und in Kreisläufen;
– sie berücksichtigen die Komplexität von Situationen;
– sie vermögen gleichermaßen analytische und synthetische Erkenntnisweisen einzusetzen;
– sie tragen denkend und handelnd der Unbestimmtheit komplexer Systeme Rechnung;
– sie folgen einer evolutionären Sicht der Entstehung von Ordnung in sozialen Systemen;
– sie nutzen die Eigendynamik und vorliegende Eigenschaften des zu managenden Systems;
– sie sind fähig, eine problemadäquate Methode und Modellierung zu wählen;
– sie beachten die Lenkungsebene, auf der sie eingreifen müssen;
– sie fördern ständig die Lern- und Entwicklungsfähigkeit der ihnen anvertrauten Systeme;
– sie streben nach flexiblen, lebensfähigen Systemen (Probst, 1989).

Diese Kennzeichen ganzheitlicher Manager sind auch aus ayurvedischer Sicht durchaus zutreffend und bedeutsam. Es gibt demnach universale Verhaltensmuster von natürlichen wie sozialen Systemen, die mittlerweile wissenschaftlich beschreibbar sind und sich auch in naturgemäße Führungstechniken umsetzen lassen. Dabei vermissen wir jedoch bei den genannten Ansätzen die Erwähnung der fundamentalen Voraussetzung ganzheitlichen Denkens und Handelns: ein *ganzheitliches Bewußtsein*.

Ganzheitliches Bewußtsein – die Grundlage von ganzheitlichem Management

In Kapitel 5.2 haben wir Ihnen die Grundlagen und Methoden positiven und kohärenten Denkens erläutert. Schon dort ist klargestellt worden, daß ganzheitliches Bewußtsein, die Grundlage für positives und kohärentes, für ganzheitliches Denken und entsprechendes Verhalten ist. Im Hinblick auf Entwicklungsmöglichkeiten ganzheitlichen Bewußtseins wird allerdings die Führungskraft von den erwähnten Managementansätzen meistens allein gelassen.

Ganzheitliches Denken, also die vernetzende und visionäre Weise, sich selbst, die Mitmenschen und die natürliche Umwelt zu begreifen, gründet in einem Bewußtseinszustand, der ganzheitlich ist. Nur wenn Ihr Bewußtsein in der Lage ist, in zwei Richtungen zugleich wahrzunehmen, also Informationen über das Teil und die Kenntnis des Ganzen in der Aufmerksamkeit koexistieren, liegt ganzheitliches Bewußtsein vor.

Wie aber sieht das normale, *alltägliche Wachbewußtsein* aus? Es ist gekennzeichnet durch die Wahrnehmung von Teilen der Wirklichkeit. Entweder hören Sie aufmerksam zu, oder Sie schauen aufmerksam hin, oder Sie denken aufmerksam nach. Dies ist ein additives Verfahren der Informationsverarbeitung.

Wenn Sie mit dem gewöhnlichen Wachbewußtsein versuchen, ganzheitlich zu denken, dann ist dies nur der mühsame Versuch des Verstandes, noch komplizierter und differenzierter zu arbeiten, als er es im linearen, mechanistischen, an Kausalzusammenhängen orientierten Denkstil zu tun pflegt.

Ganzheitliches Managen ist solange nur eine Worthülse, als die Voraussetzung im Bewußtsein des Managers nicht geschaffen wird, Gegensätze, wie Analyse und Synthese, Vergangenheit und Zukunft, die Ganzheit des Unternehmens und die Bedeutung eines Unternehmensteils gleichzeitig wahrzunehmen. Hierfür aber ist eine intensive Bewußtseinsentwicklung und Gesundung des Körper-Geists notwendig.

Alle ayurvedischen Maßnahmen sind so strukturiert, daß sie den Körper-Geist in einer Weise entwickeln, die ihn zu einem ganzheitlichen Wahrnehmungsmodus befähigt. Der oben beschriebene erleuchtete Manager, der sich im Zustand Kosmischen Bewußtseins befindet, ist in der Lage, integriert zu denken und seinen Aufgabenbereich entsprechend ganzheitlich zu führen.

Ganzheitliches Denken ist aus ayurvedischer Sicht kein Denkstil, der einfach neben anderen Denkstilen besteht und beliebig eingesetzt werden könnte. Er ist ein *Meta-Denkstil*, da er jenseits aller bloßen Verstandesbemühungen liegt. Ganzheitliches Denken läßt alle rationalen Entweder-Oder-Muster hinter sich. Damit befindet es sich auch jenseits der Gegensätze zwischen rationalem und intuitivem Denken oder zwischen linearem und lateralem Denken. Es hebt all diese Denkstile in sich auf.

Im ganzheitlichen Bewußtsein arbeitet das Denken spontan situationsgemäß, schnell und präzise. Dies ist möglich, da im Zustand Kosmischen Bewußtseins die persönliche Evolution in Übereinstimmung mit der natürlichen und sozialen Welt verläuft. Erst hier deckt sich die Verwirklichung individueller Zwecke mit der Erfüllung gesamtgesellschaftlicher oder natürlicher Bestrebungen.

Ganzheitliches Denken und Managen setzt einen Bewußtseinszustand voraus, der hochgradig geordnet ist. Die EEG-Forschung an Personen, die Meditation ausüben, belegt, daß ihr Gehirn während des Meditierens zunehmend kohärent oder ganzheitlich arbeitet. Jedes Kohärenz-Management muß hier ansetzen.

Die Mitarbeiter eines Unternehmens können nur dann ganzheitlich agieren, wenn sie hirnphysiologisch geordnet und persönlichkeitspsychologisch integriert sind. *Innere Kohärenz ist die Grundlage kohärenten Verhaltens* im Sinne des LASER-Beispiels, das wir Ihnen im vorangegangenen Abschnitt vorstellten.

Kohärenz-Management: Allseitig lebensfördernde Entscheidungen durchsetzen

Kohärenz-Management bezeichnet einen Managementstil, der auf der Grundlage ganzheitlichen Bewußtseins verschiedene Systeme oder Umwelten so aufeinander abstimmt, daß sie gemeinsam evolvieren. Die durch Kohärenz-Management gesteuerte Koevolution lebt von Entscheidungen, die allseitig lebensfördernd sind. *Allseitig lebensfördernde Entscheidungen* lassen sich unserer Überzeugung nach nicht ausschließlich rational herbeiführen. Um rational zu einer Entscheidung zu finden, bedarf es einer vollständigen Menge an Informationen. Diese ist jedoch mit Blick auf Systeme und deren Interaktionen kaum je verfügbar.

Speziell Entscheidungen, die Folgen für die natürliche Umwelt haben, sind vollständig über Informationsprozesse kaum zu fällen. Bei ökonomisch und ökologisch bewußten Entscheidungen bleiben immer Informationsdefizite:

– bei vielen Produkten ist es derzeit noch unklar, ob sich das Material wirklich recyclen läßt;
– es läßt sich nicht herausfinden, ob das Produkt ökologisch verantwortungsvoll produziert worden ist beziehungsweise wieviel Umweltbelastung durch die Herstellung entsteht;
– oder es fehlen Informationen über möglicherweise langlebigere Produkte derselben Art, die ein konkurrierendes Unternehmen anbietet;
– schließlich mangelt es oft an Kenntnissen über Alternativen zum gewünschten Produkt, die dieselben oder gar mehr Funktionen erfüllen könnten.

Diese Beispiele belegen nur einen Teil der Schwierigkeiten, die im Hinblick auf den Informationsbedarf vorherrschen, speziell wenn es um die Berücksichtigung von Konsequenzen für die Beziehungen zur natürlichen Umwelt geht, die Entscheidungen mit sich bringen.

Die einzig wirkliche Alternative bietet die Entwicklung eines ganzheitlichen Bewußtseinszustands. Hier nämlich stellen sich allseitig lebensfördernde Entscheidungen spontan ein. Um Ihnen diesen Bewußtseinszustand noch einmal erfahrungsbezogen in Erinnerung zu rufen, sei folgendes Erlebnis eines Langzeitmeditierenden zitiert:

„Während einer Morgenmeditation verwandelte sich meine Wahrnehmung mehr und mehr. Ich erlebte meine Hautoberfläche wie die Oberfläche eines Teichs. Sie war nicht länger eine geschlossene Schutzhülle, nein, sie fühlte sich wie ein Ort des zarten gegenseitigen Durchdringens von Innen und Außen an. Nach einer Weile erlebte ich mich als Teil des Hauses, in dem ich saß, und noch etwas später als Teil der Straßenzüge und dann der sie umgebenden Landschaft. Die Schönheit der Natur setzte sich in mir fort, sie war ich und ich war sie. Ein großes ‚Ja-zu-allem' durchströmte mich: Ich wußte, daß die Welt ein Wesen ist, ein Teil meines eigenen Körpers."

Ein solcher Bewußtseinszustand, in dem die Verbundenheit mit der Umwelt eine lebendige Erfahrung ist, bewirkt Verhaltensweisen, die für alles Betroffene von lebensförderndem Einfluß sind. Jedes Handeln in diesem Zustand, das für ein anderes mitfühlendes Wesen schädlich wäre, würde als selbstschädigend erfahren und natürlicherweise sofort eingestellt.

Unseres Erachtens hängt die ganze Debatte über ein verbessertes ökologisches Verhalten von diesem Punkt ab: Ohne das Erlebnis der Verbundenheit von allem mit allem, also ohne ganzheitliches Bewußtsein, bleibt jeder noch so gut durchdachte Plan zur Ökologisierung eine Kopfgeburt, der durch die Grenzen anderer Kopfgeburten Einhalt geboten wird.

Für die Schulung von Mitarbeitern eines Unternehmens, das Ökologie und Ökonomie besser in Einklang bringen will, folgt daraus die Notwendigkeit, in die Persönlichkeitsreifung, Gesundung und Bewußtheit der mit entsprechender Verantwortung betrauten Manager zu investieren.

Beim allseitig lebensfördernden Entscheiden geht es um die spontane Umsetzung nicht zuletzt ökologischer Werte. Ressourcenschutz, Arterhalt, Natürlichkeit, Einfachheit, Langlebigkeit und andere ökologische Werte werden vom persönlichkeitsmäßig reifen, erleuchteten Manager unmittelbar verwirklicht. Er kann nicht anders, als im besseren Einklang mit der Natur zu handeln. Jedes gegenteilige Verhalten wird nämlich von ihm als selbstzerstörerisch erlebt.

Der Psychologe Kohlberg hat Stufen der moralischen Entwicklung von Menschen empirisch erforscht. Nach jahrzehntelanger Forschung kam er zu dem Ergebnis, daß es eine Stufe moralischer Entwicklung gibt, die von nicht-egoistischen oder nicht-dualistischen Erfahrungen abhängt. Die Erfahrungen, die zu dieser höchsten Stufe menschlicher Moralentwicklung gehören, sind wesentlich durch den Eindruck bestimmt, daß der Erfahrende sich als Teil des Ganzen wahrnimmt und eine *kosmische Perspektive* hat, die über die universal humanistische Perspektive der vorangehenden Stufe der ethischen Entwicklung hinausreicht.

Erst auf dieser letzten, in Kohlbergs System der siebten Stufe, gibt es eine unmittelbar einleuchtende Antwort auf die Fragen: „Warum soll ich moralisch handeln? Warum soll ich gerecht sein, in einem Universum, das ungerecht erscheint?" Da hier ein Zustand des Körper-Geists vorliegt, indem er sich als eins mit dem Ganzen der Natur erfährt, muß er sich gerecht verhalten. Jedes unmoralische Verhalten würde er als gegen sich selbst gerichtet wahrnehmen (Kohlberg & Ryncarz, 1990, S. 191 ff.).

Die typischen Checklisten, die derzeit für das Umweltmanagement genauso eingesetzt werden, wie für andere Felder des Managements sind auch für den ganzheitlich bewußten Manager von Bedeutung. Allerdings weniger, um seine Entscheidungen durch sie vorzustrukturieren, als vielmehr, um einen Maßstab zu besitzen, anhand dessen er testen kann, wieweit er spontan allseitig lebensförderndes Verhalten bereits entwickelt hat. Die Checklisten helfen ihm zu prüfen, ob er wirklich alle bekannten Kriterien umweltgerechter Unternehmensführung berücksichtigt hat.

Auch für die rationale und kommunikative Überzeugungsarbeit, die umweltrelevante Entscheidungen begleiten muß, sind Checklisten eine Hilfe. Mitarbeiter und die Öffentlichkeit außerhalb des Unternehmens haben ein Recht auf Begründung von Entscheidungen. Da reicht der Hinweis auf ganzheitliche Bewußtseinserfahrungen nicht aus. Gerade für diese Aufgabe der Vermittlung umweltgerechter Entscheidungen sind wiederum die Prüflisten eine gute Unterstützung.

Die Durchsetzung von Entscheidungen, die aufgrund ganzheitlichen Bewußtseins gefällt werden, ist leicht. Allseitig lebensfördernde Entscheidungen finden naturgemäß keinen Widerspruch. Da sie für jeden von Nutzen sind, gibt es keinen Konflikt bei der Ausführung derartiger Entscheidungen. Auch die Geschwindigkeit, mit der solche Entscheidungen umgesetzt werden, ist hoch. Es kommt zu wenig Reibungsverlusten, denn ganzheitlich brauchbare Entscheidungen lassen sich schnell kommunizieren. Als evolutionskonform bringen sie schließlich in jeder Hinsicht, also auch ökonomisch, ein gutes Ergebnis.

Wirtschaften im besseren Einklang mit der Natur –
ein „Jeder-gewinnt-Spiel"

Ganzheitliches Denken schafft die Voraussetzung für ein Wirtschaften im besseren Einklang mit der Natur. Wie in einem „Jeder-gewinnt-Spiel" ermöglicht es Wandlungsprozesse, ohne daß Abstriche in einzelnen Teilbereichen gesellschaftlichen Lebens nötig wären, die vom Umfang her nicht verantwortet werden können. Mehr noch, es gestattet entwicklungsfördernde ökologische Verhaltensweisen zusammen mit wachsenden Erträgen. Mit der Natur wirtschaften ist ein Lösungsweg, der zum Beispiel im ökologischen

Landbau weltweit versucht wird, um ohne Vergiftung der Böden und des Wassers Lebensmittel zu erzeugen.

Auch der Verbraucher profitiert vom gesundheitlich höheren Wert der Produkte aus ökologischem Anbau und ökologischer Be- und Verarbeitung. Er belohnt dies mit der Bereitschaft, höhere Preise zu bezahlen. Die größeren Gewinnspannen dieser Produkte decken die Kosten für die notwendige Mehrarbeit und heben den Lebensstandard der Landbevölkerung.

Der Fähigkeit, in der Wirtschaft „Jeder-gewinnt-Spiele" zu gestalten, kommt besonders heute höchste Dringlichkeit zu. Unternehmen, welche sich mit Fragen der Ökologisierung befassen, machen nämlich die Erfahrung, daß es eine Reihe von Zielkonflikten gibt, sobald umweltbezogene unternehmerische Veränderungen auf ökonomische oder technische Realitäten treffen.

Sachzwänge, wie beispielsweise die Tatsache, daß eine Produktionsanlage noch nicht abgeschrieben ist, verhindern die Entscheidung für die umgehende Einführung einer ökologisch verträglicheren Produktionstechnik. Wie kann hier ein „Jeder-gewinnt-Spiel" begonnen werden?

Wir haben hierfür keine Patentlösung. Statt dessen betonen wir einmal mehr: Nur ein ganzheitlicher Bewußtseinszustand ist die Grundlage derartiger Spiele, von denen alle Nutzen haben. Nur in diesem Zustand herrscht ein Wertgefüge, in dem das Wohl des Ganzen mit dem Wohl eines einzelnen oder einer Firma in einer harmonischen Beziehung steht. Deshalb laden wir Sie ein, sich den *drei Säulen ayurvedischer Unternehmenskultur* zuzuwenden:

– Gesundheit aufzubauen,
– Bewußtsein zu bilden und
– Kohärenz-Management zu nutzen.

Wir gehen davon aus, daß ein umfassendes Wirtschaften im besseren Einklang mit der Natur dann gelingt, wenn dieser ayurvedische Ansatz von Management by Natural Law im ökonomischen System unserer Gesellschaft breiter als bislang aufgegriffen wird.

Management by Natural Law zielt auf Zustände, in denen die unterschiedlichen oder gar gegensätzlichen Interessen innerhalb eines Unternehmens oder zwischen Unternehmen und Umwelt integriert und koevolutionär im Gleichgewicht sind.

Die in diesem Managementansatz genutzten ayurvedischen Verfahren sind in der Lage, solche Integrationsprozesse in Unternehmungen auszulösen und geordnet ablaufen zu lassen. Damit schaffen sie die Voraussetzungen dafür, daß die Wirtschaft einen Beitrag zu Frieden und Gerechtigkeit in der Welt leistet.

Ferner schärfen sie die Bewußtheit dafür, daß die natürlichen Lebensgrundlagen unantastbares Gemeingut der Menschheit sind. Die Schonung und Wiederherstellung natürlicher Systeme ist eine Aufgabe, deren Erfüllung ebenfalls von ganzheitlichem Bewußtsein und Kohärenz-Management abhängt.

9.3 Unbesiegbarkeit – Ergebnis einer Unternehmensintegration durch kollektives Kohärenz-Management

Bislang haben wir die Bedeutung von „Helden", Werten und Riten herausgearbeitet, die eine Unternehmenskultur mit ayurvedischen Mitteln auf Gesundheit ausrichten.

Diese Strategie des Kohärenz-Managements hängt von der Leistung besonders bewußter oder gesunder Führungskräfte ab. Sie müssen Wertvorstellungen, Ideale, übergeordnete Ziele entwickeln und dann die Gabe besitzen, ihre Vision weiterzugeben und Mitarbeiter für einen Kulturwandel zu begeistern. Sie brauchen einen Sinn für markante Handlungen und sichtbare Zeichen und die Fähigkeit, eine gemeinsame Sprache zu schaffen, die auch an Bewußtheit und Gesundung orientiert ist.

Diese individuelle Form von Kohärenz-Management kann aber ihrerseits noch einmal durch *kollektives Kohärenz-Management* verstärkt werden. Ein Unternehmen kann seine Identität durch seinen Gründer oder eine ihm folgende herausragende Führungskraft lange Zeit aufrechterhalten. Der Blick auf die Leistungen von Unternehmerpersönlichkeiten wie Siemens, Krupp, Nixdorf oder Mohn bestätigt dieses Phänomen der Integration einer Unternehmenskultur durch eine Leitfigur. Jedoch reicht diese Integrationskraft selten für die Nachfolgegeneration. Vorständen oder Geschäftsleitungen gelingt es dann nur selten, die Verbindlichkeit zu schaffen, die für eine kohärente und wandlungsfähige, integrierte Unternehmenskultur nötig ist.

Wenn nun gar an die Veränderung einer Unternehmenskultur durch Gesundheit und Bewußtsein gedacht wird, bedarf es einer *kollektiv ausgerichteten Strategie*, die die von einzelnen Führungskräften ausgehenden Veränderungsansätze ergänzt. Gerade in größeren Unternehmen würde andernfalls der Wandlungsprozeß so lange dauern, daß eine oder vielleicht sogar zwei Generationen von Mitarbeitern hiervon nicht mehr profitieren könnten.

Welche Strategie kollektiven Kohärenz-Managements kennt nun der Maharishi-Ayurveda? Oder anders gefragt: Mit welcher Vorgehensweise läßt sich die Entwicklung von Bewußtheit und Gesundheit in einem Unternehmen als Ganzem wirksam beschleunigen?

Die Antwort ist einfach: Belebt eine genügend große Anzahl ayurvedisch geschulter Mitarbeiter eines Unternehmens speziell durch gleichzeitiges und gemeinsames Ausüben der Transzendentalen Meditation die Ruhe und Kohärenz, die in ihrem stillen, reinen Bewußtsein vorhanden ist, so dominieren diese Qualitäten in zunehmendem Maße auch in der Umgebung. Diese Strategie der kleinen, sich vernetzt entwickelnden Zahl von Meditierenden ist als *Maharishi-Effekt* in die wissenschaftliche Literatur eingegangen (Aron & Aron, 1991).

Seit Ende 1974 wird dieser Effekt studiert. Borland und Landrith (1977) suchten zu dieser Zeit nach Städten in den USA, in denen etwa ein Prozent der Einwohner meditierte, also reines Bewußtsein erfuhr. Als groben, aber leicht zugänglichen Maßstab für soziale Kohärenz in einer städtischen Gemeinschaft wählten sie die jährliche *Kriminalitätsrate*.

In elf Städten mit mehr als 25.000 Einwohnern fanden sie eine meditierende Bevölkerung von mehr als einem Prozent. Zum Vergleich wählten die Forscher elf andere Städte aus, die einen geringeren Anteil von Meditierenden aufwiesen, aber hinsichtlich ihrer Bevölkerungsstruktur, Lage, Hochschulen und ihrer bisherigen Kriminalitätsraten den „1%-Städten" am ähnlichsten waren. In diesen Vergleichsstädten stieg die Kriminalität entsprechend der durchschnittlichen nationalen Tendenz in den USA um 8,3%. Dagegen fiel in den 1%-Städten die Kriminalitätsrate im Schnitt um 8,2%. Die Unterschiede erwiesen sich als statistisch signifikant.

Dieser soziologische Effekt ist mittlerweile in über vierzig Studien bestätigt worden (siehe Übersicht bei Orme-Johnson und Dillbeck, im Druck). Es gibt offenbar einen inneren Zusammenhang zwischen der Zunahme von individueller Kohärenz bei wenigen Menschen und einer Steigerung kollektiver Kohärenz innerhalb des Systems, in dem diese Personen leben.

In einem Unternehmen sind alle Mitarbeiter durch den „Geist des Hauses" oder das kollektive Bewußtsein verbunden, das die Grundlage der Unternehmenskultur ausmacht. Dieses Bewußtseinsfeld erlaubt die Beeinflussung aller Mitarbeiter durch wenige.

Stellen Sie sich eine Anzahl von Korken vor, die in einem Eimer mit Wasser schwimmen. Wenn Sie einen der Korken untertauchen und dann loslassen, schnellt er hoch. Dabei gehen von ihm Wasserwellen aus, die alle anderen Korken mithüpfen lassen. Viele Naturphänome gleichen einem Eimer mit Korken, oder einem sogenannten Feld.

Erinnern Sie sich an Ihren Physikunterricht: Dort wurde sicherlich mit Eisenfeilspänen experimentiert, die wie von unsichtbaren Kräften bewegt wurden, dem magnetischen Feld. Die Planeten bewegen sich durch das Gravitationsfeld der Sonne. Und auch Gesellschaften oder Institutionen haben Feldcharakter: Auch in ihnen führt die Veränderung eines Teils zu fast gleichzeitigen Veränderungen des Ganzen; das heißt, *Veränderungen breiten sich überallhin aus*. Sobald sich andererseits das Ganze wandelt, sind alle Teile, zumindest in bestimmtem Umfang, davon betroffen.

Bewußtsein läßt sich leicht als Feldphänomen verstehen. Es resultiert aus dem Zusammenwirken aller Teile des Nervensystems und aller Gefühls- und Denkleistungen. Das Ganze oder ein bestimmter Bewußtseinszustand wie Träumen oder Schlafen oder auch das Wachsein und natürlich der meditative Zustand beeinflussen ihrerseits die Arbeitsweise des gesamten Körper-Geists.

Wenn das Bewußtsein des einzelnen Feldcharakter hat und soziale Systeme eine Ansammlung von Feldern sind, dann lassen sich letztere auch als Felder kollektiven Bewußtseins bezeichnen.

Kollektives Bewußtsein betrachten wir als die Summe der Einflüsse individuellen Bewußtseins einer sozialen Einheit. Eine Reihe kleiner Magnete, bei deren Mehrzahl die Pole gleich ausgerichtet werden, erzeugt ein Feld, das seinerseits alle kleineren Einheiten beeinflußt. Ähnlich entsteht kollektives Bewußtsein aus individuellem und beeinflußt aber seinerseits auch das individuelle Bewußtsein (vergleiche Volkamer et al., 1991).

Inkohärente Individuen schaffen ein inkohärentes kollektives Bewußtsein, das die Wahrscheinlichkeit von Fehlleistungen, Kriminalität, Krankheit, Unfällen und anderen negativen Tendenzen erhöht. Dagegen kann eine Gruppe kohärent bewußter Individuen den Ordnungsgrad des entsprechenden sozialen Systems erhöhen und zu einer Verbesserung der Gesamtleistung dieses Systems beitragen.

Für Sie als Führungskraft zeichnet sich hier eine klare Strategie ab, die Sie dabei unterstützen kann, daß Ihre persönliche Entwicklung innerhalb des Unternehmens positiv von diesem mitgetragen wird. Wenn Sie wollen, daß die Unternehmenskultur als Ganzes, also das kollektive Bewußtsein, das Sie umgibt, Ihren persönlichen Weg der Bewußtseinsentfaltung und Gesundung unterstützt, müssen Sie nur wenige Ihrer Mitarbeiter für denselben ayurvedischen Ansatz gewinnen und sich mit ihnen speziell durch regelmäßige gemeinsame Meditation vernetzen.

Die Macht der kleinen Zahl

Eine wichtige Frage in diesem Zusammenhang lautet: *„Wie viele werden gebraucht?"*

Bedauerlicherweise gibt es bislang keine Studien zum Maharishi-Effekt in Unternehmen. Zwar sind die konstruktiven Veränderungen für die Mitarbeiter auf individueller Ebene genau dokumentiert, jedoch fehlt die Erfassung von Veränderungen, die das Unternehmen als Ganzes betreffen und die sich einstellen, nachdem eine bestimmte Anzahl von Mitarbeitern speziell mit Transzendentaler Meditation begonnen hat und diese gemeinsam im Unternehmen ausübt.

In sozialen Systemen sehr großen Umfangs wie Städten oder Bundesländern oder gar Nationen – und für alle diese Größenordnungen liegen empirische Studien vor – bedarf es etwa eines Prozents der Bevölkerung, die Transzendentale Meditation aus dem ayurvedischen Gesundheitsprogramm aufgreifen.

Unsere Erfahrung geht dahin, daß bei Unternehmungen bis einhundert Mitarbeiter etwa 25% an einem Bewußtseinstraining teilgenommen haben müssen, damit ein Effekt, beispielsweise ein Rückgang der Fehlzeiten, der Produktion von Ausschuß oder der Reklamationen für die ganze Firma feststellbar wird. Allerdings haben wir bereits auch dann gute Ergebnisse bei Firmen erzielt, wenn sich nur die Geschäftsleitung und der obere Managementkreis auf Kohärenz-Management eingestellt haben.

Der Maharishi-Effekt funktioniert besonders gut, wenn er durch diese Führungsebenen ausgelöst wird. Bei Unternehmen zwischen ein- und dreihundert Mitarbeitern bedarf es unserer Schätzung nach etwa 15–25% am Kohärenzprogramm teilnehmender Mitarbeiter. Auch hier hängt es von der Positionierung der Mitarbeiter ab, wie schnell sich ein Effekt für das ganze Unternehmen zeigt.

In der Firma „Automotive Chemicals" traten positive Veränderungen zwar durchaus schon im ersten Jahr nach Einführung der Transzendentalen Meditation ein. Eine unerwartet deutliche Verbesserung in den erfaßten Variablen ließ sich jedoch erst gegen Ende des zweiten und während des dritten Jahres ausmachen.

Erst dann wurde offenbar die für einen qualitativen Sprung des kollektiven Bewußtseins dieses Unternehmens notwendige Anzahl erreicht.

Der Vorstandsvorsitzende (CEO) dieser Firma, Montague, hatte 1980 die Führung übernommen, nachdem vier Jahre lang Absatzprobleme und eine Abnahme des Profits verzeichnet worden waren. Transzendentale Meditation paßte hervorragend in seine „turn-around-strategy". Er berichtet:

„Wir mußten zwei Dinge mit unseren Leuten erreichen. Erstens mußten wir jeden einzelnen dazu bringen, sein Potential mehr zu entfalten. Die Anforderungen des Marktes waren gewachsen. Unsere Leute mußten entsprechend effizienter arbeiten. Zweitens hatten wir das Gefühl, die Kommunikation zwischen allen Mitarbeitern müsse verbessert werden.

Selbst wenn man talentierte Leute hat, gilt es, sie dazu zu bringen, ihre Gedanken mitzuteilen. Es gibt in der Regel eine Menge Leute, die gute Ideen haben, jedoch nicht bereit sind, damit aufzutreten und sie vorzustellen.

Obwohl die meisten der Mitarbeiter aus persönlichen Gründen anfingen, war der Gesamtnutzen (nach Einführung des Programms) riesig. Man konnte sehen, daß, alles in allem, das Leistungsvermögen immer besser wurde." (Swanson & Oates, 1989, S. 96 f.)

Die Anzahl von Personen, die kollektives Bewußtsein durch Meditation ordnen, kann allerdings unter bestimmten Bedingungen verringert werden. Wissenschaftler fanden nämlich heraus, daß Personen, die das Fortgeschrittenenprogramm der *TM-Sidhi-Techniken* ausüben, deutlich kohärenter sind als Meditierende, so daß die

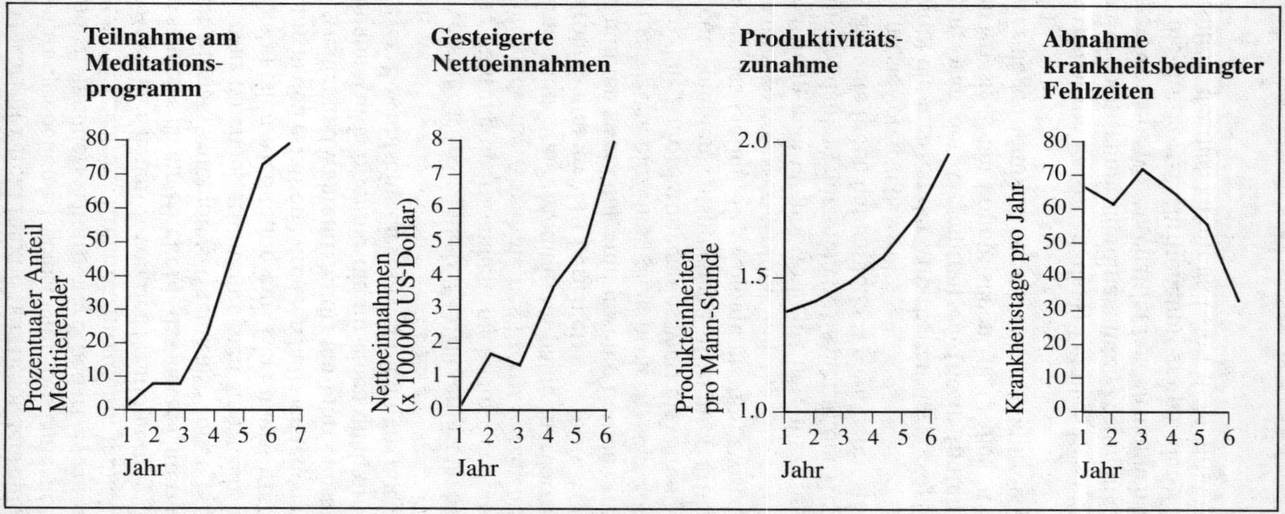

Abb. 11: Veränderungen durch die Einführung der Transzendentalen Meditation bei der Firma Automotive Chemicals

Wurzel aus einem Prozent genügt, um ein soziales System als Ganzes bewußtseinsmäßig zu integrieren.

Die Gehirnwellenkohärenz und die Intensität von Erfahrungen reinen Bewußtseins unterscheiden sich bei dieser Gruppe Fortgeschrittener von derjenigen anderer Meditierender, wie sich eine starke Glühbirne von einer Birne kleinerer Wattzahl unterscheidet.

Der oben angesprochene LASER-Strahler ist auch ein gutes Beispiel für die Art und Weise, wie das TM-Sidhi-Programm wirkt. LASER-Strahler heben sich von der stärksten Glühbirne insofern ab, als sich die LASER-Photonen kohärent verhalten. Die Intensität des LASER-Lichts übertrifft durch diese Kohärenz die mit üblichem Licht nicht erreichbaren Intensitätswerte.

Die Wirkung dieser Kohärenz bei der Intensitätssteigerung hängt von der Quadratzahl der im LASER-Strahl beteiligten Photonen ab: 9 kohärente Photonen schaffen Kohärenz für 81 Photonen, 10 für 100, 1000 für eine Million.

Eine Reihe von Untersuchungen scheint zu bestätigen, daß dieser LASER-Effekt auch für soziale Systeme wie Städte und Staaten gilt (siehe Aron & Aron, 1991). Mithin muß er auch für die Wirtschaft fruchtbar gemacht werden können. Um also eine soziale Einheit als Ganzes auf Kohärenz hin zu beeinflussen, bedarf es einer Gruppe von fortgeschrittenen Meditierenden in der Größenordnung der Quadratwurzel von einem Prozent der jeweiligen Anzahl des Gesamtsystems.

Dabei möchten wir noch einmal betonen, daß diese Zahl einen Richtwert für große Systeme darstellt. Bei sozialen Einheiten beispielsweise der mittelständischen Industrie werden verhältnismäßig mehr Personen zusammen meditieren und das TM-Sidhi-Fortgeschrittenenprogramm ausüben müssen, um einen besonderen Maharishi-Effekt für das ganze Unternehmen hervorzurufen, der auch *Superstrahlungseffekt* genannt wird.

In unserer Beratungspraxis haben wir mehrmals mit Firmenleitungen Ziele gesetzt, die nur erreichbar waren, wenn das ganze Unternehmen mitzog. Während wir von einem Bewußtseinstraining zum nächsten mehr und mehr Mitarbeiter schulten, beobachtete die Geschäftsleitung genau die quantitative Entwicklung der Zielgrößen. In dem Augenblick, in dem in allen Zielgrößen Veränderungen in die angestrebte Richtung eintraten, wußten wir, das die *kritische Masse* erreicht war.

Diese Zahl von Meditierenden versuchten wir dann zu regelmäßigen Gruppenmeditationen zusammenzubringen, um damit im Unternehmen als Ganze die notwendige Kohärenz zu erzeugen. Die Macht der kleinen Zahl ließ sich so lange aufrechterhalten, wie genügend Mitarbeiter zu den gemeinsamen Meditationen kamen. Dies hing wiederum spürbar davon ab, wieviel Aufmerksamkeit die Geschäftsleitung dem Programm widmete.

Das vorgestellte Programm zur Schaffung eines kohärenten kollektiven Bewußtseins bedarf der wertschätzenden Betreuung von Führungsseite. Als Führungsinstrument kann es nur funktionieren, wenn die entsprechenden Führungskräfte mitziehen, also selbst die ayurvedischen Meditationstechniken in ihren Alltag einbauen.

Bei Präsentationen hören wir manchmal den Einwand, daß diese Art des Kohärenz-Managements einen manipulativen Charakter habe. Es könnte sich ja kein Mitarbeiter dem Einfluß einer „Superstrahlung" entziehen. In der Tat: Einem Feldeffekt kann niemand ausweichen.

Moralisch gesehen ist jedoch nicht von einer inhaltlichen Manipulation des Bewußtseins von Mitarbeitern zu sprechen. Die durch Meditation aufgebaute Kohärenz zeigt zwar neben den individuellen Verbesserungen des Lebens der Meditierenden auch positive ökonomische Ergebnisse. Jedoch werden keinerlei Suggestionen, Visionen oder mentale und gefühlsmäßige Inhalte in das kollektive Bewußtsein des Unternehmens eingespeist, die manipulativen Charakter hätten. Ruhe, Gesundheit und Wohlbefinden liegen jenseits von irgendwelchen egoistischen oder firmenspezifischen Manipulationsinstrumenten.

Ein Blick in die Physik kohärenter Systeme kann diese Einschätzung noch vertiefen. Ein inkohärentes System wird von destruktiven Interferenzen beherrscht. In einer Firma drücken sich destruktive Interferenzen in Form von miteinander um Budgetanteile wetteifernden Abteilungen aus, durch falsche oder halbe Informationen weitergebende Führungskräfte, in Gestalt persönlicher Abneigungen auf Mitarbeiterebene, Stuhlsägerei und ähnliches mehr. Die Verhaltensweisen der verschiedenen Mitarbeiter und Abteilungen überlagern sich in einer Weise negativ, daß sich der Wirkungsgrad des Unternehmens verringert.

Kohärente Systeme dagegen bauen sich durch konstruktive Interferenz auf. Jedes einzelne Verhalten verstärkt dasjenige anderer Systemteile. Und genau dies bestätigen die Statistiken, die in sozialen

Systemen erhoben werden, die dem Einfluß einer Superstrahlungsgruppe unterliegen. Die destruktive Interferenz der einzelnen Teile des Systems nimmt ab. Kriminalität, Autounfälle, Krankenhauseinlieferungen und andere Parameter, die die Lebensqualität einer sozialen Gemeinschaft beeinträchtigen, gehen zurück. Ordnung und Kooperationsbereitschaft wachsen.

Die gesamtgesellschaftlichen Interessen werden von jedem Bevölkerungsmitglied stärker unterstützt. Dies wiederum ist von Nutzen für den einzelnen, da sich auch seine Lebensqualität steigert, wenn die der Gesellschaft als Ganzes bereichert wird. Wenn kollektives Bewußtsein von Streß und negativen Tendenzen befreit wird, ist dies keine unmoralische Veränderung.

Der Maharishi-Effekt, der der Kern von Kohärenz-Management oder einer Führung durch Bewußtsein ist, wirkt auf das ganze soziale System wie Meditation auf den einzelnen. Er schafft die Grundlagen für ein Leben im Gleichgewicht auf sozialer Ebene. Die konkreten Tätigkeiten einzelner Menschen oder eines sozialen Systems werden dadurch nicht vorgegeben.

Meditation setzt individuell Kreativität, Wachheit, Gesundheit und andere Basisqualifikationen für effizientes und produktives Verhalten frei. Gemeinsam in genügend großer Zahl ausgeübt, schafft sie im sozialen Organismus das Maß an Kohärenz kollektiven Bewußtseins, das für eine zielführende, reibungsarme Leitung notwendig ist.

Unbesiegbarkeit – Ergebnis der ayurvedischen Unternehmensintegration

Ein kohärentes kollektives Bewußtsein ist also das Ergebnis, in dem alle ayurvedischen Maßnahmen gipfeln. Wenige gesunde, vollbewußte oder erleuchtete Manager sind nötig, damit eine insgesamt entwicklungsorientierte Unternehmenskultur unter den Leitwerten der Gesundheit und Bewußtseinsreife aufgebaut wird. Die konstruktiven Auswirkungen auf die Produktivität und Rentabilität des Unternehmens sind genauso offensichtlich wie die gesteigerte Lebensfreude, die jeder Mitarbeiter ausstrahlt, der seinen Aufgaben in einer integren Unternehmenskultur nachgeht.

Die derzeitige historische Phase, in der sich die Gesellschaft befindet, ist unleugbar eine *Wendezeit*. Individuen und Unternehmen, ja ganze Staaten stehen vor gewaltigen Wandlungsaufgaben. Die ayurvedischen Strategien der Gesundheits- und Bewußtseinsbildung wie auch des Kohärenz-Managements können Ihnen und Ihrem Unternehmen helfen, den Wandel erfolgreich zu meistern.

In keinem Bereich schläft die Konkurrenz. Wer aus Wandlungsphasen als Gewinner hervorgehen will, kann von der Natur ein Prinzip kennenlernen, mit dem sie Systeme in einen *Zustand der Unzerstörbarkeit* bringt.

Unzerstörbarkeit oder *Unbesiegbarkeit* zum Beispiel eines physikalischen Systems hängt in der Natur von der Kohärenz des kollektiven Funktionierens aller Systemteile ab. Das *Phänomen der Supraleitfähigkeit* mag das Gemeinte veranschaulichen. Bestimmte Metalle nehmen bei Temperaturen, die nahe Absolut Null liegen, die Eigenschaft einer elektrischen Leitfähigkeit ohne Widerstand an.

Die Gesetzmäßigkeiten der Quantenmechanik verdeutlichen, daß Systeme im Zustand geringster Anregung notwendigerweise auch höchst kohärent und harmonisch arbeiten. Der Augenblick, in dem Supraleitfähigkeit eintritt – ein Phasenübergang der Elektronen vom ungeordneten zum äußerst geordneten Zustand – ist ein Beispiel dafür, wie allein durch Reduktion der Aktivität auf eine hinreichend ruhige Ebene ein äußerst geordneter Zustand erreicht werden kann.

Die ayurvedischen Maßnahmen helfen, den Körper-Geist in einen hoch geordneten, ruhigen und reibungsfreien Zustand zu versetzen. Meditation verringert die „geistige Temperatur" derart, daß ein Zustand geringster Anregung von Gefühlen und Gedanken erreicht wird und maximale Harmonie erlebbar wird.

Supraleiter besitzen bemerkenswerte Eigenschaften. Eine ihrer interessantesten ist ihre außerordentliche Stabilität oder Unbesiegbarkeit, während sie gleichzeitig aktiv sind. Der Meissner-Effekt verdeutlicht dies:

Wird ein magnetisches Störfeld von außen an einen Supraleiter herangeführt, so wird es von innen her vollständig abgewiesen. Der reibungslose Elektronenfluß innerhalb des Supraleiters läßt keine Störeinflüsse in das System eindringen. Negative Interferenzen sind nicht möglich. Wenn ein äußeres Störfeld die Integrität des supraleitfähigen Zustands bedroht, beginnen sich die freien Elektronen an der Oberfläche des Metalls derart umzugruppieren, daß sie ein magnetisches Gegenfeld aufbauen, welches das eindringende Feld genau neutralisiert. Als Ergebnis scheint das eindringende Feld abzuprallen und um den Supraleiter herumzufließen.

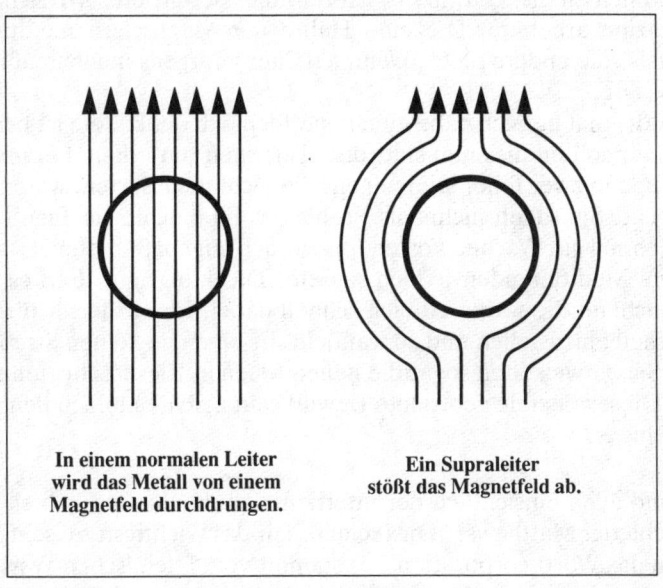

**In einem normalen Leiter
wird das Metall von einem
Magnetfeld durchdrungen.**

**Ein Supraleiter
stößt das Magnetfeld ab.**

Abb. 12: Der Meissner-Effekt

Die Parallele zum Verhalten eines integrierten Unternehmens oder eines anderen kohärenten sozialen Systems ist offensichtlich. Wenn die Mitglieder des Systems ein kohärentes Firmenbewußtsein besitzen, wird jeder zerstörerisch gemeinte fremde Einfluß sofort neutralisiert. In den Yoga-Schriften heißt es, daß in Gegenwart desjenigen, der im Nicht-Töten fest gegründet ist, alle Feindseligkeit verschwindet.

Der amerikanische Unternehmensberater Matthews hatte 1982 eine Beratungsgesellschaft gegründet, die ihren Umsatz innerhalb von fünf Jahren auf fünf Millionen US-Dollar bringen konnte. Seiner Meinung nach war es speziell das Programm der Transzendentalen Meditation, das seine kleine Firma in einem hart umkämpften Markt so erfolgreich werden ließ. Matthews berichtet:

„Ein Schlüssel ist die Fähigkeit, mit Veränderung fertigzuwerden. Unternehmerische Effektivität setzt voraus, daß man in der Lage ist, sich schnell zu bewegen, ja sogar die Richtung plötzlich um 180 Grad zu ändern, ohne sich dabei stark zu verkrampfen. Ich erinnere mich an die Zeit, in der ich für eines der größten Wirtschaftsmagazine arbeitete. Die eine Hälfte der Mannschaft meditierte damals, die andere nicht. Wenn ich dann morgens manchmal kam und sagte:

‚Hört mal her, ich habe eine neue Idee, ich denke, die ist besser und wir sollten dies nun statt des bisherigen tun', dann fiel meine Gruppe in zwei Teile. Diejenigen, die nicht meditierten, waren geschockt. Sie sahen nichts als Probleme. Es mochte sie Tage oder manchmal gar Wochen kosten, bis sie sich angepaßt hatten.

Die Meditierenden jedoch sagten: ‚Das klingt gut. Laß es uns versuchen.' Sie waren einfach schnell dabei. Es war leicht für sie, sich neu einzustellen und zu wandeln. Es erzeugte keinen Streß für sie. Sie entwickelten sogar die neuen Ideen in Riesenschritten weiter. Dieses flexible geordnete Bewußtsein machte einfach den Unterschied."

Und auch hinsichtlich der internen Kommunikation gab es Unterschiede. Matthews: „Dies scheint mir das Wichtigste zu sein. Ich liebe das Wort ‚corporation'; es stammt vom lateinischen Wort für Körper. Und ich denke, daß eine Corporation wie ein Körper von Mitarbeitern ist, der sich in eine Richtung bewegt. Und jeder Körper von Mitarbeitern hat etwas, was wir ‚kollektives Bewußtsein' nennen können.

Wenn man all die Einflüsse zusammennimmt, die von einer Gruppe von Menschen in die Umgebung ausgestrahlt werden, dann tragen alle einzelnen mit ihrem Bewußtsein zu einer ganzheitlichen Qualität bei – dem kollektiven Bewußtsein. Jeder Manager kennt dies aus seiner alltäglichen Arbeit.

Wenn das kollektive Bewußtsein in einer Abteilung inkohärent ist, dann will nichts so recht vorwärtsgehen. Wenn eine Reihe von Mitarbeitern ihre persönlichen Spielchen treibt – Beschwerden, andere verantwortlich machen etc. –, wenn viele Leute nur sich selbst sehen und nicht an ihrer Gruppe interessiert sind, was passiert dann?

Man versucht die Leute in eine bestimmte Richtung zu bewegen, aber das Ganze fällt auseinander. Es wird einfach durch die Inkohärenz zunichte gemacht. Wenn aber das kollektive Bewußsein der

Gruppe kohärent ist, wenn die Leute sich mit sich und den anderen gut fühlen, wenn die einzelnen genug Bewußtheit für die Bedürfnisse der Gruppe haben, während sie sich ihrer eigenen bewußt sind, dann ist es leicht, sie zu führen. Ein gutes kollektives Bewußtsein macht es leicht, eine gute Führungskraft zu sein."

Kann Meditation die Organisationskohärenz erhöhen? Zitieren wir Matthews weiter:

„Ich will eine Geschichte erzählen. Wir stellten jüngst einen Computerexperten ein. Er hatte in zwei der gut bekannten Firmen dieses Landes gearbeitet. Nach ein paar Wochen kam er in mein Büro und sagte: ‚Ich muß mit Ihnen reden. Irgend etwas ist wirklich komisch hier. Es gibt keine Intrigen, keine Stuhlsägerei, keine Gemeinheiten. Das habe ich noch nicht erlebt. Was ist los? Wollen die Leute nicht vorankommen?'

Ich sagte ihm, er möge sich gedulden, und dann würde er schon bald sehen, wie die Dinge hier laufen. Wenn man eine Menge Leute hat, die eine hohe Qualität des Bewußtseins haben, dann sehen diese alle das große Ziel. Sie verstehen die Aufgaben des Unternehmens. Sie begreifen, daß sie gewinnen, wenn die Firma gewinnt. Sie kapieren, daß es ihnen gutgehen wird, wenn sie ihre Arbeit gut machen. Sie kämpfen nicht gegeneinander. Sie streiten sich nicht um Kleinigkeiten. Ich glaube, daß dies das Beste ist, was Transzendentale Meditation für uns bewirkt hat. Sie gibt uns eine hohe Gruppenkohärenz." (Swanson & Oates, 1989, S. 100 f.)

Dieses Firmenbeispiel illustriert anschaulich die Ergebnisse der Integration, die aus ayurvedischen Maßnahmen für die Unternehmenskultur folgen. Eine Organisation, deren Mitarbeiter kohärent sind, ist am Markt erfolgreich und strahlt nach innen wie nach außen eine hohe Lebensqualität aus.

Wir laden Sie ein, Ihrem neuen Kenntnisstand zu folgen und mit Hilfe des Ayurveda ein „Manager im Gleichgewicht" zu werden; zu Ihrem eigenen Vorteil und zum Nutzen für Ihr Unternehmen!

10. Anhang

10.1 Literaturverzeichnis

Agor, W.H.: Intuitives Management. Berlin 1989

Alexander, C.N.: A conceptual and phenomenological analysis of pure consciousness during sleep. Lucidity Letter, 1988, 7, 39-43

Alexander, C.N./Langer, E./Newman, R./ Chandler, H.M./ Davies, J.L.: Transcendental Meditation, mindfulness and longevity: An experimental study with the elderly. Journal of Personality and Social Psychology, 1989, 57, 950-964

Alexander, C.N./Swanson, G.C./ Rainforth, M./Carlisle, T./Todd, C.: The effects of the Transcendental Meditation program on stress reduction, job performance, and health in two business settings. Vortrag gehalten auf der Tagung des „Center for Management Research". Maharishi International University, Fairfield, Iowa 1987

Aranya, S.H.: Yoga Philosophy of Patanjali. Kalkutta 1977

Aron, E./Aron, A.: Der Maharishi-Effekt. München 1991

Banquet, J.-P.: Spectral analysis of the EEG in meditation. Electroencephalography & Clinical Neurophysiology, 1973, 35, 143-151

Becker, H.L.: Ganzheitliche Management-Methodik. Ehningen 1989

Bhishagratna, K.L. (Hg.): Sushruta Samhita. Varanasi 1981

Bono de, E.: Edward de Bono's Denkschule: Zu mehr Innovation und Kreativität. München 1990

Borland, C./Landrith, G.: Improved quality of city life through the Transcendental Meditation program: Decreased crime rate. In: D.W. Orme-Johnson & J.T. Farrow (eds.): Scientific Research on the Transcendental Meditation program, Collected Papers, vol. 1. Rheinweiler 1977, 639-648

Carter-Scott, C.: Negaholiker: Der Hang zum Negativen. Frankfurt/New York 1990

Chalmers, R./Clements, G./Schenkluhn, H./Weinless, M. (eds.): Scientific Research on Maharishi's Transcendental Meditation and TM-Sidhi programme, Collected Papers, vols. 2-4. Vlodrop 1989

Chandler, H.M./Orme-Johnson, D.W./Dillbeck, M.C./Glaser, J.L.: Improvements in memory, intelligence, psychomotor speed, and alertness in normal subjects from an ayurvedic medicinal herbal-based rejuvenal therapy. Vortrag gehalten auf der 28. Jahrestagung der „Society of Economic Botany". University of Illinois, Chicago 1987

Chopra, D.: Die heilende Kraft. Bergisch Gladbach 1990

Chopra, D.: Die Körperseele. Grundlagen und praktische Übungen der Ayurveda-Medizin. Bergisch Gladbach 1991

Deal, T.E./Kennedy, A.: Corporate Cultures: The rise and rituals of corporate life. Reading, Massachusetts 1983

Dileepan, K.N./Patel, V./Sharma, H.M./Stechschulte, D.J.: Priming of splenic lymphocytes after ingestion of an ayurvedic herbal food supplement: Evidence for an immunomodulatory effect. Biochemical Archives, 1990, 6, 267-274

Dillbeck, M.C./Aron, A./Dillbeck, S.L.: The Transcendental Meditation program as an educational technology: Research and applications. Educational Technology, 1979, 19(11), 7-13

Dossey, L.: Die Medizin von Raum und Zeit. Basel 1984

Ebert, D.: Physiologische Aspekte des Yoga und der Meditation. Stuttgart/New York 1986

Fields, J.Z./Schneider, R.H./Wichlinski, L./Hagen, J.: Anti-ageing effect of a natural product, Maharishi Amrit Kalash (MAK). Vortrag gehalten auf dem „International Union of Biochemists-Symposium", Nr. 200. Berkeley, Kalifornien 1990

Frew, D.: Transcendental Meditation and productivity. Academy of Management Journal, 1974, 17, 362-368

Friend, K.E.: Effects of the Transcendental Meditation program on work attitudes and behavior. In: D.W. Orme-Johnson & J.T. Farrow (eds.): Scientific Research on the Transcendental Meditation program, Collected Papers, vol. 1. Rheinweiler 1977, 630-638

Funderburk, J.: Science Studies Yoga: A review of physiological data. Himalayan International Institute of Yoga Science and Philosophy, Glenview 1977

Gelderloos, P./Ahlström, H.B./Orme-Johnson, D.W./Robinson, D.K./Wallace, R.K./ Glaser, J.L.: Influence of a Maharishi Ayurvedic Herbal Preparation on age-related visual discrimination. International Journal of Psychosomatics, 1990, 37 (1-4), 25-29

Glaser, J.L.: Correlation of subjective preferences, cognitive styles, and behavior with physiognomy according to principles of Maharishi Ayurveda tridosha theory. Vortrag gehalten auf der Tagung der „American Association of Ayurvedic Medicine". Lincoln, Massachusetts 1987

Glaser, J.L./Brind, J.L./Eisner, H.J./Wallace, R.K.: Elevated serum dehydroepiandrasterone sulfate levels in older practioners of an ayurvedic stress reduction program. Vortrag gehalten auf der Jahrestagung der „Society for Neuroscience". Washington 1986

Glaser, J.L./Moriarty, M.: General health improvements through Maharishi Amrit Kalash. Institute of Ayurvedic Studies, Fairfield, Iowa 1991

Glaser, J.L./Robinson, D.K./Wallace, R.K.: Effect of Maharishi Amrit Kalash on allergies. Vortrag gehalten auf der Tagung der „American Association of Ayurvedic Medicine". Lincoln, Massachusetts 1987

Goleman, D.J./Schwartz, G.E.: Meditation as an intervention in stress reactivity. Journal of Consulting & Clinical Psychology, 1976, 44, 456-466

Gottwald, F.-Th./Howald, W.: Bewußtseinsentfaltung in spirituellen Traditionen Asiens: Theoretische Konzepte, Erfahrungen und empirische Befunde. In: A. Resch (Hrsg.): Veränderte Bewußtseinszustände. Innsbruck 1990, 405-493

Graf, J.: Wenn Managern der Schweiß ausbricht. Manager Seminare, 1991, 1(5), 26-32

Grünn, H.: Die innere Heilkraft. Düsseldorf/Wien/New York 1990

Gustavsson, B.: The effects of meditation on two top management teams. Unveröffentlichte Arbeit, Department of Business Administration, Universität Stockholm 1990

Hagelin, J.: Is consciousness the unified field? A field theorist's perspective. Modern Science and Vedic Science, 1987, 1, 29-87

Haken, H.: Erfolgsgeheimnisse der Natur, Synergetik: Die Lehre vom Zusammenwirken. Stuttgart 1981

Hanissian, S.H./Sharma, H.M./Tejwani, G.A.: Effect of Maharishi Amrit Kalash (MAK) on brain opioid receptors. FASEB Journal, 1988, 2(4), 15. März

Haratani, T./Henmi, T.: Effects of Transcendental Meditation on health behaviour of industrial workers. Japanese Journal of Public Health, 1990a, 37 (10), 729

Haratani, T./Henmi, T.: Effects of Transcendental Meditation on mental health of industrial workers. Japanese Journal of Industrial Health, 1990b, 32, 656

Hauser, T.: Intuition und Innovationen. Wiesbaden 1991

Heinstedt, E.: Divergent production: An „intuitive" cognitive style. Unveröffentlichte Dissertation, Department of Business Administration, Universität Lund 1990

Hildenbrand, C.D.: Gesundheit: Des Managers höchstes Gut. Weiterbildung, 1991, 4(3), 18-22

Hilgenberg, L./Kirfel, W. (Hg.): Vagbhata's Astangahrdayasamhita. Ein altindisches Lehrbuch der Heilkunde. Leiden 1941

Hirt, J.: „Ich habe versucht, dem Suchenden dienlich zu sein". schweizer manager, 1988, 7/8, 2-4

Hormann, J./Harman, W.: Future Work: Trends für das Leben von morgen. Stuttgart/München/Landsberg 1990

Howald, W.: Effektivitätsmessung von Selbstentfaltungsmethoden. Husum 1985

Howald, W.: Meditationsforschung – Einführung und Überblick. Gruppendynamik, 1989, 20(4), 345-367

Innovatio: Erfolg und Leistungsdruck. 1990, Heft 6, 35-38

Janssen, G.W.: Die Anwendung von Maharishi-Ayurveda in der Behandlung von zehn chronischen Erkrankungen – eine Pilotstudie. Ayurveda-Gesundheitszentrum, Laag Soeren, Holland 1990

Jonsson, C.: Organizational development through the Transcendental Meditation program: A study of relationships between the Transcendental Meditation program and certain efficiency criteria. In: R. Chalmers/G. Clements/H. Schenkluhn & M. Weinless (eds.): Scientific Research on Maharishi's Transcendental Meditation and TM-Sidhi programme, vol. 2. Vlodrop 1989, 1178-1184

Kniffki, C.: Transzendentale Meditation und Autogenes Training – ein Vergleich. München 1979

Königswieser, R./Lutz, Ch. (Hrsg.): Das systemisch-evolutionäre Management. Wien 1990

Kohlberg, L./Ryncarz, R.A.: Beyond justice reasoning: Moral development and consideration of a seventh stage. In: C.N. Alexander & E.J. Langer (eds.): Higher Stages of Human Development. New York/Oxford, 1990, 191-225

Krause, R.: Wie Sie Ihre Streßstabilität testen. Management Wissen, 1990, 8, 96-97

Linneweh, K.: Bevor es mich zerreißt: Strategien für erfolgreiches Selbstmanagement. Düsseldorf/Wien/New York 1991

Levine, P.H./Hebert, J.R./Haynes, C.T./Strobel, U.: EEG coherence during the Transcendental Meditation technique. In: D.W. Orme-Johnson & J.T. Farrow (eds.): Scientific Research on the Transcendental Meditation program, Collected Papers, vol. 1. Rheinweiler 1977, 187-207

Mann, R.: Das ganzheitliche Unternehmen. Bern/München/Wien 1988

Marcus, J.B.: Success From Within. Fairfield, Iowa 1990

Müri, P.: Chaos-Management. München 1989

Nader, T.: Maharishi Ayurveda Bhasma Rasayana: Its safety and effectiveness in animal models of diet-induced tissue damage, in surgically induced brain lesions and in chemically induced cancer lesions. Vortrag gehalten auf der 28. Jahrestagung der „Society for Economic Botany". University of Illinois, Chicago 1987

Nidich, S.I./Ryncarz, R.A./Abrams, A.I./Orme-Johnson, D.W./Wallace, R.K.: Kohlbergian cosmic perspective, EEG coherence, and the TM and TM-Sidhi programme. Journal of Moral Education, 1983, 12, 166-173

Niwa, Y.: Effect of Maharishi 4 and Maharishi 5 on inflammtory mediators with special reference to the free radical scavenging effect. Indian Journal of Clinical Practice, 1991, 1(8), 23-27

Orme-Johnson, D.W.: Autonomic stability and Transcendental Meditation. Psychosomatic Medicine, 1973, 35, 341-349

Orme-Johnson, D.W.: Medical care utilization and the Transcendental Meditation program. Psychosomatic Medicine, 1987, 49, 493-507

Orme-Johnson, D.W./Dillbeck, M.C.: The Maharishi Effect: Theory and research on a technology for creating coherence in collective consciousness. In: J. Gackenbach, C.N. Alexander & H.T. Hunt (eds.): Higher States of Consciousness: Theoretical and experimental perspectives. New York (im Druck)

Orme-Johnson, D.W./Farrow, J.T. (eds.): Scientific Research on the Transcendental Meditation program. Collected Papers, vol. 1. Rheinweiler 1977

Orme-Johnson, D.W./Wallace, R.K./Dillbeck, M.C./Alexander, C.N./Ball, O.E.: Improved functional organization of the brain through the Maharishi Technology of the Unified Field as indicated by changes in EEG coherence and its correlates. In: R. Chalmers, G. Clements, H. Schenkluhn & M. Weinless (eds.): Scientific Research on Maharishi's Transcendental Meditation and TM-Sidhi programme, Collected Papers, vol. 4. Vlodrop 1989, 2245-2266

Ornstein, R.E.: Multimind: Ein neues Konzept des menschlichen Geistes. Paderborn 1989

Probst, G.J.B.: Was macht ein ganzheitlicher Manager? Management Wissen, 1989, Heft 6, 108-109

Popp, F.-A.: Biologie des Lichts. Berlin/Hamburg 1984

Quiske, Ch.: Einstellungssache: Wie Führungswissen richtig angewandt wird. Management Wissen, 1991, Heft 6, 93-95

Schneider, R.H./Cavanaugh, K.L./Kasture, H.S./Rothenberg, S./Averbach, R./Robinson, D./Wallace, R.K.: Health promotion with a traditional system of natural health care: Maharishi Ayur-Veda. Journal of Social Behavior and Personality, 1990, 5(3), 1-27

Schulz von Thun, F.: Miteinander reden: Störungen und Klärungen. Reinbek 1981

Schwertfeger, B.: Brilliante Denkfehler. Wirtschaftswoche, 1991, 45(41), 62-65

Sharma, H.M./Dwivedi, C./Satter, B.C./Gudehithlu, K.P./Abou-Issa, H./Malarkey, W./Tejwani, G.A.: Antineoplastic properties of Maharishi-4 against DMBA-induced mammary tumors in rats. Pharmacology Biochemistry & Behavior, 1990, 35, 767-773

Sharma, H.M./Feng, Y./Panganamala, R.V.: Maharishi Amrit Kalash (MAK) prevents human platelet aggregation. Clinica & Terapia Cardiovascolare, Journal of the International Artherosclerosis Society, 1989, 8(3), 227-230

Sharma, P.W. (Hg.): Caraka-Samhita. Varanasi 1981

Smith, D.E./Stevens, M.M.: Pilot project: The effects of a sesame oil mouth rinse on the number or oral bacteria colony types. Vortrag gehalten auf der 3. Jahrestagung des „College of Health Professionals". Witchita State University, Witchita, Kansas 1988

Spiegel: „Wer es nicht tut, gilt als dumm". 1991, 45(18), 40-65

Stryker, T./Wallace, R.K.: Reduction in biological age through an ayurvedic treatment program. Vortrag gehalten auf dem „International Congress of Psychosomatic Medicine". Chicago, Illinois, 5. September 1985

Swanson, G./Oates, R.: Enlightened Management: Building High-Performance People. Fairfield, Iowa 1989

Tart, C.T.: States of Consciousness. New York 1975

Teegen, F.: Ganzheitliche Gesundheit. Reinbek 1983

Tompkins, P./Bird, Ch.: Das geheime Leben der Pflanzen. Frankfurt/M. 1977

Travis, F.: The Transcendental Meditation technique and creativity: A longitudinal study of Cornell University undergraduates. Journal of Creative Behavior, 1979, 13(3), 169-180

Ulrich, H./Probst, G.J.B.: Anleitung zum ganzheitlichen Denken und Handeln: ein Brevier für Führungskräfte. Bern/Stuttgart 1988

Volkamer, K.: „Management by Natural Law" aus wissenschaftlicher Sicht. Unveröffentlichtes Manuskript. Frankenthal 1989

Volkamer, K./Streicher, Ch./Walton, K. G.: Intuition, Kreativität und ganzheitliches Denken: Neue Wege zum bewußten Handeln. Heidelberg 1991

Waldschütz, R.: Veränderungen physiologischer und psychischer Parameter durch eine ayurvedische Reinigungskur. Erfahrungsheilkunde, 1990, 11, 720-729

Wallace, R.K.: The Maharishi Technology of the Unified Field: The Neurophysiology of Enlightenment. Fairfield, Iowa 1986

328

Wallace, R.K./Dillbeck, M.C./Jacobe, E./Harrington, B.: The effects of the Transcendental Meditation and TM-Sidhi program on the ageing process. International Journal of Neuroscience, 1982, 16, 53-58

Walsh, R.N.: Das Überleben der Menschheit – eine psychoevolutionäre Analyse. In: S. Grof (Hrsg.): Die Chance der Menschheit: Bewußtseinsentwicklung – der Ausweg aus der globalen Krise. München 1988, 15-22

Walsh, R.N./Vaughan, F.(Hrsg.): Psychologie in der Wende. Bern/München/Wien 1985

Weil, A.: Was uns gesund macht. Weinheim/Basel 1991, 82-83

Wolz-Gottwald, E.: Heilung aus der Ganzheit. Gladenbach 1991

Zacharias, T.: Was es heißt ein Mensch zu sein. Nentershausen 1985

10.2 Adressen

a) Informationen über *Ayurveda- und Meditationsforschung* sind erhältlich bei:

Deutsche MERU-Gesellschaft, Am Berg 2,
D-49143 Bissendorf, Tel.: 0 54 02 – 88 33

b) *Reinigungs- und Entschlackungskuren im Sinne des Maharishi-Ayurveda* werden unter ärztlicher Leitung im deutschsprachigen Raum in folgenden Gesundheitszentren angeboten:

Ayurveda-Gesundheitszentrum, Rothenbaumchaussee 26,
D-20148 Hamburg, Tel.: 0 40 – 45 20 80

Ayurveda-Gesundheitszentrum, Am Berg 11,
D-49143 Bissendorf, Tel.: 0 54 02 – 7 50

Ayurveda-Gesundheitszentrum, Am R.-Kampe-Sprudel,
D-56130 Bad Ems, Tel.: 0 26 03 – 22 20

Ayurveda-Gesundheitszentrum, Wildbadstr. 201,
D-56841 Traben-Trarbach, Tel.: 0 65 41 – 70 50

Ayurveda-Gesundheitszentrum, Breitenbrunnen,
D-77887 Sasbachwalden, Tel.: 0 78 41 – 68 20

Ayurveda-Gesundheitszentrum, Hindenburgstr. 21,
D-82343 Pöcking, Tel.: 0 81 57 – 71 33

Ayurveda-Gesundheitszentrum, Biberstr. 22/2,
A-1010 Wien, Tel.: 01 – 5 12 78 59

Ayurveda-Gesundheitszentrum, Bahnhofstr. 19,
A-4910 Ried, Tel.: 0 77 52 – 8 81 10

Ayurveda-Gesundheitszentrum,
A-8952 Irdning/Steiermark, Tel.: 0 36 82 – 22 84 10

Ayurveda-Gesundheitszentrum, Pilgerheim,
CH-6377 Seelisberg, Tel.: 0 43 – 31 27 96

c) *Maharishi-Ayurveda-Produkte,* wie zum Beispiel Amrit Kalash und andere Nahrungsergänzungsmittel (Rasayanas), typengerechte Gewürzmischungen, Tees und Duftöle, Gandharva-Veda-Musik-Cassetten oder – CDs, sind zu beziehen über:

Amrita-Naturprodukte GmbH, Postfach 14 17,
D-41840 Wegberg, Tel.: 0 24 32 – 23 18 oder 24 94

10.3 Das Trainingsprogramm der Autoren

Seminar: Gesundheits-Management (3 Tage)

- Ayurvedische Gesundheitsmaßnahmen für den Führungsalltag
- Das persönliche Gesundheitsverhalten optimieren
- Fitneßförderung durch Körpertraining
  (Yoga- und Atemübungen)
- Die managergerechte Ernährung
- Gesundheitsbezogenes Life-Styling

Seminar: Bewußtseins-Management (4 Tage)

- Selbsterkenntnis: Das eigene Persönlichkeitsprofil
  (mit Einzelberatung)
- Individuelles Meditationstraining
- Erhöhung der Streßkompetenz und Überwindung negativer
  Gefühle
- Kohärent und positiv denken lernen
- Überzeugungs- und Durchsetzungstraining

Seminar: Kohärenz-Management (3 Tage)

- Das Unternehmen als Sinn- und Wertegemeinschaft
- Kommunikations- und Konflikttraining
- Visions-Management als Führungsinstrument
- Wege zum Aufbau einer gesunden Unternehmenskultur

Diese Seminare werden von uns dem Firmenbedarf angepaßt.
Weitere Seminarthemen auf Anfrage.

Einzel- und Team-Coaching

Anschrift der Autoren:

Gesundheits- und Bewußtseinstraining
Dr. Howald / Dr. Gottwald
Sixtusstr. 24
D-45721 Haltern
Telefon und Fax: 0 23 64 – 1 62 63

Einzel- und Team-Coaching:

Gesundheits- und Bewußtseinstraining
Dr. Howald / Dr. Gottwald
Martin-Niemöller-Straße 55
D-4400 Münster
Telefon und Fax 02 51–26 12 97

Zu den Autoren

Die Autoren sind seit Jahren mit ayurvedischen Trainingsmaßnahmen vertraut. Sie vermitteln in diesem Arbeitsbuch durch Fragebögen und Übungen sowie leicht umsetzbare Hinweise ein umfassendes Paket von gesundheitsfördernden Maßnahmen, die alle das Ziel verfolgen, Manager zu befähigen, vital und kreativ zu führen und dabei im Gleichgewicht zu bleiben.

Dr. Franz-Theo Gottwald hat nach philosophischen, theologischen und indologischen Studien als Lehrbeauftragter an Hochschulen und in der Erwachsenenbildung gearbeitet. Er schult Führungskräfte in Meditation, ganzheitlichem Bewußtseins-Management und berät in Fragen umweltorientierter Unternehmensführung. Seit 1988 ist er Geschäftsführer einer Stiftung, die Forschung und Bildungsmaßnahmen zu ökologischen Themen fördert.

Dr. Wolfgang Howald ist Diplom-Psychologe mit psychotherapeutischer Ausbildung. Er wirkt seit 1979 als Trainer und Berater in der Wirtschaft und Erwachsenenbildung. Seine Hauptarbeitsgebiete sind: Persönlichkeitsbildung, Gesundheits-Management, Kommunikations- und Konflikttraining, Life-Styling und Führungskompetenz. Er ist Autor zahlreicher Fachpublikationen.

Notizen

Notizen